Wilhelm Bölsche

Von Sonnen und Sonnenstäubchen

VERO Verlag

Wilhelm Bölsche

Von Sonnen und Sonnenstäubchen

ISBN/EAN: 9783737201636

Auflage: 1

Erscheinungsjahr: 2014

Erscheinungsort: Norderstedt, Deutschland

Hergestellt in Europa, USA, Kanada, Australien, Japan
Vero Verlag in Hansebooks GmbH

Von Sonnen und Sonnenstäubchen

Kosmische Wanderungen

von

Wilhelm Bölsche

Mit vier farbigen und vier schwarzen Tafeln
nach Original-Aquarellen

von

Professor Ernst Haeckel

Zweite unveränderte Auflage

Berlin
Georg Bondi
1903

Inhaltsverzeichnis.

Von den Kapiteln dieses Buches sind vorher erschienen: Das erste, zweite, dritte, vierte,
fünfte, fünfzehnte und sechzehnte in der „Deutschen Welt", das sechste in „Westermanns
Monatsheften", das siebente in „Für alle Welt", das achte in der „Wiener Mode", das
neunte, zehnte, elfte, zwölfte und vierzehnte in der „Woche", das dreizehnte in der „Täglichen
Rundschau", das siebzehnte im „Berliner Lokal-Anzeiger" und „Tag".

Zur Erläuterung der acht Bilder

Malayische Aquarell-Skizzen von Ernst Haeckel, unter Hinweis auf deffen „Infulinde" (Malayische Reifebriefe, 1901).

I. Vier schwarze Bilder:

1. (neben Seite 96) **Vulkan Salak, auf Java.** (Gefehen von Pledang, Buitenzorg; vorn Malayifche Bambushütten). 6. Dezbr. 1900. Inful. S. 60.

2. (neben Seite 192) **Gunong Kendang, Gebirgskette im Norden von Java.** (Gefehen von Cjibodas; im Mittelgrund überfchwemmte Reisfelder.) 5. Jan. 1901.

3. (neben Seite 288) **Waldbach bei Cjibodas, Java.** (Unten rechts wilder Pifang, darüber ein Farnbaum.) 4. Jan. 1901.

4. (neben Seite 320) **Vulkan Merapi, Sumatra.** (Gefehen von Fort de Kock. Die auffteigende Rauchwolke ift von der untergehenden Sonne vergoldet.) 27. Febr. 1901.

II. Vier farbige Bilder:

5. (neben Seite 144) **Vulkan Gedeh, auf Java.** (Gefehen von Weften, von Cjitjuong.) 9. Dezbr. 1900.

6. (neben Seite 48) **Geger Bintong, Gebirgskette im Norden von Java.** (Gefehen vom See von Cjibodas; im Mittelgrund überfchwemmte Reisfelder.) 7. Jan. 1901.

7. (Citelbild) **Urwald bei Cjibodas, Java.** (Unten links Farnbäume und wilder Pifang, rechts der weiße Säulenftamm eines Rafamalah-Baumes.) 7. Jan. 1901.

8. (neben Seite 240) **Singkara-See auf Sumatra.** (Gefehen von Batu Tabal. Vorn Malayifche Hütten mit Satteldächern.) 26. Febr. 1901.

Vorwort.

„Von Sonnen und Sonnenstäubchen" nenne ich dieses Buch. Ein Sonnenstäubchen nur ist diese ganze lustige alte Erde. Ein Stäubchen dieses Sonnenstäubchens ist der Mensch.

Aber Sonnenstäubchen sind wir Menschen auch im Sinne, daß wir selbst Kinder sind der großen Sonne, geboren und genährt von ihr. Sonnenblut rinnt durch unsere Adern, Sonnenträume rauschen durch unser Gehirn.

Wie ein Sonnenstrahl durch ein dunkles Gemach fällt und die grauen Staubteilchen schimmern plötzlich selber in ihm wie kleine Sonnen auf — so tanzt unser Leben in dem Ausschnitte, den Sonnenlicht und Sonnenwärme durch den kalten Raum ziehen. Und doch sind wir alle auch wieder, jeder für sich, ganze strahlenwerfende Sonnen. Da schleudern unsere Gedanken ungeheure Strahlenbänder in die geheimnisvolle Nacht, und in diesen Lichtschweifen des Denkens tauchen alle die Zauberdinge erst auf, die wir leben. Da tanzen ganze Weltsysteme, Milchstraßen aus Millionen Sonnen als Sonnenstäubchen dieses unseres Gedankens. Sie tanzen und verwehen. Unendliche Jahrmillionen spinnen sich durch das Sonnenstäubchen Zeit unseres Lebensaugenblicks, — Urwelten, in denen Nebelflecke zu Firsternen zerfallen und Sonnen zu Planeten und ein Planet zu Menschen, die das Brot brechen und sprechen: „Liebe deinen Nächsten wie dich selbst..."

Einen unermeßlichen Wust Staub hat die Naturforschung unserer Tage aufgewühlt. Manchem ist zu Mute, er solle darin ersticken mit Leib und Seele. Mir scheint es eine ernste Aufgabe, kleine Lichtkegel gelegentlich hindurchzuwerfen, damit dieser graue Natur-Staub wenigstens auf Momente zu dem auferstehe, was er doch in seiner Verkleidung tatsächlich ist und bleibt: Sonnenstaub. Was für Stäubchen gerade vorüber flirren, darauf kommt es mir weniger an. Es mögen Lebenskeime dabei sein und auch Mumienstaub. Wenn der Lichtkegel sie nur faßt und vergoldet. Er ist die Einheit dieses Buches — nicht die Staubteilchen selbst.

Meine siebzehn Kapitel sind in ziemlich kurzer Frist hintereinander niedergeschrieben, alle aus der gleichen Laune und Weltanschauung heraus. Sie wurden niedergeschrieben mit der festen
Absicht, daß ein Buch daraus werde, — nicht aber ist dieses Buch
erst entstanden durch nachträgliches loses Aneinanderreihen un-
zusammenhängender Feuilletons. Wenn die Stücke zunächst da und
dort in Zeitschriften einzeln erschienen sind, so war es das zer-
stückelte Buch, das so erschien, nicht erst das planlose Baumaterial.
Einzelne Tatsachen-Wiederholungen sind dabei mit Absicht in den
Text gebracht, ich halte es für aussichtsvoller, eine Sache kurz noch
einmal zu sagen, wenn sie noch einmal als Beweisstück nötig wird,
als den Leser zum Zurückblättern aufzumuntern.

Mein Wunsch war, diesem Leuchtbuche durch allerhand amü-
sante Kosmos-Ecken einen Bilderschmuck beizugeben, der ausgesucht
gerade nicht als banale Illustration diente, sondern auf eigene
Faust für das Gesichtsorgan noch irgend ein beliebiges inter-
essantes Stück Natur mit dem Scheinwerfer aufhellte. Und die
kosmische Fügung, ohne die ja kein Sperling vom Dache fällt, hat
hier im rechten Augenblick nachgeholfen. Mein verehrter Lehrer
und Freund, Professor Ernst Haeckel in Jena, hat von seiner kürzlich
vollendeten Naturforscherfahrt nach Java und Sumatra eine Fülle
feinsinniger Landschaftsmotive in Gestalt eigenhändiger Aquarell-
skizzen mitgebracht, — reiche Einblicke in das Kleid unserer Mutter
Erde an ihrer üppigsten Stelle: Tropenwald und Vulkanland und
Pfahlbauerdorf, ein buntes Wandelbild kosmischer Herrlichkeit und
planetarischer Kunst. Haeckel hat in freundschaftlichem Entgegen-
kommen bewilligt, daß einige der schönsten dieser ästhetisch-natur-
wissenschaftlichen „Lichtstreifen ins All" für mein Buch reproduziert
wurden. Mögen sie also ein achtzehntes Kapitel bilden zu den siebzehn geschriebenen, — dargeboten mit den Mitteln einer Kunst, gegen
die das Wort doch immer nur ein nachhinkender kleiner Kerl bleibt.

Wilhelm Bölsche.

Urwald von Tjibodas auf Java.

Die Rätsel in der Milchstraße.

Aus dem Tagebuche einer Gebirgswanderung.

Ein Oktoberabend versank in schweren grauen Nebeln.

Ich war im Laufe des Tages durch den schwarzen Fichtenwald von Schreiberhau her auf den Kamm des Riesengebirges geklettert.

Unser höchstes, wildestes, schroffstes Grenzgebirge hinter der norddeutschen Ebene, ist das Riesengebirge doch heute fast unser bequemstes für den Wanderer. Der Fußweg auf dem Kamm läuft eben und glatt dahin wie ein Parkpfad. Ohne jede Gefahr kann man ihn selbst bei Nacht wandeln, obwohl man oft wie auf einer Mauer über Abgründen schwebt.

Ich hatte mir mit etwas Touristentrotz eine ziemlich entfernte Baude zum Nachtquartier angesetzt und scheute eine Stunde Dunkelheit nicht, — trotz Rübezahl.

Wer nicht zum „Erraffen und Jagen" das Gebirge kreuzt, sondern in Gedanken still für sich bei Botanik und Geologie ist, dem tun die Naturgeister nichts.

Gespenstisch genug trat ja in diesem letzten Zwielicht das Ruinenhafte der obersten Felsöde hervor. Wie alle unsere Hochgebirge, ist auch dieses nur noch ein morscher Rest, zernagt von Luft und Wasser und Wintereis wie ein hohler Zahn. Der Naturforscher nennt das Wirkung der Erosion. Dem Abergläubischen ragen überall groteske Fratzen aus dem Nebel: Nasen und Ohren Rübezahls. Ein solches Granitprofil schien mir ganz und gar der alte Goethe mit dem Geheimrats-Unterkinn. Andere glichen jenen wohl ewig unerklärten steinernen Gigantenköpfen, die als Denkmal einer uralt verschollenen Kultur auf der einsamen Osterinsel in der Südsee von hohem Plateau aufs blaue Korallenmeer starren — kein Mensch weiß, wie lange schon.

Es ist charakteristisch für diesen Riesengebirgskamm, daß man sich auch selber wie zu Rübezahl-Größe darauf ins Riesige gestreckt vorkommt. Stundenlang ist man unter turmhohen Fichten gewandert. Da war man selber ein Zwerg, ein Pilz nur. Plötzlich rührt man an den Kamm und der Forst sinkt zum winzigen, flach gebreiteten Krummholz herab. Die Stämme scheinen verschluckt vom Stein, nur noch die Aeste kriechen wirr über die Fläche. Und man ragt darüber, sieht darauf herab wie auf Gebüsch, — ein Riese.

Dann erloschen alle Formen, der Nebel spann sich einförmig darum.

Nur ein dumpfes Gefühl der nahen Abgrundtiefe blieb, die man doch nicht sah. Weiche Luft atmete aus den schlafenden Waldhängen. Ich dachte an die silbernen Murmelbäche, die darin abwärts stiegen, an die hohen Stauden blauen Enzians, die darin wuchsen.

Und meine Gedanken wanderten weiter. In die Vergangenheit. Ich gedachte der Eiszeit. Der fünf Grad Durchschnittskälte mehr, deren es nach Rechnung der Kundigen bloß bedürfte, um hier wieder Gletscher zu Tal sinken zu lassen, die das eiszersprengte Gestein Stück um Stück in die Ebene tragen würden, alle diese Nasen, Götzen, Goetheprofile als erratische Blöcke tief, tief da unten, wo die Quellen schon Flüsse sind, absetzen würden, daß der Volksmund nachher fabelte, der Teufel habe sie herabgekegelt....

Wie lange würde aber auch ohne Gletscher-Rutschbahnen die einfache Erosion brauchen, den hohlen Zahn des Gebirges an seiner zerfressensten Stelle, zwischen Schneegruben und Elbgrund, ganz einzuschlagen? Dann würde hier, wo jetzt der Gebirgspfad schwindelnd über den Grat kriecht, ein offener Paß, eine Fahrstraße nach Böhmen zu leiten. Vielleicht würde die Eisenbahn, die eben an anderer Stelle über das Gebirge geführt wird, dieses neue, bequemere Tor benutzen. Aber werden die Menschen dann noch auf Eisenbahnen fahren?

Der Weg dehnte sich.

Im unsichtbaren Gelände röhrte dumpf ein Hirsch. Jetzt blinkte fern ein Licht. Ob es die Baude war?

Es schwebte nah und doch so hoch. Ein zweites kam daneben. Also wirklich wohl erleuchtete Fenster. Aber noch eins, schief darüber. Und plötzlich wußte ich, daß es Sterne waren. Der Nachtwind, leise fächelnd, daß man ihn kaum spürte, hatte doch einen Riß in den Nebel gefegt. Er rollte das weiße Tuch von oben her auf, in achtlosen Fetzen. Und wo das Zelt klaffte, blitzten Sterne vor, immer mehr, zuletzt ganze Sternbilder, bloß noch durch schmale weiße Bänder voneinander getrennt.

Gebirgssterne haben ein anderes Feuer als die der Ebene, es ist wie Brillanten zu Simili. Einen Augenblick meinte ich, am Rande eines Nebelschweifs explodiere eine Leuchtkugel, rote, blaue, gelbe Strahlen streuten sich umher; aber dann kam das weiße Licht einheitlich vor und es war bloß die altvertraute Capella im Sternbild des Fuhrmanns, — der Firstern, der von allen vielleicht unserer Sonne am ähnlichsten ist; er warf hier oben wirklich Flammen wie eine kleine Sonne.

Als mein Auge von ihm weiter ging, war schon der ganze Zenith frei, eine Kuppel von unvergleichlicher Schönheit.

Die Milchstraße floß in ganzer Pracht hindurch, mit ihrer Silberwelle aus Myriaden von Welten. Wie Meerleuchten im Kielwasser eines Schiffes erschien sie mir. Welches ungeheure Weltenschiff ließ diese schimmernde Bahn hinter sich? Und wohin steuerte es? Wer war der Steuermann? Auch die Milchstraße war hier oben ein ganz verändertes, wildes, phantastisches Gebilde. Nicht Milch, sondern Glut. Wie ein brennendes Auge stieg sie aus den Granitzacken neben mir herauf, das unheimliche Auge einer fernen Feuersbrunst, das die Nacht stört und die Menschen weckt.

Sie brannte ja wirklich, brannte von Sonnen.

Ich dachte an die alten Träume, die Märchen aus der Gemüts-Astronomie kindlicher Völker. Here's Milch war hier verschüttet, — daher das Wort „Milchstraße".

Es liegt schon eine Welt des Gedankens zwischen diesem naiven Bildchen und dem tiefsinnigen Pythagoräer-Mythus: es

1*

habe die Sonne einst eine andere Bahn am Himmelsgewölbe
gehabt und dieses helle Band sei gleichsam noch das ausgefahrene
Geleise, das alte Strombett des rollenden Weltenlichts. Die Gestirne liefen auf krystallenen Schalen um die ruhende Erde, —
warum sollte die Spur sich nicht einprägen? Erst hinter der letzten
Sphäre öffnete sich die offene Ueberwelt, sie, die keine Sonne mehr
brauchte, da das große Gotteslicht, das „Licht an sich", sie seit
Ewigkeit durchflutete.

Einem Gedankengange, der in den Fixsternen Löcher der äußersten Kugelschale sah, Fenster jenes Ueberhimmels, durch die ein
paar verlorene Funken jenes Gottesäthers auch in unsere kleine
Heimat unter den acht Käseglocken der Kristallsphären glimmten,
konnte es aber auch wenig Not machen, den Milchstraßenring
unmittelbar mit jener Ueberwelt zu verknüpfen. Der weise Theo-
phrast findet als höchsten Sinn seines Grübelns, daß dort die
Nietstelle, die schwach verkittete Fuge durchschimmere, bei der die
beiden Hälften der obersten Himmelsglocke aufeinandergepaßt wären.

Wohl erhebt sich vereinzelt die Stimme eines echten Natur-
denkers aus dem Griechentum, des Demokrit: es sei die Milchstraße
nichts anderes als ein Gewimmel von Sternen, ein Bereich des
Himmels, da die Sternlein sich so dicht drängten, daß sie als einheitliches Licht zusammenschmölzen, wie die Sandkörner eines fernen
Ufersaums dem Seefahrer sich vereinheitlichen zu einer gelben
Düne über dem blauen Meer. Doch diese Stimme verhallte.
Ahnend hatten diese viel verschrieenen Materialisten des Altertums
schon einen Blick getan in eine Welt, die kein Oben und Unten,
keinen Unter- und keinen Ueberhimmel kannte, sondern deren Raum
offen in die Ewigkeit reichte, durchschwirrt von freischwebenden
Gestirnen wie von kugelförmigen Riesen-Atomen, durchschwirrt
auch von der Erde als einem solchen Staubkörnlein nur des Alls.
Aber es war, als sei die Menschheit im Herzen ihrer Kultur noch
nicht reif für dieses schwindelnde Bild.

Als weit über ein Jahrtausend später Dante mit der Kraft
des Dichters, der Himmel und Erde beschwört mit seinem Runen-
stabe, die Welt malt als Scene seiner „göttlichen Komödie", da
ragen immer noch jene Sphären.

Im Zentrum der Weltenschwere ruht immer noch die Erde, aber Satanas ruht jetzt in ihrem Mittelpunkt. Eine Stufenleiter recht eigentlich der moralischen Welt ist diese ganze verzwickte Himmelszwiebel mit ihren vielen umeinandergeschachtelten Häuten geworden. Und ganz im alten Sinne schlägt erst die letzte oben Bresche in das wahre Weltenlicht, die Insel der Seligen, wo die „Komödie" endlich ihre harmonische Lösung erlebt.

Es ist ein magisches Bild, heute noch von berückender Pracht, diese Welt des Dante, deren ganze Astronomie und Physik aufgelöst ist in moralische Werte, die durch Sonne und Planeten und Firsterne in Wahrheit nur vom Bösen zum Guten, vom Teufel zu Gott führt. Was wir heute in der Physik Schwere, Gravitation nennen, das ist bei Dante der Weg zur Hölle. Wo wir die Eisfelder des Südpols kennen, da öffnet sich der grause Schlund zum Fegefeuer. Wo unsere Geologie von einem Zentralfeuer des Erdinnern träumt, da brennen die Verdammten im Schwefelbad. Die Schwungkraft aber, die nach Newtons Formel heute uns die Planeten und Monde in ihrer Bahn erhält, ist die ewige Liebe, — die brennende Liebessehnsucht, die nicht in den Schlund der Hölle hinab, sondern aufwärts will, — jede Planetenbahn ist eine Stufe höher empor, eine Station dieser inbrünstig ringenden Weltenliebe, die pyramidisch das Geschaffene zu Gott heraufgipfelt durch alle Geschehnisse, Kräfte und Körper auch der physikalischen und der astronomischen Welt.

Weit entfernt sind wir heute von der wunderbaren Einheitlichkeit dieser Welt, dieser Einheit von Natur und Moral. Und doch mußte sie fallen, weil ihre Einheitsklammer eines Tages sich als zu eng erwies auch nur für die bescheidensten Maßstäbe der wirklichen Natur.

Mein Geist folgte, während die Milchstraße immer dämonischer über das Gebirge flammte, dem großen Schauspiel des geschichtlichen Zusammenbruchs jener Dante'schen Welt.

Wie vorhin der erste Stern mir rötlich durch den sich lösenden Nebel brach, so schimmert der Menschheit ein erstes Lichtlein. Es ist Nacht, das Schiff des Kolumbus liegt vor Guanahani, noch ist das neue Land nicht entdeckt. Aber am verschleierten Ufer hat ein

Wilder eine Fackel entzündet, wie ein Stern glüht sie, bewegt sich, — Kolumbus fühlt die Gewißheit, daß er dicht vor einem Lande sei. Als die Sonne steigt, liegt es in seiner Tropenpracht vor seinem Blick. Und es ist mehr, als bloß ein Land.

Es ist eine neue Erde für den Menschengeist. Die Rückseite der Erde. Wenig später: und Magalhaes umsegelt die ganze Kugel. Es ist die Rundfahrt zugleich durch eine neue Weltanschauung. An diesem Riesenerdteil Amerika lernt die Kulturmenschheit das Größte, was sie als Morgengabe einer jungen Zeit empfangen kann: sie lernt, wie wenig sie bisher weiß. Von allen Geheimnissen Himmels und der Erden und der Menschenbrust hatte sie den Schleier schon fortgezogen geglaubt — und sie hatte noch nicht einmal Amerika gekannt. In jener Nacht vor Guanahani ist die innere starre Kristallsphäre des Menschengeistes von Jahrtausenden tatsächlich zersprungen.

Der Blick, der den Kolumbus und Magalhaes um die neue Seite des Erdglobus herum folgte, ist fast augenblicklich wie von einer alten Verzauberung erlöst.

Warum soll diese Erdkugel, die ohne stützende Hand frei im Weltenraume schwebt, sich nicht auch bewegen können? Was in den Tropenhainen von Guanahani gesät worden, das zieht Kopernikus an einem grauen ostdeutschen Nebeltag still ans Licht: zu der neuen Erde fügt er den neuen Himmel. Im Gedanken zunächst, — auch er ein Dichter in seiner Weise wie Dante, aber ein Dichter, der das Geheimnis der Dinge in vereinfachter Linie zu denken sucht. Die Erde kreist, ist ein Planet unter anderen, sie macht durch eigene Drehung Tag und Nacht. Wie die Moral sich mit diesen Dingen abfinden soll, muß sich eben zeigen, zunächst geht die Astronomie jetzt weiter.

Und wieder ist es Nacht — und ein Stern glimmt, diesmal ein echter Himmelsstern: der Jupiter. Auf seiner Sternwarte steht Galilei und beobachtet ihn mit dem neuerfundenen Werkzeug-Auge, das das alte Organ-Auge ins Niegeahnte überbietet, mit dem Fernrohr. Er sieht die Monde, die den großen Planeten umwandeln, ein Abbild unseres Sonnensystems im Engeren. Diesmal kommt der neue Himmel greifbar nahe, greifbar mit einem menschlich vervollkommneten Sinnesorgan, nicht bloß mit dem logischen Gedanken.

Und nun, als sei die Schleuse gelöst, Schlag um Schlag.

Giordano Bruno steht auf dem Scheiterhaufen. Aber über den blauen Rauch hinweg sieht sein brechendes Auge noch den Himmel offen, den ganzen Himmel der neuen Astronomie. Es gibt keine oberste Sphäre, keine Kristallschale, durch deren Löcher das Ueber-Licht zu uns glimmt. Auch dort ist freier Raum und jeder Fixstern ist eine goldene Welt gleich der Sonne hier. Myriaden Welten durchziehen das All, lauter Sonnen, um die Planeten kreisen, und auf jedem Planeten wohnen Menschen gleich uns. Einen Augenblick scheint es, als müsse der Blick der Menschheit ertrinken in der verwegenen Größe dieser Perspektive, wie der Philosoph von Nola selber untergegangen ist in den Wirrnissen seiner Zeit. Die Sphären sind zertrümmert, der Geist fällt in die Ewigkeit. Wer soll aus dieser bodenlosen Welt wieder einen Kosmos schmieden, wie ihn Pythagoras und Dante geschaut .....?

Aber wieder steht ein Denker einsam in seinem Garten, — vom grünen Apfelbaum, in dem der Wind einer nochmals freieren Zeit rauscht, fällt eine Frucht. Und sein Gehirn, geschult an dieser Weltperspektive schon der Galilei und Bruno, sucht die Brücke zwischen dem Fall dieses Apfels und der Schwungbahn und Schwere des riesigen Apfels da oben am Weltenbaum, des Mondes. Newton findet ein „Naturgesetz", das die beiden mit mathematischer Genauigkeit zusammen umfaßt, den kleinen Apfel hier zwischen Erde und Ast, und den Mond da oben, der 51 000 Meilen von uns entfernt hohe Gebirge trägt.

Das ist die neue Klammer: das Naturgesetz. Es wird eine neue Harmonie durch das All knüpfen bis zum fernsten Doppelstern. Nichts fällt aus ihm heraus. Beruhigt wandelt an seinem goldenen Seil der logische Menschengeist wieder über alle Millionenfernen.

Noch bleibt lange ein banges Geheimnis, ob die Naturkraft, die Sterne und Aepfel hält, sterben kann. Wenn der Hammer auf den Amboß fällt, — wohin geht die Bewegung? Gibt es noch eine mystische Tiefe dieser naturgesetzlichen Natur, in die sie stürzt, ein myſtiſches Nichts? Robert Mayer ſchürzt den letzten Knoten im vollkommenen Ring. Die Bewegung wird Wärme. Die eine Form der Naturkraft geht über in eine andere. Unter dem Strom der Formen aber bleibt die Ewigkeit der Kraft wie der Granit, über den die Waſſer rauſchen.

Und die einfache Folge der Gedanken ſtreift hier ſchon die letzte Krönung des Gebäudes.

Kräfte entwickeln ſich auseinander.

Ein Pilger, noch tief verträumt in Dante's Welt, ſteigt über die Alpen. Sein Fuß rührt an Muſcheln, die mitten aus dem Geſtein brechen, fernab vom Meer. Einſt war es anders als jetzt. Wo jetzt das Gebirge in Eisſchroffen ſich zum Himmel reckt und der Lämmergeier kreiſt, war vormals Meer, voller Seeſterne und Muſcheln. Schlicht kommt der Gedanke und doch öffnet er nochmals eine Welt.

Zu der neuen Erde und dem neuen Himmel tritt die Vergangenheit.

Wie dort in unendliche Fernen des Raumes, ſo ſinkt der Blick hier in unendliche Folge der Zeit, der Jahre, Jahrmillionen. Und in dieſer Zeit haben die Dinge ſich verwandelt. Eine Entwickelung hat ſtattgefunden. Von der verſteinerten Muſchel pilgert der erweckte Neugedanke zum Farrnwalde, der Steinkohle geworden iſt, zum Ichthyoſaurus-Grab. Eines Tages iſt er oben bei dem Menſchen, der mit Steinbeilen gegen Mammut und Höhlenlöwe kämpft; und unten bei einem Aeonentag, da die ganze Erde als glühender Tropfen von der Sonne fällt und die Sonne aus einem kosmiſchen Nebel ſich verdichtet.

Was die Verwandlung der Kräfte in ihrem einfachen Spiel ſchon ahnen ließ, wird nun eine ungeheure Geſchichtswahrheit: ein einziges Verwandeln lebt in allem Sein. Doch mehr als ein Verwandeln. Eine Entwickelung vom Niederen zum Höheren. Vom Nebelfleck geht die Linie auf den Menſchengeiſt. Vom Höhlenmenſchen der Mammutzeit auf Galilei und Newton.

Erſt hier iſt das neue Weltbild ſeiner Höhe nahe. Erſt jetzt vollzieht ſich langſam in ihm die Heimkehr zu der Größe und Einheitlichkeit der alten Dante'ſchen Weltvorſtellung, — die Heimkehr und die Ueberbietung zugleich. Abermals nähern sich Physik und Astronomie einem moralischen Wert. Der unhemmbare Aufstieg der Dinge vom Niederen zum Höheren, von der Nacht zum Licht erscheint jetzt in dieser ungeheuren Kette der Vergangenheit, der zeitlichen Welt-Entwickelung. Nicht die einzelnen Planetenbahnen ringen sich bloß auf zum Licht, — das Ganze steigt. Vom fernsten Nebelfleck bis zu dem höchsten Gedanken, den ein Mensch hier in dieser Stunde denkt, ein einiges Aufwärtsringen im gesamten Kosmos, — eine Welt, die Gott werden will.

Riesiger ist das Gebäude jetzt, in dem sich diese göttliche Komödie des modernen Naturforschers abspielt, eine unendliche Zeit, die Jahrmillionen des Naturforschers sind darin verrechnet, — was bei Dante in künstlich enger Pyramide bloß räumlich übereinander sich gipfelte, das steigt jetzt aus einem zeitlichen Hintereinander, dem die ganze Ewigkeit zu Gebote steht.

Und doch erscheint auch hier zwischen allen bunten Doppelsonnen des Alls und allen Farnwäldern und Ungetümen der Urwelt schließlich das große Lichtband einer moralischen Idee, mit der diese ganze Welt erst wieder restlos eingeht in die Menschenbrust. Die ewige Liebessehnsucht Dantes, die in den Sternen brannte, wird zur ewigen Fortentwickelung, in der Gravitation und Menschenliebe nur zwei Stufen, zwei Glieder sind auf der Bahn hinan.

So war der Weg — und da schaute der Mensch wieder zur Milchstraße auf.

Auf einen Berg war er geklettert, — ihn grüßte das alte glimmernde Lichtband mit seinem gleichen magischen Antlitz, wie es vor Jahrtausenden schon den ersten Himmelsschauern in der Euphratniederung erschienen war.

Was bedeutet diese größte aller Arabesken der Welt, dieses Zeichen aller Zeichen, dieser Ring, der den Himmel umfaßt?

Der Augenblick, da die Fixsterne nicht mehr als Löcher in einer ehernen Himmelswölbung genommen wurden, sondern als frei schwebende Sonnen, die bloß die unfaßbare Ferne so klein erscheinen ließ, war der erste große Wendepunkt auch in der Deutung der Milchstraße.

Noch war das Fernrohr nicht auf sie gerichtet, da sah Kepler es schon mit der ganzen Klarheit seiner unvergleichlichen deutschen Geistesaugen: der alte Demokrit hatte recht. Die Milchstraße war ein Sternenring. Zur Wolke ballten sich die Sternpunkte darin. Aber diese Sternenwolke schwebte frei wie jeder Einzelstern im leeren Raum, einen Ring bildend wie ein in sich selbst verlaufender Kometenschweif. Und unsere Sonne, um die wir mit der Erde kreisten, lag nahezu im Mittelpunkte dieses Ringes, denn die Milchstraße erschien uns annähernd als größter Kreis.

Rund fünfzig Jahre später folgte das leibliche Auge dem Gedankenflug. Huygens sah im Fernrohr tatsächlich eine Masse einzelner Lichtpunkte aus dem Nebelgrunde des Ringes blicken. Noch kein halbes Jahrhundert war das Fernrohr selber alt. Man hatte das Gefühl, daß es noch schlecht, noch in jeder Hinsicht verbesserungsbedürftig sei. Als Huygens sein Rohr absetzte, erschien es ihm nicht zweifelhaft, daß der nächste, der ein noch etwas brauchbareres Glas verwerten könne, die ganze „Milch" in solche Sternpunkte tatsächlich auflösen werde.

Der Moment hat geschichtlich etwas ungemein Feierliches.

Die ganze Größe der neuen Welt schien symbolisch nahe gerückt. Sonnen, die sich perspektivisch so aneinanderschoben, daß sie wie eine milchige Masse erschienen.

Schon begann man damals zu ahnen, was für Räume unter Umständen Sonne von Sonne trennen könnten. Uns heute ist die vage Vermutung zur wirklichen Rechnung geworden, die mindestens klare Annäherungswerte gibt. Ein Bild mag veranschaulichen, was den Astronomen heute in diesem Punkt geläufig ist. Unser ausgezeichneter Potsdamer Astrophysiker Scheiner hat es gelegentlich benutzt, es stammt also aus denkbar bester Quelle.

Denken wir uns unsere Sonne einmal verkleinert auf das Maß der neuen Domkuppel in Berlin, also auf etwa vierzig Meter Durchmesser. Und malen wir uns die Entfernungen im Raum um sie her entsprechend aus.

Die Sonne als Berliner Domkuppel wirklich gesetzt, würde zunächst von ihrem kleinen Planeten Merkur umkreist werden in einer Bahn, die räumlich noch vollkommen innerhalb der engeren

Stadt Berlin läge. Herr Merkur sauste im Westen quer durch das Reichstagsgebäude, im Norden durch die Zionskirche und im Süden nahezu durch die königliche Sternwarte. Frau Venus, der nächste Planet, fühlte sich schon nicht mehr so im eigentlichen Häusermeer wohl. Im Westen flanierte sie durch den Tiergarten mitten zwischen dem großen und kleinen Stern, im Norden durch den Humboldthain, und im Süden böge sie wenigstens bis in die York- und Gneisenaustraße aus. Nun kommt die Erde. Sie will ernstlich hinaus. Im Westen schneidet sie den Bahnhof Tiergarten als Grenze, im Süden ist sie schon einen halben Kilometer jenseits des Kreuzberges. Mars berührt den Zoologischen Garten gerade noch, südlich geht er durch Tempelhof. Jupiter ist endgiltiger Vororts-Besucher, er hat Erkner und Wannsee schon hinter sich und beglückt Spandau. Saturn ist nur mehr Tourist in der Mark Brandenburg. Er besucht Liebenwalde und Nauen. Uranus als märkischer Wanderer bringt es schon bis Wittenberg und Frankfurt a. O. Endlich unseren entferntesten Planeten, den Neptun, leidet es gar nicht mehr ganz im Königreiche Preußen. Er passiert Stettin, Landsberg, Magdeburg und schneidet nur fünfzehn Kilometer vor Leipzig ab. Das ist unser Sonnensystem.

Nun aber: von dieser Sonnen-Domkugel in Berlin müßte man im gleichen Verhältnis ganz Europa, ja die Erdkugel verlassen und dann noch nahezu doppelt so weit in den freien Raum hinausfliegen, als der Mond wirklich von uns absteht, nämlich zweimal 51 000 Meilen, — um auf die nächste Firstern-Sonne zu gelangen, auf den roten Doppelstern Alpha im Sternbild des Centauren. Die wirkliche Entfernung beträgt mehrere Billionen von Meilen und das Licht, das in jeder Sekunde über 40 000 Meilen zurücklegt, braucht mindestens vier Jahre, um von dort bis zu uns zu kommen.

Erst mit solchem Maßstabe wird klar, was Kepler und Huygens eigentlich wagten.

Sonnen mit der Möglichkeit solcher Abstände voneinander sollten sich perspektivisch so zusammenschieben, daß im ganzen ein dämmernder Lichtring — eine Milchstraße — entstand. Für dieses Sonnengewimmel mußte der neue, erweiterte Weltraum Platz haben. Platz mußte auch der Menschengeist in sich schaffen, um solche Dimensionen zu begreifen. Und doch war selbst das nur der Anfang. Aus diesem Wolkenband von Sonnen sollten alsbald die weiteren Rätselfragen auf diesen Geist niederprasseln, — hageldicht.

In der genialsten Naturgeschichte, die uns aus dem Altertum überliefert ist, dem Epos vom Weltall des Römers Lukretius, kommt ein prachtvoll anschauliches Bild vor. Die Unendlichkeit des Raumes soll verdeutlicht werden. Denke dich ans Ende aller bekannten Dinge Himmels und der Erden, sagt der Dichter. Und wirf einen Speer in die Weite vor dir, — er findet immer noch Raum! Man wird an dieses gigantische Bild des Speerwerfers vor der Unendlichkeit erinnert bei einem bestimmten Moment im Stern-Denken der Menschheit des achtzehnten Jahrhunderts.

Der Weltenraum war geöffnet, die alten Sphären waren daraus verweht wie Nebel. In diesem Raum schwebten die Sterne. Und diese Sterne drängten sich in der Milchstraße in solchen Massen zusammen, daß sie einen Schein erzeugten wie auf langer Bahn verträufelte Milch. Seefahrer waren auf die Südhalbkugel der Erde vorgedrungen, Cooks Schiff umsegelte zuletzt in kühner Schleife den südlichen Pol. Und auch dort umzog dieser Milchring aus Sternen den Himmel.

Kein Zweifel: die ungeheuere Sternanhäufung ging als ein nahezu größter Kreis durch unsern gesamten Himmel, wie wir ihn von der Erde sahen, — eine glühende Schlange mit Millionen Sternenaugen, die sich selber in den Schwanz biß.

Oberhalb und unterhalb dieses Ringes aber flammten vereinzeltere Sterne wie versprengte Posten der großen, geschlossen marschierenden Armee. Düster, öde erschien dem bloßen Auge und selbst dem Fernrohr der Raum hier zwischen den einzelnen Lichtaugen, — er erschien hier wirklich als solcher, als der anscheinend leere Raum. Wie tief mochte das spähende Auge hier in ihn einsinken, — einsinken wie der in die gähnende Leere abstürzende Speer des römischen Dichterphilosophen......?

Da jetzt mischte sich ein neues Wirklichkeitsbild ein, überwältigender noch als alle früheren.

Jenseits aller dieser Sterne, die sich dort zur Milchstraße häuften, hier vereinzelter, raumlassend schwebten, — — erschien nebelhaft dämmernd die Küste einer ganzen neuen Welt, — eines ganzen, selber wieder eine Milchstraße bildenden neuen Fixstern-systems.

In der Milchstraße schwebt als geheimnisvolle Rune, einem lateinischen W vergleichbar, das zierlichste Sternbild unseres Nord-himmels: die Kassiopeja. Von dieser Gegend der Milchstraße her bilden, aus dem Milchdunst heraus, ein paar Prachtsterne eine schräge Brücke zu einem riesigen Stern-Quadrat. Es ist das Qua-drat des Pegasus, und die Brücke ist die Andromeda.

In diesem Sternbild der Andromeda, zwischen der Kassiopeja und dem zweiten großen Brückenstern, hatte in der Nacht des 15. Dezember 1612 der Astronom Simon Marius mit dem neu er-fundenen Fernrohr eine blaß dämmernde Himmelsstelle entdeckt, die weder ein Stern war noch eine schwarze Raumstelle. Als schimmere Lampenlicht durch eine Scheibe von Horn, — so war ihm das rätselhafte Gebilde erschienen. Der alten Sphärenlehre wäre das willkommen gewesen. Die abblendende Hornlaterne war die große letzte Schildkrötenschale des Himmels selbst, und hindurch schimmerten die Gefilde der Seligen. Das galt aber fortan ja nicht mehr. Auch dieses Nebelflöckchen mußte im offenen Raum schwimmen, abgrundfern von uns. Aber was konnte es sein?

Nicht lange, und es hatte Gesellschaft gefunden. Im Sternen-bilde des Orion zeigte sich eine ähnliche Wolke glimmernden Himmelsdunstes. Bis endlich Herschel in der zweiten Hälfte des achtzehnten Jahrhunderts die „Nebelflecke" nach hunderten in seine Himmelskarte eintrug. Um diese Zeit kam der Moment, den ich meinte.

Vor diesem Dämmerschein der Andromeda dämmerte einem Menschengehirn der ungeheuerlichste Gedanke auf, der nach der Erkenntnis, daß die Milchstraße eine Anhäufung aus Millionen von Sonnen sei, in der Sternkunde noch möglich war. Vom Rain der Milchstraße, mitten hindurch zwischen den loser gestellten Fix-sternen des offeneren Himmelsteils, sank der Blick hier durch und durch und durch wie der Speer des Lukretius bis auf ein Gebilde, so groß noch einmal wie diese unsere ganze Firsternwelt, aber so klein wie ein Nebelflöckchen für unser Fernrohr wegen der unfaßbaren Strecke Raumes, die nochmals zwischen unserem äußersten Firstern und diesem zweiten Weltgestade lag. Der Nebelfleck eine Milchstraße, gesehen aus solcher Perspektive, daß diesmal der Ring (der doch unsern ganzen Himmel noch umspannte, obwohl jede Sonne darin der Entfernung wegen nur mehr ein Pünktchen war) überhaupt fast zu einem Punkt, zu einem einzigen kleinen, dem bloßen Auge kaum mehr wahrnehmbaren Tröpfchen verspritzter Milch zusammenschmolz.

Der Mann, der zuerst diesen Gedanken ausdachte, war wieder, wie es einst Dante gewesen, der größte Seelenforscher und Kenner der moralischen Welt in seinem Jahrhundert: Kant.

Er kannte keinen Schwindel, — also auch nicht vor dem Gedanken einer Milchstraße auf dem Raum eines Senfkorns. Mit der Ruhe eines Feldherrn, der einen halben Erdteil vor sich liegen sieht wie eine Landkarte, sah er bloß, daß der große Gedanke eine große praktische Folgerung umschloß.

In unsere eigene, nächste Milchstraße sahen wir von innen hinein, ihr Kreis umspannte uns, als säßen wir nahezu genau im Zentrum. Das erschwerte offenbar den Ueberblick. Wenn aber der Nebelfleck etwa in der Andromeda eine ebensolche Milchstraße enthielt, so sahen wir dort die Dinge unzweifelhaft von außen. Folgerung: wir konnten aus diesem Dämmerwölkchen da drüben etwas über den Bau unseres eigenen Systems lernen, — so wie der Seefahrer von weitem das ganze Profil einer Gebirgskette deutlich vor sich sieht und abzeichnen kann, während der Alpenkletterer im Gebirge selbst den großen Umriß vor lauter Einzelbergen, den Wald vor Bäumen verliert.

Zwei praktische Fortschritte glaubte Kant auf diesem Wege gewinnen zu können.

Der eine ging ins geschichtliche Gebiet. Die besten Fernrohre der Zeit hatten nicht vermocht, einen Nebelfleck wie den der Andromeda wirklich in Einzelsterne aufzulösen. Das konnte an der unfaßbaren Entfernung liegen. Es konnte aber auch seinen Grund darin haben, daß diese am Welthorizont auftauchende neue Weltinfel gar nicht in Sterne gegliedert war, — noch nicht gegliedert war. Eine einheitliche, lose Nebelmasse bildete sie vielleicht, nebelige Materie.

Kant träumte sich seherisch in einen Urzustand solcher Weltsysteme hinein, da alle Sternmaterie noch einen Gasball ohne innere Ordnung darstellte. Dort war es vielleicht noch so, — bei uns war es vor Jahrmillionen vielleicht einmal so gewesen. Im Ausbau dieses Gedankens baute Kant seine berühmte Weltbildungstheorie auf, die kreisende Sterne aus losen Gasringen sich aufrollen ließ. Unser Fixsternsystem sollte so entstanden sein und in ihm, enger wieder, unser Planetensystem. Diese Linie verfolge ich hier nicht, sie führt in eine andere Gedankenebene als die, mit der wir uns beschäftigen. Unmittelbar in das heute vor Augen gestellte Milchstraßen-Problem dagegen leitete Kants zweiter Schluß.

Sei der Andromeda-Nebel nun wirklich noch Weltennebel, oder sei auch er schon ein in Fixsterne aufgelöstes System genau gleich dem unseren: auf jeden Fall zeigte er im Gesamtumriß eine ganze bestimmte, höchst charakteristische Gestalt. Er glich einer flachen Linse. Mehr Scheibe als Kugel. Warum sollte das nicht auch das von außen gesehene Bild unseres eigenen Systems sein?

Auf den ersten Anblick schien hier allerdings gerade ein Widerspruch vorzuliegen.

Durch unser System zog sich die Milchstraße als geschlossener Sternenring. Lag es nicht viel näher, daß jener Nebelfleck, wenn er ein von fern gesehenes ganzes System darstellte, ebenfalls als Ring und nicht als einheitlich helle, linsenartige Scheibe erschien?

Im Gegenteil, sagt Kant.

Die Milchstraße würde uns in der Tat so als Ring am Himmel erscheinen, wenn ihre gedrängten Sternmassen einen riesigen Sternenring in unserem System bildeten, — das ist richtig. Aber sie würde uns genau ebenso erscheinen, wenn es einen solchen Ring tatsächlich nicht gäbe, dagegen das ganze System die Form einer flachen Linse oder Scheibe hätte. Und weil nun jene ferne zweite Welt im Andromeda-Nebel diese Linsenform wirklich hat und nicht jene Ringform, so wird es deshalb wohl auch bei uns so sein, — auch unsere Sterne werden als Ganzes eine flache Linsenscheibe bilden.

Der Witz dieses wirklich haarscharfen Gedankens steckt in folgender Tatsache.

Hier liegt eine deutsche Reichsmark, das Ideal geradezu einer flachen Scheibe. Das Metall dieses Geldstücks denken wir uns einmal zusammengesetzt aus Tausenden von kleinen Körperchen, Kügelchen etwa. Aus Molekülen, würde der Chemiker sagen. Doch auf den Ausdruck kommt nichts an. Nun denken wir uns von einem dieser Kügelchen etwa in der Mitte des Silberstücks, es sei von unfaßbar kleinen Bazillen bewohnt. Diese Bazillchen sollen Aeugelchen besitzen, die mit der wunderbaren Fähigkeit begabt sind, nach allen Seiten hin die übrigen losen Kügelchen in der Metallmasse zu sehen. Wie würde ihnen die Anordnung dieser Kügelchen in der Mark von ihrem Standpunkte aus erscheinen?

Zunächst würden sie in der dünnen Metallplatte etwa nach der Seite sehen, wo sich der Reichsadler befindet. Die Metallmasse, die sie hier zu durchdringen hätten, wäre sehr dünn, und sie würde sich ihnen also wohl in ein ziemlich loses Netz einzelner Metallkügelchen auflösen, zwischen denen die Poren des Metalls freien Ausblick in die Welt außerhalb der Mark — also vielleicht auf andere, entfernte Markstücke eines Portemonnaies oder auch auf eine schwarze Hosenwand — erlaubten. Jetzt würden sie den Blick wenden und umgekehrt nach der Seite schauen, wo die Schrift in ihrem Eichenkranze steht. Abermals dasselbe Schauspiel, — denn auch hier bohrt sich der Blick durch die geringe Dicke der Silberscheibe und ist fast unmittelbar zwischen wenigen Kügelchen ganz aus dem Silber heraus im Portemonnaie oder in der Hosentasche. Wie aber, wenn der Blick jetzt eine dritte Richtung wählte?

Er versenkte sich spähend nach irgend einer Seite auf den gekerbten Rand der Mark zu. Aber vergebens suchte er auch hier so leicht durch die Kügelchen zu dringen. Sähe er doch jetzt von innen gegen die ganze Hälfte der Fläche des Markstücks an, also in ein sehr viel tieferes Stück Silber als vorhin. Wohl löste das Silber sich auch hier vorne in Kügelchen auf. Aber hinter diesen ersten Kügelchen käme jetzt nicht sofort die Portemonnaie- oder Hosenwand, sondern es stellte sich dahinter eine zweite Reihe glänzender Metallteilchen, dahinter noch eine und so eine ganze

lange, lange Kette. Und da die Hintermänner sich in die Lücken
der vorderen Kolonnen drängten, so hörte schon nach kurzem Wege
jede Durchsicht in Lücken überhaupt auf: die ganze Armee der
Kügelchen erschiene schließlich als einheitliche Mauer, als Silber-
wand, die jeder Auflösung durch den Blick trotzte. Dieses letzte
Schauspiel nun wiederholte sich aber, wo immer das Bazillen-
äuglein in der Richtung auf den gekerbten Rand sich einstellte.
Der gekerbte Rand läuft bekanntlich als Ring um die ganze Mark-
scheibe. Entsprechend stellte sich dem herumirrenden Blick in bestimmter Ebene ein ganz fester Ring solcher einheitlichen Silber-
masse ohne Portemonnaie- oder Hosen-Ausblicke dar.

Dieses Bild, trivial wie es ist, malt doch genau die an-
genommene Sachlage am Himmel.

Unser ganzes engeres Sternensystem soll die Gestalt einer
flachen Scheibe gleich einem Markstück haben. Wie das Markstück
aus winzigen Silberkügelchen, so besteht die Riesenscheibe des
Sternhimmels aus einer Unmasse einzelner Sterne in ziemlich gleichmäßiger Verteilung. Das Kügelchen ungefähr in der Mitte ist
unsere Erde, und die Bazillen mit lichtfrohen Aeugelchen sind wir
Menschen. Wir schauen gegen die Fläche der Sternscheibe — und
rasch durchdringt unser Auge die paar Einzelsterne dieses kurzen
Stücks, — schon taucht in den Lücken der leere, schwarze, kalte
Weltraum — die Hosenwand oder Portemonnaiewand unseres
Bildes — auf. Nach beiden Seiten ist es so, wenn wir die Fläche
treffen. Hier wie dort einzelne Sternbilder auf dunklem Grunde.

Aber wir wollen gegen den Rand der Sternscheibe vordringen
— und die Welt vernagelt sich. Sternreihe schiebt sich auf dieser
langen Bahn hinter Sternreihe, die eine füllt die Zwischenräume
der vorhergehenden, — die leuchtenden Punkte werden zur einheitlichen Leuchtmasse wegen ihres Hintereinanders in die Tiefe
hinein, ohne daß sie in jeder einzelnen Reihe darum dichter ständen.
Und diese kompakte Leuchtmasse begegnet uns, wo immer der Blick
in die Ebene gegen den Rand der Sternscheibe eindringen will, —
genau wie das Markstück seinen gekerbten Rand als Ring um sich
trägt, so bildet auch der Rand der · Sternscheibe einen Ring für
den, der im Mittelpunkte steht, — — und in diesem Ring glänzt

dem Auge folgerichtig jene einheitliche Leuchtmasse, in der das
Gewimmel der Sterne die Einzelformen löscht und die Durchblicke
in den schwarzen Raum überdeckt.

Wir stehen bei der Milchstraße.

Sie ist kein wirklicher Sternenring, sondern nur eine zufällige
Projektionserscheinung für das Auge von Beobachtern, die fast
genau in den Mittelpunkt einer flachen Scheibe aus gleichmäßig
verteilten Sternen gesetzt sind und diese zwangsweise Lage ihrer
Sternwarte nicht verschieben können.

Nicht umsonst kam dieser Gedankengang von einem König
unter den Logikern. Kein Kärrner hat ihn in den hundertfünfzig
Jahren seither auf seinem eigenen Felde besiegen können. Sollte
er je wieder ins Wanken gebracht werden, so konnte es nur geschehen, indem gewisse Voraussetzungen aus dem Tatsachen-Material
heraus hinfällig wurden.

Zwei ganz scharf umrissene Angriffe konnten ihn nur mehr
fällen.

Entweder die ganze Deutung des Andromeda-Nebels als der
unsern ähnliche Fixstern-Insel war schließlich doch noch falsch.
Dann fiel die Analogie von dort. Oder eine genauere Betrachtung
der Milchstraße selbst machte doch aus greifbaren Beobachtungs-
Gründen jene „optische" Erklärung Kants unmöglich. Dann fiel
von hier die Analogie.

In der zweiten Hälfte des achtzehnten Jahrhunderts, als Kant
schrieb, mußte ein ehrlicher Sinn zugeben, daß beides denkbar war.
Denn die Ausnutzung des Fernrohrs stand tatsächlich noch immer
in ihren Anfängen. Wilhelm Herschel enthüllte ja eben mit seinem
Rohr einen ganzen neuen Himmel. Aber da gerade wurde offenbar,
wie wenig wir noch wußten. Als Herschel in der Nacht des
13. März 1781 nach Doppelsternen gesucht und dabei die uralt
heilige Zahl der Planeten, auf der ganze Religionen, die tief-
sinnigsten philosophischen Betrachtungen und Hunderttausende von
persönlichen Horoskopen aufgebaut worden waren, durch Entdeckung des Planeten Uranus zertrümmert hatte, — da beschlich
auch den Kühnsten ein Ahnen, was jetzt erst alles folgen werde.

Und wieder, wie so oft, begann in der Tat hier eine jener

wunderbar verzweigten Arabesken der Forschung, die auf den Beschauer später einen so köstlichen Reiz ausüben. Meint er doch,
ein Pflänzlein dem ungestalten Keim sich entringen zu sehen, es
reckt sich, spaltet Hüllen, biegt und kringelt sich empor, setzt erst
fremdartige Blättchen an, als sollte etwas ganz anderes werden —
bis endlich jäh der Typus, die Art, die wirklich entstehen sollte,
sieghaft vorbricht. So erlebt auch er das Keimen und Reifwerden
einer Wahrheit, einer Erkenntnis im Menschengeiste, und er erlebt
sie in einer unendlich feineren, geistig anregenderen Form, als wenn
die neue Weisheit plötzlich blitzeblank vom blauen Himmel fiele.

Wenn der Andromeda-Nebel ein ganzes Fixsternsystem in
Linsenform umschloß, das seinen Zentralbewohnern ebenso als
Milchstraße erschien wie uns unser milchiges Himmelsband: dann
mußte dieser Nebel enorm weit von uns entfernt sein. Denn er
hatte ja wirklich beinahe nur noch die Größe einer echten Linse
für uns.

Gab es solche Entfernungen?

Gab es eine Rechnung, die da nachkam?

Es ist der erste verzwickte Arm der Arabeske, der sich hier
aufreckt.

Der nächste Fixstern unseres Systems jenseits der Sonne steht,
wie gesagt, so weit von uns ab, daß das Licht rund vier Jahre
braucht, um zu uns zu gelangen. Das bedeutet mehrere Billionen
Meilen. Es läßt sich mit Sicherheit behaupten, daß diese Ziffer
keineswegs zu groß, dagegen eher noch um ein beträchtliches zu
klein ist. Das ist der nächste Stern! Bei anderen Sternen gerät
man auf einige dreißig solcher Lichtjahre. Was wir heute von ihnen
sehen, ist ihr Bild, wie es vor dreißig Jahren von ihnen durch Lichtpost herübergeworfen wurde. Für die entferntesten Sternpünktchen,
die aber immer noch in unsere Fixsterninsel hineingehören, gibt es
einen Annäherungswert von 22000 Lichtjahren. Da wir uns fast
im Mittelpunkte der Insel befinden und solche äußersten Pünktchen
nach zwei Seiten auftauchen, so gibt das einen ungefähren Längen-
durchmesser des Systems — sagen wir in Kants Sinn, der Scheibe
oder Linse — von 44000 Lichtjahren. Unsere ganze aus unmittelbarer Ueberlieferung stammende Kultur auf Erden hatte also noch

nicht begonnen, als jene außersten Systemecken das ausstrahlten, was heute als ihr Licht in unser Fernrohr rinnt. Und dabei ist die Ziffer sicherlich noch nicht das volle Maß.

Als man anfing, zuerst einmal ganz im Umriß und noch ohne feinere Nachweise, mit ähnlichen Ziffern für unsere Milchstraße zu spielen, erfolgte sofort der Schluß: das alles jetzt muß, als innerhalb unseres eigenen Systems gelegen, doch nur erst eine Bagatelle sein gegen den Abstand der nächsten ganzen Firstern-Insel von uns, — also gegen die Entfernung des Andromeda-Nebels. Wie wenn ich einem sage: dieser Hausgiebel hier steht von dem dort zehn Meter weit ab, — was du dort im Ausschnitt der Straße aber wie zwerghafte Zuckerhütchen ragen siehst, das ist die ganze Alpenkette, — wie weit muß die entfernt sein! 44000, — das ist schon fast halb Hunderttausend. Bloß zehnmal Hunderttausend gibt eine Million. Eine Million Lichtjahre also. Aber das ist in Anbetracht der Sache noch immer nicht viel, im Gegenteil. Riskieren wir ein paar, eine Anzahl Millionen.

Es war wieder ein Riesendenker, jetzt schon im neunzehnten Jahrhundert, der hier den Kopf auf die Hand stützte und in Gedanken eine gewisse Bilanz zog vom überschauenden Standpunkte aus.

Zehn, oder zwanzig, oder gar hundert Millionen Lichtjahre, — das berührte eine andere Ziffer der Naturforschung.

So viel Millionen einfache Jahre erreichten oder überschritten gar schon unsere gesamte Kenntnis von der geschichtlichen Entwickelung der Welt. Sie datierten zurück hinter den Menschen auf Erden, hinter die Ichthyosaurier, die Steinkohlenwälder, die Bildungszeit der kristallinischen Schiefer, die Entstehung der ersten Erkaltungsrinde unseres Planeten, — ja schließlich gar noch hinter jene wilde Genesis des ganzen Sonnensystems, wie sie Kant träumte, und zuletzt noch hinter die der Milchstraßeninsel selber.

In diesem Falle, sagte sich Humboldt, ist ein solcher Nebel wie der in der Andromeda mit seiner vor Hunderten von Jahrmillionen abgegangenen und jetzt erst bei uns ankommenden Lichtpost einfach das älteste sinnfällige Zeugnis vom Dasein der ganzen Materie, das wir überhaupt noch besitzen!

War dieser Nebel heute für unseren Anblick noch glühender Urstoff ohne innere Gliederung in Einzel-Sonnen, so war das wirklich kein Wunder. Vor so viel Millionen Jahren war unser Milchstraßensystem das ja in Kants Sinne auch gewesen. Wir sahen aber tatsächlich dort, was damals war. Kam die Lichtpost von uns selber umgekehrt dorthin, so langte auch sie ja mit derselben Verspätung an und dort erschien unsere Sterninsel entsprechend ebenfalls erst in ihrem chaotischen Urzustande.

Das war nun ein pompöses Wort, und der alte Humboldt war der nötige pompöse Redner, um es aller Welt als kosmisches Bonmot einzuprägen.

Die Anhänger der Kant'schen Milchstraßen-Theorie aber freuten sich doppelt dabei, denn es gab nur Wasser auf ihre Mühle, — erhöhte nämlich nur die Wahrscheinlichkeit, daß der Andromeda-Nebel unser Lehrmeister in Kants Sinne bleiben dürfe.

Indessen die Arabeske begann ihre Krümmung.

Mit dem Jahre 1880 setzt für unsere Kenntnis der Nebelflecke eine ganz neue Epoche ein. Draper photographiert den Orion-Nebel.

Die Photographie eroberte auch hier den Himmel — ein unvergleichlicher Fortschritt.

Es war, als sei dem Menschenauge eine neue Netzhaut geschenkt, weit empfindlicher als die alte organische des Wirbeltierauges, die wir von der Natur mitbekommen haben.

Auf dieser Netzhaut der photographischen Platte erschien auf einmal der ganze Fixsternhimmel wie durchsetzt, durchsponnen von lauter nebelhaften Gebilden, die kein Mensch hatte ahnen können. Was Herschel und Lord Rosse, die größten Nebelforscher bisher, für einzelne Nebelflecke gehalten, das verknüpfte sich vielfach, Lichtbänder liefen als Brücken herüber und hinüber, die scharfen Umrisse, die man gezeichnet und nach allerlei Aehnlichkeiten benannt hatte, lösten sich. Ueber ganze Sternbilder war glimmender Dunst ausgegossen, allerorten badeten Fixsterne geradezu in Nebelwellen.

Was sollte das?

Die Sache wurde noch komplizierter. An gewissen Stellen wurde geradezu ein Zusammenhang deutlich zwischen großen, längst bekannten Fixsternen, die jeder zu unserem System rechnete, und dieser Nebelmaterie. Diese Sterne standen nicht perspektivisch bloß zufällig vor dem Nebel. Sie glühten aus ihm heraus, bildeten Verdichtungen in ihm. Nebelstrahlen und Schweife flossen unmittelbar von ihnen aus wie ungeheure Kometenschwänze.

Es war ein absolutes Stück der Unmöglichkeit, vor diesen neuen Karten an dem alten Humboldt'schen Gedanken in seinem ganzen Umfange festzuhalten. Waren auch diese neuen Nebelgebilde ferne Weltsysteme, so mußten unbedingt auch einzelne echte Sterne, beispielsweise im Orion, aus unserem Milchstraßensystem ganz herausfallen. Wie unfaßbar groß sollten sie aber dann sein, daß man sie doch noch einzeln im Nebel sah?

Aber es standen ja Nebel über Nebel in der Milchstraße selbst? Mitten also in der angeblichen Flächenachse unseres eigenen Systems, wo die gehäuften Sterne uns die Aussicht gerade in den weiteren Raum sperren sollten!

Eine große Reaktion trat ein.

Die Nebelflecke sind überhaupt keine Welteninseln außerhalb unseres Systems, wurde Parole. Inmitten unserer eigenen Sterninsel schwimmen Nebelwolken allenthalben herum. Alle jene Rechnungen über Entfernungen von Millionen Lichtjahren sind eitel. Schon in ein paar Lichtjahren Entfernung können Nebel liegen.

Weit fort vom alten Ziel bog sich die Arabeske.

Wenn nun auch der alte Baustein der ganzen Theorie, der Andromeda=Nebel, schließlich nur einige zwanzig oder dreißig Lichtjahre von uns abstand, wenn er ganz friedlich innerhalb unseres Systems, diesseits am Ende gar noch von Plejaden oder Orion, schwebte . . . . . . ?

Stimmen wurden laut, die schlechterdings jede Möglichkeit eines Hindurchsehens zwischen unseren Systemsternen bis auf andere Systeme leugneten. Mochte es immerhin solche Systeme in der Unendlichkeit des Raumes noch geben, — mit nichts schien auf einmal bewiesen, daß wir sie überhaupt sehen müßten. Der Zwischenraum konnte so groß sein, daß die Lichtwelle darin starb, daß das Licht von den feinsten Materieteilchen, die den Weltraum unsichtbar doch noch überall erfüllten, einfach aufgezehrt, absorbiert wurde.

Und es gab eine Betrachtungsweise, die dem sogar scheinbar noch zu Hilfe kam.

Sie ging aus von der inneren stofflichen Beschaffenheit der Nebelflecke.

Die Arabeske hatte hier ihren Sonderarm getrieben seit Kants und Herschels Zeit. Dreimal hatten die Lehrbücher an diesem Punkte in hundert Jahren umgeschrieben werden müssen, — jetzt eben nahte das vierte Mal.

Als ein Eroberer großen Stils war Herschel im achtzehnten Jahrhundert durch die Sternenwelt gezogen. Welten hatte er vergeben dürfen, uralte Traditionen brechen und neue Bande schlingen. Aber auch für ihn gab es einen Punkt, wo sein Rohr versagte. Eine Anzahl jener Nebelgebilde, die Kants Interesse so lebhaft geweckt, vermochte er noch in Sterne aufzulösen. Andere nicht mehr. Und es war in der Tat gerade der Andromeda-Nebel einer der zähen gewesen, der seine Milchstraße aus Fixsternen, wenn er sie besaß, doch dem Weltbezwinger nicht mehr öffnen wollte.

Woran lag das?

Im Sinne der späteren Humboldt'schen Betrachtungsweise konnte es keine einfachere Erklärung geben, als daß diese Sterneninsel eben wirklich so unfaßbar weit von uns ab im offenen Raumozean schwebe, daß wir mit stärksten Fernrohren doch kein einzelnes Sternflämmchen mehr darin unterscheiden könnten.

Herschel war selbst aber schon vorsichtiger. Der unlösbare Nebel konnte auch deshalb unlösbar scheinen, weil nichts zu lösen in ihm war: er konnte ein Chaos glühender Nebelmaterie wirklich sein. Und dafür war Herschel, obwohl es im Grunde ja Meinungssache blieb.

Im neunzehnten Jahrhundert stellte Lord Rosse jedoch in England ein noch viel größeres Rohr auf und setzte den Feldzug an dieser Ecke des Herschel-Reiches noch nachhaltiger fort. Diesmal fiel wieder eine Reihe angeblich unlösbarer Nebel in Sternstaub auseinander. Und die Erfolge kamen so Schlag auf Schlag, daß die Schale zu Herschels Ungunsten zu sinken begann. Das Problem kam nun doch, schien es, aus der reinen „Meinung" heraus. Wer die Dinge verfolgte, erwartete eines Tages zu lesen, daß der nebelerpichte Lord auch den Andromeda-Nebel atomisiert und damit diese ganze Sachlage endgültig geklärt habe.

Auch die äußersten Nebel, wäre dann sicher gewesen, waren Milchstraßen-Systeme im Sinne Kants, — aber ihre Lösbarkeit gab auf der anderen Seite aus sich keinerlei Beweis für übermäßig große Ziffern der Entfernung.

Statt dieser wahrscheinlichen Entscheidung durchzitterte aber plötzlich wie ein Allarmsignal die Kunde von einer ganz anderen Entdeckung die astronomische Welt.

Kirchhoff und Bunsen hatten abermals — nicht einen neuen Stern oder Nebelfleck, sondern ein neues Auge entdeckt. Ein Werkzeug-Auge, gleich den Linsen des Fernrohrs, aber noch viel wunderbarer. Ein chemisches Auge durfte man es nennen.

Zwischen Stern und echtes Menschenauge wurde diesmal nicht eine Linse, sondern ein geschliffenes Glas, das man Prisma nennt, eingeschoben. Dieses Glas wirkte auf das Licht wie die Sieböffnung einer Gießkanne auf den Wasserstrahl des Gießkannen-Rohres: es zerlegte seinen Strahl in ein Bündel Einzelstrahlen. Dabei kam je nach der Art des Lichtes ein besonderes Geflecht gewissermaßen dieser Einzelstrahlen zu Tage, das sich in allerhand Lücken, dicken und dünnen Fäden, dieser und jener Anordnung, größerer oder geringerer Vollzähligkeit und so weiter offenbarte. Indem man irdische Lichtstrahlen, deren Quelle bekannt war, durch dieselbe Gießkanne laufen ließ und die Verschiedenheiten ihres inneren Aufbaues dabei studierte, glückte es, das Licht gleichsam zu einer Aussage zu zwingen, ihm eine uns verständliche Sprache aufzunötigen. Das Licht, das von einem weißglühenden Körper ausging, spritzte anders aus der Gießkanne des Prismas als das, das von einem glühenden Metalldampf kam. Die Metalldämpfe unter sich gaben wieder verschiedene Bündel, und vollends noch wieder anders wirkte Weißglut, die quer durch einen solchen Metalldampf hindurch strahlte. Hatte man das einmal in so und so viel Fällen unter Kenntnis der Quelle festgestellt und aufgezeichnet, so konnte man jetzt umgekehrt bei Lichtstrahlen, deren Quelle man zunächst nicht kannte, einen Schluß aus dem Gießkannen-Ergebnis auf diese Quelle nach Analogie jener anderen Proben machen. Und das traf auch die Sterne.

Sofort war klar, daß die Sonne ein weißglühender Körper hinter einer Schicht glühender Metalldämpfe sein müsse, denn genau dem entsprach das Strahlenbündel, das das Sieb des Prismas aus ihrem Licht ergoß. Ein sinnreicher Schluß erlaubte sogar, die Einzeldämpfe dabei noch wieder besonders herauszusieben und so ein Bild der chemischen Zusammensetzung wenigstens dieser Sonnenhülle zu erzielen, als hätten wir ihre Bestandteile handgreiflich in unserem irdischen Laboratorium beisammen und könnten sagen: hier dampft Eisen, hier Nickel, hier Natrium, hier dieses oder jenes andere Metall, von ungeheurer Glut zu Wolken verflüchtigt.

Der nächste Schachzug war dann eine wundervolle Bestätigung des alten welterschütternden Gedankens des Giordano Bruno. Die Fixsterne waren ihrem Licht nach ebenfalls solche Sonnen. Einige glichen unserer Sonne geradezu in jedem Zuge. Andere waren etwas verschieden, aber doch nur so viel, daß man sah: es glühte hier eine noch etwas heißere Sonne oder dort eine, die umgekehrt schon ein wenig mehr abgekühlt war als unser treuer Helios.

Der dritte Streich aber sprang auf die Nebelflecke über. Und im gleichen Moment lag Lord Rosse trotz seines Riesenfernrohrs wieder unten und der alte Herschel mit dem kleineren Rohr war glänzend rehabilitiert.

Wenn die Nebelflecke sämtlich echte Schwärme schon vollständig ausgebildeter Fixsterne waren, so mußte die neue Untersuchungsart mit dem Prisma (die Spektral-Analyse, wie man es wissenschaftlich nannte) notwendig ebenfalls ein sonnenähnliches Lichtbündel bei ihnen liefern. Denn ob nun eine Sonne oder hunderttausend, — diese Lichtprobe läßt sich nicht auf Verschwimmen zu Nebelmassen ein: sie liefert in der Summe einfach nur wieder den gleichen Ausweis, den jedes einzelne Sternflämmchen darin aushändigen müßte.

Nun denn: einer ganzen Anzahl der längst bekannten Nebelflecke fiel es tatsächlich nicht ein, den bewußten Sonnen-Ausweis zu liefern. Statt der Weißglut hinter Metalldämpfen zeigten sie schlechterdings bloß das Bild, das auf Erden von einem einzigen glühenden Gase ausging: nämlich von Wasserstoff. Sie lieferten es kompliziert noch durch einige Anzeichen einer Mischung dieses Gases mit anderen Gasarten, die zunächst niemand aus irdischer Aehnlichkeit deuten konnte. Seither haben wir entdeckt, daß mindestens ein solcher Mischungsbestandteil das ungemein merkwürdige Helium ist, — ein Stoff, den man zuerst nur eben mit Hilfe der Spektral-Analyse auf der Sonne nachgewiesen und danach Helium (von Helios) benannt hat, der aber zu guter Letzt doch auch noch auf unserer braven Erde selber gefunden worden ist, auf daß das kleine kosmische Museum, das uns in dieser Erde gegeben ist, auch in diesem Punkte sich als vollständig erweise.

Diese Nebel waren also, was das Wort sagte: wirklich Nebel, — frei im Raum schwebende Wolken glühenden Stoffs im Zustande des Gases, — vornehmlich leuchtende Nebelwolken aus Wasserstoff.

Gegen diese Deutung des neuen Werkzeug-Auges Prisma gab es keine Instanz mehr, — die Natur hatte gesprochen.

Die Anhänger jener Kant'schen Weltbildungstheorie, nach der Milchstraßensysteme sich erst allmählich aus losem Weltennebel zu Fixstern-Haufen entwickelt hatten, waren zufrieden. Mit Rosse war ihre Sache bedenklich geworden. Jetzt stand sie wieder. Diese Nebelflecke waren eben noch keine Milchstraßen-Welten in unserem Sinne, aber Welt-Embryonen, werdende Keime, bei denen alles noch im Nebel lag. Vielleicht war der Wasserstoff das Ur-Element, aus dem sich die andern erst durch Abkühlung bildeten.

Noch einmal wurde an dieser Wende das Humboldt-Bonmot mit besonderem Nachdruck vorgebracht. Diese Nebelflecke erschienen uns deshalb noch im Werdezustand, als wahre Ur-Nebel, weil sie so unausdenkbar weit von uns abstanden, daß jetzt erst die Lichtpost ihrer millionenalten Vergangenheit, ihrer Ur-Zeit, das Lichtsieb unseres Prismas erreichte.

Nicht lange aber — und auch die Skeptiker fanden vor der gleichen Sachlage Mut.

Echter Nebel blieb Nebel — ob nah, ob fern. Ein Nebel, der bloß perspektivisch aus unzähligen Sternpunkten zusammenfloß, war sicherlich recht fern. Konnte gar das beste Fernrohr ihn nicht mehr auflösen, so war er ganz gewiß sehr, sehr fern. Ein Nebel aber, der auch auf zehn Schritt Entfernung eben Nebel geblieben wäre, da er eine Wolke glühender Luft ohne Sternpunkte darin war, — er „konnte" eben auch, wenn man's sonst wollte, dicht vor unserer Nase stehen. Dieses „Sonst wollen" wurde nun lebhaft bestärkt, seit die Photographie jenen allgemeinen Umschlag in der Nebel-Deutung angebahnt hatte. Alle möglichen ketzerischen Ansichten wollten sich nicht mehr beruhigen lassen.

Also die Nebelflecke bestanden in der Mehrzahl aus leuchtendem Gas. Wie hatte man sich das eigentlich zu denken?

Die Vorstellung einer frei über ungeheure Räume verteilt schwebenden Gaswolke im eisig kalten Raum ist rein physikalisch eine überaus schwierige. Das Gas muß in einer Weise verdünnt sein, daß ein Chemiker, der mitten hinein geriete, es zunächst gar nicht als solches fassen könnte. Wir denken uns seit Kant so gern unser Sonnensystem, wie es heute dasteht, als ein Verdichtungsprodukt aus einem ähnlichen Gasnebel. Nun: alle heute vorhandenen Massen der Sonne, der Planeten und Monde dieses Systems bis zur Neptunbahn als Gaskugel nebelhaft gleichartig über diesen Raum, den jetzt die Neptunbahn als Aequator umgürtet, verteilt, ergäben einen Nebel, der von unserer gewöhnlichen irdischen Luft um mehr als das 240000millionenfache an Dichtigkeit übertroffen wird. Wo sind die Instrumente der Chemie, die diesen Nebelstoff noch nachweisen sollten! Nun soll man sich aber Nebel vorstellen, die ganze Sternbilder durchqueren, also um ein vielfaches mindestens die Abstände von Fixsternen untereinander übertreffen und in sich schließen, — Abstände, die nach Billionen von Meilen, nach Lichtjahren, nach dreißig und mehr solcher Lichtjahre zählen.....

Es lag ungemein nahe, sich zu sagen, daß ein Nebel im Zustande solcher feinsten Verflüchtigung keine eigene Wärme gegenüber seiner Umgebung mehr besitzen könne, — und es wurde nachdrücklich gesagt.

Der Weltraum ist kalt, ein Eiskeller. Viele Astronomen wollen geradezu, daß er die Temperatur des sogenannten absoluten Nullpunktes besitze, nämlich minus 273 Grad. So eisig müßte der

Nebel auch sein. Ein ganz neues Bild taucht hier auf. Nicht ein glühender Urnebel, sondern eine kalte Wolke Wasserstoff.

Aber die Wolke leuchtet ja?

Leuchten gilt im allgemeinen doch als ein Zeichen der Hitze. Metall leuchtet im Moment, da es in Glut gerät. Indessen es gibt auch ein Leuchten kalter Körper: die sogenannte Phosphoreszenz. Und gerade sie scheint zuzunehmen beim Sinken der Temperatur. Wenn nun mit der Annäherung an den absoluten Nullpunkt viele oder alle Körper anfingen, ein geheimnisvolles Phosphorlicht, — ein Kälte-Licht, auszustrahlen? Und wenn also auch die losen, unglaublich verdünnten Gase des Weltraums bei diesem äußersten Nullstand aufglimmten? Es gibt vielleicht noch andere Glüh-erscheinungen dieser Art, bisher unerklärlich: die Schweife der Kometen, das Nordlicht.

Aber, so kommt der Gegeneinwurf wieder von der Physik selbst: wenn nun die Nebelfleck-Gase die volle Weltraumkälte in sich tragen, — wie können überhaupt bei solcher Kälte Gase be-stehen? Diese Kälte bannt jedes Geschehen in absolute Starre, sie ist der wahre Bewegungstod. Was aber ist ein Gas in ab-soluter Starre?

Doch diese Nebelgase in ihrer tollen Verdünnung wären ja so wie so jenseits jeder Vorstellung, die wir mit Gasen verknüpfen. Näherten sie sich nicht schon dem geheimnisvollsten aller Stoffe, dem berühmten Weltenäther, der den kalten Raum in seiner Ganz-heit erfüllen soll und in dem nach unserer Licht-Theorie die Licht-wellen laufen? Waren sie nicht am Ende nur Verdichtungen dieses wundersamsten Geheimstoffs der modernen Physik, etwas festere Inseln im Aetherozean, die doch als solche, als Aetherinseln, noch immer allen groben Gesetzen der gangbaren Körperlichkeit ein Schnippchen schlugen?

Ich breche die Linie hierher ab. Sie führt, wie man sieht, an schwindelerregende Ränder. Wo der absolute Nullpunkt, wo der Aether, wo diese und verwandte Begriffe in wissenschaftlichen Hypothesen heute auftauchen, da schwebt der Geist noch über dem Abgrund und — trotz Licht-Aethers über der Finsternis. Aber man begreift, in welche Verwickelung die Sachlage geriet, wenn solche

Vermutungen überhaupt schon bei den ernsthaftesten Köpfen, denen jedes Spiel fern stand, auftauchen konnten.

Der Aether wogte ja nicht bloß zwischen unserer Milchstraße und fernen anderen Systemen. Er war um uns, in uns, war überall. War ein „Nebelfleck" nichts anderes als eine vor Kälte phosphoreszierende Aether-Verdickung, eine leuchtende Wolke der Weltluft zwischen Stern und Stern, — — so war wirklich von hier aus ganz und gar nicht einzusehen, warum solche Wolken nicht tausendfach sich mitten durch unsere eigene Fixsterninsel, warum sie nicht mitten durch unsere Milchstraße sich ziehen sollten.

Ja, es wurde, von allem Tatsächlichen abgesehen, theoretisch sogar unwahrscheinlicher, daß sie gerade aus der Ferne von Millionen von Lichtjahren überhaupt noch sollten gesehen werden können, — sie mit ihrer bloß glimmenden Phosphoreszenz, die schwerlich der Leuchtkraft wirklich glühender Kolosse wie einzelner echter Fixstern-Sonnen auch nur gleichkommen konnte.

Mochten sie immerhin, wie vielleicht der ganze Aether, der unaufgebrauchte Rest eines Kant'schen Ur-Nebels sein, aus dem alle Sonnen unseres Systems sich im Zeitenlaufe bereits herauskristallisiert hatten wie aus einer Mutterlauge.

Jedenfalls blieb es auch mit ihnen bei dem einen einzigen Ur-Nebel für unsere Kenntnis, — eben dem, aus dem unsere Milchstraße sich geformt hatte. Nirgendwo, auch in keinem Nebelfleck, sahen wir aus unserem Milchstraßengeheimnis hinaus auf ein zweites.

Vielleicht gehörte der ganze Lichtäther als solcher wirklich noch zu uns, war mit umschlossen in unserem System.

Jenseits gähnte dann der absolut leere oder wenigstens auch ätherleere Raum.

Keine Lichtwelle konnte durch ihn mehr zu uns fließen.

Nie würde ein Menschenauge innerhalb unserer Sternenlinse von außen eine Lichtpost erhalten, da der Träger fehlte.

Mochten Welten sein, unzählige, wie Philosophen träumten. Nie kamen sie zusammen, auch in Form einer dämmernden Nebelinsel nicht. Hinter dem letzten Fixstern begann für uns — das Nichts, — — das Nichts des ewig Blinden.

An dieſer Stelle, wo der Speerwurf des alten Lukretius wirklich vor der ſchaudervollen Leere ſcheint, iſt es nun doch der alte
freundliche Andromeda-Nebel geweſen, der uns gezwungen hat,
etwas weniger ſtraffe Saiten aufzuziehen.

Die Arabeske wächſt ſich wieder ein. Allerdings, um nun
endlich gerade das doch noch umzuwerfen, was von Anfang an
das allerſicherſte Ergebnis ſchien.

Die Beweiskraft der ganzen Nebelfleck-Forſchung für das
Milchſtraßenrätſel iſt zu dieſer Stunde — ſo viel bleibt feſt — hinfällig, ſo weit es ſich um wirklich gasförmige Nebel handelt.

Ihre Entfernung iſt mindeſtens in einer Anzahl kontrollier-
barer Fälle nicht ſo groß, wie man geglaubt hatte.

Und ihre Beweiskraft überhaupt hinkt angeſichts der Tatſache, daß ihre ganze Beſchaffenheit ſie einſtweilen ſelbſt den
ſchlechterdings rätſelhaften Naturgebilden einreiht, die zwar ſelber
immerzu in Vermutungen locken, die aber als feſte Stütze anderer
Vermutungsketten (wie des Milchſtraßen-Problems) ehrlicherweiſe
vorerſt noch nicht benutzt werden dürfen.

Nun iſt es aber auch der vollkommenſten Spektral-Analyſe
unſerer Zeit k e i n e s w e g s eingefallen, ſämtliche Nebel, die
von Herſchel, Roſſe und den Späteren mit dem Fernrohr nicht auf-
gelöſt werden konnten, als ſolche echten Gas-Nebel anzuſprechen.

Als die Sache zuerſt ſo hübſch losging mit der Licht-Zerlegung
und dem Gas-Nachweis vor Nebelflecken überhaupt, da wurde
dieſe Tatſache ja wohl ſo etwas obenhin behandelt. Alle, die
durchaus aus den Nebelflecken Embryonen oder Nebel-Keime wer-
dender Milchſtraßen-Syſteme machen wollten, ſahen die Fälle, wo
der Nebel laut dem Prisma einmal entſchieden nicht aus loſem Gas
beſtehen wollte, als minderwertig über die Schultern an. Und die
Arabeske mußte erſt beim wahren Bankrott der ganzen Gasnebel-
Theorie im alten Sinne angekommen ſein, damit dieſe ſcheinbar
belangloſen Ausnahmen ſelber wieder Theorie-Wert bekamen.

Es iſt ſo: eine gewiſſe Reihe von Nebeln bleibt trotz ihrer
Unauflöslichkeit durch das Fernrohr unter der Licht-Gießkanne des
Prismas ein Fixſtern-Haufen.

Es kommt ein Strahlenbündel aus dem Sieb, das nicht die

leiseste Aehnlichkeit mit jenem Wasserstoff-Bilde oder überhaupt einem reinen Gas-Bilde besitzt. Es kommt vielmehr das vor, was vorkommen müßte, wenn dieser Nebelfleck tatsächlich eine einzelne Fixsternsonne wäre. Das kann er aber seiner Größe und Erscheinung nach nicht sein. Es bleibt also kein Schluß übrig, als daß er (im oben besprochenen Sinne) das Produkt aus dem Lichte einer Masse solcher Fixsterne sei. Warum können wir aber diese Einzelsterne gleichwohl mit dem besten Fernrohr nicht erkennen?

Es gibt nur eine Antwort auf diese Frage, die Sinn und sogar sehr viel Sinn hat: dieser Haufen Fixsterne steht diesmal wirklich so weit von uns ab, daß wir auch im vorzüglichsten Fernrohr seine Milchstraße als „Milch" sehen ohne Einzelpunkte. Und das muß ganz gewaltig weit sein.....

Gerade in diesem Falle befindet sich aber der Andromeda-Nebel.

Der Andromeda-Nebel trotzt noch heute seiner Auflösung.

Wohl erscheinen im starken Rohr auf seiner Nebelfläche viele kleine Sternchen. Aber sie machen den Eindruck, als seien sie selbst perspektivisch davor geschoben. Die eigentliche Nebelmasse schwimmt dahinter in mildem Licht als echte „Milch". Diese Milch hat im ganzen noch wieder ihre Struktur, Andeutungen eines geheimnisvollen Baues, — wir reden noch davon. Aber das ist offenbar Grundriß: Zimmer, Stockwerke, — nicht Ziegelsteine. Und doch löst der Zauberstab des Prismas auf seinem Umwege unzweideutig die Existenz auch dieses „Ziegelsteins" heraus. Fixstern-Sonnen sind die Ziegelsteine.

Auch die Spektral-Analyse hat lange werben müssen um diesen Schleier der schönen Andromeda.

Bei dem überaus schwachen Lichte dieser Nebelflecke ist jede Prismauntersuchung ja überhaupt eine schwere, eine langwierige, gedulderprobende Arbeit.

Zuerst ergab der Andromeda-Nebel ein einfaches Farbenbündel, wie es dem simpelsten Beispiel aller Lichtquellen: einem Körper in Weißglut entspricht. Mit solchem Licht strahlt uns der eigentliche innere Hauptkörper unserer eigenen Sonne an. Oberflächlich konnte das also schon genügen, um wahrscheinlich zu machen, daß dieser Nebel aus sonnenhaften Firsternen bestehe. Indessen gibt es hier noch einen Einwurf. Auch Gase zeigen tatsächlich dieses Licht, wenn sie durch einen furchtbaren Druck irgend welcher Art gepreßt werden. War ein solcher Druck aus irgend einer unbekannten Ursache dort vorhanden, so konnte der Nebel also doch aus einheitlicher Gasmasse bestehen.

Man hat dieses Argument freilich auch bei unserer Sonne selbst schon vorgebracht. Während die nächstliegende Anschauung den eigentlichen lichtstrahlenden Körper unserer Sonne für eine weißglühende Masse hält, glauben andere Forscher auch ihn als Gaskugel ansprechen zu müssen, die nur eben unter so kolossalem Druck steht, daß das Gas dasselbe Licht strahlt, wie ein viel festerer Körper in Weißglut. Einerlei, wie es nun damit bei der Sonne sei, — sicher ist, daß diese Sonne gleich allen echten Sonnensternen ein zweites Merkmal in ihrem Lichte zeigt, das erst recht eigentlich charakteristisch für sie ist.

Das Licht des Sonnenkörpers passiert, ehe es zur Erde hinüberstrahlt, noch eine Art Decke oder Hülle dieser Sonne selbst. Diese Decke besteht aus glühenden Metalldämpfen. Indem das Licht nun diese Dampfschicht zunächst noch vor seinem Austritt passiert, erleidet es eine höchst eigentümliche Veränderung: es erscheint jenseits, wenn es im Prisma ausgesiebt wird, durchsetzt mit einer Masse feiner dunkler Striche. Man nennt diese Striche die Frauenhofer'schen Linien, und man folgert aus ihnen die merkwürdigsten Dinge über jene Dampfschicht der Sonne selbst, die uns aber hier weiter nichts angehen.

Für uns wesentlich ist, daß, wo immer Frauenhofer'sche Linien im Prisma-Lichte eines selbstleuchtenden Weltkörpers auftreten, mit Sicherheit auf einen Sonnenstern, eine echte Sonne nach unserer Art, geschlossen werden kann. Und hier jetzt ist ein neuester Fund von höchster Bedeutung.

Scheiner in Potsdam, dessen grundlegende Forschungen auf diesem Gebiet im voraufgehenden schon mehrfach gestreift und benutzt sind, hat es mit zäher Ausdauer ganz kürzlich fertig gebracht, im Lichte des Andromeda-Nebels die dunkeln Frauenhoferschen Linien tatsächlich zu sehen und in ihrer Lage zu messen.

Damit ist der Beweis erbracht, daß dieser Nebel endgiltig aus sonnenähnlichen Fixsternen besteht. Er besteht daraus, obwohl kein bestes Fernrohr unserer Technik diese Einzelsonnen in ihm noch wirklich unterscheiden kann.

Nehmen wir die Größe seiner Sonnen dabei im Normalmaße unserer Fixsterne an, so ist dieses doppelte Verhalten jetzt nur noch erklärbar durch einen wirklich ungeheuren Abstand des Nebels von uns, — durch einen Abstand, der in diesem Falle nun doch unbedingt über die Grenzen unseres eigenen Milchstraßensystems hinausführt.

Der Andromeda-Nebel ist doch ein zweites Milchstraßen-System, frei im Raume schwebend jenseits unseres eigenen.

Scheiner läßt als allgemeine Möglichkeit zu, daß der Nebel eine halbe Million Lichtjahre von uns entfernt sei. Für einen zweiten Nebel, auf den dieselben Verhältnisse zutreffen und der im Sternbild der Jagdhunde leuchtet, kämen dann entsprechend 6½ Millionen Lichtjahre heraus, — also immerhin annähernd Humboldt'sche Ziffern. Vor 6½ Millionen Jahren, als die heute eintreffende Lichtpost von dort abging, schwamm bei uns auf Erden der Ichthyosaurus noch und der erste Mensch schlummerte noch tief im Schicksalsschoße.

Die Arabeske wächst zurück, greift wieder ein.

Also wir dürfen nun dennoch vom Andromeda-Nebel etwas über unsere Milchstraße zu erfahren hoffen, — eine Antwort hoffen, die über eine halbe Million Lichtjahre zu uns reist. Aber hatten wir diese Antwort nicht schon?

Ein letzter Schleier hebt sich.

Dem alten Marius glühte der Andromeda-Nebel wie ein Lichtlein durch eine Hornlaterne. Ein Lichtscheibchen, eine nebelhafte Linse, — so erhielt ihn Kant als Material für sein kühnes Denken. Anderthalb Jahrhunderte verrauschen nach Kant. Da kehrt der Gedanke zu jener Denklinie zurück. Aber diesmal reicht der Astronom dem Sinnenden, dem Träumenden ein ganz anderes Blatt: eine Photographie des Andromeda-Nebels. Auch sie erfaßt die einzelnen Sternpunkte in ihm nicht. Aber sie erreicht etwas anderes, nochmals völlig Unerwartetes.

Und noch einmal, zum letztenmal, muß die Phantasie in eine
ganz neue Bahn.

Wahrheit, — was ist Wahrheit?

Die alte Pilatusfrage klingt durch die ganze Geschichte der
Naturforschung.

Auf der „Wahrheit" ruht diese Forschung. Vorsichtige Gemüter sagen schon etwas bescheidener: auf dem lauteren „Streben
nach Wahrheit". In diesem Sinne ist Wahrheit ein moralischer
Wert. Wenn aber selbst das nur nicht so verzweifelte Ecken haben
wollte!

Es scheint so brav: hier steht eine Tatsache; jetzt kommt einer,
hat jenen lauteren Wahrheitsdrang in sich, schaut hin, beschreibt
die Sache; damit ist die Geschichte für immer erledigt; der eine gilt
für alle, die der gleiche Drang beseelt, und ob Tausende kommen,
ob nach Jahrtausenden welche kommen, alle können nur bestätigen.

Die wahre Wahrheit in diesem Falle, die von aller Erfahrung
bestätigte, ist, daß derselbe Gegenstand von hundert und mehr
Beobachtern, die sämtlich wahre Engel an Wahrheitsmoral sind,
beschrieben werden kann und daß unter Umständen jeder etwas
anderes sieht.

Ich will gar nicht reden davon, daß die Augen verschieden
sehen, obwohl das schon gewaltig viel tut. Aber die ganzen Menschen sind verschieden. Unser physisches Sehen ist nur ein winziger
Bruchteil dessen, was wir wirklich „Sehen" nennen. Der Rest ist
individuelle Zutat. So und so viel Tropfen mitgebrachte Erfahrung, so und so viel mitspielende, unbewußt sofort abrundende,
ausspinnende Phantasietätigkeit, so und so viel bestimmtes, längst
ins Unbewußte eingewachsenes und von keiner „Moral" aus mehr
kontrollierbares Vorurteil, — kurz ein derartiges Rezept, daß die
reine neue Beobachtung als solche darin untergeht wie ein un-
schuldiger Schuß Aqua destillata in irgend einer schwarzbraunen
Apothekerbrühe. So geschieht es schon, wenn mehrere nebeneinander beobachten. Vollends, wenn Jahrhunderte dazwischen liegen,
geht die Verschiedenheit ins Unglaubliche. Man schlägt sich vor den
Kopf, wenn man irgend ein altes Tierbuch oder eine alte Karte
vornimmt, die ein paar hundert Jahre alt sind. Wie konnten die

Leute dies und das nicht sehen, was jetzt ein Kind sieht, wie konnten sie Mücken für Elefanten halten? Und wir lesen, daß es Leute von einer Reinheit des Wahrheitsstrebens waren, die uns beschämt, — Leute, die sich für den Mut ihrer Ueberzeugungen verbrennen ließen, was, Hand aufs Herz, doch nicht jeder tut. Wenn heute ein Seetier ans Land kriecht, das einen Leib wie eine Walze hat, vier flossenhafte Füße und einen lustigen Augen Hundskopf ohne Hunde-Ohren, so sagt der kleine Junge auf der Düne schon: ein Seehund. Der Weise von Anno dazumal sagte: aha, ein Meerweibchen, — ging nach Hause und zeichnete ein Ungetüm, hinten Fisch, vorne Mensch. Und der Weise schrieb gleichzeitig ein Buch über die Heiligkeit der Wahrheit, während der kleine Bengel täglich noch Prügel bekommt wegen absichtlichen Lügens.....

Von dieser moralischen Betrachtung aus bedarf es durchaus keines Salto mortale, um auf die Nebelflecke zu kommen.

Ein Nebelfleck im Fernrohr ist von Anfang an ein wahres Zwitterding an der Grenze von Sehen und Phantasieren noch in ganz besonders erhöhtem Sinne gewesen. Ein Lichtwölkchen, eben angedeutet, zerfließend, verdämmernd. Und das sollte nun einer mit rohen Zeichenmitteln aufs Papier bannen! Man versuche doch eine gewöhnliche blasse Federwolke unseres Tageshimmels „exakt" nachzuzeichnen. Mancher, der sich gar geschickt dünkt, wird sich als Polonius, der Kamele zeichnet, dabei ertappen.

Gleich die ersten Nebelforscher, die auf den alten Simon Marius folgten, erkannten eins deutlich: die Nebelflecke sahen unbedingt nicht alle gleich aus.

Das einfache Bild einer Linse, wie es aus der Andromeda glänzte, war nicht das absolute. Bald dieser, bald jener kühne Pionier in dem neuen Weltenwalde brachte eine völlig andersartige Zeichnung mit.

Da erschien auf dem Papier ein Nebel, der anzuschauen war wie der griechische Buchstabe Omega. Einer trat in Gestalt eines Krebses auf, einer sollte einer Hantel oder (nach andern) einem Ei mit doppeltem Dotter gleichen.

Wieder andere sahen täuschend aus wie eine losrollende Spi-

rale, eine Uhrfeder etwa, bis zu dem Bilde eines platzenden
Schwärmers und ähnlicher Feuerwerkskörper.

Und der Anhänger der Kant'schen Ideen sah sich mit einiger
Unruhe sogar einer Figur gegenüber, die aus dem Sternbild der
Leier (nahe dem herrlichen Sterne Wega) stammte und ganz unzweideutig einen regelrechten geschlossenen Ring bildete, — just so,
wie die Milchstraße von fern nun doch aussehen würde, wenn sie
eben ein echter Sternenring wäre.

Fragte sich nun bloß, ob diese hübsche Musterkarte stichhaltig
sei vor den Augen mehrerer Beobachter.

Als diese sich allmählich meldeten, schien die Sache allerdings
fast überall zu hapern. Was der eine so sah, sah der andere total
anders. Wo der eine eine Spirale malte, malte jener ein Billard-
spiel loser Nebelkugeln. Sah einer wenig, etwa nur ein Streifchen
oder dünnes Viereck, so setzte der nächste einen Spiralschweif daran,
der abermals folgende aber kassierte wieder die Details. Ganz
vorsichtige Kritiker verfehlten nicht, den Bankrott aller vorhandenen
Nebelbilder überhaupt als noch einmal möglich zu prophezeien.
Und besonders die ganz extravaganten Fratzen sollten mehr Men-
schen- als Himmelsphantasie sein.

In all diese Mühen, Zweifel und Wunder, aus denen einstweilen gar keine Theorie recht Kapital zu schlagen wußte, platzte
nun ebenfalls wie eine Bombe jene große neue Erfindung, die für
die Anzahl und Verbreitung der Nebel so wichtig geworden war:
die Photographie.

Jedermann weiß, daß auch die photographische Platte noch
nicht das vollkommene Ideal der schwindelfreien Wahrheits-
Wiedergabe ist. Auch sie hat noch ihr Lügenrezept, obwohl es nicht
mehr aus dem Unbewußten schöpft. Wie sie heute ist, ist sie sozusagen noch ein etwas dreckiges Auge. Aber bei alledem ist der
Fortschritt kolossal, ja über jede Erwartung. Und er war es auch
für die Festnagelung der Nebelformen.

Man legte sich im großen Stil ins Zeug. Eine halbe Nacht
wurde die Platte genau auf den Nebel eingestellt, dann tagsüber
peinlich genau verhüllt und die nächste Nacht nochmals fast ebenso
lange exponiert. Jetzt gab es unzweideutig sicherere Bilder, ohne

Phantasie, Vorurteil und Augentatterich aufs Papier geprägt. Die Ueberraschungen drängten sich.

Da war beispielsweise gleich der bewußte Nebel in Ringgestalt aus der Leier. Seit man mit dem anderen chemischen Auge, dem Prismaglas der Spektral-Analyse, die Nebel aufs Korn genommen, war er allerdings der Kant'schen Milchstraßen-Theorie schon von dort her ziemlich ungefährlich geworden. Denn er bestand nachgewiesenermaßen aus echtem Gas, zählte also zu den so wie so jetzt beweisunkräftigen Nebelmassen. Immerhin war aber seine Ringform selber ein Aergernis, das die bösen Zweifler lockte, wenn es so schwarz auf weiß im Buche stand. Die photographische Platte lieferte jetzt den Beweis, daß man sich mit diesem starren Individualisten auch der Form wegen besser in gar keiner allgemeinen Theorie beschäftigte. Schon das Fernrohr hatte im Innern des länglichen Ringes gelegentlich ein zentrales Sternchen gezeigt, das möglicherweise hineingehörte. Daraus machte die Platte einen großen, im Ring umschlossenen inneren Nebelfleck, der auf der Photographie wirksamer sogar war als der Ring selbst. Warum sah man ihn mit unserm Auge trotz aller Rohre nicht? Dieser Zentralkörper warf einfach Lichtstrahlen aus, auf die unser Sehnerv nicht mehr eingerichtet ist: jene berühmten ultravioletten Strahlen, die zwar auf der photographischen Platte einen Eindruck hinterlassen, den wir dort als Ergebnis dann auch gewahren, — die als unmittelbar einfallende Lichtwirkung unser Auge aber blind finden. Kein Physiker hat zur Zeit eine Ahnung, was das für eine Sorte Weltkörper sein kann, die da leuchtet. Ist dieses ganze Gebilde doch vielleicht kein Ring, sondern eine einheitliche Gaskugel, deren Schichten sich aber in der Art ihres Leuchtens, ihrer Phosphoreszenz im früher angedeuteten Sinne, unterscheiden? Einstweilen reißt mit diesem Funde jedes Band. Mit unserm Milchstraßen-System hat dieser krause Geselle mit seinem ultravioletten Gas-Herzen jedenfalls gar nichts zu tun, weder so, noch so. Hier waren die Andromeda-Freunde in Kants Sinne also glänzend noch einmal wieder gerettet.

Doch auch bei den Platten war noch nicht aller Tage Abend. Nach dem Ring kamen die Spiralen, die Frösche und Schwärmer an die Reihe. Sie waren ja nicht ganz so unbequem wie der nackte Ring. Aber schließlich ist eine Spirale, wenn sie einigermaßen regelmäßig ist, einem Ring immer noch ähnlicher als eine solide Scheibe oder Linse.

In Anbetracht dessen war es Musik in den Ohren der strengen Kantianer gewesen, als ein äußerst gewissenhafter neuerer Kritiker, der Astronom Tempel, gerade diese Spiralnebel, die sich in der Zeit nach Herschel gar aufdringlich vorgetan, schlechthin hatte aus der Welt schaffen wollen als „Phantasietrug". Tempel war ein Wunderkind im Gebiete der menschlichen Netzhaut. Vom Lithographen zum Sternforscher war er wesentlich heraufgekommen eben wegen seiner einzigartigen körperlichen Sehschärfe. Er sah das Doppelte fast seiner Kollegen — und gerade mit diesem Doppelten leugnete er die Spiralform bei Nebeln.

Wir Menschen, meinte er, sind nun einmal unverbesserliche Aesthetiker. In Fleisch und Blut stecken uns rhythmische Gebilde. In ein Chaos sehen wir Kunstfiguren hinein. So soll eine chaotisch versprühte Lichtmaterie gleich einem Feuerwerkskörper ähneln, wie ihn unsere Kunst baut. Aber wir beschwindeln uns, und alle Nebelspiralen, so nett sie im Buche aussehen, sind solche mit Phantasiezutat erschwindelten „Kunstformen der Natur".

Hinter solchem Zweifel steckt im Grunde ja eine Weltanschauung. Die Weltanschauung der Angst, es könnte in der Natur irgendwo rhythmische, ästhetisch schöne Gebilde geben auch ohne Zutun des Menschen. Es gibt Leute, die meinen, ihre ganze freie Naturauffassung falle in Mystik zurück, wenn so etwas möglich sei, — wobei die guten Leute nur leider vergessen, daß sie selber ja den Menschen aus dieser Natur hervorwachsen lassen und also in ihm schließlich doch an das Wunder glauben, daß die Natur auf natürlichem Wege rhythmische Kunstgebilde schaffe. Doch das jetzt beiseite.

Sachlich hatte Tempel in seinem Falle sogar guten Grund zur Skepsis, — das heißt bis zu dem Tage, da die Photographie auch hier ohne Rücksicht auf Sachlichkeit oder Weltanschauung des einen oder andern die Sache selbstherrlich in die Hand nahm.

Mochte nun im Weltall Kunstfeuerwerke abbrennen, wer

wollte: beſſere Schwärmer und Fröſche, als jetzt in korrekteſter
Spiralform auf den photographiſchen Platten wirklich erſchienen,
ließen ſich einfach nicht ausdenken, — trotz Tempel.

Es gab Spiralnebel genau im Sinne der brauchbaren älteren
Zeichnungen. Man denke ſich, um das Bild klar zu bekommen,
einen nebelhaft glühenden Hauptkörper, eine Kugel etwa. Von
dieſer Kugel wickeln ſich Arme los. Einmal etwa genau zwei, links
einer, rechts einer. Jeder iſt nach der entgegengeſetzten Seite krumm
gebogen. Oder es gehen drei ſolcher Schweife in Windroſenlage
ab, alſo in regelmäßiger Stellung wie arabeskenhaft geſchweifte
Radſpeichen. Oder: von dem Hauptkörper rollt ſich ein einziger
faſt gleich dicker Arm wurmhaft heraus und umkringelt ihn als
einzelner Spiralſtreifen faſt vollſtändig, nur eine kleine Oeffnung
laſſend. Oder endlich, noch verzwickter: von dem Zentralkörper
fließen mehrere ſolcher faſt konzentriſchen Spiral-Ringe aus, die
ſich auch noch gegenſeitig ein Stück weit umkringeln, dann aber, als
ſei die Spirale verbogen, übereinander hinlaufen, ſich ſchneiden
und getrennt endigen. Der eine oder der andere Arm hat dabei
wohl noch die beſondere Eigenheit, an der offenen Spitze wie in
einem Knopf in einen zweiten Kernball auszulaufen.

Und nun: — gerade dieſe ſeltſamen Spiral-Nebel, einmal
ſicher als vorhanden feſtgeſtellt, zeigten zwei weitere, im höchſten
Grade bemerkenswerte Eigenſchaften.

Zunächſt fiel ihre Menge auf. Ging allmählich die Anzahl der
Nebelflecke überhaupt in die Tauſende und Abertauſende (über
7000 ſind heute feſt beſtimmt, über 100 000 werden mindeſtens als
Wahrſcheinlichkeitsabſchätzung vermutet), ſo vermehrte ſich mit dem
Photographieren gerade die Zahl der unverkennbaren Spiralen
aufs überraſchendſte dabei.

Dazu aber trat als weiterer Umſtand, daß ausgeſucht dieſe
Spiralnebel nicht aus Gas, ſondern aus echten Sternen beſtehen
wollten, wo immer die Spektral-Analyſe ihnen zu Leibe ging. Ich
habe ſchon den Nebel im Sternbild der Jagdhunde einmal berührt,
den Scheiner etwa 6½ Millionen Lichtjahre von uns entfernt ſein
läßt und entſprechend als echte Milchſtraßenwelt, als zweites, un-
abhängiges Weltſyſtem gleich dem unſerigen faßt. Nun denn:

gerade dieser Jagdhund-Nebel war von allen der erste, der sicher
als Spirale erkannt wurde, schon vom Lord Rosse. Seitdem ist auch
er in Amerika photographiert und in seiner Gestalt genau in Rosses
Sinne bestätigt worden.

Auch die Forschungs-Arabeske um den Andromeda-Nebel und
unsere Milchstraßenform nähert sich hier offenbar ihrer letzten, aber
bedenklichsten Spirale.

Der Andromeda-Nebel schwebte noch einmal vor uns, gerettet
als selbständiges Milchstraßen-System. Aber mit ihm ist der Jagdhund-Nebel auf dieselbe Deutung gerettet. Und dieser Jagdhund-
Nebel ist keine einheitliche Stern-Linse, sondern doch ein wenigstens
annähernd ringförmiges Gebilde: eine ungeheure Spirale aus
Fixsternschwärmen.

Wem gleicht nun endgültig unser eigenes Milchstraßensystem:
der Linse der Andromeda — oder dem spiralig gewundenen Feuerwerkskörper der Jagdhunde?

Diese Doppel-Frage aber ist im Jahre 1888 durch Anwendung
der Himmelsphotographie nochmals vereinfacht und im Prinzip
gelöst worden. Der Andromeda-Nebel selbst wurde von Roberts
photographiert. Und die photographische Platte erwies ihn selber
— — ebenfalls als Spiral-Nebel.

Es war eine der ersten Errungenschaften des Nebel-Photo-
graphierens, daß es uns auf eine bestimmte Möglichkeit bei den
Spiralnebeln überhaupt aufmerksam machte.

Nehmen wir eine platte Uhrfeder. Und bringen wir diese
platte Spirale in verschiedene Lagen zu unserm Gesichtsfeld. Es
ergibt sich, daß bei bestimmten Lagen das Erkennen der Spirale
schwer, ja zuletzt geradezu unmöglich wird. Wenn ich genau gegen
die Kante der Spirale sehe, so sehe ich nur mehr ein senkrechtes
Streifchen, — genau wie beim senkrechten Blick auf den gekerbten
Rand eines Markstückes. Aber auch wenn ich die Spirale etwas
mit der Fläche um die Ecke lugen lasse, sehe ich gerade die Spiral-
Natur noch nicht als solche. Die Spiralringe schieben sich ja perspektivisch so aneinander, daß ich einen geschlossenen Körper zu
sehen glaube. Ein solides Markstück, ebenso ein wenig um die Ecke
balanciert, schaut tatsächlich noch genau so aus. Und erst ein un-

gemein scharfer Blick würde schließlich die ganz feine Zeichnung der aneinandergeschobenen Spiralreifen doch in der Fläche noch herausfinden können und so die wahre Natur enträtseln.

Aus dieser Betrachtung folgt, daß auch Spiralnebel im Raum, die mit der schmalen Kante senkrecht gegen uns stehen, uns bloß als leuchtendes Streifchen, solche aber, die ein wenig mehr schräg stehen, als schmale Spindel, Scheibe, Linse erscheinen müssen. Und erst eine kolossal verschärfte Detailschau würde wenigstens im letzteren Falle noch gerade die Spiralnatur enthüllen aus feinsten Linienandeutungen, spiralig gewundenen Strichen in der Scheibe oder Linse. Eben diese Detailschau nun hat die Photographie uns beim Andromeda-Nebel ermöglicht.

Schon längst hatten scharfe Beobachter im Fernrohr etwas in dem Linsenscheibchen dieses Nebels wie eine feine Struktur gesehen, — eine Art dämmerhaft angedeuteten engeren Grundrisses. Im Mittelpunkt schien eine undeutlich begrenzte Verdichtung sich merkbar zu machen.

Dann sah Trouvelot in Washington mit einem besonders brauchbaren Rohr zwei dunkle Streifen, die den Nebel fast längelang durchsetzten.

Was sollte das sein?

Die Skepsis im Sinne Tempels sagte: Augentäuschung. Das Auge der photographischen Platte aber sah den Dingen auf den Grund.

Auf der Photographie erscheint die ganze Nebel-Linse mit einer endgiltig durchschlagenden Unzweideutigkeit als eine — Spirale in außerordentlich schiefer Projektion.

In der Mitte genau wie bei dem Nebel der Jagdhunde ein Zentral-Ball. Von ihm sich loswindend mehrere riesige Spiralenarme, die an sich offenbar frei herum greifen, für unsere zufällige Beobachterstelle auf der Erde aber so aneinandergeschoben sind, daß ihre Zwischenräume nur mehr als ganz feine, dunkle, elliptische Längsbogen die schmale Gesamtlinse durchsetzen.

Mit diesem Funde war die Kant'sche Idee inmitten ihres vollen Triumphes noch einmal geschlagen.

Es gab ferne Welteninseln gleich unserm ganzen Milchstraßen-

system. Aber es gab sie nur in Spiralform. Auch der Andromeda-
Nebel wies diese Form. Wir mußten aus der Spektral-Analyse,
daß er aus einem unendlichen Gewimmel sonnenähnlicher Firsterne
bestand. Aber diese Fixsterne durchwimmelten nicht eine einheitliche
Linse, die, vom Mittelpunkt angesehen, das rein perspektivische Bild
eines Milchstraßenringes ergab, sondern im Mittelpunkt schwebte
zunächst ein rundlicher, oben und unten abgeplatteter Sternhaufen.
Von ihm aber ging in flacher Ebene ein spiralig gewundener
Strom weiterer Fixsterne aus, der die Zentralmasse im ganzen
nun doch wirklich ringförmig umgürtete. Freilich nicht als regelmäßiger Ring. Denn in Wahrheit schoben sich ja mehrere Spiralreifen hintereinander darin mit dunklen Zwischenräumen.

Kant selbst hätte als ehrlicher Logiker vor dieser völlig ver-
wandelten Sachlage zugeben müssen, daß seinem ganzen Ideengang
die sachliche Grundlage unter den Füßen fortgezogen sei. Und nur
eins konnte er schließlich noch vorbringen.

Die Nebelflecke — das Wort einmal für das Ganze gebraucht
— hatten ja doch verschiedene Gestalt. Warum sollten nicht auch
neben jenen spiralförmigen Weltnebeln tatsächlich noch anders
geformte existieren? Und warum sollte nicht gerade unser Fixsternsystem anders gebaut sein? Wenn die Milchstraße sich so hübsch
auch aus einer Linsengestalt mit gleichmäßiger Sternverteilung
erklären ließ: warum sollten wir nicht Linsengestalt trotz so und so
vieler spiraliger Brüder im All besitzen?

Dieser neue Schluß wäre eine Rettung, — aber eine äußerst
dürftige, wie man sieht. Die sichtbaren Nebelwelten, die früher
ein Glied der Schlußkette waren, das erklärte, sind jetzt ein Ballast,
der selber mit Mühe forterklärt werden muß. Aber es bedarf
der ganzen Spitzfindigkeit zum Glück nicht. Denn ein allerletzter
Schleier reißt: und damit ist die Situation klar.

Denken wir uns doch noch auf einen Augenblick in jenen wirklichen Spiralnebel der Andromeda so hinein, wie wir es früher
taten, als wir ihn für eine einheitliche Sternenlinse hielten. Stellen
wir uns beobachtende Menschen vor auf einem Weltkörper fast
oder ganz im Mittelpunkt.

Wie würden sie den Himmel jetzt sehen?

Sie befänden sich zunächst im Mittelpunkt des inneren Stern-
haufens, jener glänzenden Mittelstelle im Nebel. Nach allen Seiten
ständen Sterne, viele groß und nah, und alle immerhin so, daß
nirgendwo ein Gedränge nach Milchstraßenart entstände, da der
Sternhaufen vielleicht abgeplattet, aber immer doch noch annähernd
eine Kugel wäre. Aber in bestimmter Ebene erschiene gleichwohl
eine solche Milchstraße als größter Kreis rings um den Himmel.
Das wäre nämlich jetzt das ganze Spiralsystem, dessen Ringe sich
so glatt hintereinanderlegten, daß sie von innen nur mehr als
einziger Reifen erschienen. Immerhin würde eine gewisse Ungleichheit in dieser Milchstraße sich bemerkbar machen. Denn die Spirale
kommt ja doch an einer Stelle aus dem Zentralfixsternhaufen heraus und verläuft an einer anderen ins Weite. Eine Seite der
Milchstraße würde näher aussehen, sich leichter noch in Sterne auflösen lassen: die, wo die Spirale sich von der Mitte losringt, —
eine andere umgekehrt verlöre sich mehr in völlige Milch. Und
selbst das könnte recht wohl noch weit überboten werden durch einen
zweiten Umstand.

Die Spirale mit ihren Windungen liegt in diesen Nebeln anscheinend, wie gesagt, flach in einer und derselben Ebene. Aber
sie könnte für den engeren Anblick gleichwohl sehr gut wenigstens
gewisse kleinere Verschiebungen auch über die Horizontallage hinaus besitzen.

Dann würde die von ihr gebildete Milchstraße einer solchen
Welt die Spuren davon zeigen in Gestalt von Spalten, von dunklen
Lücken.

Stellenweise, wo zwei Spiralwindungen eben übereinander
weg ragen, würde sie wie verdoppelt erscheinen. Man hätte den
Eindruck nicht einer kompakten Masse, sondern eines in sich höchst
verwickelten Gebildes, in das man in schrägster Projektion hinein-
schaute. Findige Astronomen dort würden immerhin aus der Summe
dieser Anzeichen auf eine Spirale schließen, — niemals aber würden sie eine so gebaute Milchstraße für die rein optische Wirkung
einer einheitlichen Sternenlinse im Sinne Kants halten können.
Wie sollten in die hinein Spalten geraten, durch die man in den
schwarzen Weltraum blickt? Die Fläche der Linse müßte durchsetzt

sein mit tiefen Röhren und, — abgesehen von dieser Verschiebung schon des ganzen Bildes, — wie sollte man sich das im Einzelnen ausdenken? Undenkbar! Kein Mensch dort würde zweifeln, daß er sich in einem Spiralnebel befindet und daß jeder Augenaufschlag zur schönen Milchstraße ihn in diese Spirale tauchen läßt . . . . .

Mein Blick sucht die Milchstraße selber wieder, unsere Milchstraße, das alte liebe Silberband.

Im Geist durchfliege ich sie ganz, wie sie unsern Nordhimmel der Erde überwallt.

Seltsam: bin ich doch noch dort drüben in der Andromeda-Welt, — oder wirklich hier?

Was ich eben beschrieben habe, ist ja Zug für Zug unsere Milchstraße . . . . .

Sie ist es, die hier nah, scharf gerandet, glänzend erscheint, dort wolkenhaft blaß, als wolle sie verschweben. Sie ist es, die dunkle Stellen umschließt, und die sich endlich auf eine weite Strecke ganz gabelt, in zwei Arme auflöst, die breit voneinanderklaffen.

Schon das schlichte Auge sieht das, — einem Kinde kann man es zeigen. Im Fernrohr wird alles nur noch unendlich viel deutlicher. In wolkenartigen Klumpen schieben sich dort ihre Teile voreinander, — dann reißt aber gelegentlich das ganze Gedränge und der Blick fällt jäh in den schwarzen Raum.

So lange Kants Idee durch die Köpfe pilgerte, so lange hatte der Zweifel immer wieder gefragt, was diese Zeichen und Wunder sollten. Aber leichtfüßig war die Idee darüber weggehüpft. Zufällige Nebenerscheinungen sollten es sein. Und so muß der Gedankenflug in seiner ganzen Schwere vom Andromeda-Nebel selber zurückkommen mit dem Bilde eines Spiral-Systems, um uns die Augen endlich zu öffnen.

Wir selber leben in einem Spiralnebel des Alls.

Kant hat unrecht — und hat recht. Recht hat er, daß unser System dem des Andromeda-Nebels gleicht. Recht hat er, daß wir von dort etwas lernen können über uns. Unrecht aber hat er im Vergleichungspunkt, unrecht in dem, was wir lernen sollten. Hier wie dort ist keine Linse, sondern ein kugeliger Zentralhaufen von Fixsternen, den eine ungeheure Spirale aus Millionen Fixstern-

sonnen umwindet. Und unsere Schau in die Milchstraße ist der
Blick auf unsere Spirale. Wo die Milchstraße sich teilt, klaffen
die Reifen der Spirale voneinander.

Ein in seiner Größe fast grausiges Bild.

Diese Spirale, in der sich ein Sonnenstrom, ein Strom von
Sonnen ergießt, wird nicht ruhen.

Wir wissen es ja: alles fließt. Unsere Sonne selber wandert,
vom Orion fort, auf die Sterne des Herkules zu, dorthin, wo die
Sterne sich auseinanderlösen wie die Pappeln einer Allee vor
dem Pilger.

Auch in jenen Wirbeln wird eine ungeheure Bewegung sein,
ein unablässiges Dahinziehen der Fixsterne wie das Strömen der
Rauchpartikelchen in dem blauen Wirbel einer Zigarre. Schwin-
delnder Traum.....

Auf meiner einsamen Gebirgswanderung, das flimmernde
Silberband über mir, wollte eine dumpfe Angst mich überkommen.

Die Angst des Menschen, über dem das All zusammenstürzt.

Aber ein friedlicher Gedanke trat zwischen die aufgeregten
Geister meines Hirns.

Was siehst du dort? Im Grunde ja nur dich.

Im Grunde ist diese ungeheuerliche Himmelsspirale mit all
ihren Sonnen nur ein ferner, schöner Abschlußreifen in deiner
eigenen Individualität. Du umgreifst alle diese Welten, du mit
deinem Ich. Warum bangt dir vor dir selbst?

Dein Gedanke hat diesen Spiralnebel erobert. Er wird noch
mehr Welten finden. Und er wird nicht ruhen, bis das alles wieder eine feste moralische Leiter ist in dir selbst, wie es einst die
Himmels- und Höllenwelt des Dante war.

Vielleicht ist gerade die Spiralgestalt dieser Milchstraße eine
feine Brücke dazu. Zu dir, wenn du selbst ein Schaffender wirst,
kehrt sie wieder — als Schönheitslinie.

Du gräbst einen alten Grabhügel auf, aus vorhistorischer Zeit.
Goldschmuck kommt zu Tage. Und schon dort ist die Spirale Kunst-
Ornament. Als goldene Ringelschlange lag sie vor Jahrtausenden
schon um den nackten Arm eines schönen Mädchens. Der Mann,
der es liebte, suchte eine ästhetische Form, die Naturschöne dieses

Armes noch zu erhöhen. Er schuf. Ein anderes naturschönes Gebilde nahm er: Gold. Und dem gab er eine Kunstform: die Spirale eines Armreifs. Dem Menschenauge war das wohlgefällig. Es glitt angenehm über diese Schlangenlinie hin, die sich wohl um sich selbst wand, rhythmisch sich selbst wieder zustrebte und sich doch dann wieder löste zu höherer, weiter ausgreifender, im Unendlichen verklingender Harmonie, anstatt sich selber in den Schwanz zu beißen und so der platten Wiederkehr zu verfallen.

Das Menschenauge mit seinem Sinnen und mit seiner Sehnsucht ist das gleiche geblieben bis heute. Lege deiner Liebsten diese Spirale, diese jahrtausendalte Goldspirale um den weißen Arm und sie jubelt: Wie schön! Der Goldschmied von heute, der den Geschmack seiner Leute kennt, nimmt sie dir aus der Hand und benutzt sie als neues Modell.

Warum das alles?

Zu solcher einsamen Gebirgsnacht, wenn der Hirsch schreit und die Sternenkrone zum Greifen über dir schwebt, hat man Träume.....

Rübezahl, der Naturgeist, denkt mit.

Warum diese Gleichartigkeit der Linien, der Erfindung, des Schaffens, in dieser ungeheuren Natur, — vom Andromeda-Nebel bis zum prähistorischen Goldreif, von der Milchstraße bis zu mir?

Ein Narr fragt viel.

Aber aus Narrenfragen sind Weltanschauungen erstanden, Gebilde des menschlichen Gedankens, riesiger noch als Nebelflecke und Milchstraßen, denn diese alle sind mit darin. Jede dieser Weltanschauungen begann mit irgend einer dummen Frage und hat an einer solchen Frage auch wieder den Endpunkt gehabt, wo die Spirale der Ideen-Entwickelung sich von ihr abbog, höheren Sternen und Ideen zu.

Wer in dieses Geheimnis dränge, warum menschliche Kunstformen und fernste Gebilde des Alls auf dieselbe Figur, dieselbe Schaffensform hinauslaufen, der wäre ein solcher Frager für uns.

Die Entstehung der deutschen Landschaft.

Träumereien auf einer Eisenbahnfahrt.

Mir war in diesem Frühjahr eine lange Fahrt über deutsche Erde beschieden: von den Marschwiesen Worpswedes bei Bremen fast ohne Unterbrechung bis ins schlesische Riesengebirge.

Die Eisenbahn wird so oft gescholten, weil sie eine Generation ohne Naturfreude erziehen helfe. Ich danke ihr umgekehrt etwas, was frühere Zeiten unbedingt nicht so besessen haben: die Möglichkeit vergleichenden Landschaftsstudiums.

Wie über eine wunderbar belebte Karte, die doch dabei das Umfassende einer wirklichen Karte bewahrt, fliegt der Blick. Auf solcher Fahrt lernt man nicht Landschaft in Deutschland kennen, sondern deutsche Landschaft. Und der Gedanke wühlt sich ein in diesen Begriff, während das Auge den Totaleindruck erlebt.

In diesem Auge hing noch das Gold der fett und naß blühenden Caltha-palustris-Felder der Marschen, ein endloser gelber Teppich bis zum Horizont, über dem eine bläuliche Hügelwelle eben vorragt.

Dieser Hügel ist in Wahrheit schon eine Düne. Unter dem Schilfkranz hier, in dem der Wind unter dem blaßblauen, wolkenbefederten Wasserhimmel singt, rauscht zu Zeiten der murmelnde Spiegel höher, denn die Flut des Ozeans spielt schon hinein. Zwischen die Lerchen des Landes, die Kiebitze und Störche des Binnensumpfs mischen sich Seeschwalben und lustige Kampfschnepfen.

Aber dazu jetzt in schneller Wandeldekoration die braune Lüneburger Heide, dürre Erika, rote Bauernhöfe zwischen lichtgrünen

Birkenalleen: die trockene Sand- und Birkenebene Osteuropas tief einschneidend ins deutsche Land.

Und wieder die dichten, dunkeln Waldungen der Mark, auf roten Säulen wie eine endlose graue Wolkenbank die Nadelkronen der Kiefern.

Und abermals öde, ganz öde, ganz platte Ebene mit Birken, bis die blaue, noch leicht beschneite Silhouette der Rübezahlberge die Landesgrenze gegen den Himmel schreibt und mit der Erhebung des Bodens auf einmal in schwarzer Pracht die Fichte da ist.

Die Bahn steigt, und der schwere, zottige Fichtenpelz kriecht mit ihr den Hang empor. Bis für beide der rauhe Urgebirgsfels zu steil wird. Noch einmal triumphiert die Kiefer, aber in ihrer Zwergform, die auf gebeugtem Rücken als „Krummholz" dem ungeheuren Winterschnee Trotz zu bieten wagt. Hier liegt die deutsche Ebene schon unabsehbar zu Füßen wirklich wie eine grell kolorierte Karte. Am Krummholzhang der Schneegrube aber blüht im Hochsommer ein seltsames rosenrotes Glöckchen, das lieblich nach Vanille duftet. Das malt am deutlichsten, wo wir sind. Der Südrand der deutschen Landschaft hat durch vertikales Ansteigen noch einmal Nordlandscharakter erreicht, stärker sogar, als ihn der meerbespülte Nordrand selber besitzt. Dieses Pflänzlein ist die Linnaea borealis, das eigene Patenkind des großen Linné bei seiner riesigen Massentaufe des Lebendigen auf Erden und insofern ein bevorzugtes Wesen in dieser ganzen Fülle für immer. Der Name des Meisters von Upsala weist aber auch schon den Weg: erst in Skandinavien findet die Linnäa sich wieder, noch weit nördlich von Worpswede.

Es braucht nicht mehr als diese Fahrt, um alle Bilder in der Seele wach werden zu lassen vom geschichtlichen Werden dieser Landschaft.

Wer seine deutsche Erde liebt, für den gibt es nicht leicht einen rührenderen Moment in der Geschichte, als das erste Auftauchen deutscher Landschaft in den Augen von Menschen, deren Entwickelung reif war, einen Landschaftscharakter als solchen reflektierend zu erfassen.

Ein Zufall warf dem Römer dieses Los zu.

Bintong=Gebirge auf Java. Im Mittelgrunde überschwemmte Reisfelder.

Bei ihm erscheint das Urbild, das lange, bis ganz nahe an unsere Gegenwart heran, jede historische Betrachtung unserer Landschaft als Ausgangspunkt beherrscht hat, hinter dem man überhaupt nichts mehr wußte.

Vom Rhein her kommt der Römer mit seinen goldenen Adlern und seinem stolzen Weltgefühl des absoluten Kulturträgers. Er stößt auf eine starre Mauer von Wald. Die Berge liegen begraben in diesem unwegsamen Forst. Im Tal lauert Moorboden, über den erst hölzerne Stege mühsam gelegt werden müssen. Wo aber dieser lebendige Wall und Graben enden, am Meer, da lastet auf der eisigen Flut ewiger Nebel, eine Tartaruslandschaft. Armselige Sanddünen mit wehendem Hafer bilden den Rand. An sie speit die geheimnisvolle Tiefe den goldschimmernden Bernstein.

Eine auffallend wenig bekannte Stelle aus der Naturgeschichte des Plinius (also aus dem ersten Jahrhundert nach Chr.) zeichnet das packend.

Ein „Wunder" bieten ihm diese deutschen Wälder. Sie steigern die Kälte durch ihren Schatten und sperren, abstürzend, die Seen. „Die Ufer nehmen die üppigsten Eichen ein. Unterwühlt sie die Flut oder reißen Stürme sie los, so gehen in ihren Wurzeln ganze Inseln mit. Im Gleichgewicht stehend mit dem Takelwerk ihrer gewaltigen Aeste, segeln sie daher. So haben sie oft unsere Flotten geschreckt, wenn sie wie mit Absicht in der Nacht gegen die verankerten Schiffe trieben, daß es ein Seegefecht für diese gegen Bäume galt. In Jahrhunderten unberührt, wie mit der Welt entstanden, ragen die Riesenstämme des herkynischen Waldes, das Wunder aller Wunder durch ihr fast unsterbliches Los. Durch den Druck der kämpfenden Wurzeln wölben sich Hügel auf. Oder die Krümmungen brechen im Zwist aus dem Boden hervor und bilden bis zu den Aesten hinauf Torbogen, daß Reitergeschwader hindurchpassieren können."

Zu diesem Wald nun die Seeküste, bei den Chaucern, — sagen wir heute, den Leuten von Jever, Worpswede, den Halligen. „Mit ungeheurem Andrange", erzählt Plinius, „rollt dort zweimal in vierundzwanzig Stunden der Ozean daher, breitet sich ins Unermeßliche aus und bedeckt ein ewiges Streitgebiet der Natur, von dem man nicht weiß, ist es noch Festland, noch Meer. Hier haust das armselige Volk, auf Hügeln oder mit der Hütte auf künstlichem Gerüst über der höchsten Flutlinie, Seefahrer, wenn das Wasser alles ringsum bedeckt, Schiffbrüchige bei der Ebbe, Jäger hinter den Fischen her, die im Umkreis der Hütten mit dem Meere entweichen. Vieh zu halten und Milch zu trinken, wie die Nachbarn, ja auch nur Jagd auf Wild ist diesen Leuten nicht vergönnt, denn weit und breit wächst kein Strauch. Aus Seegras und Sumpfbinse flechten sie Fischnetze. Mit den Händen heben sie Torf auf und trocknen ihn mehr am Winde, als an der Sonne, ihre Speisen damit zu wärmen und die vom Nord starrenden Eingeweide. Ihr Trank ist der Regen, in der Grube vor dem Hause gesammelt. Und doch: wenn sie heute vom Römervolke überwunden würden, so sprächen diese Stämme von Sklaverei!"

In diese Landschaft dringt jetzt die Kultur. Sie weckt ein Volk von Riesenkräften gleich jenen Eichenwurzeln des Plinius zu zweitausendjährigem Aufwärtsringen. Im Sturm dieser zweitausend Jahre Kampf entsteht aus dem weltenalten Walde und der unfruchtbaren Fischerküste das, was wir heute deutsche Landschaft nennen, in allen feineren Zügen jetzt selbst ein Werk der Kultur.

Das ist das hergebrachte Geschichtsbild.

Ich aber dachte, während mein Blick dem Wechselbilde da draußen nachging vom Nordseestrande bis zu den sudetischen Grenzbergen, wie viel für unser Erkennen hinzugekommen ist in den letzten fünfzig Jahren.

Zu zwei Jahrtausenden Jahrmillionen.

Erst wir heute fangen an, die deutsche Landschaft durch und durch zu sehen, nicht bloß bis auf die Wälder des Tacitus und Plinius. Wer mit dem Auge des Wissenden, des Naturwissenden heute in die Dinge schaut, dem vollzieht sich ein immer gewaltigeres Wunder. Schicht um Schicht erscheinen ihm die Zeiten in ihnen, die Aeonen der großen, planetengroßen Weltgeschichte, — nicht als ledern begrifflicher Paragraph eines Lehrbuchs, sondern heute noch lebend in der greifbaren Wirklichkeit. Im Grunde, so paradox es klingen mag: es gibt gar keine Vergangenheit. Alles, was wir von ihr wissen, ist ja heute noch da, sonst wüßten wir es nicht.

Nur um seine Schleier handelt es sich, die aufgedeckt, die gesondert
werden müssen. Jeder Baum und Quell und Stein der deutschen
Landschaft ist durchsponnen bis ins Mark von solchen Schleiern.

Das erste, woran wir denken müssen bei unserer Landschaft,
ist ihr Grund.

Das Auge, das dem folgt vom Meer zum Fels, verliert zunächst den Menschen, ob Römer, ob Germanen, ganz. Es sieht den
uralten Planeten Erde schwebend im Raum, schwebend, sich um
und um rollend, der Sonne folgend, wie wir ihn kennen seit
Kopernikus. Denken wir uns eine Riesenhand, die um diese harte
Kugel fingert, wie wir einen Block Korallenkalk umgreifen. Was
wäre dem Tastgefühl dieser Hand unser Deutschland? Die Finger
rührten an seine Vorsprünge, etwa gegen den Grat des Riesengebirges, oder den Brocken, oder den Odenwald. Dazwischen Vertiefungen, Lücken wie in einem morschen Zahn. Bis endlich das
Ganze gegen die Nord- und Ostsee abstürzte in zwei wahre Zahn-
lücken.

Es läge eine Wahrheit in diesem oberflächlichen Gefühl.

Diese deutsche Erde, auf der alle unsere Herrlichkeit sich aufbaut, ist als geologischer Grund ein einziges großes Trümmerfeld.

Sie muß es sein. Denn sie gehört so in urbestimmter Schick-
salsverknüpfung einem weiteren, umfassenderen Ringe der Welt-
entwickelung an als wir selbst.

Es ist den meisten Menschen heute noch ein fremder, ein schwer
faßlicher Gedanke, daß der Boden, auf dem wir wandeln, streben
und hoffen, als solcher das Ergebnis ist eines gigantischen Zu-
sammensturzes. Und doch zielen alle neueren geologischen
Gedanken mehr oder minder dahin.

Die ältere Geologie, wie sie noch in Humboldts Tagen herrschte,
sah in der gesamten Erdenlandschaft etwas wie eine grüne Wiese
mit Maulwurfshaufen. Das Niveau der Wiese blieb selbst sich
so gut wie ewig gleich. Aber von unten stießen geheime Kräfte
mit furchtbarer Gewalt Berge auf. Wenn man von Worpswede
nach dem Riesengebirge fuhr, so fuhr man ganz allmählich ins
Bereich der immer leistungsfähigeren Maulwürfe, bis endlich in

der Schneekoppe das norddeutsche Meisterstück vor Augen war.
Heute hat die Geologie überall ein unverkennbares Streben, genau
umgekehrt, von oben nach unten, zu gehen.

Sollen wir auch für ihre Vorstellung ein Bild vom Leben
eines wühlenden Tieres nehmen, so müßte es nicht der hügel-
werfende Maulwurf, sondern etwa das Kaninchen sein. Es wühlt
Röhren unter der grünen Wiese und plötzlich bricht da und dort
die Fläche ein. Löcher und Höhlen entstehen, in denen die mitab-
gestürzte Grasdecke tief unten, weit unter dem alten Niveau, fort-
grünt, während die stehengebliebenen Teile wie Pfeiler und Berge
darüberragen.

Das große Karnickel, das diese Arbeit im Erdenleib besorgt
hat, war aller Wahrscheinlichkeit nach der Erdkern selbst. Wie alle
freien Körper im All, wie die kolossale Sonne selbst, zog die Erde
sich im Laufe ihrer unaufhaltsamen Eigenentwickelung zusammen,
verdichtete sich. Und ihre oberflächlichen Schichten sanken dabei
nach wie der Rockärmel über einem abmagernden Arm, oder die
Haut eines schrumpfenden Apfels. Eisenharte Gesteinsbänke von so
und so viel Quadratmeilen Ausdehnung sind ja gerade kein sehr
williges Material für solchen Abstieg. Im buchstäblichen Sinne
ging die Erdenrinde in die Brüche dabei. Hier sanken weite Gebiete
gutwillig ab und bildeten eine neue Sohle tief unter dem alten
Stand. Dort blieb ein Pfeiler alte Rinde mit abgeknickten Kanten
trotzig stehen: er war jetzt im Verhältnis zu den Stücken da unten
ein hoher Berg, ohne sich tatsächlich gerührt zu haben. Anderswo
freilich staute sich auch der ganze Boden in seitlichem Druck zu
einer Falte auf, die mit dem Kamm wirklich berghaft noch über die
alte Normalhöhe hinaus geriet. Im ganzen aber blieb auf alle
Fälle der Stieg nach unten als Grundzug unverkennbar.

Die Ozeane mußten sich, selber mit ihren Becken sinkend, auf
das neue Maß einstellen, wobei es in dem Durcheinander nicht
ohne Ueberflutung zu tief gesunkener alter Landteile abging. Zum
Ueberfluß quoll noch aus ganz tiefen Bruchspalten glühendes
Tiefengestein, vom Druck entlastet, und warf jetzt selber noch wirkliche kleine Maulwurfshaufen, die nachmals zu Basalthügeln er-
starrten, mitten im Senkungsfeld.

In gewissen Zügen ist es für uns ja immer noch ein überaus geheimnisvolles Ding um diese Zusammenziehungen der Erde.

Sehr möglich ist, daß sie nach einem periodischen Gesetz in der Erdgeschichte sich vollzogen haben, — nicht ruckweise natürlich als wüste Katastrophen, aber doch mit bestimmten Perioden der Steigerung und dann wieder anderen der Ruhe. Vielleicht wird es noch einmal glücken, in diesem Rhythmus eine bedeutsam treibende Macht zu erkennen auch für die Entwickelung der Tiere und Pflanzen. Sicherlich waren solche Zeiten, da das ganze Erdniveau sank, die alte Ebene hier sich als Niederung tief unten erst wiederfand, dort als Pfeiler stehenbleibend plötzlich Gebirge war, dort endlich gar als wolkenhoher Faltenwulst noch höher aufquoll, zwingendster Anlaß neuer Anpassungen, sie werden auch das Niveau des Lebendigen, die Normalruhe der Arten und Gattungen in wilde Schwankungen und Fluß gebracht haben.

Jedenfalls aber ging aus jeder dieser Schrumpfungen das rein geologische Landschaftsbild als ein furchtbares Zerstörungsfeld hervor, eine Wiese, die die Kaninchen glücklich um und umgestülpt hatten.

Dann jedoch setzte ebenso folgerichtig ein neuer Prozeß ein, der sich mühte, diese Ungleichheit, dieses Trümmerhafte nach Kräften wieder abzustellen zu Gunsten einer neuen Glättung des Grundes zu neuem Normalniveau. Den eingesunkenen Rindenteilen des schrumpfenden Apfels war die Atmosphäre nachgesunken. Die stehengebliebenen alten Horste und Wülste stießen aus der dicksten Luftschicht folgerichtig bei diesem Nachsinken heraus, deckten sich mit Schnee und erlitten alle jene hübschen Erlebnisse, die wir Erosion nennen, zu deutsch Ausnagung. Das nagende Karnickel war jetzt ganz oben in Gestalt von Wasser, das in Gesteinsritzen gefror und den Fels sprengte wie Glas, oder das als Bach vom Berg zum Tal sprang, die losgesprengten Blöcke mahlend und zerkleinernd, bis sie endlich als atomisierte Sandbarre tief unten in den tiefsten Stellen des neuen Niveaus, nämlich in der Meerestiefe lagen. Block um Block kam so und endlich das ganze Gebirge. Aber auch das Tiefland kam, bis das Meer voll war.

Dieser Prozeß, in ungezählte Jahrmillionen ausgedehnt, hätte schließlich immer wieder eine absolute grüne Normalwiese wirklich herstellen müssen, die im ganzen allerdings mathematisch genau so und so viel Meter u n t e r der vorigen lag. Aber lange, ehe es völlig dahingekommen ist, war wohl jedesmal die innere Periode des Planeten längst erfüllt: ein neues allgemeines Absinken begann, das abermals so und soviel Meter tiefer das gleiche Spiel von neuem beginnen hieß.

Begründete Anzeichen lehren uns, daß die letzte große Rutschpartie der Erdrinde in die erste Hälfte der sogenannten Tertiär-Zeit fällt. Damals haben die Alpen sich gebildet als ein großer emporgestauter Faltenwulst. Damals ist unser gesamtes deutsches Gebiet annähernd wenigstens in das Niveau gestürzt, in dem es heute steht. Seit einer Million mindestens von Jahren (es wird mehr sein) hält es sich notdürftig in der hier gegebenen Balance bis jetzt.

Das Trümmerfeld dieser letzten Senkungsfelder, stehengebliebenen Pfeiler und Wülste ist es, das das Auge streift auf der Fahrt von den Marschen zum Trümmerkegel aus Glimmerschiefer der Schneekoppe.

Ganz ist auch das freilich längst nicht mehr. In die Nordsee hinein dehnt sich das versandende Wattenmeer. Das ist die mahnende Station, daß der Zeiger unserer Tage im Zeichen des wachsenden Normalniveaus schon wieder steht: die Gebirge sind es, die da unten ankommen, das Riesengebirge, das aus seiner blauen Wolkenhöhe, wo die Linnaea borealis blüht, zur winzigen Sanddüne von Worpswede abschmilzt, zu den Halligen, wo der alte Plinius das wunderbare zähe Völklein fand, das lieber von der nivellierenden Welle der Erdgeschichte sich fressen lassen wollte, als von der jungen Kulturweisheit der sieben Wolfshügel am Tiberstrand.

Bereits sind alle unsere deutschen Gebirge nur mehr Ruinen. Scholle um Scholle bricht oben nieder, reibt sich zu Kieseln im Fluß, endet als Sand im Meer. Ab und zu aber zuckt ein Erdbeben durch den Grund. Die Phänomene kreuzen sich bereits. Dort der Niedergang einer Epoche, wachsende Annäherung an einen neuen Sieg einer spiegelblanken Normalnivellierung, die mit der wüsten Trümmerstätte aufräumt, — hier das dumpfe Deuten von der Tiefe her. Das Deuten, das meldet: alle jene Mühe ist umsonst. Der Kern wird von neuem schrumpfen, die Schale muß über kurz oder lang abermals nach. An dem Tage kann die Schneekoppe, dreiviertel abrasiert durch die Verwitterung, wie sie vielleicht dann schon ist, absinken bergetief zur neuen Sohle, — der flache Marschengrund bei Worpswede aber kann stehen bleiben als zäher Pfeiler über dem ungeheuren neuen Abgrund ringsum und kann „Gebirge“ sein, — Gebirge, das jetzt das Abströmen des frostzersprengten, wasserzermahlenen Gesteins in Jahrhunderttausenden langsam abträgt in Sanddünen und Schlick eines Wattenmeeres am alten Schneekoppenfleck.

Das war mein erstes Zeitenbild, das ich träumend hinter meiner Landschaft sah. Ein unaufhaltsamer Weltprozeß. Vergangenheit und Zukunft zugleich, schicksalsbestimmt durch das Los eines Planeten.

Mein Blick suchte unwillkürlich den blauen Himmel über der flachen Birkenebene.

Dort oben war sie einst gewesen, die Wölbung der alten Erde, auf der die Farrnwälder gegrünt, die Iguanodon-Eidechsen sich getummelt hatten, bergeshoch, wolkenhoch über dem heutigen Plan. Ein tiefer Schacht eigentlich war diese Ebene, hier und da nur überragt noch von einzelnen Ruinen des alten Grundes. So müßte es sein, wenn wir heute unser Reich auf dem ausgetrockneten Boden etwa des atlantischen Ozeans hätten, Tausende von Metern tief, mit ungeheuren Gebirgen über uns, die heute kaum als Inselspitzchen, als Untiefe aus dem Wasser kommen. Schwindelndes Bild: wir selber mit unserer deutschen Erde sind zu Zeiten ja solche Ozeanssohle schon gewesen.

In der Ostsee ragt der weiße Kreidefelsen von Rügen, Kreide geht vielfältig unter die norddeutsche Tiefebene hinein. Eine seichte Mulde nur ist heute diese ganze Ostsee, ein Teich gegen die Weltmeere. Dennoch deckt ihre Flut den Rügener Kreideblock nicht mehr zu, er ragt darüber fort, von grünen Buchen umkränzt. Vor der Eiszeit ist er sogar wahrscheinlich viel höher gewesen. Die Eismassen, die damals von Schweden herüberdrängten, haben ihn schon geköpft, zerrissen, sein Bruchmaterial weit verschleppt.

Und doch ist diese ganze weiße Schreibkreide nichts als echter Tiefseeschlamm. Ein Pfeiler tiefsten Ozeangrundes ragt hier noch in die Lüfte. Wir wissen heute, wie die Landschaft solchen Ozeangrundes ausschaut. Eine Wassersäule lastet darauf von drei, vier, ja bis zu acht- und neuntausend Metern, ja von mehr als Gaurisankarhöhe. Erst jenseits dieser Höhe kommt der Wasserspiegel, tauchen flache Küsten über ihm auf, blaue Bergketten über den Küsten. Finster ist es da unten, lichtlose Nacht. Keine Pflanze grünt mehr, nur tierische Seelilien ragen, die sich hier erhalten können mit ihrem glasartig gebrechlichen Schaft, da kein Sturm mehr hier hinab wühlt. Um sie kreisen gespenstische Leuchtfische mit wahren Scheinwerfern über den Augen und Tintenfische, um den Leib illuminiert mit regenbogenbunten Flämmchen. Von oben her, aus der ganzen Wassersäule aber regnen fort und fort mikroskopische Stäubchen aus Kalkmasse: die toten Gehäuse winzigster Urtierchen. Sie bauen, zahllos in zahllosen Jahren sich häufend, den eigentlichen Schlamm der Tiefsee. Solche Schlammbänke werden bergesdick und werden Stein, werden Kreide.

Träumend, wahre Vergangenheit noch einmal erträumend, sah ich große Gebiete deutscher Landschaft verzaubert in solchen Tiefseegrund. Die blaue Luft da oben war eine Wassersäule von Gaurisankarhöhe. Und erst aus diesem Ozean stiegen die Länder, die Gebirge von damals. Länder mit himmelragenden Gebirgen. Auch die seltsamen Sandsteinwürfel der sächsischen Schweiz stammen aus jener Kreidezeit. Doch ihr Baustoff ist nicht Tiefseeschlamm, sondern Sand. Sand von einer Küste, vielleicht von einem riesigen Flußdelta. In diesem Mississippi oder Ganges der böhmischen Grenze kam, zu Sand vermahlen, irgend ein unbekanntes großes Gebirge damals langsam meerwärts herab, herab so wie heute der Rhein die Alpen nach Holland schleppt.

Es ist ein ruheloser, ahasverischer Gedanke, diese ewig sich zusammenziehende, sich verdichtende Erdkugel, deren Haut ewig nach muß, ewig sich sinkend und faltend dem verengten Kern anschmiegen muß. Und auf diese Haut gerade sind wir, ist das ganze Leben festgebannt. Eine Ruhelosigkeit mehr zu den andern, die uns die Forschung allmählich beschieden hat: der Umdrehung der

Kugel, den Schwankungen und Drehungen der Erdachse, dem Lauf um die Sonne, der Fortbewegung mit dieser Sonne auf das Sternbild des Herkules los.

Möglich ist, daß an dieser innerlichsten, individuellsten Tätigkeit der Erdkugel auch Geheimnisse ihres Klimawechsels hingen.

Jede Verdichtung mußte naturgesetzlich in dem ganzen Ball Wärme erzeugen. Ist es doch heute wohl bloß noch ihre Verdichtungswärme, die selbst der Sonne im eisigen Raum ihre Glut konstant erhält. Vollzog sich aber dieser Verdichtungsvorgang bei der Erde, wie schon oben vermutet, mit einem gewissen Rhythmus, mit langen Pausen jetzt und dann wieder einer raschen Steigerung, so mochte das sehr wohl in fühlbaren Wärmeschwankungen auch für die Rinde sich geltend machen. Vielleicht gipfelte jede Verdichtungspause, bei der die Weltraumkälte die Innenwärme überbot, in einer Eiszeit für die gemäßigten Zonen, während jede Periode gesteigerter Verdichtungstätigkeit das Tropenklima weiter nach den Polen trieb.

Es stimmte dazu die neuere Behauptung, daß Eiszeiten die Erde nicht bloß einmal, sondern periodisch durch alle älteren Epochen hindurch betroffen haben. Es stimmte dazu das wärmere Klima der älteren Tertiärzeit, das bei uns in Deutschland Palmen gedeihen ließ. Gerade damals fanden die letzten ganz großen Niveauverschiebungen, Senkungen und Faltungen ja statt, die wir kennen, also Verdichtungsanzeichen.

Die sogenannte große Eiszeit, die zwischen jener heißen und unruhigen Zeit und unserer Menschenüberlieferung liegt, bedeutete dann umgekehrt das letzte Maximum einer Ruhe- und also Kältepause. Wir heute ständen bereits wieder jenseits dieses Maximums, immerhin noch der Eiszeit nah, aber schon hinter ihr.

Und wie in Erdbeben der Grund schon jetzt gelegentlich wieder unter uns sich regt, sich zerrt und spannt, so möchte eines Tages, eines Jahrtausends eine ganz langsame, aber stetige Wärmezufuhr auch von unten her sich wachsend wieder geltend machen, die vielleicht den gefrorenen Boden Sibiriens wieder auftaut und die Palmenmöglichkeit nach Thüringen und Sachsen zurückbringt.

Doch mein Bahnzug streifte das Gebiet einer Stadt. Schlote rauchten. Mich faßte ein neues Bild.

Denken wir uns einen Astronomen auf fremdem Stern, der unser deutsches Land im Fernrohr schaute.

Vieles würde er gewiß leicht erkennen. Meer schiede sich vom Festland. Schatten der Gebirge zeichneten sich ein. Als bunte Stickerei aus dunklem Waldgrün, hellem Wiesengrün, goldenem Kornstand läge das Flachland da. Aber ein Gebild machte wohl am meisten Kopfzerbrechen: kleine Bezirke hier und dort, über denen es wie eine dickere, anders reflektierende Luftschicht trotz wolkenfreier Atmosphäre lagerte.

Jedesmal nämlich unter solcher Schicht, solchem Flecken im farbigen Tuche steckte eine unserer größeren Fabrikstädte, und das zähe Medium wäre die Qualmwolke der vereinten Schornsteine. Würden wir eine so faustdicke Trübung etwa wie die edle Schlotwolke „Berlin" auf dem roten Mars gewahren, so dürfte findige Phantasie auf eine seltsame Vegetation an dieser Stelle raten, die periodisch ab- und zunähme. Auf dem Mars (und von einigen Astronomen sogar auf dem Monde) werden veränderliche Schatten ja heute mit besonderer Liebhaberei auf Pflanzenwuchs gedeutet, der bald verdorren, bald wieder Blätter treiben soll.

Und doch: so ganz schösse der Gedanke gar nicht am Ziel vorbei. Bloß verwirrte er wieder einmal etwas Vergangenheit und Gegenwart.

Mein Blick aus dem Wagen-Abteil streifte die Silhouette einer solchen gerade aus vollen Teufelsbacken heraufpaffenden Stadt mit Abendhintergrund.

Gespenstisch wuchsen die einzelnen schwarzen Schlote und Rauchsäulen vor dem blutroten Himmel in eine gemeinsame dichte Krone lastenden Qualmes hinein.

Und wie sie so scheinbar reglos vor der flammenden Röte standen, glichen sie dem Schattenbilde ungeheurer Pflanzen — Urwaldbäumen, jeder kerzengerade Stamm von Domturm-Höhe und oben die Gigantenäste zu unentwirrbarem Laubdach verfilzt, eine zweite, dem Himmel schon so viel nähere Etage über der Ebene bildend.

Und waren sie nicht wirklich noch einmal schemenhaft für eine Geisterstunde auferstanden, die kolossalen Farrnwälder der Urwelt, die zu ihren Lebzeiten nie ein Menschenfuß betreten, weil noch kein Mensch damals bestand?

Aus der zertrümmerten, einsinkenden Ruine der Erdkruste holte dieser Mensch heute den ältesten deutschen Wald. Selbst zu Stein geworden, als „Steinkohle", ruhte er dort seit Jahrmillionen, tief unter der Sohle des heutigen Lebens.

Nun löste ihn die Flamme und als ein Heer von Rauchbäumen stieg er für diese Geisterstunde noch einmal empor.

Träumend sah ich diese Steinkohlenschlote gereiht über ganz Deutschland, die Kulturwälder überragend, das Bild der Städte bestimmend, eine Vegetation, die abermals Länder, Erdteile umspann wie jene der wirklichen Steinkohlen-Periode, — ein mystisches Schattenbild der alten, das den ganzen Weg aber inzwischen durchmessen durch die menschliche Technik und mit dieser in gewissem Sinne quer durch den Menschengeist selbst.

War es nicht ein Schachtelhalm dort, der große Schlot gerade vor der sinkenden Rotglut der Sonnenesse selber, ein Schachtelhalm von der Höhe der Kölner Domtürme? Und dort mit der pinienhaft auseinanderwachsenden Krone ein imposanter Farrnbaum oder einer jener rätselhaften Siegelbäume (Sigillarien), die in einem besenartigen Schopf endeten?

Und die Sonne glühte diese Rauchflora an, wie sie, dieselbe Sonne, einst in die feuchten Sumpfwälder der echten Schachtelhalm-Zeit Deutschlands geglüht hatte.....

Meine Phantasie folgte noch ihrem freien Spiel, da hatte der rastlos eilende Zug schon die Scene jäh geändert.

Er schnitt schon wieder in den wirklichen Wald von heute ein. Die letzten roten Kiefernstämme verglühten oben langsam wie erkaltende Metallpfeiler eines ausgebrannten modernen Warenhauses von Eisenkonstruktion. Unten aber leuchtete ganz hart und starr in dieser Abendstimmung das zackige Blätterwerk des Niederwaldes im Hochwalde vor: der Farrnkräuter.

In drei Gefächern, drei Stufen baut sich besonders der märkische Wald ja so gern auf, drei Farbenunterschieden. Lichtgrünes oder je nachdem herbstlich rotgelbes Farrnkraut unten; dann höher der bläuliche Wachholder; endlich die roten Kiefernsäulen.

Auch in diesen Stufen steckt Geschichte. Und zwar ist die unterste dabei der Rest des ältesten Waldes: der noch lebende degenerierte Steinkohlen-Urwald selbst.

Einförmig, wie diese heutige Unterstufe, müssen diese Wälder kryptogamischer Pflanzen damals unser Vaterland überzogen haben, aber in Hochwald-Größe. Das war ihr Entscheidendes, diese Größe. Das Farrnkraut im Verein mit dem heute noch niedriger kriechenden Bärlapp und dem formschönen Schachtelhalm besaß damals die ganzen drei Stufen, auch die oberste.

Völlig geschwunden ist dieser wahre Urwald im historischen Sinne niemals bei uns, er ist bloß heruntergekommen. Ein kleiner Bengel, der heute den Wald betritt, fühlt sich stolz schon Herr dieser Farrnstufe. Mit Zwergen bevölkert sie die Märchenpoesie, größeres hätte nicht darin Raum zum Herbergen.

Damals barg der Farrn-Hochwald krokodilgroße Panzeramphibien mit grotesken Froschköpfen. Auch sie sind heute zum kleinen goldgefleckten Molch herabgekommen, den nur die Sage noch einmal riesengroß gelogen hatte, der in Wahrheit aber über unseren kriechenden Bärlapp als schweres Hindernis mühsam wegrutscht, wie seine Lindwurm-Ahnen der Steinkohlenzeit über gefallene Urwaldriesen von ein paar Metern Stammdicke sich wälzten.

Eine so gewaltige Periode der Erdgeschichte hat ein liliputisches Ende bei uns genommen.

Durchfliegt man tagelang deutsche Landschaft immer wieder an diesem Farrnteppich lang, denkt man an die ungeheuren Strecken Moorland, das von geselligen Torfmoosen einförmig besiedelt ist, zählt man die Massen und Massen der bunten Pilze dazu, hört man den Kröten-Triller aus dem nassen Bruch, den Froschgesang aus jedem Dorfteich, — so empfindet man durchaus, wie diese Kryptogamen- und Amphibien-Zeit über die Jahrmillionen hinweg unser deutsches Landschaftsbild noch ganz energisch beherrscht in räumlichem Bodenumfang, in der Fülle der Individuen.

Aber immer auch fühlt man das Herabsinken in eine Art Unterschicht unserer Hauptlandschaft, in ein Zwergenreich, zu dem selbst

wir mittelgroßen Menſchen nicht mehr empor, ſondern nieder-
blicken: ein Froſchmäuſeler und Pilzmännchen iſt die Steinkohlenzeit
im Märchen unſerer Heimat geworden.

Warum das? Lag es im Klima oder in unbekannten Geſetzen
der Lebensentwickelung? Das Klima der alten Rieſenfarrnwälder
Europas iſt heute eine ganz verzwickte Frage der Geologie geworden, — der eine ſagt: glutheiß, weil heute baumgroße Farrn nur
in den Tropen wachſen, — der andere ſagt: ausgeſprochen kühl,
weil die Steinkohle Torfbildung zur Vorausſetzung hat und Torf-
moore nur in der gemäßigten Zone vorkommen. Da kann man
nun wählen.

Eine ſolche ſchlichte Frage wie „Klein und Groß" in der
Natur umſchließt offenbar die tiefſten Rätſel. Warum ſind die In-
ſekten, die es doch bis zum Ameiſengehirn gebracht haben, ſeit jener
Steinkohlenzeit, da ſie ſchon lebhaft ſchwärmten, bis heute immer
Liliputaner geblieben, ohne ihr Maß irgendwie zu ändern? Fragen!

In ſtolzer Schöne ragt die Kiefer über dem verkrüppelten
Farrnkraut, — ohne Antwort. Und doch verkörpert auch ſie ein
Kapitel deutſcher Urwelt, juſt das nächſte nach der Steinkohlen-Zeit.

Wie ſie heute noch da ſteht, iſt ſie der Sieg eines Weltalters,
das im ganzen doch auch ſchon wieder ſeine Jahrmillionen hinter
uns zurück iſt.

Eines Tages ſchwanden die Farrnwälder auf dem deutſchen
Boden. Die Pflanzenentwickelung hatte einen Ruck getan: aus den
Kryptogamen, aus dem Bärlapp waren Nadelhölzer geworden.
Ohne dieſen Ruck gäbe es heute keine Kiefern, keine Fichten und
keinen Wachholder, die noch jetzt zur großen Heeresfolge der Nadelhölzer gehören. Es war die Zeit der reptiliſchen Ungeheuer, der
Jchthyoſaurier und anderen Drachen vom Eidechſentypus. Was
von dieſer Bande im deutſchen Walde hauſte, das hauſte jetzt durchweg im Schatten von Nadelhölzern.

Die Trias- und Jura-Zeit iſt es in Wahrheit, die als mittleres
und oberes Stockwerk in unſerm Kiefernforſt da draußen die ver-
kommene Steinkohlen-Zeit der Bärlapp- und Farrn-Schicht überragt.

Als Pflanze iſt ſie ſtattlich oben geblieben, denn noch kann,
wer die deutſche Landſchaft im Dampfwagen durchquert, ernſtlich

zweifelhaft fein, wer der echtere deutfche Charakterbaum fei: das
Nadelholz in Kiefer, Fichte und Tanne — oder der Laubbaum in
Eiche, Buche oder Birke.

Es ift in diefem Falle ziemlich ficher, daß das Nadelholz feinen
zähen Sieg über fo viel Jahrmillionen diesmal wirklich feiner
Wetterfeftigkeit verdankt, feiner Gabe, auch ein rauhes Klima zu
ertragen.

Vertraut als Heimatbild allererften Ranges ift uns die Fichte
geworden, wie fie mutig kleine Lawinen von Schnee trägt, und
gerade als „Weihnachtsbaum" im Winter ift fie unfer tieffter Ge-
mütsbaum geworden. Nicht eigentliche Polarpflanze ift ja auch
diefes Nadelholz. Dafür kann viel eher fein typifcher Begleiter bei
uns, die Birke (alfo ein echter Laubbaum) gelten. Und niemals
auf der andern Seite hat das Nadelholz ganz auf die warmen
Länder verzichtet: fchon den Leuten des Columbus fiel im tro-
pifchen Mittelamerika wie ein Wunder auf, daß gelegentlich Palmen
und Tannen im gleichen Walde nebeneinander wuchfen. Sein Lieb-
lingsklima aber ift und bleibt heute das gemäßigte bis zur nordifchen Baumgrenze hinauf, und auf diefe Neigung hin ift es deutfch
geblieben trotz aller Wandlungen deutfchen Klimas.

Ueber die klimatifchen Verhältniffe jener Jchthyofaurus-Zeit,
da das Nadelholz zuerft bei uns triumphierte, ift ein ficheres Urteil
ebenfalls nicht zu fällen. Die üppige Bevölkerung des Landes mit
Reptilien fpricht für eine warme Zeit, denn nur in der molligen
Sonne durchwärmt fich das indifferente, von innen her nicht ge-
heizte Blut der Eidechfe und Schildkröte, an diefer Blutwärme
hängt aber ihre Regfamkeit, ihre Dafeinsenergie.

Möglich immerhin ift, daß die urfprüngliche Entftehungsftätte
des ganzen Nadelholztypus mit feinem merkwürdig wetterharten
Bau auf Gebirgen mit kühlerem Höhenklima gewefen ift. Lange
vor der großen Reptilienzeit und während unten überall die Farrnwälder noch herrfchten, hätte er dann da oben fich gebildet, auf
Höhenrücken, von denen längft jede äußere Spur verloren ift. Denkbar ift auch, daß gegen Ende der Steinkohlenzeit ein allgemeines
Sinken der europäifchen Temperatur vorübergehend eingetreten
fei, bei dem diefe kältefefte Gebirgsflora als die jetzt auch im Tale

beste Anpassung sich vom Gebirgsfuße in die ganze Ebene hinein
als Herrscherin ausdehnte. Als dann die Wärme in die Reptilienzeit hinein abermals stieg, mußte sie dem standgehalten haben.

In der noch späteren Tertiär-Zeit besteht kein Zweifel, daß
Deutschland ein geradezu heißes Klima wirklich hatte, prachtvolle
Fächerpalmen, Drachenbäume und Bananen grünten bei uns, in
denen Affen kletterten und zu denen die Giraffe ihren langen Hals
aufstreckte. In deutschen Braunkohlenlagern der mittleren Tertiär-
Zeit ragen riesige Stämme, die das Nadelholz in Gestalt der schönen
Sumpfcypresse zeigen, wie sie heute nur noch in Amerika vorkommt. Bei Groß-Reschen in der Niederlausitz ist die bekannteste
Fundstelle, dort stehen die ganzen Stümpfe noch in der Tiefe, als
sei eben erst ein tausendjähriger Forst abgehackt worden. Auch
unser Bernstein ist nichts anderes als das versteinerte Harz einer
tertiären deutschen Fichte, — wie unglaublich groß müssen aber
diese Nadelholzwälder damals gewesen sein, wenn man der Bern-
steinmassen gedenkt, die das Meer seit Plinius' Tagen an die
Küsten treibt und die aus dieser Küste gegraben werden.

Dieser Wärmeanpassung des Weihnachtswaldes hat erst wieder die Eiszeit ein Ende gemacht. Als sie ganz Norddeutschland
unter Grönlandeis warf, mußte dort wenigstens auch der Fichtenwald fliehen. Als sie wich, kam er aber erst recht zurück, denn
es kehrte ja für ihn gerade die Temperatur wieder, die vielleicht
sein Ausgangspunkt war: die gemäßigte. Und nur eins machte ihm
vorübergehend noch einmal Not, — doch davon gleich.

Blieb so die Flora der deutschen Reptilien-Groß-Zeit in gewissem Sinne durch ihre Zähigkeit uns bis heute treu, so ist das
Tiervolk von damals dafür um so gründlicher gesunken. Die ele-
fantengroßen, hausgroßen Saurier sind verschwunden, das traf
aber Deutschland nicht allein, sondern die ganze Erde. Nur in zwei
urweltlich kolossalen Gruppen ist diese Hochblüte der Reptilien ja
überhaupt lebend auf uns gekommen: als Krokodil und als Riesenschildkröte. Beide waren Deutschland noch in jener Tertiär-Zeit,
als es mit allen Ichthyosauriern und Iguanodons längst alle war,
treu: bei Ulm krochen Landschildkröten mit zolldicken Panzerplatten,
zwischen Mainz und Darmstadt schwamm der Alligator. Dann

aber hat die Eiszeit hier eine Aufräumearbeit von unerbittlicher Gründlichkeit besorgt.

Im ganzen und auch für die allerkleinsten Formen hat sie unsere Eidechsen-, Schlangen- und Schildkrötenwelt auf einen Nullpunkt gebracht (ihr Nullpunkt im Klima wurde für diese armen wechselwarmen Sonnenkinder ja auch Nullpunkt jeglicher Blut- und Lebenswärme), von dem diese sich bis heute nicht eigentlich erholt hat.

Das Reptil als auffälliges Charaktertier der Landschaft existiert für ganz Deutschland nicht mehr.

Wenn man über die Alpenmauer nach Italien wandert, so ist ein erstes charakteristisches Anzeichen der zum Mittelmeer sich wendenden italienischen Landschaft das emsige Geschwänzel der Eidechslein auf jeder Bruchsteinmauer. Es sind keine Lindwurm-Saurier mehr, aber man empfindet doch, daß man in einer Gegend ist, die wenigstens ihr kleines Reptilvolk nie verloren hat. Ich bin persönlich (vielleicht im Gegensatz zu vielen Lesern) ein großer Freund der Eidechsen und empfinde einen ästhetischen Verlust der Landschaft da, wo sie spärlich werden.

Radikal herausgewalzt aus unserer Heimat durch die große Frostwalze der Mammutzeit, ist das Reptilvolk erst in der folgenden wieder milderen Epoche, sozusagen innerhalb also schon unserer „deutschen Geschichte", ganz langsam und hier und da von Süden her wieder zu uns hereingekrochen. An einer größeren Rückwanderung hat freilich die Alpenmauer gehemmt. Wo eine solche ostwestliche Barriere nicht bestand, wie in Nordamerika, das zu großen Teilen doch auch seine Eiszeit durchgemacht hat, ist der Norden wieder ohne viel Mühe reptilienreich geworden. Bei uns kann man noch jetzt ziemlich genau beobachten, wie die großen südnördlichen Flußtäler nicht bloß den Wanderungen der Menschen, sondern auch denen der Schlangen und Eidechsen noch am ehesten geholfen haben, — vor allem das Rheintal, an dem sich Schritt für Schritt noch gegenwärtig fortbestehende Stationen der südnördlichen Einwanderung von Schlangen und Eidechsen nachweisen lassen.

Was sonst noch Fremdartigeres im Nadelwalde der Saurierzeit bei uns räuberte, ist so gut wie ganz verschollen.

Der Ur-Vogel Archäopteryx liegt nur noch im zierlichen Stein-Abdruck vor.

Selbst der famose Ceratites nodosus hat uns für immer verlassen und mit uns die Welt überhaupt. Es war ein großer Tintenfisch, der in einer hübschen gedrehten Schale saß wie heute der Nautilus auf Amboina. Er lebte im Meer, und Meer mußte die deutsche Scholle decken, wenn er hinkommen und seine Gehäuse auf ihr ablagern sollte. Aber es ist drollig, wie dieser alte Krake sich dabei mit der auffälligsten Konsequenz wirklich immer nur auf solchem Boden gehalten hat, der später einmal deutsch werden sollte, — mit Ausnahme eines ganz kleinen Streifchens Frankreich, von dem er jedenfalls annahm, es würde noch einmal annektiert werden. Auf diesem Deutschboden vermehrte er sich mit Glück in wahrhaft biblischer Weise und hinterließ ungeheuerliche Schalenmassen, — sonst bekam ihn kein Erdenfleck zu sehen. Schon Leopold von Buch hat den guten Witz von ihm gemacht, daß er um seiner prophetischen Treue willen verdiene, ins deutsche Wappen aufgenommen zu werden.

Durch das offene Fenster meines Coupés träumte ich in die milde Frühlingsnacht hinein von Primeln und Anemonen in den dunklen Wiesengründen.

Dann stieg der Mond höher und tauchte die Zweige am Bahndamm in ein Silberlicht, als ginge die Fahrt durch eitel blühende Kirschbäume.

Wunderliche Vorstellung, daß unsere Landschaft einmal keine Blumen hatte!

Die Primelwiese, der Veilchengrund, die rote Heide und der goldene Caltha-palustris-Sumpf, Dornröschen und der Lenzschnee der süddeutschen Obstgärten: sie alle sind eine späte, eine verhältnismäßig junge Erfindung der Natur, gegen die das Farrnkraut und die Kiefer ehrwürdige Patriarchen sind.

Abermals ist es eine höhere geologische Schicht, die durch dieses bunte Blütenparadies der deutschen Landschaft schneidet. Sie geht nur mehr bis auf die zweite Hälfte der sogenannten Kreide-Zeit zurück.

Weite Gebiete Deutschlands waren damals Tiefsee. Aber aus

dem Ozean hoben sich gegen Schlesien und Böhmen zu Länder mit
reichem Waldstand. Und wieder hatte in diesem Waldstand sich ein
Ruck vollzogen. Da war zuerst aus dem Nadelholz ein Laubbaum
geworden. Die Palme, die Magnolie war „erfunden" worden,
und — uns für heute interessanter — die Eiche, die Buche, die
Kirsche. Neben die Nadel stellte sich das grüne Blatt, doch ein
anderes als das ehemalige des Farrnkrauts, das Eichenblatt und
Haselnußblatt, das Blatt des echten Laubbaumes.

In jenem Bericht des Plinius erscheinen die deutschen Urwald-
Eichen wie die Türhüter der Ewigkeit am ersten Schöpfungstage
in die Welt gestellt und nun ewig fortgrünend. Auf einer Esche,
also ebenfalls einem Laubbaume, ruhte dem alten Deutschen selber
die Welt. Der Blick aber des Geologen sucht in der größten Eiche
und Esche doch immer nur das Kind, die Jugend dieser Landschaft,
neben dem der blaugraue Nadel-Wacholder ein Greis und gar
Bärlapp und Farrnkraut gespenstische Urahnen sind.

Aber wiederum die Eiche selbst und der Haselstrauch in ihrem
Schatten sind alt gegen das Maiglöckchen, das verborgen im
Schatten dieses Haselstrauches blüht. Das Maiglöckchen und die
Dornrose und der weiße Flieder, so viel alter romantischer Zauber
sie nun wieder umspinnen mag, sind erst recht ganz die Jungen
und die Neuen in dieser geologischen Schichtung unserer Landes-
vegetation.

Eine Liebesgeschichte mischt sich hier ein.

Der Haselbusch macht es noch genau so wie die Kiefer: er
streut seinen goldenen Blütenstaub vom Kätzchen dem Wind in die
Arme und läßt ihn so zur weiblichen Blüte tragen. So hatten es
die ersten Laubbäume der Kreidezeit alle noch gelernt. Aber diese
Kreidezeit war lang, endlos lang. Und so glückte noch in ihr vor
Schluß eine zweite, für das Landschaftsbild reichlich ebenso wichtige
„Erfindung" wie die des grünen Laub-Blattes.

Früh mit dem Farrnblatt in der Steinkohlen-Zeit waren die
Insekten entstanden. Während die Saurier zu Goliaths wuchsen,
blieben sie immer relativ klein, aber dafür wurden sie beweglich,
flug wie keine zweite Tiergruppe der Urwelt. An diese Insekten
paßte sich die Pflanze an. Sie bepuderte die Fliege, die Biene mit

ihrem Lebensſtaub und ließ ihn ſo zur weiblichen Blüte tragen. Das war unvergleichlich viel ſicherer als die Fahrt auf gut Glück mit dem Winde. Um das Inſekt zu locken, wurde das ſtäubende Kätzchen, das unſcheinbare weibliche Blütlein zur „Blume“, zum bunten, auffälligen Gebilde, das über ſeinen Honig ein weithin prangendes Wirtshausſchild hing, bald blau, bald rot, bald in ſinnreichſter Reklame-Verbindung verſchiedener Farben.

Die Blätter hatten nach uraltem Pflanzenbrauch die grüne Farbe mitübernommen, — ſo machte es die Blume, um ſich da- gegen von fern ſchon dem Inſekt kenntlich zu machen, ausgeſucht in möglichſt anderen Farben, als da ſind Feuerlilien-Rot, Vergiß- meinnicht-Blau, Kirſchen-Weiß und Löwenzahn-Gelb.

Aus dieſem Wettbewerb um immer wirkſamere Reklameſchilder des Inſekten-Wirtshauſes mit dem Hintergedanken eines Brief- ſtellers für Liebende erwuchs der herrliche Blutteppich der „Heide“, der Erika, in dem Weſtfalen glüht, — es erwuchs der tiefblaue Kriſtallbecher des Enzians am Rieſengebirge, das Caltha-Gold von Worpswede und das liebliche Gewebe blauer Anemonen und gelber Primeln an den Jura-Hängen der ſchwäbiſchen Alb, unter deren Hut der Ichthyoſaurus ſchläft.

Das alles, wie geſagt, geſchah noch im letzten Kapitel jener tatenreichen Kreidezeit. Als im Tertiär die Bernſteinfichte ihre goldenen Tränen weinte (ſie träumte damals noch nicht von der Palme im Süden, denn die ſtand noch in prangender Fülle neben ihr, eingewurzelt wie ſie im deutſchen Lande), da rann dieſes Harz ſchon um beide: die Fliege als Liebespoſtillon und die Blume als Animierkneipe, — beide begegnen uns heute im Bernſtein, zu dem das Fichtenharz ſich verhärtet hat.

Einſam raſſelte mein Zug durch die Nacht.

Walpurgisſchauer mochten durch den mondhellen Wald ziehen. Die Eulen riefen ihr altes Wodanslied. Wodan und die Eiſenbahn, — mir war, als ſtürze der Blick wieder durch Aeonen vom Aelteſten ins Jüngſte ab. Und doch iſt auch dieſe Eule als Vogel ganz oben erſt im Reigen. Den Vogel, das Säugetier des heutigen Deutſch- land hat uns erſt eben jene Zeit der weinenden Bernſtein-Fichte, die Tertiär-Zeit, geſchenkt.

5*

Als der Alligator noch in den Sümpfen bei Mainz schwamm, da fielen schon Scharen echter Enten dort auf dem Wasserspiegel ein. Um dieselbe Zeit war am heutigen Hahnenberg bei Nördlingen im bayrischen Schwaben ein Brutplatz des Pelikans. Längst offenbar war der Vogel vom eidechsenschwänzigen Urgreif Archäopteryx damals also schlicht zu Ente und Pelikan geworden. Heute kann der Pelikan selbst freilich nicht mehr als deutscher Vogel gelten. Er verfliegt sich ab und zu noch einmal zu uns, aber er brütet nirgendwo mehr.

Der Verwandtschaft nach vielleicht unser altertümlichster deutscher Vogel, den wir noch massenhaft haben (z. B. als wahren Nationalvogel auf dem Müggelsee bei Friedrichshagen) ist der Haubensteißfuß.

Denn eng an diese Taucher schließt sich ein geheimnisvolles Wesen, dessen Knochenreste in Nordamerika in Gestein noch der Kreidezeit gefunden worden sind, der „königliche Westvogel" (Hesperornis regalis), der, ein ganz flügelloser Haubensteißfuß von Gestalt, doch im Schnabel noch eine Rinne hat, in der oben 28 und unten 66 echte Zähne wurzelten — eine Eigenschaft, die also noch deutlich an die ebenfalls bezahnte Archäopteryx erinnerte.

Umgekehrt unser ältester noch lebender Säuger ist ziemlich sicher kein anderer als der Igel.

Die überhaupt urweltlichste Säugetierform der Erde ist das australische Schnabeltier, dessen sehr igelähnliche Landsorte (es gibt auch eine im Wasser) heute im Herzen Deutschlands nur in einem lustigen Pärchen des Berliner Zoologischen Gartens lebt. Dieses Schnabeltier legt noch Eier wie die Eidechse, von der es (in allerdings noch sehr dunklem Zusammenhang) zwischen dem Ende der Steinkohlenzeit und der Blüte der Riesenreptile irgendwann und irgendwo entsprungen sein muß. Die nächst höhere Stufe war dann das Beuteltier.

In der ganzen Ichthyosaurus-Epoche war das Beuteltier das Charaktersäugetier Europas, also ziemlich sicher auch Deutschlands; die beweisendsten Knochenfunde sind zufällig in England gemacht worden, das aber durchaus mit dem Kontinente sonst übereinstimmte. Nach heutigem Maß muß es der Landschaft einen australifchen Charakter verliehen haben. Noch in der Tertiärzeit hatten wir die echte Beutelratte, das heutige Opoffum der Nordamerikaner, in Weifenau bei Mainz und in Eckingen bei Ulm. Möglicherweife haben dem letzten deutfchen Beutler auch erft die Vorwehen der Eiszeit den Garaus gemacht.

Im heutigen deutfchen Klima würde allerdings ein Grund auf keinen Fall ftecken, daß wir nicht Känguruhs in der deutfchen Heide haben follten fo gut wie Kaninchen. Zweimal ift nämlich in den letzten Jahrzehnten verfucht worden, an diefer Stelle durch Menfchenkunft das Rädlein der Dinge noch einmal rückwärts zu drehen und diefes Stück Urwelt bei uns leibhaftig wieder auf- erftehen zu laffen. Zuerft hat 1887 der Freiherr von Böfelager auf Heimerzheim im Rheinland Känguruhs frei in feinen Wald gefetzt, und fie find fofort wirklich „wild" geworden wie die Hafen, ohne fich durch den nordifchen Winter irgendwie anfechten zu laffen.

In noch größerem Stil ift das dann feit 1889 dem Grafen Witzleben im Bufchwalde von Altdöbern in der Niederlaufitz ge- glückt. Die Känguruhs haben fich dort nicht nur regelrecht als freies Jagdtier eingebürgert und fortgepflanzt, fondern fie haben fich auch mit dem übrigen echtdeutfchen Wild aufs befte vertragen. Witzleben preift die Schmackhaftigkeit des Wildprets und befonders die Suppe aus Känguruh-Schwanz.

Wie die Dinge liegen, würde folche Verpflanzung übrigens mehr fein als ein bißchen menfchliches Hineinpfufchen in den Lauf der Erdgefchichte nach rückwärts. Das Känguruh, eine der poffier- lichften, malerifch merkwürdigften Tiergeftalten der Erde, könnte nur fo überhaupt auf unfere Enkel gerettet werden, da es in Auftralien felbft hoffnungslos der Ausrottung verfällt, ja in großen Gebieten fchon verfallen ift.

Als dritte Säugergruppe haben nun offenbar ganz früh fchon unter die Schnabler und Beutler der Saurierzeit fich die fogenannten „Infektenfreffer" gemifcht. Drei von denen find uns treu geblieben: der Igel, der Maulwurf und die Spitzmaus. Den Igel kennzeichnet fein altertümliches, fchnabeltierhaftes Stachelkleid als die urwelt- lichfte Form. Sehr wahrfcheinlich gehört auch die Fledermaus noch eng hierher. Ganz früh, faft an der Wende noch der Saurierepoche zur Tertiärzeit, drei Millionen Jahre mindestens vor der Eiszeit, tritt sie völlig unvermittelt fix und fertig auf, recht ein Rätseltier, dessen Ableitung von den Ur-Säugetieren noch völlig dunkel ist. Ihre fruchtfressenden tropischen Verwandten, die sogenannten „Fliegenden Hunde", sind möglicherweise sogar noch viel älter.

So spiegelt sich in diesen ganz harmlosen, stillen, verkannten und in ihrer Insektenjagd doch so Nützlichen unserer Landschaft wieder eine weit tiefere Schicht Urwelt als etwa im großen Hirsch oder im Pferde und vollends als im Menschen, den heute die tosende Eisenbahn durch die rote Heide und den stillen Hochwald führt.

Sie raste in die Mondnacht hinein, meine Bahn.

Gespenstisch fahl ragten jetzt die jungen Birken aus der Ebene draußen, — ich träumte weiter.

Auf der Schwelle der Erdperiode, der wir angehören, ringen drei Gewalten um die deutsche Landschaft.

Wenn die Sagen der deutschen Stämme so weit zurückgingen, müßten sie als drei Riesen darin erscheinen, mit einer ungeheuren Axt, einer Schaufel, einer Keule in der Hand.

Der eine rollt Eisblöcke.

Der andere pustet Sand.

Der dritte häuft Urwaldstämme.

Lange Jahrtausende ist die deutsche Erde in ihre Faust gegeben. Zwar den Grund des Gesteins, den längst gefestigten Stamm des Gebirges müssen sie stehen lassen. Aber die Oberfläche dürfen sie verwandeln, verwüsten, neu bauen nach ihrer Lust.

Ein Faustschlag des einen — und die Zinnen Skandinaviens zerbrechen zu Scherben und diese Scherben rollen über ganz Norddeutschland. Wie ein Gärtner Wasseradern durch seine Wiese zieht, so drängt er ganze Stromsysteme vor sich auf, windet Ströme ineinander, schiebt ihre gestauten Wasser stufenweise hin und her. Was der eine nackt gerodet, überzieht der andere mit Wald. Auf den Wald aber stürzt jener den Sandsturm der Steppe. Und doch geht aus dem Todeskampf dieser ringenden Elementargeister zuletzt, wie so oft im Märchen, ein Segensreiches hervor: eine Erde, die zwar längst kein Paradies mehr ist mit Bananen und Brotfruchtbäumen, deren Boden aber jederzeit sich als Schatz heben läßt für

die strenge Kulturarbeit; der fruchtbare Kornboden Deutschlands
geht daraus hervor.

Tundra, Gras-Steppe und Sumpfwald lassen die drei Riesen
sich botanisch benennen.

Geologisch knüpft die Tundra an die Eiszeit an. Die Gras-
Steppe an den eigentümlichen Lehm weiter deutscher Gebiete, den
sogenannten Löß. Der Sumpfwald endlich an eine Zwischen- und
Nachstufe beider mit feuchtem Klima ohne Vergletscherung, aber
auch ohne Wüstenglut.

Es ist die große Errungenschaft der letzten fünfzig Jahre, daß
wir auch diese drei Gestalter unseres Landes jetzt wenigstens alle
drei als historische Figuren kennen, — als die letzten Naturriesen,
die an unserer Heimat gebaut haben, ehe der deutsche Mensch
selber das Heft in die Hand nahm und den Landschaftscharakter
in den Grenzen seines Könnens nach dem Bilde seiner Sehnsucht
modelte. Wer ihr Antlitz nicht auch noch durchleuchten sieht, der
versteht nichts vom feinen Gewebe heutiger deutscher Landschaft
trotz aller Kenntnis vom Heraufgang dieser nachfolgenden Menschenkultur.

Geheimnisvoll verschleiert sich nur auch unserm geologisch
vorgeschrittenen Schauen das zeitliche Verwandtschaftsverhältnis
jener drei Ur-Bauer und Ur-Verwüster diesseits der paradiesischen
Tertiär-Zeit. Wer war der Vater, der Sohn, der Enkel? Oder
waren sie zu ihrer Zeit gleichaltrige Brüder, die nur um die Ober-
herrschaft stritten?

Der noch urweltlich riesige, feuchte, mit Moorgrund abwech-
selnde, mangels jeder Forstkultur unwegsame deutsche Stammwald
mit stofflich ähnlicher Zusammensetzung wie heute: das ist das
vertrauteste, das plausibelste Bild zunächst von den dreien. So
fing ja die deutsche Landschaft bei Plinius geschichtlich im Sinne
von Kulturüberlieferung an. Rückwärts haben wir gesehen, wie
in solchem Urwalde die Farrn-Flora sank, wie die Nadelhölzer ihn
in Ichthyosaurus-Tagen eroberten, wie zwischen das Nadelholz
sich dann Laubbäume mischten. Diese deutschen Laubbäume waren
in der heißen Tertiärzeit noch Eichen und Palmen. Von jenen
Plinius-Tagen herauf bis zu uns gestattet das deutsche Klima

keinen Palmenwuchs mehr. Wir haben Anzeichen, daß dieses Klima-
Sinken noch gegen Ende der Tertiär-Zeit selber eintrat. So wäre
damals schon das letzte für uns Fremdartige ausgemerzt worden:
ein Rest südländischer Formen in unserm Walde. Damit aber
schlösse sich glatt das Bild: die Urwelt einmündend in den ger-
manischen Forst des Plinius.

In diesen Forst bricht v o n d a a b dann die Kultur ein.
Hier rodet sie ihn ganz, um Raum zu gewinnen für die Ausnutzung
des schlummernden Korn-Bodens. Dort nimmt sie ihm wenigstens
seine sumpfig-unhandliche Ur-Form. Die Forstkultur kommandiert
mehr und mehr den rohen Genossen der alten Bären und Elentiere
in eine Art Baumkaserne um mit strammer Militärhaltung und
einem Zug auf ein „Normalschema". Schließlich greift sie aber
auch in die Art des Waldbestandes ein. Sie begünstigt Bäume, die
der Mensch in ihrer Lebensart und Leistung besser gebrauchen
kann, und wirft so in hundert Jahren mehr Abwechselung und
Neuerung in die deutsche Waldlandschaft, als ganze Perioden der
Erdperiode kaum vermocht haben.

So weit wäre alles so glatt wie möglich, — von einer be-
ruhigenden Einfachheit. Die Natur tut uns aber leider nicht den
Gefallen, es dabei zu lassen.

Seit fünfzig Jahren hat sie uns mit einem ganzen Arsenal von
Tatsachen bombardiert, um uns aufzurütteln aus dem Gedanken,
es lasse sich der Sumpfwald des Plinius ohne Bruch und Ruck
angliedern an den schon palmenfreien deutschen Wald der spätesten
Tertiär-Zeit.

Zwei deutsche Landschaften schieben sich da mit der größten
Energie noch dazwischen, und es sind ausgespart die unmöglichsten
für eine glatte Entwickelung.

Die eine entspricht dem, was wir heute auf der Erde „Tundra"
nennen. Und die andere etwa nach asiatischem Bilde der echten
„Steppe".

Die Wälder des Plinius verstehen wir noch, wenn wir auch
kaum hier und dort mehr ein winziges Restchen davon haben.
Was aber eine Tundra ist, weiß der Durchschnittsdeutsche höchstens
aus dem Konversations-Lexikon.

Wer das Glück hat, wie ich, seit Jahren an einem unserer großen märkischen Seen zu wohnen, dem ist ein Vogel lieb geworden, der zu Zeiten dort das Landschaftsbild geradezu aufdringlich beherrscht: die Wildgans.

Schnurgerade geht der Bahndamm durch den brausenden Kiefernwald, mit der letzten blassen Rainflora oder am Wärterhäuschen ein paar welkenden Sonnenblumen. Hinter den Kiefern liegt auf der einen Seite der blaue See. Dahin wandern sie, endlose, schnatternde Keilstreifen dieser Gänse. Lange schon hört man ihr Geplapper, ehe noch der Kronenrand der schwarzen Bäume sie entläßt. Dann sind sie da, Schatten werfend wie eine Wolke, endlos. Oft ist die Spitze des Keils mit ihrer ewig wechselnden Vorfliegerin schon jenseits hinter die Kiefern hinabgetaucht und hier rinnt und rinnt noch immer der Doppelarm der beiden Gabeln nach.

Nun denn: die meisten dieser Wildgänse kennen die Tundra ganz genau. Alljährlich wandert die Saatgans im Sommer dorthin, um zu brüten. Im Herbst kommt sie dann in ungezählten Geschwadern zu uns zurück, um im Winter oft noch viel weiter nach Süden zu gehen, vielfach bis nach Afrika. In der rauhen Zeit des Jahres ist es ihr in der Tundra zu kalt. Denn diese Tundra ist heute hoch, hoch im Norden: die Mooswüste des Polargebietes.

Die Tundra umgürtet den Nordpol, ein letzter Kümmerversuch des Lebens.

Wer die Schneekoppe besteigt, der sieht die Waldgrenze unter sich schwinden und endlich auch den steppenartigen Grasteppich mit seinen blauweißen Anemonen und roten Primeln. Zuletzt klebt nur noch an den grauen Verwitterungsflächen des Glimmerschiefers die Flechte, hier goldgelb, hier bräunlich, das letzte, selber schon beinah steinhaft erstarrte Leben, das sich anklammert.

Ein solcher nackter Fels aber, endlich von ewigen Eismassen bedeckt, ragt der Pol des ganzen Erdballs, einem ungeheuren Hochgebirgsgipfel vergleichbar, in den kalten Raum. Auch gegen ihn hin schwindet, weit nördlich allerdings erst vom deutschen Gebiet, nahezu auf der Breite des Nordkaps, wo Europa im ganzen endet, der Baumwuchs. Jene Liliputanergestalt kryptogamischer Gewächse, die schon in unserm Walde merkbar wird, wird noch ein Stück weiter dort zur vollkommenen Herrscherin. Moose und Flechten überziehen unermeßliche Wüsteneien als Charakterpflanze. Die Birke kriecht noch hier und da dazwischen, aber auch sie ist ein Zwerg geworden, ein armer verkrüppelter Eskimo, dessen „Krone" kaum ein paar Zentimeter über den Boden ragt, während der „Stamm" die Dicke eines Zündhölzchens weist.

Sieht man auf diesen Pflanzenwuchs, der längst nicht mehr ein Kleid, sondern kaum noch ein färbender Bodenanstrich dieser Öde ist, so sollte man das Tierleben dort völlig erloschen wähnen.

Gerade umgekehrt aber ist es, als hefte sich eine uralte, eine unverwüstliche Liebe ungezählter Tiere an diesen unwirtlichen Fleck. Wie Dampfsäulen schießen die Mückenschwärme auf, wenn der steinhart gefrorene Boden im kurzen Sommer oberflächlich eine kleine Schicht weit taut. Nagetiere kriechen in Scharen hervor. Stellenweise wandern wilde Ochsen in Herden an und äsen sich an den elenden paar Blättchen der Zwergbirken. Ganz unerschöpflich aber ist der sommerliche Reichtum der Vögel, die ausgesucht in diese Polarwüste den Höhepunkt ihres Daseins verlegen, hier ihr Nest bauen und ihre Jungen aufziehen.

Seltsam fürwahr, der Geschmack einer solchen Wildgans.

Ihre strammen Flugmuskeln geben die Welt von der Nordgrenze Sibiriens, wo Nordenskjöld gesegelt ist, über ganz Europa, über das lachende Mittelmeer hinweg bis ins heiße Afrika hinein in ihren Willen. Alljährlich überschauen sie das, — und suchen doch die Tundra, um ihr Nest dort zu bauen.

Diese ausgesprochenen Heimatsgefühle der Wandervögel — ausgesprochen in einem Maße, daß unser Kulturvolk-„Patriotismus" fast beschämt daneben steht — haben aber nicht nur für das Gemüt etwas Rührendes, sondern sie sind auch wissenschaftlich gerade für unsere Fragen vom allergrößten Interesse. Der Vogel, der heute in der Tundra nistet, bewährt vielleicht nicht nur Patriotismus im einfachen Sinne der Anhänglichkeit an eine bestimmte Landschaft. Er ist möglicherweise dieser Landschaft nachgezogen, als sie sich durch geschichtliches Verhängnis selber von der Stelle bewegte.

Wenn die Saatgans heute in Deutschland nur durchreisender

Zugvogel iſt, der uns nicht der Ehre würdigt, ſeine Neſtfreuden zu erleben, ſo iſt ſehr wohl denkbar, daß ſie es tut, nicht obgleich, ſondern w e i l ſie ein urſprünglich deutſcher Vogel iſt.

Ihr iſt etwas paſſiert, dem ihr Gänſeverſtand in höherem Ueberſchauen nicht nachkommen konnte: das Vaterland iſt ihr vor Zeiten ſozuſagen auf der Landkarte ins Rutſchen geraten, — es hat ſich ihr verſchoben nach Norden zu. Ihre Tundra, an die ſie ſich gewöhnt hatte, lag einſt ſtatt in Sibirien quer durch Deutſchland. Sie war im übrigen Tundra genau wie heute. Auch ſie fror und ſchneite im Winter zur abſoluten Hungerkammer ein, aus der es dem Vogelvolk nur einen Ausweg gab: bis über die Alpen hinaus nach dem warmen Afrika wandern. Lange Zeiten, viele Jahrtauſende lang, paukte ſich dieſen Gänſegenerationen ein: Heimat iſt die Tundra, aber im Winter geht's nach Afrika, denn am vollkommen hereinbrechenden Nordpol mit Weltraumkälte ſcheitert auch der wärmſte Patriotismus.

Aber dieſen Generationen ſchmuggelte ſich eins unter der Hand dazu. Von Jahrhundert zu Jahrhundert ſchob ſich ihnen die liebe Tundra immer ein paar Meilchen weiter nach Norden. Das Vaterland hatte ſich als vom Klima bedingte „Landſchaft“ unmerklich in Bewegung geſetzt wie ein Flechtenüberzug, der an einem ſinkenden Gebirge Schritt für Schritt höher kriecht, um die alten Höhenverhältniſſe beizubehalten. Die Tundra kroch ſo nordwärts an dem Polargipfel der Erde — bildlich geſprochen — höher. Da die Sache langſam einſtudiert wurde, machte es den Enkel-Gänſen nicht viel, daß ſie etwas länger heimflogen, als ihre Ahnen. Und ſchließlich flogen ſie mit alter Treue über das ganze alte Deutſchland weg bis nach Lappland und Nordſibirien, der wandernden Tundra nach. Einigen ſcheint ja die Rieſenſtrecke von dort bis Afrika ſchließlich doch zu viel geworden zu ſein: ſo hat die andere Wildgans, die Graugans, heute doch gelernt, vielfach wieder auf deutſcher Erde zu niſten.

Es iſt nicht dieſe Zauberſchrift des Vogelfluges allein, die uns von einer Tundra im Herzen Deutſchlands erzählt. Dieſes Auſpizium könnte immerhin noch trügen, wie ſo manches getrogen hat.

Aber es sind jetzt mehr als drei Jahrzehnte über dem denk=
würdigen Sommer hingegangen, da in Oberschwaben bei Schussen=
ried die Quelle des Schussen reguliert wurde.

Ein Graben wurde gezogen und dabei kam etwas Un=
wahrscheinliches zutage: ein einziges Stücklein Deutschland, das
in seiner Weise auftreten durfte gegen das ganze übrige. Denn
es war ein leibhaftig im Erdboden alle die Jahrtausende hin=
durch wohlkonserviertes Restchen noch der echten deutschen
Tundra.

Gletscherschutt lag da, — in dieser Gegend, die heute weit
und breit nichts mehr von Gletschern weiß. Zwischen dem Schutt
aber hatte sich der ganze uralte Moospolster erhalten, Moosarten,
wie sie heute in den Gletschertümpeln Grönlands vorkommen.
Und wiederum das Moos, tadellos überliefert, wie es war, so
daß man es sofort ins Herbarium legen konnte, hatte Tierknochen
und rohe, vorgeschichtliche Menschengeräte in seinem Schoße be=
wahrt: Knochen des Renntiers und des arktischen Eisfuchses und
Steingeräte des Eiszeit=Menschen. Wie Dornröschen versponnen
und vergessen, starrte die alte Tundra hier tatsächlich noch einmal
in unsere Zeit hinein.

Dann kamen an anderen Orten, auch in Deutschland bis weit
an die Südwestgrenze hinab, die Knochen des Moschusochsen ans
Licht. Wir Berliner haben im Sommer 1901 das seltene Schauspiel
genossen, in unserem (von Heck jetzt so unvergleichlich gut geleiteten)
Zoologischen Garten den Moschusochsen lebend zu sehen. Es war
ein zoologisches Ereignis, denn der lebende Moschusochse muß
heute wirklich aus der grönländischen Tundra herübergeholt wer=
den, was in diesem Falle zum allererstenmale geglückt war. So
lange man diesen seltsamen Gesellen mit seinem struppigen, bis
auf die Hufe herabwallenden Haar=Talar kennt, hat er geradezu
als das Symbol, als die wandelnde Verkörperung der Tundra
gegolten. In Herden durchstreift er sie, zufrieden bei all seiner
Größe mit der kargen Nahrung, die sie ihm bietet. Seit unan=
zweifelbare Knochenreste gerade ihn als ehemaligen Bürger auch
der deutschen Landschaft erwiesen haben, ist der letzte Zweifel ge=
schwunden an eine deutsche Tundra=Zeit.

Und wir wiſſen ja auch heute ganz genau, warum ſie einmal
kam, warum ſie in unabwendbarem Verhängnis kommen mußte.

Wie ſie heute das ewige Polareis umgibt als der Rain, wo
das letzte Leben noch mit der Allmacht der Eiskönigin ringt, ſo iſt
ſie im Ausgang der Tertiär-Zeit zu uns gewandert als der Teppichrand, den das ungeheure Eisfeld des Pols vor ſich herſchob, als
es ſich ſelber bis zu uns ausdehnte. Was der alte Dichter-Geologe
Goethe ſchon klar erkannt hatte, das iſt uns heute eine unumſtöß-
liche Tatſache: auch über Deutſchland iſt einmal die große Eiszeit
hingegangen. Ganz Norddeutſchland mindeſtens hat ſie einheitlich
unter Eis gebracht.

Will man es ſich in großem Bilde umrißhaft zuſammenfaſſen,
ſo mag man ſich eine einzige koloſſalſte Eisſcholle denken, die
hauptſächlich von der Richtung Skandinaviens her anrückte, ganz
ſo, wie wenn etwa das geſamte heutige Grönland nach hier herüber auf eine Rutſchfläche geraten wäre.

Auf dieſer Scholle laſteten halbe losgeſprengte nordiſche Gebirge in Geſtalt unzähliger loſer Geſteinsſcherben, die jeder Riß
im Eis und jedes Abſchmelzen auf die verwüſtete Sohle des deutſchen Landes niederkollern ließ, — erratiſche Blöcke dort bildend.
Im ganzen war die Ebene ziemlich flach, in die dieſes Ungetüm
von Scholle ſich ſchob. Wo aber aus ihr ſelber ein urgeborener
Block, ein aufgebäumtes Stück alter, längſt abgeſunkener Erdkruſte
noch entgegen ſtand, wie der Muſchelkalkfelſen von Rüdersdorf,
da krallte ſich die Tatze der Eisſcholle hinein, rieb und ritzte und
polierte ſie, daß die unverkennbare, unſeren Geologen genau les-
bare Schrift wie ein Keilſchrift-Dokument für ſpäte Tage ſichtbar blieb.

Wo immer dieſe zermalmende Scholle das deutſche Land über-
walzte, da brach zunächſt das ganze Leben der Landſchaft überhaupt
zuſammen.

Es erhöhte die Furchtbarkeit, daß zu der einen ſkandinaviſch-
ruſſiſchen Hauptſcholle, die ſich von Schweden bis ans Elbtal bei
Dresden drängte, kleinere Schollen von den Alpen, ja ſelbſt vom
Rieſengebirge traten. Deutſchland im Sinne einer eigenen Landſchaft ſtand auf dem Punkt damals, endgiltig unterzugehen. Die

Nadelholz- wie Laubwälder der Tertiär-Zeit versanken unter dem
Schollendruck wie die Pinienwälder am Vesuv unter Lava und
Asche stürzen. Auf dem Höhepunkt der Katastrophe, deren Ursache
uns noch immer so dunkel ist, hat ziemlich sicher von der Nordspitze
Rügens bis in die Gegend von Pirna hinter Dresden kein Baum
Norddeutschlands mehr gestanden, kein Heidekraut geblüht, kein
winzigstes Käferlein gekrabbelt.

Dieser Höhepunkt war nicht einmal mehr Tundra. Er war
nicht Rand des Teppichs, wo noch Leben ringt, sondern einheitliches
Eisfeld selbst.

Der Planet auf diesem ganzen Gebiet — die gesamte Strecke,
die ich auf meiner Bahnfahrt von Worpswede in den Marschen bis
Schreiberhau im Riesengebirge durchmaß — war gemordet.

Wären nicht im westlichen und südlichen Deutschland gewisse
Felder der Karte auch jetzt eisfrei geblieben, so hätte man von
einem wenigstens zeitweisen Radikaluntergang der deutschen Flora
und Fauna reden können. So retteten sie das Inventar, das sich,
vor dem Eisschrecken fliehend, vorübergehend in ihnen wie in
einer Arche Noäh zusammengedrängt haben muß. Vor dieser berg-
hoch anwandelnden Kristallwand mußte ja selbst die Tundra flüchten. In dieser Gipfelzeit sind die Moschusochsen bis an den Bodensee gedrängt worden, — die Moschusochsen und der andere, der,
unbekannt woher, plötzlich auch in dieser flüchtenden Tundra war:
der Mensch. Was hatte i h n hierher gebracht? Die Knochen des
Wesens, das ihn mit dem Tier, dem Gibbon-Affen, verknüpft,
liegen in der heißen Sonneninsel Java, fern am Aequator. Das
weitere Blatt der Chronik fehlt....

Doch der Eisschrecken überschritt seine eigene Schicksalsgrenze.
Auf wessen Gebot?

Lag es in den Tiefen der Erde, die sich wieder stärker zu
verdichten begann? Oder weit draußen im Kosmos, in Stellungen
der Erdachse und Wandlungen der Erdbahn, die vielleicht in der
endlosen Verkettung der Dinge in den Wirbeln der Milchstraße
ihre letzte Instanz fanden, — wer weiß es.

Es ist mit solchen Naturgewalten wie mit Menschenschicksalen.
Warum hat Alexander nicht wirklich die Welt erobert?

Das Weichen der lähmenden Eisscholle nach Norden zu bedeutete zunächst zweifelsohne eine Vollherrschaft erst der eigentlichen Tundra jetzt in Norddeutschland. Der Teppichrand lag jetzt
Stufe um Stufe auf unserer Landschaft: der Teppichrand der Teiche
am Gletscherfuß mit Grönlandmoosen, — der Moschusochsen,
Polarfüchse, Renntiere und Eskimo-Menschen.

Man träumt sich in eine Zeit, da etwa Berlin zum erstenmal
zurückerobert wurde von einer nachschiebenden deutschen — nicht
Urwaldlandschaft im Sinne des Plinius, sondern Tundralandschaft
im Sinne des heutigen Nordsibiriens. Die Wildgans und der Sing-
schwan (der heute in Lappland brütet) erkannten zum erstenmal
die Möglichkeit wieder, in der norddeutschen Ebene sich häuslich
einzurichten. Prachtvoll, wie ein großes Schauspiel, können wir
heute dieses Zurückgehen der Eismauer noch in wirklichen Stufen
verfolgen. An den Steinfrachten, die der sterbende Gletscherriese,
der sich einst ein halbes Gebirge auf den Buckel geladen hatte, in
seinen letzten Zuckungen hat fallen lassen, können wir es noch
nachleben. Aber wie viel besser noch an den heutigen Flußläufen
Norddeutschlands.

Als die Eismauer bis gegen Dresden hin stand, gab es keine
deutschen Ströme, die zur Ostsee abflossen. Nur die Elbe war
möglich, die um das Eis herum nach der Nordsee sich wandte.

Als dann das Eis langsam nordwärts zurückging, bildete sich
vor ihm ein Strom abtröpfelnder Schmelzwasser, der von Ost nach
West in diese Elbe floß. In diesen Ur-Strom, der nicht senkrecht
zur Ostsee, sondern zunächst parallel dem deutschen Grenzgebirge
senkrecht auf der Elbe stand, mündete damals der Quelllauf sowohl
der Oder wie der Weichsel. Beide waren also auf weitem Ost-
west-Weg Nebenflüsse der Elbe. Je weiter aber die ungeheure
Scholle schmolz, desto weiter zog sie die Schmelzrinne naturgemäß
auch nach Norden, nach der Ostsee zu vor sich mit. Noch sind die
alten Ostwest-Rinnen auf dieser Wanderschaft stufenweise zu verfolgen. So eine, in der die Oder längs des Gletschersaumes zur
Elbe floß, über Luckenwalde. Eine weitere, heute noch auf jeder
Karte deutliche führte quer über Berlin, in die Spree- und Havel-
linie hinein. Eine nochmals spätere schnitt etwa Eberswalde,

Oranienburg und Fehrbellin. Und erst ganz zuletzt, als die Eisscholle kläglich in der Ostsee sich auflöste, rissen die Oder sowohl
wie die Weichsel sich, dahin ihr direkt folgend, ein Bett unabhängig
von der Elbe auf diese Ostsee zu. Erst seit man dieses Urnetz vor
der Eisbarriere dem Rätsel unserer seltsam geknickten, durch rätselhafte Ostwest-Linien verknüpften norddeutschen Ströme zugrunde
legt, hat man rein geographisch seinen Kern erfaßt.

Dem Träumer, der mit dem Dampfroß durch die deutsche Tiefebene jagt, steigt aber das neue gewaltige Bild herauf verschollener
deutscher Riesenströme mit Tundrastaffage.

Berlin im Bett eines solchen Stromes, der mindestens die
Breite einer Meile gehabt haben muß. In der Ferne blinkt, ein
vermeintliches nördliches Gebirge der Ebene, der weiße Gletscher-
rand. Zum Strom kommen Herden dick bepelzter Moschusochsen.
Moossteppe weithin, kein Wald. Die hungrige Schar äst sich an
winzigem, kriechendem Birkengestrüpp. Mücken wirbeln in Säulen
über der gletschergespeisten Flut. Und Wildgänse ziehen, zum endlosen Keil gereiht, schnatternd dahin.

Diese Wildgänse sind das einzige, was uns davon treu geblieben ist.

Denn auch die Tundra schwand.

Heute haben unerquickliche Ereignisse so aufdringlich Deutsch-
land und China auf das gleiche Blatt Geschichte gebracht. Vor
Jahr und Tag aber ist schon einmal auf chinesischem Boden ein
Blatt deutscher Landschaftsgeschichte entziffert worden.

Will man China gleichsam auf eine einzige Farbe hinaus
spielen, so gibt es keine bessere als „gelb". Nicht nur die gelbe
Hautfarbe des Mongolen ist damit bezeichnet. Aus den Tiefen des
Riesenreiches kommt der Hoangho, der „gelbe Fluß". Gelb ist er,
weil ungeheure Flächen des Landes, durch das er sich wühlt und
dem er bei dieser Wühlarbeit Teilchen entreißt, aus „gelber Erde"
bestehen, einem einheitlichen gelben Lehm von merkwürdiger Beschaffenheit.

An diesen unabsehbaren, Hunderte von Metern mächtigen
Lehmlagern Chinas hat das Auge eines deutschen Reisenden,
unseres großen Richthofen, einst das Walten einer Naturmacht

erkannt, die bis dahin in alten wie neuen Landschaftsbildern übersehen worden war: die Tat des Sandsturmes in der freien Steppe.

Kein Märchenstrom der Urwelt, keine Sintflut hatte diesen
dicken gelben Lehmteppich gebreitet. Aber Jahr um Jahr hatte zur
dürren Zeit der Steppenwind die trockenen Gräser der Steppe mit
seinen Staubwolken überpudert, bis eine ganze Generation Gras
begraben lag. Eine neue hatte sich auf dem Staubgrab gebildet
und war zu ihrer Zeit abermals verschüttet worden. So ging das
Jahrtausende hindurch, bis die Erdkruste sich in dieser Gegend
einheitlich erhöht hatte zu einer einzigen, über ein ganzes Landgebiet ausgedehnten Sanddüne.

Es fehlte dieser Staub-Formation die innerliche schöne Schichtung, wie sie der Schlamm alter Wasserablagerungen behält, auch
wenn er zu lehmiger Erdmasse wird. Dafür zeigte sie sich dem
prüfenden Blick aber noch durchzogen von zahllosen feinen Röhrchen: den Abgüssen der Würzelchen jener übereinander folgenden
Generationen verschütteten Graswuchses. Und ebenso verschüttet
lagen in ihr die Gehäuse der Landschnecken, die immer wieder die
Grasoberfläche bis zu ihrem Staub-Ende bewohnt hatten, und die
Knochen gewisser Steppenfreunde unter den Säugetieren: der Antilope, die in Herden über den Grasteppich schwärmte, des Nagetiers, das seinen Bau in den Sandboden grub.

Diese Beobachtungen eines deutschen Reisenden im entlegenen
China gaben aber dem Heimgekehrten plötzlich den Schlüssel zu
einem längst bestaunten Rätsel seiner deutschen Heimat selbst.

Denn so wenig wir heute von Chinesentum auf deutscher Erde
wissen wollen, so sicher bleibt, daß eine Riesenhand voll solcher
chinesischer gelber Erde zu einer Zeit auch über unser Vaterland
ausgegossen worden ist. Das heißt: nicht echten Chinalehmes
selber, sondern eines nur ebenso entstandenen Streusandes von
Steppenstürmen, deren prickelnde Staubwolke auch bei uns damals
auf echtes Steppengras niederging.

Vor allem das romantische Rheintal ist es, das förmlich im
Mittelpunkt dieses Streusand-Ergusses einmal gestanden haben muß.
Aber auch sonst ist der gelbe Segen reichlich genug an allen Ecken
und Enden über uns erfolgt.

Das wissenschaftlich anerkannte deutsche Wort für diese Sorte Lehm ist „Löß", was (nach einer Ableitung, die ich nicht beschwören will) von „Lose", „Gelöst", „leicht sich ablösend" herstammen soll.

Genau wie der chinesische, ist auch dieser deutsche Löß ungeschichtet, dagegen durchsetzt von jenen Röhrchen verwitterter Graspolster. Gehäuse von Landschnecken stecken massenhaft in ihm. Und nachdem man einmal danach suchte, sind endlich auch die schönsten Knochen typischer Steppen-Säugetiere der heutigen asiatischen Steppe auf dem echtesten deutschen Boden haufenweise darin gefunden worden.

Nach alle dem blieb nichts übrig, als in das große Wandelbild alter deutscher Landschaften auch eines aufzunehmen, das ausgesprochen der heutigen innerasiatischen Grassteppe entspricht.

Die Landschaft taucht als „deutsche", beispielsweise als die Rheinlandschaft oder als die Elblandschaft zwischen Meißen und Pirna, so auf, wie sie einst Humboldt für Zentralasien in ein paar wirkungsvolle Sätze gedrängt hat. „Der schönere Teil der Ebenen, von asiatischen Hirtenvölkern bewohnt, ist mit niedrigen Stämmen üppig weißblühender Rosaceen, mit Kaiserkronen, Tulpen und Cypripedien geschmückt. Wie die heiße Zone sich im ganzen dadurch auszeichnet, daß alles Vegetative baumartig zu werden strebt, so charakterisiert einige Steppen der asiatischen gemäßigten Zone die wundersame Höhe, zu der sich blühende Kräuter erheben. Wenn man in den niedrigen tatarischen Fuhrwerken sich durch weglose Teile dieser Krautsteppen bewegt, kann man nur aufrecht stehend sich orientieren, und sieht die waldartig dichtgedrängten Pflanzen sich vor den Rädern niederbeugen. Einige dieser asiatischen Steppen sind Grasebenen; andere mit saftigen, immergrünen, gegliederten Kalipflanzen bedeckt; viele fernleuchtend von flechtenartig aufsprießendem Salze, das ungleich, wie frischgefallener Schnee, den lettigen Boden verhüllt."

Ueber solche Steppe, die zu Zeiten dürr, aber niemals eine gefrorene Tundra ist, gingen die Sandwehen, die unseren Löß am Rhein oder an der Elbe gehäuft haben. Auf ihr lebte die Saiga-Antilope, die heute erst im europäischen Rußland auftaucht und

dann bis zum Altai geht, jene kleine, plumpe Steppen-Antilope, die
sich durch ein so stark entwickeltes semitisches Profil auszeichnet;
ihre Knochen liegen südlich und westlich noch weit über Deutschland
hinaus im Löß. Es lebte die Springmaus, die selbst das ungeübteste
Laienauge für eine glänzende Anpassung an weite, mehr oder minder öde Sandsteppen halten muß; ferner der Bobak oder das
Steppen-Murmeltier; das Stachelschwein und die Pfeifhasen und
Zieselmäuse der Steppe. Endlich schwärmten wilde Pferde und
wilde Esel. In jedem Zuge, in jedem Knöchelchen und jedem sand-
begrabenen Pflanzenwürzelchen ein einheitliches Bild: Zentralasien, Nordchina versetzt — nach Deutschland.

Aber wann jetzt war das wieder?

Unser Löß liegt, wo immer er liegt, so, daß seine Streusand-
büchsen-Epoche unmöglich weit von der Eiszeit entfernt werden
kann.

Als man ihn noch nicht auf Sandverwehungen einer Steppe
deutete, sondern auch bei ihm wie bei anderem Lehm auf Wasser-
niederschläge riet, hatte man ihn mit Vorliebe als Absatz geradezu
der großen Schmelzwasser sich gedacht, die von den tauenden Eismassen jener Eiszeit eines Tages niederrieselten. Damit ist es
nun nichts, aber die Eiszeit-Nähe bleibt.

Bisweilen schien es, als schiebe der Löß sich stellenweise unter
Gletschergerölle der Eiszeit, sei also älter mindestens als eine letzte
Periode der Vereisung. Die Eiszeit scheint Schwankungen in sich
besessen zu haben, vielleicht längere Intervalle, da alles schon einmal getaut war, ja das Klima so mild wurde, daß die Tundra
aus großen oder allen Teilen Deutschlands wich. Damals, in
solchem Zwischenreich, müßte die Steppe Deutschland erobert haben,
in einer relativ warmen, mindestens überaus trockenen Zeit.

Andere haben das nicht gelten lassen. Sie legen die gesamte
Löß-Periode erst zwischen die letzte Eiszeit und die Urwälder des
Plinius.

Eine dritte Partei endlich rechnet mit beiden Möglichkeiten.
Also zuerst Eiszeit Numero eins, die große Teile Deutschlands ganz
in Eis begrub und den Rest zur Tundra degradierte. Dann Kälte-
Pause, Abzug des Eises und ihm nach die Tundra nach dem Pol

zu. Trockenes Klima. Deutschland wird Steppe mit unendlichem Grasteppich voller Bobaks, Saigas und Wildpferde. Dann Rückkehr der Tundra vor südwärts abermals vorrückendem Eise her. Höhepunkt einer zweiten Eiszeit. Endlich zum zweitenmal und jetzt bis heute endgiltig Abzug von Eis sowohl wie Tundra. Eine zweite Hochblüte der Steppe wiederum mit Bobak, Saiga, Wildpferd und mit den nötigen Sandstürmen, die Löß häuften, indem sie Steppengras begruben und gelegentlich die Tiere mit. Erst dieser zweiten Steppe wäre — offenbar durch einen neuen Klima-Wandel, der, wenn nicht viel kälter, doch mindestens viel feuchter machte, — der „deutsche Urwald" gefolgt, in dem Plinius und Tacitus die alten Deutschen fanden.

Die Lösung steht noch dahin. Und so wenig wir ernsthaft heute von den Ursachen der Eiszeit wissen, so wenig verstehen wir, warum eine so ausgesprochene Zeit der Steppendürre sie durchsetzte oder abschloß. Das Tatsachen-Bild selbst läßt sich dagegen leicht noch etwas verwickelter machen.

Tundra wie Grassteppe waren sich in einem Punkte sehr ähnlich: in ihrem Widerstande gegen den Wald.

Die Tundra ließ ihn nicht aufkommen, weil ihr gefrorener Boden die Wurzeln nicht gedeihen ließ. Die Steppe war das Eldorado der Kräuter im Gegensatz zum echten Baum. Aber wenn wir uns eine Tundra tauend denken, entfesselt zunächst durch die Wärme in all ihrer Feuchtigkeit, so wird sich, ehe sie Steppe werden kann, ziemlich sicher ein gewisses Zwischenreich einschalten, das, wofern es nur lange genug anhält, den Wald sogar besonders begünstigen muß, einen feuchten Urwald im Plinius-Sinne. Laubwald wird es wohl zuerst sein. Dann, wenn die Steppendürre schon näher rückt, nur noch Nadelholzwald. Bis auch der erliegt. Jedesmal, wenn die Tundra vor der Steppe wich, wäre eine solche Eroberung der deutschen Erde durch den Wald dazwischen getreten, und umgekehrt: wenn im Zwischenraum der Eiszeiten abermals die Steppe der Tundra wieder Raum gab, hätte sich ebenso der Wald auf die Dauer des Uebergangs dazwischen geschmuggelt.

Es gibt mancherlei Anzeichen für solchen Urwald, der kam und wieder ging zwischen den anderen Bildern.

Und am seltsamsten will den träumenden Gedanken hier das letzte Glied der Kette anregen. Die letzte Eisperiode wich eines Tages. Zwischen die letzte Tundra und die letzte, nacheiszeitliche Steppe zog sich, bildlich gesprochen, ein Urwaldstreifen. Dann verging auch diese letzte Steppe. Wodurch? Weil es offenbar wieder weniger dürr wurde, das Klima feuchtkühler wurde. Das rief den Wald zurück. Aber wo sind wir jetzt? Beim feuchten Sumpfwald jetzt wirklich schon der alten Germanen!

Es gibt leise Anzeichen, daß dieser Wald mit seinen Eichen schon eine zweite Station war: daß ihm ein ausgesprochener Nadelholzstand voraufgegangen war.

In Dänemark wenigstens ist beim Studium unberührter alter Moore überall aufs klarste festgestellt worden, daß lange Zeiten hindurch der Urwald so gut wie ausschließlich Fichtennadelwald gewesen sein muß. Damals war der Charaktervogel Dänemarks der Auerhahn, der erklärte Freund der jungen Fichtentriebe. Heute gibt es dort weder einheimische Auerhähne noch Fichten. Jeder kennt dafür die Herrlichkeit der heutigen Buchenwälder Dänemarks. Die Moorschichten deuten genau an, wie zu ganz bestimmter Wende der Zeiten die Fichte wieder zurückgegangen sein muß zu gunsten einwandernder Laubbäume, zuerst der Eiche und Erle, dann, als das bis heute entscheidend Dauernde, der Buche. Denkt man sich das einigermaßen auch als giltig für Deutschland, so wäre der germanische Eichenwald schon ein Zeichen gewesen, daß das Klima sich sehr weit bereits vom Steppenhaften, Trockenwarmen zum Feuchtkühlen gewendet hatte.

Nun denn: dieser Germanenwald würde aber heute noch bei uns herrschen, wenn wir nicht mit unserer Forst- und Feldkultur in ihn eingegriffen hätten.

Seiner ungehemmten Wachstums-Freiheit zurückgegeben, würde er seinen Kampf gegen den Nadelholzwald und die letzten Steppen-Reste in Deutschland vom Klima begünstigt fortsetzen und wenigstens das Tiefland dauernd erobern. Bis wohin?

Die Frage dämmert auf, ob unsere ganze Periode deutscher Landschaft von den Eichenforsten des Plinius bis heute nicht bloß ein solches Urwald-Zwischenreich abermals sein könnte zwischen schwindender Steppe und — neu von Norden her gegen uns anwachsender Tundra?

Unsere ganze deutsche Waldherrschaft verdankten wir dann nur einem (über eine Reihe von Jahrtausenden ausgedehnten) Feuchtkühlwerden des Klimas, wie es als Vorbote einer neuen Eiszeit-Stufe in Kraft tritt.

Alles, was wir deutsche Geschichte nennen, hätte sich abgespielt in einem schon verhältnismäßig vorgeschrittenen Abteil einer Waldepisode deutscher Landschaft zwischen der letzten Steppe und einer kommenden neuen Eiszeit-Tundra.

Und das Los unserer Enkel wäre es, in weiteren Jahrtausenden eine ganz langsame, aber fortgesetzte Klima-Verschlechterung nach dem Naßkalten zu erleben, bis endlich in noch fernerer Zeit echte Polarerscheinungen den vollzogenen Beginn einer neuen Eiszeit ankündigten.

Eine völlig zwingende Beweisführung liegt in alle dem nicht.

Es wäre ganz gut auch denkbar, daß die Steppe selbst ihre Zwischenzeiten hätte, die zwar feuchtkühler waren und Jahrtausende des Waldwuchses begünstigten, aber doch noch lange nicht jedesmal zu einer Eiszeit führten. Dann könnte unsere geschichtliche deutsche Landschaft ein Interregnum zwischen zwei Steppenzeiten darstellen und ihr Zukunftskampf wäre nicht der zwischen Wald und Tundra, sondern zwischen einem Höhepunkt des feuchten Waldes und dem immer trockeneren bis zu einem Maximum des Untergangs jeglichen Waldwuchses wieder zu Gunsten der echten Steppe.

In diesem Falle würden unsere Enkel gerade umgekehrt heißere, dürrere Sommer zu erwarten haben. Die russische Landschaft würde sich in einer unaufhaltsamen Bewegung auf uns an befinden. Das plötzliche oder periodische Auftauchen russischer Steppentiere in Norddeutschland, das wiederholt beobachtet worden ist, wäre ein Vorzeichen gewichtiger Art. So ist das Steppenhuhn geradezu von den echten chinesischen Wüsten her in den letzten vierzig Jahren zweimal bei uns aufgetaucht auf einer Vogel-Völkerwanderung, deren Ursache uns ebenso verschleiert ist wie die große der geschichtlichen deutschen Völkerwanderung. Ein alter Freund unserer Steppen-Zeit, der kleine, mäuseartige Ziesel, den die zu-

nehmende Waldperiode nach Osten gedrängt hatte, wandert neuerdings in Schlesien langsam wieder westwärts. Auch unsere braune
Hausratte ist bekanntlich erst seit nicht ganz zweihundert Jahren
als solcher russischer Vorposten bei uns mit glänzendstem Erfolge
eingekehrt.

So spannen sich, während mein Bahnzug immer tiefer in die
schwarze Nacht hineinsank, meine Gedanken ins Nebelhafte der
Zukunft, wo die festen Landschaftsbilder sich selber schließlich auflösen in phantasierende Gedanken.

Und nur ein letztes greifbares Einzelbild drängte sich mir
noch mit der Wucht innerer Logik zu den andern vor die Seele.

Ich befand mich vor nicht langer Zeit auf dem Landgute
eines lieben Freundes, des Dichters Wilhelm von Polenz in der
Oberlausitz.

Ein altes Schloß mit so viel feinen Individualzügen der Geschichte, daß man es unter einer Glasglocke in ein Museum stellen
möchte. Wendische Mädchen, ein Stück lebendiger Geschichte. Alter
Urgrund kristallinischen Gesteins, in dessen Mulden jene drei Riesen
der Diluvial-Zeit kulturfähigen Boden geschaufelt. Der Blick faßt
ein weites Stück deutscher Landschaft, begrenzt wie durch erstarrte
blaue Kämme eines versteinten Meeres, Bruchtrümmer der sinkenden, sich werfenden, aus Spalten wieder hochquellenden alten
Erdrinde. Der flache Kloß des Erzgebirges. Die trotzigen Basalt-
kuppen Böhmens, einst in der palmenfrohen Tertiär-Zeit durch
Entlastung des Tiefengesteins vulkanisch aufgeworfen wie kolossale
Maulwurfshaufen. Ganz fern die lange violette, vom Zahn der
Himmels-Wasser zernagte Granitmauer des Riesengebirges. Und
dann die Ebene, die unendlich weite, durch die die Spree abfließt
wie ein murmelnder Bach in einer einzigen endlosen platten Wiese,
— man träumt, man müsse über den Kirchturm von Hochkirch
hinweg bis Berlin sehen können.... Das war naturechter Ausblick, unverrückbar einstweilen für Menschenhand. Deutsche Landschaft in der Hand der Erde, die sie geschaffen hatte, die sie, in
Krisen neuer Faltung, allein auch wieder vernichten mochte.

Aber sonst überall Menschenwerk.

Wir sprachen vom Walde. Ich ließ mir erzählen, wie der

Gutsbesitzer von heute aus praktischen Gründen seines Geldbeutels keinen Laubwald mehr mag und so gut wie ausschließlich den Nadelholzstand hegt und weiter treibt.

Das stand nicht mehr in der Linie von Tundra, Sumpfwald, Nadelholzwald und Steppe. Hier herrschte einstweilen der für sich rechnende Mensch. Auf lange Jahrhunderte mindestens entschied er in der norddeutschen Landschaft kraft seiner Kulturmittel für das Nadelholz als den nüchtern praktischen deutschen Geld=Baum.

Am Rande einer solchen Schonung waren aber edle Wey= mouths=Kiefern gepflanzt.

Die erste ist im achtzehnten Jahrhundert von Kanada nach England gebracht worden, von dem Lord, dessen Namen sie noch trägt.

In jenen alten Tagen der größten Baumpracht Deutschlands, in der Tertiär=Zeit, ging eine wirkliche Landbrücke von Europa nach Nordamerika. Frei flutete der grüne Strom schöner Bäume herüber und hinüber. Als die Eiszeit mit ihrer entsetzlichen Walze und die baumfeindliche Steppe für Deutschland vorüber waren, bestand solche transatlantische Brücke längst nicht mehr. Was das verödete Land jetzt an Bäumen langsam von Süden her zurück= erhielt, das war nur eine kümmerliche Auslese im Vergleich zu der alten Pracht, die kleine Auslese dessen, was eben in Südeuropa sich noch gehalten hatte, keineswegs aber die ganze Fülle mehr, die dem gemäßigten Klima nach jetzt wieder hätte bei uns gedeihen können. Wahrscheinlich hat die große Barriere der Alpen, die Europa im Süden noch einmal abschloß und der vor der Nord= Kälte flüchtenden Tertiärflora dort eine neue Kältemauer in den Weg warf, vernichtend auf den größten Teil der Flora im entschei= denden Moment gewirkt.

In Nordamerika lagen die Dinge besser, dort war die gute Waldflora vor der Kälte einfach südlich gewichen, ohne zwischen zwei Eiswände zu geraten, da gegen den warmen Busen von Mexiko zu (den die Eiszeit so wenig erreichte wie das Mittelmeer) keine stauende Alpenschranke mit eigener Gletscherentwickelung lag. Als die Kälte wich, kam sie im ganzen unbeschädigt zurück auch wieder ins nördlichere, gemäßigte Amerika. Europa hatte davon aber zunächst auf Jahrtausende nichts, da die Landbrücke gerade jetzt fehlte.

Doch seltsamer Schicksalsweg.

Der Baumstamm, die Planke aus Fichtenholz, lehrte den Menschen, wohl noch in Eiszeit-Tagen, wie man trennendes Wasser künstlich überwindet. Und auf dieser Schiffsplanke des Menschen, diesem schwimmenden Pflanzenleib selber hat sich dann doch eines Tages die große transatlantische Brücke, die der Erdball versagte, gerade für die Flora wiedergefunden.

Der tote Baum, vom Menschen vergeistigt durch die Zweckmäßigkeitsidee des Werkzeugs, trug den lebendigen zurück.

Ueber den blauen Ozean sah ich sie im Geiste so anschwimmen: die Geretteten vor der Eiszeit in Nordamerika, die die alte deutsche Erde, die losgelöste Ecke des Europaamerika von ehemals, neu begrüßten.

Gleich jene Weymouths-Kiefer war ein Beispiel: sie war in der Tertiär-Zeit über ganz Europa weit verbreitet gewesen.

Im Schloßgarten meines Freundes ragte aber ein anderes, noch viel prächtigeres. Da stand auf der einen Seite eine ungeheure, ehrwürdige Linde, also einer der schönsten deutschen Bäume, die mit dem Walde überhaupt vor alters schon zu uns zurückgekommen sind. Gärtnerhand hatte freilich auch dieses Riesenexemplar von früh auf in die seltsamste Kunstform gezwungen, — also doch schon halbes Menschenwerk. Auf der anderen Seite aber wurde als zweite Merkwürdigkeit mir ein lichtgrüner Tulpenbaum gezeigt.

Auch er hatte hier schon förmliche Altersrechte. Und doch sind alle Tulpenbäume unserer Gärten erst durch Menschenhand wieder herüberverpflanzt aus Nordamerika in den vierhundert Jahren seit Columbus. In der Kreide-Zeit, als zuerst Laubbäume überhaupt auftauchten, wuchs der Tulpenbaum schon ganz nahe dieser Stätte, in Böhmen, wild. In der Tertiär-Zeit ging er bis Island und Grönland hinauf und war über ganz Europa verbreitet. Aber kein lebendiger Stamm überdauerte bei uns die Eiszeit, auch in Südeuropa nicht. Gestrichen war er als deutscher Baum aus dem Buch des Lebendigen, bis die Nachfolger des Columbus ihn in Nordamerika neu auffanden — und als fremdländische Seltenheit

wieder heimbrachten und unter anderem auch hier in der Lausitz
zur deutschen Linde in den Schloßpark pflanzten.

Mein Freund, der ja nicht nur Landwirt, sondern der treffliche, weit bekannte Dichter ist, wird vielleicht einmal einen Baum
daneben setzen, der eben so lichtes, lustiges Smaragdlaub hat und
dabei geweiht ist durch liebliche Verse Goethes: den Gingko. Der
hat nun noch einen verwickelteren Roman.

Zunächst ist er, was ihm freilich kein Laie ansieht, ein echtes
Nadelholz, das sich aber erlaubt, statt Nadeln die zierlichsten grünen
Blätter zu tragen, doppelt gelappte Blätter, deren jedes wie aus
einem Zwillingspaar verwachsen erscheint. Die Eigenart erklärt
sich, wenn man hört, daß der Gingko bis in die Zeit der Erdgeschichte zurückreicht, da die Grenze zwischen Farrnkraut und Bärlapp einerseits und den Nadelhölzern überhaupt noch schwankte.
Sein Blattwerk steht sozusagen auf der Kippe zwischen Farrnblatt-
und Nadelholzmerkmalen. Solcher Gestalt begann er schon in der
Steinkohlenzeit. Als der Ichthyosaurus schwamm, grünte er als
deutscher Baum bei Bayreuth. In der Kreide-Periode wuchs er
in der Schweiz, in der Tertiär-Zeit von Italien bis Grönland.
Dann ist es, als habe eine Hand ihn fortgewischt von der Tafel
der Erde. Auch Amerika, das treue, hat ihn nicht mehr. Da plötzlich wird er vor zweihundert Jahren in Japan als „heiliger Baum“
in Tempelhainen entdeckt. Wie er dahin gekommen und wo er
wild wächst, weiß an Ort und Stelle niemand. Und unsere Botaniker
wissen es heute noch nicht. Der importierte Zierbaum ist im Garten
aber so wetterhart, daß man ihn ohne Gefahr unserm kältesten
deutschen Winter aussetzen kann.

So kommt aus Winkeln der Erde durch Menschenschlauheit
unser ältester Heimatsbesitz Stück um Stück wieder zusammen.

Sie hat ja auch gelegentlich ganz neues hinzugeliefert, diese
„überseeische“ Epoche unserer Landschaftsgeschichte. Ich erinnere
nur an unsere südamerikanische Kartoffel, die für uns Charakterpflanze geworden ist wie nur irgend eine.

Es ist mit ihr gegangen wie am Mittelmeer mit der Agave und
dem Feigenkaktus. Beide sind waschechte Amerikaner. Aber sie
beherrschen heute einfach das Landschaftsbild. Preller, als er seine

odyſſeiſchen Landſchaften malte, hat den Dulder Odyſſeus und die ſchöne Circe naiv zwiſchen hohe Agavenblüten und Kaktushecken geſtellt, als hätte es nie. anders ſein können. Wenn dazu am italiſchen Meer auſtraliſche Eukalyptus-Bäume ihre Säulenſtämme zum blauen Himmel recken, ſo empfindet man, was das Wort heißt: der Menſch Herr der Erde.

An dem gleichen Bahndamm meines Heimatortes Friedrichs-hagen, über den ich alljährlich die Keilgeſchwader der Wildgänſe dahinziehen ſehe, freut mich ebenſo jährlich die gelbe Blütenpracht der Oenothera, — der Nachtkerze. Weithin überzieht ſie den ganzen Bahnabhang, — Ideen weckend beim ſtillen Wanderer, der den Fragen der modernen Biologie folgt. Denn es iſt der Gattung nach die Wunderpflanze, aus der De Vries eine ganze neue geiſtvolle Variante der Darwinſchen Entwickelungstheorie herausgeleſen hat. Wer würde ſie nicht für eine Charakterpflanze erſten Ranges unſerer märkiſchen Landſchaft halten? Und doch iſt auch ſie aus Nordamerika erſt eingeführt und dann verwildert. Die erſte Art kam 1614 aus Virginien zu uns.

Europa iſt heute zahm wie wild ein Garten des Menſchen. Und ein Beet nur mehr dieſes Gartens iſt die deutſche Landſchaft.

Wird der Menſch bei allem überwältigenden Reichtum ſeiner Mittel aber immer ein umſichtiger Gärtner ſein?

Durch meinen Sinn, wie ich ſo in die Nacht hineinfuhr, zogen auch trübe Stimmungen.

Ich dachte an leichtſinnig zerſtörte deutſche Landſchaftsſchön-heit. Die wundervollen Elbſandſteinfelſen bei der Baſtei, von roher Steinbrucharbeit angenagt. Das idylliſche Siebengebirge, die Perle der geſamten Rheinlandſchaft, ſchon in weiten Teilen fortgefreſſen durch gleichen Raubbetrieb. Die Urwaldpracht des Spreewaldes von Jahr zu Jahr eingeengt, aufgeſaugt von winzigen Augenblicks-zwecken einer wahren Pygmäenkultur. Dazu eine nivellierende ſtaatliche Forſtkultur, die, um das Aergernis eines hohlen Baumes zu beſeitigen, eine ſchöne deutſche Vogelart um die andere am Mangel an Niſtgelegenheit ausſterben läßt. Landſchaftliche Schutz-geſetze, die zu ſpät kommen an Orten, wo ein Narr in einer Woche mehr roden und ausrotten kann, als die Natur in Jahrtauſenden schenkt. Noch ist es zum Glück an unzähligen Orten nicht zu spät. Aber „Heimatschutz" muß eine Tat werden, eine Gewalt, — nicht bloß ein Wort.

Wie unsere deutsche Landschaft dasteht, ist sie ein Kunst= werk, aus all seinem Zeitenwandel doch mit allen Mitteln der großen Zauberkünstlerin Natur einheitlich herausgestellt.

Nun ist diese Natur eingesunken in uns, wir sind ihre Augen, ihre Hand.

Und wir, die wir uns unserer „bewußten Kunst" so stolz zu rühmen pflegen, — sollten wir uns nicht auch hier bewähren? Bewähren, — indem wir vor allem begreifen, daß in solcher Landschaft wirklich ein großes Kunstwerk uns anvertraut ist, das wir wohl organisch weiterentwickeln, aber nicht plump zerstören sollen.

———

Der Kampf
um die Haut des Riesenfaultiers.

Ein Kapitel aus Wahrheit und Dichtung.

Im äußersten Süden Südamerikas, an der Westküste Süd-
Patagoniens, da, wo der Stille Ozean sich in so viel Fjorden und
Kanälen in das Land einfrißt, daß es förmlich zerlumpt aussieht,
liegt ein Kanal mit dem vertrauenerweckenden Namen Ultima
Esperanza.

An diesem Kanal wohnt auf seiner Besitzung ein Kapitän mit
dem völlig harmlosen Namen Eberhard.

Auf dieser Besitzung steht ein Busch und an diesem Busche
hing in der Zeit von 1895 bis 1897 ein Tierfell.

Es hatte anfangs die Größe einer Ochsenhaut, war anderthalb
Zentimeter dick, durch in die Haut eingebettete kleine, bohnengroße
Knöchelchen steinhart, und auf der Oberfläche mit zolllangen, rotgelben Haaren bedeckt; Kopf und Beine fehlten. Später schmolz
es in der Größe mehr und mehr zusammen, denn jeder Durch-
reisende nahm sich ein Stückchen davon zum „Andenken" mit.

Ohne besondere zoologische Skrupel merkten diese harmlosen
Passanten doch, daß es weder ein Fell des ortseinheimischen Lamas,
noch des Silberlöwen (Puma), noch eines Hirsches oder Fuchses
war. Schließlich hing es aber nun einmal da und irgendwo mußte
es schon herstammen. Man schnitt sich also sein Streifchen herunter, zog ab und vergaß die Sache.

Bis solche Fellstücke plötzlich in die Hände von Naturforschern
gerieten.

Da änderte sich die friedliche Sachlage mit einem Schlage.
Es trat der Fall ein, sehr ähnlich etwa dem, wenn ein Natur-

forscher aus seinem Museum heraus zufällig in die große Berliner
Markthalle geriete und fände in einem der hübschen appetitlichen
Fischkästen einen frischgeschlachteten Ichthyosaurus zum Verkauf
ausliegen.

An jenem Busch in Patagonien hing nämlich einfach das
leibhaftige Fell eines jener antediluvialen Muster-Scheusale, die
unsere Lehrbücher an erster Stelle aufzuführen und abzubilden
pflegen: eines sogenannten Riesenfaultiers.

Auf einmal rissen die Gelehrten, die Museen sich um ein winzigstes Anteilfleckchen an diesem unglaublichen Fell.

Der Professor Ameghino in La Plata brachte zuerst die weitesten Fachkreise in Aufruhr durch die lakonische Nachricht: das
Riesenfaultier, dieses auffälligste, seltsamste, berühmteste aller vor-
weltlichen Ungetüme, lebe heute noch! Es müsse noch leben! In
offener Sonne führen Stücke seines Fells wie etwas Selbstverständliches im Lande herum, gingen von Hand zu Hand, — bloß unsere
Geologen-Weisheit hinke bisher hintennach. Auf zur Suche nach
diesem Stoff aller Stoffe für den Tierkundigen am Ausgang des
neunzehnten Jahrhunderts!

Seit diesem ersten Aufschrei eines tiefbewegten Entdecker-
Herzens ist gesorgt, daß die Haut von Ultima Esperanza in den
Annalen der Naturforschung mindestens den Ruhm erwirbt, den in
der Geschichte die sagenhafte Kuhhaut Frau Didos seit alters sich
wahrt. Denn die wunderbaren Nachrichten haben sich seitdem fort-
gesetzt gehäuft zu einem nachgerade ganz einzigartigen Buch der
Chronika.

In der Stunde, als zum erstenmal jenes mysteriöse rote Fell
an seinem Busch in Patagonien hing und das Messer des ersten
unwissenden Beschauers dort in ein (wissenschaftlich bis dahin nicht
anders zu bezeichnendes) wirkliches Stück „Urwelt" schnitt, — zu
jener Stunde hatte das betreffende Ungetüm, das Riesenfaultier,
selber bereits mehr als ein Jahrhundert lang ideell sich eine Gasse
im tiefsten naturphilosophischen Denken der Menschheit ausgelaufen.

Auf diesem neuen Behemot hatten, bildlich gesprochen, die
scharfsinnigsten Leute mit Aufbietung all ihrer Weisheit wie Klügelei
der Reihe nach geritten.

Voran kein geringerer als Altmeister Goethe.

Dann in seiner bedeutsamsten Lebensstunde Darwin. Und so und so viele mehr.

Die Wurzeln der Geschichte gehen rund zurück bis auf die Entdeckung von Amerika. Weiter können sie füglich nicht gehen, denn es ist bisher weder von Riesenfaultieren noch von anderen zoologisch echten und nicht bloß symbolischen Faultieren irgend etwas lebend oder tot je in der „alten Welt" entdeckt worden.

Columbus, wie allbekannt, fand Amerika nicht weil, sondern trotzdem. Was er suchte und gefunden zu haben glaubte, war die Ostküste Asiens. Im Angesicht der üppigen Tropenwälder Cubas und Haytis fahndete er auf die Tier- und Pflanzenformen Chinas und der Sundainseln, soweit man von solchen damals überhaupt schon in der höchst schwachen naturgeschichtlichen Lesefibel etwas wußte. Und erst als dieser geographische Grundirrtum überwunden war, begann bei seinen Nachfolgern das Interesse an der Neuheit und den Wundern einer wirklich „amerikanischen Tierwelt". Im Kulturreich Mexiko, auf dessen Golddächer die Eisenfaust der Spanier zunächst niederprallte, war das Studium verhältnismäßig bequem gemacht, denn der Hof von Mexiko unterhielt schon regelrechte Tiergärten, die alle wichtigsten Landesformen vor Augen stellten. Da fiel aber nun eins alsbald auf.

Die Tierwelt der neuen Welt hat für den ersten Anblick etwas Verkommenes. Die wichtigsten Gestalten ähneln solchen der alten Welt bis zu einem gewissen Grade, stellen sich aber dann gegenüber wie ein armer Rest, ein versprengtes Fragment. Ein einziger Büffel. Eine einzige Antilopenart. Der eine kleine Tapir anstatt der Elefanten, Nilpferde, Nashörner. Das kleine Lama für das große Kamel. Die Affen durchweg winzige Gesellen, eher Eichhörnchen ähnlich. Und so weiter.

Nur ein Trost für sehnsüchtige Zoologenherzen schien offen. Wenn schon alles einen armen Anstrich da drüben zu haben schien, so gab es unter diesen Duodez-Gestalten mindestens eine gewisse Reihe ganz besonders merkwürdiger, nirgendwo so zu fassender Einzel-Gesellen, die dennoch dem Begriff „Fauna von Amerika" ihren Ruf im Engeren wahrten.

Als ein Kabinett-Stück dieser bescheideneren Ecke ist nun sehr
früh schon in Ruf gekommen — das Faultier.

Selber auch nur so ein kleiner Kerl, etwa einer stattlichen
Katze gleich, schien es Lebensgewohnheiten zu haben, die ihm Welt-
ruf bedingten. Festgekrallt fand man es im dicksten Urwaldgezweige,
schlafend. Und die Legende wußte alsbald nicht genug von seiner
„Faulheit" zu melden. Ist es doch in der Zeit seither sprichwörtlich
geworden bis in unsere Kinderfibeln, unser Zeitungsdeutsch hinein, die beide nicht im Geruch von allzuviel vorgeschrittener Zoologie stehen.

Heute wissen wir, daß das Faultier wie so viele steifnackige
Individualisten in den meisten Zügen böse verleumdet worden ist.
Gewiß: es hängt, eher wie ein zufällig dahinauf geschleuderter
Strohwisch, denn wie ein rechtschaffenes bewegliches Säugetier
anzuschauen, tagsüber schlafend in seinem immergrünen tropischen
Blätterversteck, — die Beine nach oben am Ast verankert und den
Kopf mit dem greisenartig zahnarmen Maule in den eigenen Haar-
wust versenkt. Ein Teil unserer Leser wird es in dieser belehrenden
Stellung aus dem Berliner Zoologischen Garten kennen. In eine
beliebige Ecke planlos zwischen Kletterbaum und Gitter gezwängt,
erscheint es in seiner schier unmöglichen Stellung wie heraus-
geschnitten aus einem jener köstlichen Bilder Wilhelm Buschs, wo
ein schwer umnebelter Student jäh entschlummert ist, das eine
Bein über der harten Bettlehne und belastet mit zwei im Sturz
mitgerissenen Uhrperpendikeln, der eine Arm im Waschbecken und
der Kopf eingezwängt in die Zange des Stiefelknechts. Und wer
nun diesen wirr verstapelten Haarklumpen herunterholt, auf den
Boden legt und zum „Auftauen" bringen möchte, daß er etwa
dahin renne wie eine Ratte oder hüpfe wie ein Känguruh: der
erlebt jetzt vollends zunächst ein Tier, das sich auch wachend sehr
wenig anders benimmt, als ein verzauberter Strohwisch.

Das alles aber besagt nicht viel. Man muß den eigensinnigen
Individualisten mit den Augen jener Lehre von der „Anpassung"
aller Wesen an ihre Umgebung anschauen und auch er wird in
seiner Weise ein Kunstwerk.

Das Faultier ist der Höhepunkt einer Anpassung an das Leben

Der Vulkan Salak auf Java.

im ewig grünen, ewig dichten, Meile um Meile nirgendwo unterbrochenen Blätterdickicht des amerikanischen Tropenurwaldes. Für dieses sein Element ist es statt beweglicher Pfoten mit den schauerlichen Hakenkrallen versehen, wie sie kein zweites Säugetier so am Leibe besitzt, — die aber der kluge Mensch später, als er über alle Tiere heraufkam durch die Erfindung des äußerlichen Werkzeuges, sich genau so noch einmal äußerlich erfinden mußte in Gestalt des unentbehrlichen Kleiderhakens.

Für diese seine konsequent bodenabgewandte Kletterei hat es ferner seine ganzen hinteren Gliedmaßen sich so einkrümmen lassen, wie Beine eines Embryo im Mutterleibe, daß sie allerdings zum Laufen schlechterdings untauglich geworden sind. Mit dem ganzen Leibe hat es sich dazu dermaßen aufs Abwärtshängen eingerichtet, daß der Scheitel seines dickborstigen Haarkleides an den stets oben liegenden Bauch anstatt an den Rücken geraten ist. Es hat sich (wenigstens in einer Gattung) mehr Halswirbel angeschafft, neun statt der sonst gebräuchlichen Säugetier-Ziffer Sieben, auf daß es beim Abwärtshängen das Gesicht ohne Körperänderung wie die Eule der Legende regelrecht nach hinten drehen könne. Und es hat sich gewisse besondere Aderverzweigungen im Blutnetz seiner Glieder zugelegt, die diese ewig krumm eingekrallten Leibesträger vor dem „Einschlafen" durch Blutstockung bewahren.

Kurz: ein geradezu geniales Anpassungskunststück ist es, das mit einem so dummen Schlagwort wie „faul" gar nicht zu fassen ist, geschweige denn, daß man damit grob moralisierend über es aburteilen könnte.

Auf diesem vernünftigen und milden Betrachtungsboden war man nun freilich vor hundert und einigen Jahren noch lange nicht. Gerade damals aber feierte das verlästerte Faultier einen Triumph noch ganz besonderer Art. Es widerlegte nämlich ganz allein in gewissem Sinne jenen anderen Ruf Amerikas als des Landes der kleinen und verarmten Tierformen.

Im Jahre 1789 ist das. Ein Jahr nach dem Tode des großen Buffon, der damals zur rechten Zeit starb, ehe ihn, den Hof-Tier-Historiographen von Paris, die Charybdis der Revolution verschlingen konnte. Buffon, der die geistreichen Antithesen liebte, hatte sich so recht satt schwelgen können in dem Gegensatz der tierfrohen alten und der tierarmen neuen Welt, und die Faulheit des Faultiers hatte er bis ins Aschgraue rednerisch ausgemalt.

In diesem Jahre aber kommt in Südamerika das Gerippe eines Ungeheuers zu Tage, das der ganzen Verarmungslehre mindestens für vorsündflutliche Tage den Gnadenstoß gibt.

Da, wo Südamerika über die Südhalbkugel der Erde tief hinab immer mehr sich zuspitzt, treten in den Raum vom Hochgebirge zur See allmählich immer mehr an Stelle der tropischen Walddickichte jene unermeßliche Ebenen, die man Pampas nennt. Den Grund bilden gelbe und braune Lehmmassen, ungeheure Sandaufschüttungen, teils Schwemmland der großen Ströme, teils alte Meeresdünen, teils endlich wahre Sandfluten, die wilde Wüstenstürme hier zu irgend einer Zeit einmal in rieselnde, lose nur zusammengebackene Sandwellen geworfen haben. Alljährlich in der feuchten Zeit ergrünen diese endlosen Flächen von Steppengras. Lamas, Hirsche und amerikanische Nandu-Strauße bergen sich in dem grünen Plan; seit die europäischen Ansiedler von der Küste aus ihr Vieh eingeführt und lässig zur Verwilderung in der uferlosen Fruchtbarkeit gebracht haben, auch halbwilde Rinder und Pferde in unzähligen Massen.

In diesem Pampasgebiet, in der regellosen Scholle seines Lehms — sei es, daß ein Fluß wühlend förmliche Querschnitte bloßlegt, sei es, daß der Mensch herumbuddelt und Gräben und Sandgruben auswirft —: überall da bieten sich, nur ganz lose verscharrt, massenhaft K n o c h e n dar. Knochen von Säugetieren zunächst fremdester Art. Und Knochen vielfach von einer geradezu riesenhaften Größe.

Sie liegen keineswegs bloß für Sonntagskinder alle Jubeljahr einmal sichtbar da, diese Knochen. Alle drei Schritte beinahe lang stößt der schlichteste Wanderer darauf. Kinder wühlen kolossale Schädel aus der Sandgrube, wo sie spielen. Im Flußufer erscheinen dem Ruderer gespenstisch scheußliche Gerippe, vom Wasser losgenagt. Steinharte Panzer wölben sich aus der Tiefe vor, wie im Sand begrabene Eskimohütten.

Der naive Mann behilft sich damit, daß in diesem Pampas

Lehm ein Volk ungeheurer Maulwürfe wühle. Kommen sie ans
Licht, dann sterben sie und lassen ihre Knochen liegen. Der Naturforscher aber sagt sich, daß hier früher einmal ein ganzer Hexensabbat fratzenhafter Säugetiere wirklich die Oberfläche belebt haben
müsse. Sandstürme, Dünenbildung einer öfter wechselnden Seeküste und das Schwemm-Material periodisch zu wilder Ueberschwemmung losstürzender Flüsse mit flachem Ufer haben die Gebeine dieser Riesen gelegentlich verschüttet. Wo sich jetzt der Sand
spaltet, gibt er sie wieder frei wie ein alter Hügel bei uns, der
seit grauer Heidenzeit eine Grabstätte wahrt, plötzlich aber durch den
Bau einer Eisenbahn oder einen Absturz bei Hochwasser seltsame
Aschenkrüglein, Spangen und Rüstungsteile eines verschollenen ehrwürdigen Altvordern an die profane Sonne wirft.

Also geschah's auch in jenem Jahre 1789.

Was der Pampas-Lehm aber damals ans Licht spie, das war
doch noch etwas mehr als ein beliebiges altes Tiergeripp und
Totenbein. In Lujan bei Buenos-Ayres war es. Es handelte sich
nicht um einen einzelnen großen Knochen. Was kam, war ein vollständiges Gerippe von rund vierzehn Fuß Länge bei acht Fuß Höhe.
Das ging in der Länge also über den Elefanten, das größte lebende
Landtier der alten Welt, hinaus. Und dazu maßen die Oberschenkel
allein in der Breite nahezu das Dreifache von denen des stärksten
Elefanten.

Ein solches Säugetier war bisher einfach unerhört. Der Vize-
könig Marquis di Loretto schickte den ganzen Knochenberg seiner
Regierung in Madrid ein. Der Prosektor Jean Baptiste Bru setzte
die Ungestalt im Museum naturgetreu wieder zusammen und Don
J. Garriga lieferte 1796 den ersten offiziellen Bericht.

Mit diesem Goliath konnte Amerika jetzt kühn sein Jahrhundert
in die Schranken fordern. Von allen Säugetieren der Erde war ihm
bloß noch der Walfisch über und der gehörte dem internationalen
Weltmeer an.

Freilich war es ein ehemaliges, ein, wie es schien, längst aus-
gelebtes Geschöpf. Was konnte aber noch wieder mehr überraschen
als eine Darlegung des größten damals lebenden Zoologen, Georg
Cuviers. Er bewies schlagend, daß dieser Goliath des Pampas-

Lehmes nichts anderes sei, als ein ins Koloffale überfetztes — Faultier.

Der gesamte Knochenbau entsprach unverkennbar dem des Faultiers.

Allerdings mußte man sich entschieden einiges in der Lebensweise dabei umdenken. Die Erde hat in altvergangenen wie jungen Tagen gewaltige Bäume hervorgebracht. Der Eukalyptus Australiens wächst so hoch empor wie die Kölner Domtürme, und der dicke afrikanische Baobab bildet Laubkronen von fünfzig Metern Durchmesser. Aber Bäume, die ein Klettertier von Elefantengröße und viel mehr als Elefantenschwere getragen hätten, hat es doch wohl zu keiner Zeit gegeben. Das Riesenfaultier sah denn auch gar nicht unmittelbar nach Klettern aus. Seine ungeheuren Krallenklauen hatten ihm zweifellos das Umbrechen oder Wurzelausgraben ganzer Bäume zum Kinderspiel gemacht. So mochte es recht wohl in einer Grasebene mit nur vereinzelt stehenden Gehölzen auf flachem Boden gehaust haben. Von Busch zu Busch trabend, schlug es sich bald hier, bald da seinen Stamm ab oder grub sich ganze Baumwurzeln zum Frühstück aus der Erde.

Das alles natürlich in längst verschollener Zeit.

Cuvier, der das Studium gerade der ausgestorbenen, der „urweltlichen" Tiere mit besonderem Eifer als etwas damals Neues betrieb, zweifelte keinen Augenblick, daß er die Knochen auch hier eines heute ganz unmöglichen Vorwelt-Riesen vor sich habe, der allerdings im System zu den noch lebenden kleinen Faultieren zu stellen sei.

In anbetracht, daß es an Größe der König aller Landsäugetiere sei, taufte er das Geschöpf schlechtweg Megatherium, was eine Ueberfetzung von „Großtier" sein will. Der Name hat sich unausrottbar eingebürgert, obwohl sprachlich „Megalotherium" richtig gewesen wäre.

Die Zeit, wann solche Megatherien noch lebend ihr Land unsicher gemacht haben könnten, schob er dabei sehr ins Weite zurück. Irgend eine fürchterliche Ueberschwemmung oder sonst etwas derart mochte sie radikal vernichtet und ihre Knochen im Pampas-Lehm, den die Flut angeschwemmt, begraben haben.

Wer damals noch feſt an gewiſſe alte Ueberlieferungen
glaubte, der nahm wohl ſchlicht an, es ſei die berühmte Sintflut
ſelber geweſen, die das vollbracht hätte.

Cuvier freilich wollte die Geſchichte ſchon noch weiter zurück-
legen. Er glaubte an mehrere Epochen der Erdgeſchichte noch vor
dem Auftreten des Menſchen, von denen jede ihr beſonderes Tiervolk und ihre beſondere vernichtende Schlußkataſtrophe beſeſſen
haben ſollte. In einem ſolchen Epochen-Schlußakt waren ihm
auch die Megatherien ſchon bis auf den letzten Kopf vertilgt und
begraben worden, lange ehe der erſte Menſch die Erde betreten
hatte. Darüber ließ ſich ja im einzelnen noch ſtreiten, auf alle
Fälle ſchob ſich das Datum aber gehörig weit zurück. Für die
Sintflut-Anhänger kamen doch mindeſtens ein paar tauſend Jahre
in Betracht. Die Cuvierianer aber gerieten in der Folge meiſt in
immer längere Rechnungen hinein. Im Lauf des Jahrhunderts
konnte man in populären geologiſchen Werken ab und zu leſen,
daß wohl ſicher Millionen Jahre verfloſſen ſeien ſeit dem Ausſterben jener amerikaniſchen Rieſenfaultiere.

Jedenfalls gab es für Fachleute und Laien fortan kaum ein
intereſſanteres, die Gedanken mehr aufrüttelndes Geſchöpf der
ganzen Urwelt als dieſes „Großtier".

Als der geniale, wiſſenſchaftlich geſchulte Zeichner d'Alton
1821 ein Heft famoſer Kupfertafeln über die Geripppe der Faultiere
herausgab, ergriff der alte Goethe ſelber dazu das Wort.

Er widmete dem Megatherium einige Seiten, die nachmals
zu einem ſeiner wichtigſten Bekenntniſſe geworden ſind. Mit größter
Klarheit hat er ſich nämlich gerade darin als Vorläufer Darwins
erwieſen.

Indem er das lebende und das ausgeſtorbene Faultier miteinander vergleicht, betont er, er glaube „an die ewige Mobilität
aller Formen in der Erſcheinung".

In allgemeinſter Faſſung mochte das ja ſo damals ſchon Ge-
meingut gar vieler bedeutender Köpfe ſein. Es ſteckte die An-
erkennung einer ewigen Fortentwickelung der Welt darin. Herder
und ſo mancher andere hätte es gewiß nicht verleugnet.

Aber was Goethes Stellung ſcharf individualiſiert, iſt die An-

wendung der allgemeinen Idee bereits auf einen so streng zoologischen Fall wie das Gerippe der Faultiere.

Er verschanzt sich im weiteren der Stelle zwar etwas hinter
„einigen poetischen Ausdruck", den er anwende, „da überhaupt
Prosa wohl nicht hinreichen würde". Aber dann gibt er ein Bild,
wie er sich die Dinge denkt, dessen „Poesie" eigentlich nur darin
besteht, daß es prophetisch schon vollständig die strengste darwinistische Denkweise beinahe vierzig Jahre vor Darwin betätigt.

Für Goethe trennt keinerlei vernichtende Katastrophe das
Riesenfaultier vom heutigen Faultier. Das letztere hat sich einfach
restlos aus ersterem entwickelt.

Da das Riesenfaultier nur noch einen Rivalen an Körpergröße
unter den Säugetieren besitzt: den Walfisch, — so möchte es selber
sich nach ihm vielleicht geradezu aus diesem Walfisch entwickelt
haben. Ein Walfisch „stürzt sich in ein sumpfig-tiefiges Ufer einer
heißen Zone". Dort entwickelt er sich zum Landtier. Aber es entsteht
doch eigentlich ein rechtes Monstrum. „Er verliert", sagt Goethe,
„die Vorteile des Fischs, ihm fehlt das tragende Element, das dem
schwersten Körper leichte Beweglichkeit durch die mindesten Organe
verleiht. Ungeheure Hilfsglieder bilden sich heran, einen ungeheuren Körper zu tragen. Das seltsame Wesen fühlt sich halb
der Erde, halb dem Wasser angehörig und vermißt alle Bequemlichkeit, die beide ihren entschiedenen Bewohnern zugestehen".

Ueber dieses ungeschickte Zwitterwesen, einen schwerfällig
kriechenden Sumpf-Walfisch, sei dann die Entwickelung weiter-
gegangen zum heutigen Faultier. Dessen Wunderlichkeit sei jetzt
nur das groteske Endprodukt solcher Bahn. „Jener ungeheure
Koloß, der Sumpf und Kies nicht beherrschen, sich darin nicht
zum Herrn machen konnte, überliefert, durch welche Filiationen
auch, seiner Nachkommenschaft, die sich aufs trockene Land begibt,
eine gleiche Unfähigkeit, ja sie zeigt sich erst recht deutlich, da das
Geschöpf in ein reines Element gelangt, das einem inneren Gesetz
sich zu entwickeln nicht entgegensteht. Aber wenn je ein geistloses
schwaches Leben sich manifestiert hat, so geschah es hier; die
Glieder sind gegeben, aber sie bilden sich nicht verhältnismäßig,
sie schießen in die Länge, die Extremitäten, als wenn sie, ungeduldig

über den vorigen stumpfen Zwang, sich nun in Freiheit erholen wollten, dehnen sich grenzenlos aus, und ihr Abschluß in den Nägeln sogar scheint keine Grenze zu haben."

Zum Schluß betont Goethe noch, daß die eine der beiden heute noch lebenden Faultier-Gattungen doch schon etwas mehr Aussicht zu einer endlich doch noch glückenden Harmonie der Kletter-Anpassung zeige — dort habe der „animalistische Geist sich schon mehr zusammengenommen, sich der Erde näher gewidmet, sich nach ihr bequemt und an das bewegliche Affengeschlecht herangebildet; wie man denn unter den Affen gar wohl einige findet, welche nach ihm hinweisen mögen."

In dieser Goethe'schen Faultier-Philosophie sind im einzelnen Irrwege genug, wenn wir den Maßstab heutiger Tierkunde anlegen. Das Megatherium war kein Sumpftier, und auch der verwegenste Darwinianer würde es heute nicht mehr vom Walfisch herleiten wollen, der sich gerade umgekehrt aller Wahrscheinlichkeit nach aus vierfüßigen landbewohnenden Säugetieren erst wieder rückentwickelt und dem Wasser angepaßt hat. Auch die heutigen Faultiere werden schwerlich in so unmittelbarer Linie vom Megatherium abstammen, wenn schon hier ein Verhältnis mindestens wie Onkel und Neffe vorliegt. Und die angebliche Ungestalt der lebenden Baum-Faultiere bedarf der Begründung von hierher gar nicht, da sie in Wirklichkeit ja bloß ein wahres Muster echter Baum-Anpassung ist und das nicht bloß, wie Goethe schon ahnt, bei der einen, sondern bei beiden lebenden Sorten.

Fällt das alles fort, so bleibt im Kern bei Goethe aber um so bewundernswerter die folgerichtig darwinistische Denkart.

Klar sind in jener Stelle die Hauptbegriffe, die Darwin berühmt gemacht haben, schon angewendet: die Macht der Vererbung, der Zug zur Anpassung, die großen Wandlungen vom Wassertier bis zum Klettertier, und die unmittelbare Abstammung späterer Tierarten von gänzlich verschiedenen früheren Tieren.

Die wüst einschneidende Katastrophe, die das Megatherium der Vorwelt vom Faultier der Gegenwart nach Cuvier getrennt haben soll, ist dabei nicht bloß überflüssig, sie ist unmöglich für

Goethe, der in der Welt nicht eine Polterkammer mit gespenstischen Schaffensakten, sondern ein einheitliches Ganzes ohne Riß sieht.

Unmittelbar nach Goethes Tod kommt Darwin als blutjunger Anfänger nach Südamerika.

Es ist wohl so gut wie sicher, daß er des Altmeisters geistreiche Abhandlung niemals gelesen hatte. Auf dem wirklichen Schauplatz der alten Megatherien-Herrlichkeit aber ist er jetzt ebenso sicher der erste Forscher mit unbefangenem Eigendenken.

Er zum erstenmal sieht das Gerippe des Ungetüms nicht bloß im Dämmerlicht eines europäischen Museums oder auf einer dort kopierten Abbildung. Vor seinem Geistesauge entrollt sich ein großartiges Panorama der Dinge an Ort und Stelle selbst.

Allenthalben stößt auch er im Pampas-Lehm auf die Zeugen der Megatherien-Zeit. Zu dem Riesenfaultier fügt sich eine ganze Arche anderer Ungeheuer, von denen jedes wieder besonders merkwürdig ist. Da sind die Knochen eines Lamas, das aber volle Kamelgröße hatte. Da sind die Panzer von Gürteltieren, die dem Rhinozeros gleichkamen. Da sind Stoßzähne eines echten Elefanten, des Mastodon. Da endlich sind Pferdezähne.

Der letztere Fund war von erhöhtem Reiz. Denn es stand damals fest und ist heute noch nicht ernstlich widerlegt, daß die Spanier, Portugiesen und Engländer bei ihrer Besitzergreifung Amerikas seit 1492 in dem ganzen gewaltigen Kontinent keinerlei Pferde vorfanden. Bei den hochentwickelten Kulturvölkern Mexikos und Perus, die mit Bewußtsein so gut wie alles in ihrem Lande schon vor der Berührung mit der Kultur Europas ausgenutzt hatten, erregte der erste berittene Spanier die Panik eines gespenstischen Centauren. Und alle jene regellos schweifenden, halb wilden Pferdeherden des heutigen Amerika sind erst wieder zurückverwildert aus europäischem Kultur-Import. In jener Zeit der Riesenfaultiere aber muß die neue Welt noch ihr eigenes, landeseigentümliches Pferd besessen haben.

Darwin sah aber noch mehr als dieses allgemeine Bild.

Er sah, daß all diese Knochen in einer oberflächlichen Schicht des Landesbodens lagen, die in keinem einzigen Merkmal auf irgend eine fürchterliche allgemeine Katastrophe zwischen damals und jetzt hinwies. Stellenweise machte es geradezu nur den Eindruck, als wenn diese alten Scheusale ganz gemütlich auf der Pampas-Fläche selber gelebt hätten, wie heute ein beliebiger Strauß oder Hirsch dort lustwandelt. Als sie starben, blieben ihre Knochenlasten und steinharten Gehäuse friedlich auf dieser Fläche liegen. Und dann kam einfach dasselbe, was heute auch noch in flachen Staubebenen in der Zeit der Dürre sich einfindet: der Wind warf Staub darüber, ganze Hügel von Staub, bis das Gerippe im Sande tief begraben war.

Weil aber die Katastrophe ersichtlich fehlte, kam nun der junge Darwin ganz aus sich auf des alten Goethe Sprünge.

Er sagte sich, daß Tier-Arten aus ganz schlicht natürlichen Gründen gelegentlich aussterben könnten auch ohne gewaltsames Donnerwetter. Das Land, in dem er reiste, machte ihm noch heute so hübsch wie nur möglich vor, wie das etwa geschehen könne. Da gab es von Zeit zu Zeit Zustände der „gran secco" oder großen Dürre. Der Regen blieb aus und der ganze Pflanzenwuchs ging ein, selbst bis auf die zähesten Disteln. In solchem Notstande gingen zahllose Rinder zu Grunde. Zu Tausenden drängten sie sich an die Flüsse, stürzten erschöpft in die Flut und ertranken, so daß das Flußbett ein großes Knochengrab wurde. Wer später eine solche Schädelstätte aufdeckte, der mochte wohl meinen, hier habe mindestens die Sündflut gehaust, und doch war's nur ein zufällig etwas dürreres Jahr.

Es mochte aber der Ursachen des Aussterbens gewisser Tiere gelegentlich noch andere, noch feinere, noch verwickeltere geben. Eines Tages waren sie fort. Und andere ersetzten sie. In diesem Ersatz aber walteten offenbar auch wieder ganz schlichte Gesetze.

Darwin sah, daß dasselbe Amerika, das einst jene tolle Riesentierwelt besessen hatte, heute zwar viel verloren hatte, — aber in dem wenigen, was es noch besaß, waren doch mit seltsamer Zähigkeit gewisse alte Formen im Kleinen gerettet: auch heute noch Lamas, Faultiere, Gürteltiere.

Darwins Blick schweifte wie der Goethes vom Megatherium zum heutigen Kletterfaultier, und wenn er auch schon nicht mehr den Mut hatte, das eine so glatt vom anderen abzuleiten, so tauchte doch auch ihm gerade hier der Gedanke auf, ob nicht Tierarten ebenso, wie sie auf natürlichem Wege vergehen können, auch sich durch den Zwang äußerer Verhältnisse umwandeln, fortentwickeln könnten. Die Idee tauchte ihm auf damals, vor den Knochen des Riesenfaultiers, unbestimmt, wie einem auf der Reise unter sehr starker Suggestion der Wirklichkeit etwas einfällt.

Es war aber diesmal ein zäher Kerl, dem das einfiel, zäh nach ganz bestimmter Seite.

Er hatte nicht Goethes Weltberuf, den ungeheuren Beruf, den man in seinen späteren Jahren oft mit dem der Schildkröte in der indischen Legende vergleichen möchte, die den Elefanten trägt, der die Weltkugel stützt. Darwin brauchte nicht den zweiten Teil des Faust zu vollenden. Er konnte dem einen schlichten zoologischen Problem sein Leben widmen, das bei Goethe nur ein, allerdings im kleinen gigantisches Intermezzo gewesen war.

An dem Stück Gürteltierpanzer und den paar Knochen des Riesenfaultiers spann Darwin daheim in England in den folgenden dreißig Jahren wie an einem zauberhaften Rocken seine weltberühmte Entwickelungslehre herunter. Wenn je einer einen Stoß in die große menschliche Denkmaterie getan hat, dessen Wellenschlag das ganze letzte Jahrhundertdrittel durchschauert hat, so ist es, rein der aufrüttelnden Leistung nach, Darwin mit dieser Lehre gewesen. Zum zweitenmal aber hatte das alte, plumpe, scheußliche Riesenfaultier seinen Anteil daran, als wäre seine groteske Dickleibigkeit mit den dreifachen Elefantenbeinen nötig gewesen, um der Wahrheit — oder sagen wir mindestens, der neuen Suche nach der Wahrheit — eine Gasse zu bahnen.

Inzwischen kamen ab und zu immer auch einmal wieder Frachtkisten mit wirklichen Megatherien-Knochen in Europa an. Eine Reihe der größten Museen erwarben mehr oder minder vollständige Skelette. Man merkte, daß es da eine ganze Musterkarte verschiedener Gattungen, ja mehrere gut unterscheidbare Familien von Riesenfaultieren gebe. So wurde vom echten Großtier oder Megatherium der Mühlenzahn oder Mylodon getrennt. Unterformen wieder dieser Mylodon-Faultiere bekamen die schwierigen Namen Skelidotherium und Grypotherium, und so weiter.

Gerade von einem solchen Mylodon kam nun 1841 bei Buenos Aires ein wahres Prachtskelett, volle elf Fuß lang, zu Tage.

Dieses Skelett wanderte in ein Londoner Museum und der große Anatom Richard Owen machte sich darüber her. Es wies neben vielen andern Merkwürdigkeiten noch etwas ganz besonderes auf, das zu denken geben mußte.

An zwei Stellen war ihm nämlich zu seinen Lebzeiten sozusagen der Schädel eingehauen worden, ohne daß es doch diesen grausigen Verletzungen erlegen zu sein schien. Die eine war ganz, die andere nahezu wieder verheilt. Owen leitete daraus einerseits eine außerordentliche Lebenszähigkeit des Riesen ab, andererseits erklärte er sich die Ursache der Wunden unmittelbar aus der Lebensweise des Tieres. Es hatte eben wohl große Bäume mit seinen Klauen ausgegraben und zweimal war ihm dabei der kippende Stamm auf die Nase gefallen. Kein schlauer Riese offenbar.

Schon damals aber wurden einzelne andere Stimmen laut, die meinten, es möchte am Ende der M e n s ch gewesen sein, der dem alten Herrn die Löcher in den Kopf gehauen hätte.

In diesen Jahrzehnten vollzog sich ja gerade der große Umschwung in unserer geschichtlichen Auffassung des Menschen, den das neue Wort „prähistorische Forschung“ umschließt.

An den verschiedensten Orten entdeckte man, anfangs fast widerwillig und sehr ungläubig, die Spuren einer menschlichen Existenz jenseits aller unmittelbaren geschichtlichen Ueberlieferung. Aus dem Lehm alter Flußbetten, aus Höhlen im Kalkgebirge, aus dem Moorboden von Seen kamen rohe Werkzeuge einer Kultur zu Tage, die den Gebrauch der Metalle noch nicht gekannt hatte und ihre Messer aus Feuerstein fertigte.

Diese vorgeschichtlichen Steinzeitmenschen hatten aber, und das war wieder besonders merkwürdig, offenbar noch mit Tieren zusammengelebt, die heute ausgestorben sind und deren Lebenszeit die Wissenschaft bisher über Jahrhunderttausende, wo nicht Millionen von Jahren, zurückdatiert hatte.

Mit diesen alten Kulturwesen lagen Knochen des Mammut-Elefanten, des europäischen Nashorns, des Riesenhirsches und des Höhlenbären in völlig gleichartiger Erhaltung zusammen, und diese letzteren Knochen zeigten vielfach die unzweideutigen Spuren davon, daß sie in frischem Zustande von Menschenhand bearbeitet worden waren. Sie waren auf Markinhalt zerspalten, beim Braten des Fleisches geschwärzt, mit Rötel bemalt, durch Schnitte verunstaltet, und so weiter.

Man sah keinen Ausweg, als daß auch der Mensch schon vor Jahrhunderttausenden gelebt haben müsse, als jene Ungeheuer noch wirklich bei uns herumliefen. Wie nun, wenn das auch auf Amerika Anwendung fände? Wenn auch dort in Ur-Urzeiten eine prähistorische Menschenkultur geblüht hätte: wilde Steinzeit-Menschen, die das scheußliche Megatherium und den grimmen Mylodon noch gejagt hätten?

Stammten jene Kopfwunden statt von einem Baume von einem Weltending her, das ein ganzes Stockwerk höher ansagte: von einem menschlichen „Werkzeug“, — etwa einem geschleuderten Stein? Vielleicht war es auch der Keulenschlag eines Riesen gewesen. Man glaubte damals allgemein, daß gerade Patagonien noch heute die riesigste aller Menschenrassen beherberge, — eine Sache, die sich vor den Ergebnissen neuerer genauer Messungen nicht in dem Maße als stichhaltig erwiesen hat.

Die Ueberwältigung eines solchen Riesenfaultiers müßte jedenfalls auch sehr herkulischen Ur-Amerikanern nicht leicht gefallen sein.

Hatte doch gerade die Firma Mylodon und Genossen noch etwas besonderes an sich, auf das man erst ganz zuletzt geriet.

Im Anfang, bei den ersten Megatherien-Funden, war ein Irrtum mituntergelaufen. Man hatte zwischen den echten Faultier-Knochen Panzerstücke jenes anderen gleichzeitigen Riesen, des Riesengürteltiers, gefunden. Man meinte nun, die beiden hätten ein und dasselbe Ungeheuer gebildet: ein Riesenfaultier, verpackt in einen soliden Gürteltier-Panzer. Nachher lernte man die Teile besser auseinander kennen und sah, daß zwei ganz verschiedene Tiere vorlagen. Und da heute die kleinen Kletter-Faultiere keinerlei harte Rüstung, sondern nur struppiges Haar auf dem Leibe haben, so nahm man auch vom alten Riesen-Faultier an, es sei entweder bloß behaart, oder gar wie ein Nilpferd ganz nackthäutig gewesen.

Jetzt machten aber die Mylodons doch noch wieder einen Strich

durch diese Rechnung. Bei ihren Knochen fanden sich nämlich
auch da, wo das Gerippe ganz für sich allein lag, regelmäßig
kleine, lose Knochenstückchen, wie dicke Bohnen, die in das eigentliche
Gerippe schlechterdings nicht einzuordnen waren. Sie mußten auf
oder in der Haut gesessen haben und durch mosaikartige Anein-
anderhäufung also nun doch eine Art Panzer gebildet haben.

So kam auch diesen Kolossen zu all ihrer Größe und Kraft
noch eine gewisse Unverletzlichkeit zu, die den Kampf zum wahren
Kunststück gemacht haben muß.

Das Riesenfaultier stand also auf dem Punkt, zum dritten Male
in eine große Debatte des Jahrhunderts hineinzugeraten: in die
Urgeschichte des Menschen.

Eigentlich diskussionsfähig sollte diese neue Sache aber doch
erst etwa mit den achtziger Jahren werden. Bis dahin wurde selbst
von sehr tüchtigen Autoritäten jede Beziehung zwischen Mensch
und Megatherium gelegentlich immer wieder abgeleugnet, ja nie-
dergelacht. Ein Veteran deutscher Forschung in Südamerika, der
alte treffliche kerndeutsche Hermann Burmeister, der seit den sechziger Jahren in Argentinien saß und Megatherien-Gerippe sammelte, ein Mann von umfassendster Gelehrsamkeit gerade für dieses
Spezialgebiet, goß die ganze Schale seiner nicht unbedeutenden
Grobheit über den aus, der auch nur von so etwas zu träumen
wage. Aber weder Grobheit noch Gelehrsamkeit helfen in der
großen Weltlogik wider Tatsachen.

Während der achtzigjährige alte Herr in Buenos-Aires bei
seinem (von Durchreisenden hoch gepriesenen) orangeroten Mus-
kateller aus Valencia saß und gegen die neuen Phantastereien
donnerte, gruben Ameghino, Roth und andere aus dem Pampas-
Lehm ein Beweisstück ums andere dafür aus, daß Mensch und
Megatherium wirklich noch Zeitgenossen gewesen sein mußten.

Menschliche Gerippe fanden sich in demselben Lehm, der die
Tierknochen birgt, und genau in derselben Erhaltung vor. An den
Tierknochen selber ließen sich künstliche Einschnitte und Verkoh-
lungsspuren nachweisen, genau so, als handle es sich um die Reste
von einer menschlichen Mahlzeit, bei der mit Werkzeugen geschnitten
und an künstlich erzeugtem und erhaltenem Herdfeuer gebraten

worden war. Einmal wusch das Hochwasser eines Baches ein
Riesenfaultier frei, bei dem die Beine noch fest im Boden zusammenhielten, während die Wirbelknochen und Rippen regellos darauf
in einer Asche- und Kohlenschicht lagen. Es sah fast so aus, als
sei ein solcher Riese irgendwo in weichem Terrain, etwa dem
Morastufer eines Tümpels, mit den Beinen stecken geblieben, und
die Jäger hätten dann die hilflose Fleischmasse von oben her
angebraten, so wie sie da steckte, und zum Teil aufgegessen.

Noch deutlicher war die handgreifliche Nähe des Menschen
merkbar bei einigen jener erwähnten Panzer nashorngroßer Gürteltiere. Da zeigten sich solche Tonnenpanzer inwendig von allen
Gerippteilen sorgfältig gereinigt und aufrecht gestellt, als sollten
sie ein kleines Schilderhäuschen, mit dem Bauchspalt als Tür,
bilden. Einmal hockte in solchem Gürteltierhäuschen ein menschliches Skelett. Ein andermal deckte der Panzer eine ältere, harte
Bodenfläche und auf deren Vertiefung lagen offen noch Steingeräte
von Menschenhand, gespaltene Tierknochen, künstlich geschärfte Tier-
zähne und die schwarze Kohlenasche einer Feuerstätte. Die meter-
hohe Schalenwölbung hatte offenbar als Versteck gedient nach Art
einer Eskimohütte.

Gegen die Wucht dieser Funde ließ sich schließlich doch nichts
mehr einwenden. Und es blieb nur eine ganz heikle Frage noch
übrig. Wann etwa war das gewesen, dieses Zusammenleben von
Mensch und Riesenfaultier?

Die Frage schneidet ja eines der schwierigsten Kapitel der
ganzen prähistorischen Wissenschaft an. Wann ist bei uns etwa
das Mammut ausgerottet worden?

So viel steht fest, daß über das Mammut keine Traditionen
mehr leben. Es existierte nicht einmal mehr als Sagentier, als die
Sonne der Geschichtsüberlieferung über Nordeuropa aufging. Bei
gewissen Tieren, die auch in die Mammutzeit als Charaktertiere
hineinreichen, ist das aber mindestens Streitobjekt.

Aus Cäsar wird herausgelesen, daß das Renntier zu seiner
Zeit noch in Deutschland gelebt habe, — vielleicht irrtümlich.
Mindestens aber zwei Wildochsen existierten damals noch dort, das
ist unanzweifelbar: der noch lebende Wisent (Auerochse) und der

wahrscheinlich durch Zähmung in unser Rind übergegangene Ur.
Vom Riesenhirsch, dessen Gerippe besonders in den irischen Mooren
stecken, wurde bis vor kurzem mit großer Sicherheit behauptet, daß
er gar noch im Nibelungenlied vorkomme, die hübsche Sache ist
aber, scheint mir, nunmehr endgiltig widerlegt; der „grimme
Schelch", den Siegfried dort erlegt, wird jetzt sehr gut als Wild-
hengst („Schelch" von Beschäler abgeleitet) gedeutet. Wilde Pferde
hat es aber wieder bei uns bestimmt noch bis ins Mittelalter
hinein gegeben.

Immerhin ist so viel sicher, daß uns in Europa jene summarisch
so benannte „Mammutzeitt" doch immer näher geschichtlich auf
den Hals rückt, mag auch bei den Einzelheiten noch so viel gesün-
digt worden sein. Daß die prähistorischen Menschen, die mit Renntier, Wildpferd und Nashorn lebten, im Schädelbau nicht irgendwie
merkbar „affenähnlicher" gewesen seien, als wir braven Deutschen
von heute, steht auch jetzt so gut wie absolut fest. Ein einziger
immer noch strittiger Schädelfund, der berühmte Neanderschädel,
muß dabei aus dem Spiel bleiben, da er zwar (trotz Virchow)
affenähnlich ist, aber überhaupt nicht dem Fundbereich nach in
irgend eine chronologisch zu bestimmende Schicht, die mit Mammut
oder Renntier zu tun hat, eingeordnet werden kann, sondern in
einem neutralen Blau schwebt etwa zwischen der Tertiär-Zeit,
weit jenseits aller Eiszeit-Mammute, und der s e h r geschichtlichen
Zeit, da Kosaken nach Deutschland kamen; auf einen solchen Kosaken
ist ·er nämlich auch einmal gedeutet worden, während andere ihn
neben den tertiären Affenmenschen stellen, dessen Schädel auf Java
unlängst gefunden worden ist.

Uebertrug man das nun auf Südamerika, so war auch dort
wirklich Tür und Tor offen, die Megatherien-Zeit mindestens in
ihren „letzten Zügen" der Gegenwart so nahe zu rücken wie nur
irgend tunlich.

Wie ein Traum lagen alle Ideen fern jetzt von einer großen,
trennenden Katastrophe! Diese Megatherien-Jäger, deren Schädel
man gleichsam zwischen den Beinen der Megatherien liegend fand,
waren so wenig „Affenmenschen" gewesen wie unsere Nashorn-
Jäger aus Taubach bei Weimar oder unsere Renntier-Menschen

von Schussenried. Tatsache aber ist, daß heute noch im Herzen von
Südamerika, am Schingu-Flusse in Zentral-Brasilien, hübsche und
lebensfrohe Indianerstämme leben, die bis gegen das Ende des
neunzehnten Jahrhunderts keine Kenntnis von Metallen besaßen,
also buchstäblich noch der „Stein-Zeit" wie unsere Mammut- und
Renntier-Europäer angehörten. Man möchte sagen: vom Menschen
aus stand hier überhaupt nichts mehr im Wege, jene mythische Zeit
der letzten Urwald-Tiere einfach an die Gegenwart anzulenken.

Und das einzige, was noch einen scharfen Schnitt machte, war
eben der zoologische Umstand, daß seit 1492, also seit der Entdeckung
Amerikas durch die europäische Kultur, in dem ganzen Riesen-
kontinent kein Vertreter jener alten Tierwelt mehr lebend gesehen
worden war: kein Mastodon-Elefant, kein wildes Pferd, kein Riesen-
gürteltier und kein Megatherium oder Mylodon.

Auf diesen Gipfel der Streitfragen muß man sich stellen, um
die Tragweite der plötzlichen Behauptung zu ermessen: auch dieser
äußerste Umstand sei hinfällig und mindestens eines der alten
Charaktertiere lebe noch — das Riesenfaultier.

Es ist nun mit solchen Nachrichten so eine Sache.

Die Phantasie der Menschen, sagt der Skeptiker, korrigiert auch
das launische Glück der Wahrheitsfunde gern etwas. Seitdem man
aus Knochen, Eiern und Federn weiß, daß auf Neu-Seeland noch
vor gar nicht langer Zeit riesige Vögel, die Moas, gelebt haben,
vergeht keine Neuerschließung irgend eines Fjords der neuseeländischen Südinsel, daß nicht die kühne Phantasie eines Kolonisten
im nächtlich schwarzen Urwalde einen Riesenvogel hat stolzieren
sehen — oder wenigstens gesehen hat, daß etwas dämonisch Gräß-
liches im Dunkeln Zweige knickte und die Hunde in Schrecken setzte.
Geschossen ist aber noch kein Moa worden und wird es vielleicht
so wenig wie der berüchtigte Tatzelwurm, der auch noch vor ein
paar Jahren im Kanton Glarus leibhaftig gesehen worden sein
soll. In diesem Sinne waren die ersten Nachrichten vom „lebenden
Megatherium" denn auch ziemlich problematische.

Die Indianer der Pampas erzählten von einem entsetzlichen
Vieh, ochsengroß, mit langen Krallen und langem Haar, das in
selbstgegrabener Höhle sich tagsüber berge und nur nachts heraus-

komme. Das seltsamste an ihm sei aber — seine Unverwundbarkeit
für Flintenkugeln. Als wenn es unter dem Pelz noch einen stahlharten Panzer trüge! Indianer erzählen nur leider mancherlei,
wenn Weiße es gern hören wollen. Dieselben großen Kinder der
patagonischen Grassteppe berichteten auch von mehrköpfigen
Schlangen, unbekannten Riesen-Vögeln und anderem mehr. Wer
wollte da ohne weiteres Spreu vom Weizen sondern.

Nun kam aber ein Kulturmensch, ein Reisender, sogar ein
sehr angesehener Mann im Lande, der eine Zeitlang Gouverneur
des Territoriums Santa Cruz war, Ramon Lista; er ist später
tragisch durch Mord untergegangen.

Dieser Ramon Lista erzählte auch eine „Jägergeschichte", aber
eine selbsterlebte und dazu eine, die allerdings auffällig in jenes
Feld wies. Er hatte im Innern Patagoniens in der Nacht ein Tier
aufgescheucht, das einem Pangolin glich, aber rötlichen Pelz trug.
Es reagierte nicht auf Flintenkugeln, die ihm auf den Pelz gebrannt
wurden, schien also ebenfalls unverwundbar. Und weil es das
war, entkam es dem Jäger.

Der Vergleich mit dem Pangolin ist dabei sehr merkwürdig.
Unter Pangolin versteht man das sogenannte Schuppentier. Die
Schuppentiere sind kuriose Gesellen, die allerdings nicht in Amerika,
sondern in Afrika und Südasien leben. Sie sehen aus wie Tannen-
zapfen, da sie dick mit hornigen Schuppen bewehrt sind. In ihrem
Körperbau haben sie aber eine entschiedene Aehnlichkeit mit den
ebenfalls verpanzerten Gürteltieren Amerikas, über der zwar noch
ein gewisses Geheimnis schwebt, die aber als solche nicht gut
bestreitbar ist. Wenn das fragliche Tier also wie ein Pangolin
aussah, so hatte es mindestens irgend eine Aehnlichkeit im Wesen
mit jenen alten Riesen, die ja auch teils Gürteltiere, teils nah verwandte erdgrabende Faultiere waren. Sollte Ramon Lista freilich
bloß die Größe dabei im Auge gehabt haben, so ist zu sagen,
daß die heutigen Schuppentiere oder Pangolins ganz kleine Geschöpfe sind. Aber wie kam er dann überhaupt auf ein Pangolin
als Vergleich? Zumal, da er nicht Schuppen, sondern Haare sah?
Es mußte doch eine besondere Aehnlichkeit ins Auge gefallen sein.
Immerhin seltsam.

Bölsche.   8

Und da jetzt taucht auf einmal jenes leibhaftige Fellstück auf.
Es ist das Fell eines großen Tieres. Es hat einen rötlichen
Haarpelz. Unter diesem Pelz aber liegen in der Haut genau jene
steinharten Panzerknöchelchen, wie·sie der alte Mylodon an sich
getragen hat.

Kein zweites Säugetier aus alter oder neuer Zeit ist bekannt,
das diese Sorte versteckten und doch höchst wirksamen Panzers in
der Haut trüge, — außer dem Riesenfaultier aus der Unterfamilie
Mylodon.

Das Stück Fell gehörte einem Mylodon an!

Professor Ameghino in La Plata gab auf Grund eines ersten
Fellstückchens, das in seine Hand gelangt war, dem im Nebel auf-
dämmernden Geschöpf zunächst einmal einen Namen. Er taufte es
Neomylodon Listai, also den Neu-Mylodon.

Das Beiwort verewigte jenen Ramon Lista als — allerdings
nur hypothetischen — Entdecker. Die erste Notiz darüber erschien
1898. Dabei ist höchst bemerkenswert, daß gerade diese allererste
Fell-Probe unmittelbar aus den Händen eines patagonischen In-
dianers entnommen worden ist, ohne daß sich nachweisen ließe,
daß sie wirklich von dem bewußten größeren Fell von Ultima
Esperanza stammt. Erst die nächsten auftauchenden Stücke wiesen
sicher dorthin.

Es ist nicht zu leugnen, daß, wenn man die Kette der Tatsachen so anordnet, wie ich es im Voraufgehenden versucht habe,
die Wahrscheinlichkeit der wirklichen Existenz des lebenden Tieres
eine außerordentlich hohe war. Immerhin aber mußte noch ein
sehr dringlicher Punkt dabei weiter aufgeklärt werden.

Woher stammte jenes Fell von Ultima Esperanza? Wie kam
es an seinen Ort?

Es gibt einige wenige Fälle, wo wir tatsächlich noch die
echten frischen Hautüberzüge von Tieren besitzen, die doch als solche
mehr oder minder lange ausgestorben sind.

In unseren größeren Museen finden sich noch ausgestopfte
Exemplare des Riesenalk-Vogels, der heute, wie es scheint, vollständig ausgerottet ist. In diesem Falle ist das Tier allerdings erst
innerhalb der Zeit, da diese Museen bestehen, im neunzehnten

Jahrhundert ausgestorben. Einen schon etwas älteren Sachverhalt
bieten die Federn jener Moa-Strauße Neu-Seelands, wie sie zum
Beispiel im Dresdener Museum aufbewahrt werden. Sie finden
sich in Höhlen und im Moorboden der Insel da, wo die letzten
Moas von den Eingeborenen gebraten und aufgegessen worden
sind. Immerhin ist das auch vielleicht nicht viel länger her als
hundert Jahre, und die Legende, wie gesagt, läßt diese Riesenvögel
heute noch in unerforschten Wäldern Neu-Seelands hausen. Den
jedenfalls merkwürdigsten Anblick gewähren die Mammutleichen
Sibiriens. In einer Zeit, die mindestens jenseits aller geschichtlichen Ueberlieferung nordischer Völker liegt, sind hier große, heute
überall ausgestorbene Elefanten im Morastboden, den ein etwas
wärmerer Sommer oberflächlich aufgetaut hatte, versunken, unmittelbar danach ist der ganze Fleck mitsamt dem Kadaver wieder
hart gefroren und bis auf unsere Tage nicht mehr aufgetaut. In
diesen natürlichen Eiskellern haben sich die ganzen Tierkörper
derartig frisch erhalten, daß die Hunde und Füchse heute noch,
wenn der Eisboden sie frei gibt, ihr Fleisch fressen, und die Haut
ist tadelloses Museumsobjekt. Wir wissen so (was kein Knochen-
fund je gelehrt hätte), daß das Mammut rötliches Wollhaar trug,
und von einem ebenso erhaltenen Rhinozeros erfahren wir, daß
es rot und weiß geschecktem Pelz besaß.

Solche Fälle waren entschieden auch bei dem fetzen Mylodon-
fell in Betracht zu ziehen.

Nahm man ihn als das einzige schlagende Beweisstück, so war
zu beachten: erstens konnte es das Fell eines Tieres sein, das in
gefrorenem Erdreich erhalten geblieben war, obwohl seit seinen
Lebzeiten Jahrtausende verflossen waren; man muß nicht vergessen,
daß Patagonien von dem Kordillerengebirge durchzogen wird,
das in seinen oberen Teilen unter Eisgletschern begraben liegt wie
Grönland, und daß auch das Gesamtklima gegen die Feuerland-
Spitze zu immer rauher und kälter wird; wie in Europa und
Sibirien, so ist übrigens vormals auch hier noch eine besondere
große Eiszeit nachweisbar über das Land hingegangen.

Die zweite Möglichkeit war, daß das Fell in irgend einer Höhle
oder sonst wo in irgend einem alten Müllhaufen gesteckt hatte

gleich jenen Moafedern Neu-Seelands; dann konnte es zu den
Reſten einer Indianer-Mahlzeit wenigſtens vor hundert oder einigen
mehr Jahren gehören, und bei dieſer Mahlzeit konnte, wie dort
der letzte Moa, ſo hier der letzte Mylodon verzehrt worden ſein.

Immerhin wäre in dieſem letzteren Falle die wenigſtens rela-
tive „Neuheit" der Sache überaus wertvoll, — wir Kulturmenſchen
wären dann gerade wie auf Neu-Seeland bloß um eines Jahres
Länge vielleicht zu ſpät für das „lebende" Tier ins Land gekommen, — das Rieſenfaultier bliebe aber immer noch ein echter,
erſt kürzlich gleich dem Moa und Rieſenalk vom Menſchen aus-
gerotteter Bürger unſerer „Jetztzeit", — kein Urweltstier.

An dieſer Ecke haben ſich nun bei den Gelehrten von La Plata
wirklich alsbald zwei ſcharfe Parteien voneinander geſondert.

Der Theorie, die das Tier leben läßt, hat ſich mit großem
Eifer die Müllhaufen-Theorie entgegengeſetzt. Und die Anhänger
dieſer letzteren Theorie haben zunächſt das jedenfalls große Ver-
dienſt ſich erworben, den Tatbeſtand über die Herkunft jenes
Zauber-Vlieſes als getreue Argonauten feſtzuſtellen. Dabei ſind
ſie aber ſelber dann wieder zu neuen und noch kühneren Folgerungen verführt worden.

Jenes Fell hing an ſeinem Buſch am Kanal Ultima Eſperanza
nicht ſeit Anno dazumal, ſondern erſt ſeit Januar 1895.

In dieſem Monat entdeckten der bewußte Kapitän Eberhard
und zwei andere Herren ungefähr eine Stunde von Eberhards
Beſitzung eine große Höhle. Sie war nicht ganz zweihundert
Meter tief, weniger als die Hälfte ſo breit und nicht völlig ein
Viertel ſo hoch. In dieſer Höhle lag ganz oberflächlich im Schutt
abgebröckelter Deckenteile das Fell, und von dort haben die Herren
es als Kurioſität auf Eberhards Gut gebracht. Dieſe Grundtatſache
wurde zunächſt feſtgelegt und das Intereſſe konzentrierte ſich folgerichtig jetzt auf die Höhle.

Nachdem Moreno den Reſt des erſten Felles dem Britiſchen
Muſeum überwieſen und der Reiſende Otto Nordenſkjöld flüchtig
einige weitere Stücke aus der Höhle ſelbſt mitgenommen hatte,
beſuchten in kurzer Folge jetzt mehrere Naturforſcher ausdrücklich
zum Zweck die Höhle und veranſtalteten oberflächliche Ausgra-

bungen. Zuerst Eimar Nordenskjöld von einer schwedischen Expedition. Dann der Chefgeologe des Museums in La Plata, Hauthal.
Beide auch noch nicht sehr gründlich, aber doch schon mit gleichartig reicher Ausbeute. Nach dieser Seite erklärte sich die rätselhafte Sache wie folgt.

Die Höhle liegt wie ein großer Spalt in der Seite eines sechshundert Meter hohen Berges, selber noch zweihundertfünfzig Meter
über dem Kanal.

Vor dem Eingang des Spaltenschlundes stehen hohe alte
Bäume, über deren Wipfel hinweg der Blick auf den Kanal und
die Kordillere schweift. Der Eingang zum Bergspalt ist ganz vorne
verrammelt durch eine Reihe von der Decke gestürzter Felsblöcke.
Nur an der einen Seite fehlt der Verschlußblock, als sei hier
künstlich eine Tür ins Innere aufgetan.

Im Innern selbst ragt zunächst an der einen Seite ein Hügel
von etwa zwölf Meter Höhe, ebenfalls gebildet aus voreinst einmal
herabgestürzten, heute schon sehr zermürbten Steinmassen. Weiter
nach hinten folgt noch eine Art Wall aus später erst abgefallenem,
frischerem Deckengestein. Also das ganze wie ein riesiges Zimmer
mit schlechtem Deckenbelag, der früher und später immer einmal
wieder heruntergekommen ist. Es ist eben eine Spalte in wackeligem
Quarzit-Gestein, gelegentlich in schon gewölbten Schichten entstanden
und zu ewig neuen Nachstürzen neigend. Jetzt aber das Seltsamste.

Im vordersten Raum der Höhle bildet den Boden eine ziemlich selbstverständliche Schicht von Sand, zersetztem Gestein und
hereingewehten dürren Blättern des Waldes draußen. In dieser
Schicht liegen Hirschknochen, Straußknochen, Knochen des Guanako-
Lamas — alles wie nach der heutigen Tierwelt des Landes zu
erwarten.

Da hinten aber, zwischen dem alten Hügel und dem ganz
innerlichsten, neueren Wall findet sich unter der dünnen Sandschicht
ein mindestens mehr als ein Meter tiefes Nest einer ganz anderen
Sache, — nämlich von Mist.

Dieser Mist hat einen höchst seltsamen Geruch: er riecht nämlich nach Gürteltier, — also einem der noch lebenden kleinen Vertreter gerade jener alten Wundertiere.

Inmitten der Mistschicht kommen nun auch die wahren Zeichen und Wunder.

Hier ist jenes erste große Fellstück gefunden worden. Hier kamen auch jetzt bei grober Ausgrabung weitere Fellbrocken zutage. Hauthal hat einen Fetzen von nahezu Quadratmeter-Größe als Hauptfund geborgen. Neben dem Pelzwerk lagen Knochen die Fülle. Teils Zähne, Klauen, Schädel des zugehörigen Riesenfaultiers. Dann aber auch Fellproben anderer Tiere und eine Menge fremder Gerippteile. Außer dem Riesenfaultier kamen da ans Licht die Reste eines mächtigen, einem Bernhardinerhunde an Größe gleichen Nagetiers; einer noch viel kolossaleren Katze von mehr als Löwengröße; endlich eines jener einheimischen Wildpferde, die schon früher als Zeitgenossen der Megatherien von Darwin und andern festgestellt worden waren; also mindestens von drei nach der gangbaren Meinung heute nicht mehr lebenden Tierarten.

Endlich enthüllten sich unzweideutige Spuren hier von der Anwesenheit des Menschen.

An die Mistschicht stieß nach innen zu eine Aschenschicht wie von einem Herdfeuer. Jenes größte Fellstück, das Hauthal geborgen hat, war ganz augenscheinlich an den Seiten mit einem schneidenden Instrument zugeschnitten. Es lagen keine Knochen unmittelbar unter ihm, es war also als vom Tier abgezogenes und zugeschnittenes Fell schon hierher gelegt worden. Mehrere der Knochen zeigten Einschnitte, die Schädel waren eingehauen. Im Mist lagen Knochenpfriemen von sicherlich menschlicher Arbeit. An einer Stelle war trockenes Gras über die Mistschicht gehäuft, in einer unbedingt künstlichen Weise, also wohl auch von Menschenhand. Zum Ueberfluß zeigten sich auch noch offen zutage in einer Wandnische Rippen eines Menschenskeletts. Bei der ersten Entdeckung der Höhle durch Eberhard soll das ganze Skelett noch vorhanden gewesen sein.

Auf Grund dieses Sachverhaltes haben jetzt Hauthal und sein berühmter Kollege Santjago Roth in La Plata folgende ganz neue Theorie aufgestellt.

Zunächst hat Roth sich mit dem nun auch vorliegenden reichen Knochenmaterial des geheimnisvollen Fellträgers wissenschaftlich befaßt. Er verwirft Ameghinos Namengebung, — das Tier sei kein Neu-Mylodon, sondern es gehöre genau der schon aus Knochen bekannten Mylodon-Gattung an, die man längst G r y p o t h e r i - u m getauft hatte. Doch das ist schließlich keine so wichtige Frage und mehr eine kleine Debatte der Knochenkenner unter sich, die an dem Riesenfaultier im ganzen nichts ändert. Auch Grypotherium bleibt ein Riese von mehr als Ochsen-Größe.

Viel wichtiger ist die weitere Bezeichnung, die Roth vorschlägt. Dieses Grypotherium soll nämlich das Beiwort domesticum er- halten. Das heißt: das „gezähmte", das „als Haustier gehaltene".

Das Riesenfaultier, so belehren uns Hauthal und Roth, lebt heute nicht mehr. Es hat aber vor 300 bis 400 Jahren noch ge- lebt. Damals ist es von den Indianern in Westpatagonien als H a u s t i e r gehalten worden. Die bewußte Höhle hat lange Zeit- räume hindurch als „Kraal" gedient, in dem zeitweise Menschen wohnten, jedenfalls aber viele Jahrzehnte lang „Vieh" gehalten wurde. Und dieses Vieh waren eben Riesenfaultiere. Wie der Cyklop der Odyssee hatten die Viehbesitzer den Ausgang der Höhle mit großen Steinblöcken verbarrikadiert, damit ihnen ihre Schäf- lein nicht entwischen konnten. Ein Cyklopen-Idyll der neuen Welt, — endlich einmal auch mit den nötigen Cyklopentieren.

So amüsant das nun wieder für sich klingt, so kann ich doch nicht finden, daß es aus Hauthals eigenem Fundbericht irgendwie als Notwendigkeit hervorginge. Roth will allerdings an den Knochen und Zähnen der betreffenden Faultier-Individuen kleine Abweichungen entdeckt haben, wie sie gerade bei Haustieren häufig eintreten. Das ist aber an sich noch ein ganz strittiges Gebiet heute, auch liegen Detailangaben noch nicht vor.

Die Sachlage in der Höhle selbst aber beweist vorläufig bloß die ganz allgemeine Tatsache, daß die Höhle z e i t w e i s e s o w o h l von Menschen, a l s von Riesenfaultieren benutzt worden ist. Die Faultiere haben hier ihre Hinterlassenschaft meterhoch angehäuft. Der Mensch aber hat Feuer gebrannt und die Felle erlegter Faul- tiere zu Kleidungsstücken, wie es scheint, verarbeitet, — es müssen ja geradezu Panzerkleider gewesen sein, die unverwundbar machten. Dabei kann aber genau dasselbe N a c h e i n a n d e r obgewaltet haben, das uns bei europäischen Höhlen aus alter Zeit begegnet,

in deren Lehmboden die verschiedenſten, einander widerſprechenden
Knochen liegen, — ſintemalen dieſe Höhlen nämlich im Laufe
langer Zeit abwechſelnd b a l d dem Bären und b a l d dem Menſchen als Verſteck gedient haben.

Der Menſch mag gelegentlich auch jene Höhle erobert und ein
Rieſenfaultier darin überwältigt haben, das dann am Fleck zerlegt
wurde. Als er längſt wieder fort war, mögen aber die Ungetüme
einer folgenden Generation dasſelbe gute Verſteck wieder beſetzt
und zu der Hinterlaſſenſchaft ihrer Ahnen eine neue Schicht zu-
gefügt haben, die jetzt die Menſchenſpuren wieder begrub.

Welchen Zweck die Leute gehabt haben ſollten, gerade dieſe
grotesken Rieſen als Vieh ſich zu halten und, was gewiß keine
Kleinigkeit war, im Höhlenſchlunde zu füttern, iſt ſchon rein theore-
tiſch ſehr ſchwer zu begreifen.

Bei dem kleinen, aber unendlich wichtigen Haustier Süd-
amerikas, dem Lama, erhellt der Nutzen der Zähmung ſofort. Das
Lama ſtellte als lebend gehegtes Tier zugleich ſeine Kraft als
Laſtträger und ſeine Wolle als unerſchöpfliche Vorratskammer der
Weberei in den Dienſt des Menſchen. Die Panzerhaut des Mylodon
dagegen mußte dem getöteten Tier vom Leibe geriſſen werden, und
zum Transporttier war es wohl das ungeeignetſte Geſchöpf der
Erde mit ſeinen krummen Grabklauen. Stumpfſinnig mag das
Scheuſal ja ſchon geweſen ſein, ſo daß auch der ſchlecht bewehrte
Indianer es trotz ſeiner Panzerhaut und ſeiner Krallen verhältnis-
mäßig oft bewältigen mochte. Aber gerade ſehr dumme, plumpe
Tiere hat der Menſch, wo immer er Haustiere ſich heranzog, aus
guten Gründen für dieſen Zweck ausdrücklich verſchmäht.

Auch darin liegt ein Widerſpruch, daß gerade das gehegte
Haustier dieſes Landes, das Rieſenfaultier, in den letzten Jahrhunderten völlig ausgeſtorben ſein ſoll, während das wilde Lama
desſelben Landes, das Guanako, das hier in Patagonien niemals
gezähmt worden iſt, deſſen Knochen aber auch in der Höhle liegen,
heute noch in ungezählten Mengen die Gegend belebt. Wenn das
Faultier (in vielleicht ſchon lange nicht mehr beträchtlicher Kopf-
zahl) wild lebte und freies Jagdobjekt war, deſſen unverwund-
bare Siegfried=Haut ſich jeder Jäger gern für ſich aneignen wollte,

so ließe sich begreifen, daß es schließlich den Nachstellungen ganz
erlag, — zumal es eben wohl ein stumpfes Vieh war, das keine
List mehr dem Verfolger gegenüber lernte. Umgekehrt dagegen nicht.

Damit wären wir aber von selbst wieder auf dem alten Haupt-
punkt: ob das Riesenfaultier überhaupt schon ausgestorben ist.

Es fragt sich, wie viel oder wenig da der ganze Höhlenfund
beweist.

Er beweist ja zunächst zweifellos, daß die uns jetzt vorliegenden
Hautstücke von Ultima Esperanza nicht gestern oder vorgestern erst von
einem frischen Kadaver abgezogen sind — und das ist in gewissem
Sinne etwas kaltes Wasser auf die allzu sichere Siegeshoffnung.

Aber selbst Hauthal wagt nicht mehr, seinen wunderbaren
Grypotherium-Kraal weiter zurück zu datieren, als über einige
hundert Jahre, vielleicht knapp jenseits der Entdeckung von Amerika.
Die Sache scheint mir nun sehr diskussionsfähig, ob sich im Klima
Patagoniens und in einer offenen Höhle, von deren nasser Decke
beständig Feuchtigkeit abtropfte, eine Schicht Mist mit ungegerbten,
mit Fäulnisspuren behafteten Häuten auch nur für einen viel
kürzeren Zeitraum tadellos erhalten konnte. Der Verwitterungs-
schutt, der sie bedeckte, scheint mir, soweit die Beschreibung ein
Urteil zuläßt, in einer Höhle mit derartig lose abbröckelnder und
einstürzender Decke nicht viel für die Zeitdauer zu beweisen. Nach
dieser ganzen Seite hin spräche wieder die rein theoretische Wahrscheinlichkeit wohl für ein noch jüngeres Datum. Man möchte
sagen, die Ungetüme haben ihr Versteck schließlich hier aufgegeben,
nicht weil sie „ausstarben", sondern weil immer mehr Einstürze
erfolgten und d i e s e n altbewährten Boden denn doch z u ungemütlich machten. Anderswo könnten sie deshalb ruhig fortleben.

Der einzige Punkt, der mich ernstlich stutzig macht, ist die
Existenz jener anderen Tierknochen, des Riesennagetiers (größer als
alle heute bekannten), des Löwen, des einheimischen Pferdes. Waren
das echte Zeitgenossen der Grypotherien — und sollen diese heute
noch leben, — wo sind diese anderen auffälligen Tiere geblieben?

Das Pferd ist am merkwürdigsten. Vielleicht kein Land der
Erde ist günstiger für wilde Pferde als Südamerika. Als die
Europäer welche hier einführten, schienen sie in ihr Eldorado

gelangt zu sein. Ein einheimisches Pferd aber existierte allen bisher für sicher gehaltenen Nachrichten zufolge damals n i ch t im Lande. Die Pferdezähne der Höhle gehören nun keineswegs dem eingeführten Pferde an, sondern einer wohlgesonderten, wirklich einheimisch amerikanischen Art, die also damals, als die europäischen Pferde kamen, schon total wieder ausgestorben sein müßte.

Das führte also recht weit zurück, mindestens bis weit über die Gründung von Buenos Aires um 1535 hinaus, durch die zuerst verwildernde europäische Pferde in die Pampas und in die Hände der Indianer gekommen sein sollen. Unser Faultier würde da jedenfalls in die Gesellschaft eines Tieres geraten, das zwar gewiß nicht „urweltlich" war, aber doch schon vor vierhundert Jahren keinenfalls mehr existierte. Die Höhle mit all ihrem Inhalt würde so weit zurückdatieren, — und wie das einheimische amerikanische Pferd um 1535 nach dieser Anschauung ausgestorben war, genau so könnte der Mylodon, unbeschadet aller Müllhaufen-Reliquien, damals schon bis auf den letzten Kopf das Zeitliche gesegnet haben.

Aber es hilft nichts; selbst das, obwohl ein recht schweres Geschütz, ist noch immer durchaus kein reines Argument.

Es gibt zunächst deutsche Höhlen, in deren Lehmboden ein Durcheinander ohnegleichen herrscht. Ursprünglich lagerten sich uralte Knochen des ausgestorbenen Höhlenbären darin ab. Dann kam Menschenplunder aus so und so viel Kulturstufen. Vom Steinmesser der wirklichen Höhlenbären-Zeit bis auf einen gußeisernen Topf oder gar die Porzellantasse eines modernen Eisenbahn-Arbeiters, der hier genächtigt. Das alles sank regellos in den geduldigen Lehm und äffte auferstehend die sorgsamste Archäologen-Weisheit.

Wenn nun der Mensch, der die Mylodon-Höhle gelegentlich besetzte, hierher Pferdezähne verschleppte, die er nicht einem lebenden Pferde entnommen, sondern im Lehmboden gefunden hatte, wo sie heute noch allenthalben in Patagonien massenhaft herumliegen? Wenn er sie irgendwie als Werkzeuge sich so gesammelt und hier liegen gelassen hatte?

Wenn gar in der Höhle selber viel ältere Tierreste noch von Anno dazumal oberflächlich im Schutt herumlagen und durch den

Menschen erst herausgeholt und zwischen die Abfälle seiner Arbeit zerstreut wurden? In solchen Höhlen ist theoretisch geradezu a l l e s möglich, — wer da mit dem kleinen Finger im Lehm buddelt, kann Jahrtausende der Natur- und Kulturgeschichte durcheinander rühren.

Schließlich bleibt auch das wahr: das Guanako-Lama lebte denn also doch auch damals schon — und es lebt unanzweifelbar in Massen heute noch. Sei die Höhle also ein paar hundert Jahre alt. Sei das Pferd von damals längst ausgestorben, und ebenso das große Nagetier und der Löwe. So kann das Riesenfaultier immer noch leben so gut wie das Guanako.

Professor Florentino Ameghino, dieser altbewährte Kenner und Erforscher der lebenden und toten Tierwelt Südamerikas, hat aber den Kampf nach dieser Seite noch viel energischer aufgenommen. Er bestreitet einfach selbst das Aussterben jener anderen Beweistiere der Höhle.

Nach ihm lebt heute noch ein großer Jaguar vereinzelt in Patagonien, den die Eingeborenen genau kennen und mit Namen bezeichnen, — und auf diese riesige Katze bezieht sich der „Löwen-rest". Desgleichen aber sollen nach ihm die alten Wildpferde in Südpatagonien überhaupt niemals ausgestorben sein bis auf den heutigen Tag, so daß jene radikale Neubevölkerung Amerikas mit europäischen Pferden in der nachkolumbischen Zeit wenigstens für diesen entlegensten, südlichsten Fleck bloß eine wissenschaftliche Mythe wäre!

Sollte sich das in der Folge wirklich nach und nach scharf beweisen lassen, so verkehrte sich natürlich nicht nur das schärfste Argument vollständig in sein Gegenteil, sondern es eröffnete sich überhaupt ein ganz neuer Ausblick in die Schicksale der amerikanischen Tierwelt. Und hier kommen nun noch einmal die ersten Folgerungen mit neuer Wucht zurück.

Schließlich erzählen doch die Indianer heute noch von einem Tier, dessen Beschreibung Schritt für Schritt auf den alten Mylodon paßt. Sie geben ihm einen Namen, der aus leerer Phantasie heraus unmöglich so erdacht sein kann: nämlich J e m i s ch, zu deutsch das Tier, das kleine Steinkörnchen an sich trägt, also offenbar eine Anspielung auf jene kleinen Knochenkörnchen in der Mylodon-Haut.

Dabei ist doch wohl ebenso unmöglich, daß alle diese Indianer ihre Weisheit aus der Eberhard-Höhle mit ihrem bis 1895 anscheinend völlig unberührten Mistboden geschöpft haben sollten.

Jenes erste Fell-Stückchen, das Ameghino von ihnen erhielt, erweckt viel eher den Eindruck, daß sie sonst noch Felle des Tieres heute besitzen, — und warum dann nicht vom lebenden Tier?

Auch das ist sehr wertvoll, daß in alten Chroniken über die Geschichte des Landes mit seltsamer Konsequenz gerade ein ähnliches Geschöpf sein Wesen treibt. Der Geschichtsschreiber Lozano verzeichnet um 1740 ein Ungetüm, Su oder Succarath mit Namen. Es gleiche dem Ameisenfresser (also einem noch lebenden nahen Verwandten der Faultiere) und trage seine Jungen auf dem Rücken mit sich herum, eine Sache, die die Faultiere heute noch ähnlich so machen; die Indianer jagten es, um sich aus dem Fell Mäntel zu fertigen.

Ich finde zufällig eine noch bedeutend ältere Angabe über dieses Tier Su in der Forer'schen deutschen Uebertragung von Gesners Tierbuch. Der Druck, der mir vorliegt, ist von 1606. Auf Seite 148 steht ein grotesker, offenbar wesentlich mit freier Phantasie hinzuerfundener Holzschnitt eines langgeschwänzten Tieres mit Menschenkopf, das einen ganzen Haufen Junge auf dem Rücken sitzen hat.

Dazu heißt es im Text: „Das aller Scheußlichest Thier so gesehen mag werden, Su genannt in den Neuwen landen. Es ist ein ort in den Neuw erfundnen land welches ein volck ein wohnet Patagones in ihrer spraach genent, und dieweil daß ort nit sehr warm ist, so bekleiden sie sich mit beltzwerck von einen Thier, welches sie Su nennen das ist Wasser, auß ursach daß es der mehrer theil bei den Wässeren wonet. Ist sehr reubig, scheußlich wie diese Gestalt außweißt. So es von den Jegern gejagt, nimpt es seine jungen auff seinen rucken, deckt sie mit einem langen schwantz, fleucht also darvon, wird mit grüben gefangen und mit pfeilen erschossen."

Im ersten Moment könnte man beim Wortlaut an eines der südamerikanischen Beuteltiere denken, das am Wasser lebt und seine Jungen mitschleppt. Aber das sind kleine Geschöpfe, während die Beschreibung mit ihrem Fangen in Gruben und auch sonst eher auf ein sehr großes Tier deutet. Für Patagonien fehlt jeder Anhalt, was es sonst sein sollte.

Jedenfalls ist es erstaunlich über alle Maßen, wie diese Geschichten sämtlich wie Radien auf denselben Mittelpunkt loslaufen. Hauthal sagt zwar: Das sind alte Traditionen von Vorvätern, die noch mit dem Tier lebten. Das sieht aber doch seltsam nach einer Ausrede um jeden Preis aus. Schließlich hat auch Ramon Lista ein Tier gesehen und angeschossen, das in der Hauptsache paßte. Hauthal meint, weder in den Grasebenen, noch in der Waldregion Patagoniens könne ein so auffälliges großes Tier den Ansiedlern entgangen sein, wenn es noch lebte. Und im vergletscherten, nahrungslosen Hochgebirge werde man es nicht suchen wollen. Ich meine aber, gerade hier gibt die geheimnisvolle Höhle einen Fingerzeig. Sie zeigt uns den alten Recken mit seiner hörnernen Siegfrieds-Haut als den Bewohner schmaler, finsterer Erdklüfte. Wie viele solcher Klüfte mag das rauheste, südlichste Patagonien gegen Feuerland herab noch enthalten. Und wer ist dort bei Nacht herumgeschweift, um den Gast der Tiefe auf seinen streng nächtlichen Streifereien zu beobachten.

So ist es trotz allem noch immer so wahrscheinlich, wie solche heiklen Dinge überhaupt wahrscheinlich sein können, daß das Riesenfaultier doch noch in einer Glücksnacht der Tierkunde lebend gefaßt und auf seine Ausweispapiere streng geprüft werden könnte.

Wenn nicht, — dann hat es aber auch seine Schuldigkeit getan. Es hat uns über Goethes Darwinismus, über die Entwickelungslehre Darwins, über den Urmenschen und so und so viel anderes belehrt.

Gönnen wir ihm seinen Platz in der Kulturgeschichte.

Und wenn es auf der Messerschneide jener letzten paar Jahrhunderte, bis zu denen es sicherlich h e r a n r e i c h t, wirklich nicht mehr leben sollte, so gehört es erst recht hinein.

Denn was ist die menschliche Kulturgeschichte anders als die liebe, lustige Geschichte menschlicher Hoffnungen, Träume — und Irrtümer.

Der erste Vogel.

Wenn man den Reliquienschrein durchmustert, auf dem sich unsere Kenntnis der Weltgeschichte aufbaut, so meint man bisweilen ins Reich der bösen Kobolde verschlagen zu sein.

Wunderbare Dichtungen, die wie herrliche Leitsprüche über der Menschheits-Entwickelung schweben, sind überliefert ohne den Namen des Verfassers. Und der Text liegt uns in der Form eines liderlichen Korrekturbogens vor, bei dem der Setzer ein Idiot und der Korrektor betrunken war. Inschriften, die uns wie ein Blitz eine ganze Kulturepoche aufhellen könnten, sind gerade an der Stelle verstümmelt, wo die Hauptsache kommt. Die Pyramide, die fünftausend Jahre lang der List der Grabschänder von zwanzig Nationen getrotzt hatte, ist vier Wochen vor ihrer wissenschaftlichen Eröffnung durch Fach-Archäologen von irgend wem ausgeräumt worden; ihr unschätzbarer Inhalt wird vielleicht einmal zwischen dem zweideutigen Gerümpel einer bekannten Fälscherbude auftauchen und unbeachtet dort verkommen. Ein Kobold führt ein Grabscheit in die Erde einer griechischen Insel, dieses Grabscheit klirrt auf etwas, wirft ein paar Steinbrocken herauf, die auf den Abfall kommen; und diese Brocken sind die Arme der Venus von Milo gewesen, die bei ihrer endlichen Auferstehung einen wahren Kultur-Triumphzug feiert, — aber leider ohne Arme. Der kühnste Aufwand der Weltgeschichte läßt einen Vesuv seine heiße Brei-Asche über eine römische Provinzialstadt regnen. Diese Stadt wird nach anderthalb Jahrtausenden entdeckt und ausgegraben. Man findet unter anderem die Bibliothek eines Gelehrten. Es wird eine besondere Methode ausgeklügelt, um die verkohlten Rollen doch

noch auszuwickeln und lesbar zu machen, mit allen Hilfsmitteln
der Mechanik und Chemie. Als die Rollen aber zum Teil entziffert
sind, zeigt sich, daß der Besitzer gerade dieser Bibliothek den ein-
seitigsten Geschmack hatte und bloß engste epikureische Philosophie
besaß, statt der verlorenen Sophokles-Tragödien, dem vollständigen
Livius — oder gar dem Ur-Evangelium.

Will man gerecht sein, so muß man freilich auch neben den
bösen an gute Kobolde glauben, wie im Märchen.

Ein braver Hausgeist mindestens läßt Schliemann, der unter
beinah komischen Voraussetzungen den Hügel von Hissarlik nach
„Troja“ durchsucht, einen weltgeschichtlichen Komposthaufen von
mindestens fünf Städten aufdecken, der, wenn nicht Troja, so doch
ein ganzes Kapitel Menschheit wirklich gibt. Und ein ebenso freund-
licher läßt die Aegyptologen 1881 ein wüstes Diebsversteck mit
Beschlag belegen, wobei die Mumie Ramses des Großen aus der
Diebsbeute fällt.

Wenn irgend einer, so hat auch der Naturforscher von solchen
Dingen in Gut und Böse ein Lied zu singen. Seit einem Jahrhundert jetzt wühlt er einer „verlorenen Handschrift“ nach, —
der Handschrift der Erde.

Blätter von Schiefergestein, ohne Einband, mit wüsten Rissen,
hier und da nur ein geheimnisvoller Buchstabe, verzerrt, halb
zerpreßt, die Schrift von furchtbaren Mäusen zernagt: Bewegungen
der Erdrinde, losdonnernden Vulkanen mit Basaltregen, nachträg-
lichem Faltenwurf, bei dem die Erdrinde sich hob, senkte, platzte,
Risse bildete wie eine Rhinozeroshaut. Und dazu auch diese Bibliothek, wie jene von Herkulaneum, niemals vollständig, gleichsam
ein wahlloses Liebhaberprodukt, das die Kobolde zusammengetragen.

Einmal haben sie doch wohl gewollt, diese Hausgeister auch
der Geologie.

In Berlin, in der Invalidenstraße, im Museum für Naturkunde, ist ein kleines Plätzchen, ein Inselchen im großen Getriebe
der Weltenschicksale und ihrer Koboldarbeit. Da glaubt man an
gute Geister.

Das Berliner Museum für Naturkunde ist an sich schon eine
Insel im wilden Trubel der Großstadt, eine Geistes-Insel. Wenn

es nur in seinen öffentlichen Besuchsstunden nicht so geisterhaft
öde wäre. Gerade der Fleck, den ich jetzt in ihm meine, der, wo
die ältesten Ungeheuer, die Vorsintflutler von Ichthyosaurus- und
Mammuts-Tagen stehen, kommt mir immer selbst wie eine graue,
leere, hallende Katakombe vor. Der Berliner hat dieses Museum
so recht noch gar nicht entdeckt. Die Art und Weise, wie hier
volkstümliche Wissenschaft dargebracht wird, ist daran gewiß nicht
schuld. Zwar der Bau selbst, 1887 vollendet, ist etwas wunderlich.
Er wurde im Umriß fertig gestellt, ehe sich der rechte Mann fand,
den schönen Inhalt hineinzuordnen, der alte treffliche Karl Möbius.
So sieht man jetzt noch wunderliche Arabesken: ungeheure, auf
Massen berechnete Treppen führen zum Oberstock, aber dieser
Oberstock ist (nach sehr weiser Möbius'scher Einteilung) dem großen
Publikum gar nicht nötig und also auch nicht zugänglich, und so
scheint der Zweck dieser wunderbaren Raumverschwendung wesentlich die äußerst üppige Erhellung eines Schildes „Hier ist kein Auf-
gang". In der Sammlung selbst läßt dafür die oberste Pflicht des
Baumeisters für Museen, die Beleuchtung, aufs empfindlichste zu
wünschen. Und so wäre noch manches von den Schatten, echten und
idealen, des Gebäudes zu verzeichnen. Aber um so gewaltiger die
geniale Kraft, wie nun eine köstliche Sammlung in diese Hallen eingegliedert ist, — mit allen Mitteln systematischer, ästhetischer und
auch echt volkstümlicher Aufstellungskunst. Nichtsdestoweniger: die
Brote und Fische, die Tausende nähren können, sind da, — aber die
Tausende fehlen. Mir ist das Museum ein Ort, wo man seinen
Schritt hallen hört, — wohin man sich aus dem Geklingel der
Straße rettet zur Einsamkeit. Die Zeit änder's! Doch davon wollte
ich hier nicht eigentlich reden.

Also in der paläontologischen Abteilung dieses Museums ist
der engere Fleck, den ich meine.

Der Saal ist für den Laien nicht gerade äußerlich aufregend.

Berlin hat vorläufig keine gigantischen Zugstücke, kein ganzes
Mammut oder Mastodon, kein Megatherium, nicht einmal die
nötigen imponierenden Gipsabgüsse. Im Grunde des Saales steht
ein kleines braunes Nilpferd-Gerippe von Madagaskar, das dem
Besucher zunächst nicht viel mehr sagt, als das etwas hellere

vom lebenden Nilpferd im Lichthofe nebenan. In Wahrheit ist es freilich einer jener ausgestorbenen Herren, die auf der großen Wunderinsel ihrer Zeit noch mit dem auch jetzt verschollenen Riesenvogel Aepyornis zusammen die Ufer der Binnenseen unsicher machten. Dieser Riesenvogel selber war wieder ein naher Verwandter der großen Moa-Strauße von Neu-Seeland, die inzwischen, wahrscheinlich unter Nachhilfe des hungrigen Menschen, das Zeitliche gesegnet haben gleich ihnen. Solcher Moas stehen einige, in übrigens nicht gerade bedeutenden Gerippen, links gegen das Fenster zu im Schrank. Hinter diesem freien Glasschrank aber, ganz in des Fensters Nische, ragt ein schlichter Tisch mit Glasdecke.

Der Blick des Laien begegnet zwei flachen gelblichen Steintafeln ohne jeden reklamehaften Reiz. Und doch ist das jetzt ein Ort, wo er den Hut abziehen soll. Dieser ganze Saal orientiert sich hierher als in seinen Mittelpunkt. Das ganze Museum hat kein kostbareres Objekt. Und unsichtbar über diesem Kasten schweben die Händchen des besten Schutzgeistes der ganzen Geologie.

Auf beiden Steinplatten sieht der naive Beschauer, wie mir mehrfache Erfahrung bestätigt, zunächst überhaupt nichts. Eine nähere Erläuterung ist gerade hier auf dem lateinischen Namensschilde leider nicht gegeben, und er würde also wohl ganz gleichgiltig vorübergehen, — mit jenem Museumsblick des Laien, der sich aus einem Teil Staunen über die „Masse" der verschiedenen Naturgegenstände und zwei Teilen Langeweile vor so viel Unverständlichem chemisch zusammensetzt.

Aber einer der Museumsdiener hat ihn beobachtet, tritt hinzu und macht ihn mit Nachdruck darauf aufmerksam, diese links liegende eine Platte habe zwanzigtausend Mark gekostet. Unter der Wucht dieser goldenen Tatsache geht der Besucher also hilflos, aber willig noch einmal an den Glaskasten.

Mit Aufbietung all seines gesunden Lebenswitzes entziffert er nun wirklich auf der Zwanzigtausendmarkplatte einige lose Spuren eines denkbaren Ereignisses. Auf einem schmutzigen, klebrigen Lehmboden ist eine Krähe oder ein ähnlicher Vogel gerupft worden. Beim Hin- und Herwerfen haben sich einzelne Federn in dem

Bölsche.   9

Moraſt abgedrückt. Der Kadaver ſcheint ſchließlich am Fleck liegen geblieben und fortgefault zu ſein, denn es ſtecken auch noch ein paar morſche Knöchelchen ſelber im Lehm. Das mag ja nun lange her ſein, denn der Moraſt iſt nachgerade ſteinhart geworden, ſo viel ſieht man. Das Alte gilt in der Wiſſenſchaft teuer. Aber es iſt doch ein ſtarkes Stück, ſolche alte Müllkaſtenprobe mit zwanzigtauſend Mark zu bezahlen!

In Wahrheit ſind dieſe zwanzigtauſend Mark nur die Schale des Zauberwortes, das ihm einer hätte ſagen müſſen, nicht das Wort ſelbſt.

Das erſte Bild, das vor dieſer gelben Platte auftauchen ſollte, iſt ein Bild aus dem heißeſten Ringen der denkenden Kulturmenſchheit. Andrées Ballon, der ins Ungewiſſe gegen den Pol zu verſchwindet. Der Ballon, der mit dem großen Alpenforſcher Heim an Bord die Alpen überfliegt. Der unglückliche Lilienthal, der den Märtyrertod des Einzel-Fluges ſtirbt, vielleicht ganz nahe an der Schwelle der Löſung. Der Menſch, der immer wieder das Organ neu und verbeſſert als Werkzeug baut, will auch den Vogel ſo erobern, den Flügel des Vogels durch ein Werkzeug — und dann, wie immer, an dieſem Werkzeug mehr als bloß dieſen ſchwachen Flügel: ein neues Weltmittel ſeiner Kultur. Herauf, herab vor unſern Augen wogt dieſer Kampf. Er hat ſo viel bezwungen, der Menſch, ſeitdem er in grauen prähiſtoriſchen Tagen, zwiſchen ſchwarzen Eibenwäldern und roten Mammuten, das erſte Werkzeug erfunden. Längſt hat er das Auge des Adlers unendlich weit überboten mit ſeinem Fernrohr, das in die Welt der Nebelflecke dringt. Das elektriſche Organ, mit dem der Aal in den Sümpfen Venezuelas ſich verteidigt, iſt ihm zum transatlantiſchen Kabel geworden, durch das er Ozeane mit dem Geiſtesmittel ſeiner Sprache durchdringt. Warum ſoll er nicht fliegen wie die Schwalbe, die das Mittelmeer kreuzt, wie der Albatros, der Weltmeere überſegelt, wie die Roſenmöve, die ſich ſeit alters über die Eiswüſte jenſeits Franz Joſefs-Land, die wir erſt durch Nanſen kennen, ſchwingt?

Gerade dieſer Zukunftsflug aber führt zurück auf dieſen altersgrauen Stein.

Diefer Stein ift für uns ein Grundftein. Auf ihm beginnt das Organ, das wir im Werkzeug überbieten möchten.

Diefe paar federabdrücke im einftmals weichen Schlamm, diefe paar Knöchelchen, die auch der Laie fchließlich herausbuchftabiert hat, find der fchattenhafte Abdruck des älteften Vogels, den wir kennen, — des „Ur-Vogels".

Auf diefen Knöchelchen und federchen begann das Wirbeltier, das fich vom fifch zur Eidechfe gefteigert, ein neues Leben, — das Leben in der blauen Höhe, das Leben des Adlers, der Schwalbe, des Albatros.

Auch wir Menfchen find unferem zoologifchen Bau nach Wirbeltiere. Auch unfer Vogel-flug wird, wie immer er nun werde und falls er wird, in gewiffe Schranken und Gefetze diefes Wirbeltier-Baues eingegliedert bleiben. Bloß daß wir noch ein Organ mehr dazu in Arbeit fetzen, als Knochen und federn: eben das ausgefprochene Organ der Werkzeugerfindung, — das Gehirn.

Daß uns aber gerade diefer Eckpfeiler noch der ganzen flug-Entwickelung des Wirbeltieres heute vor Augen fteht, das ver-danken wir einer Verkettung der Zufälle, wie fie ähnlich in der ganzen forfchung nach den Urweltsdingen nicht wiederkehrt. Um bei jenen bewußten zwanzigtaufend Mark zu enden, die fchließlich auch nichts gerade Alltägliches waren, mußte ein Netz des Mär-chens fich fchon vor Millionen von Jahren anfpinnen und die Kobolde der Gefchichte mußten daran fortwirken bis auf unfern Tag, mit einem immer erneuten Einfatz jenes Wahren, das, mathe-matifch angefchaut, jedesmal das denkbar Unwahrfcheinlichfte war.

Es war gegen das Ende der großen erdgefchichtlichen Epoche, die man die Jura-Zeit nennt, — alfo in der Zeit noch des Jch-thyofaurus.

Mit der fauft des Gedankens muß der Lefer fich die Dinge auf deutfcher Erde von damals rafch noch einmal umkneten, — Berge glätten, Land unter Waffer drücken, den Wald vertaufchen und eine ganz andere Arche Noah hineinftülpen.

fort, noch nicht heraufgefaltet aus der runzligen Erdrinde, find die Alpen. Zwifchen Vulkaninfeln mit Korallenriffen blaut das Mittelmeer bis nach Deutfchland tief hinein. Schwaben und

Franken liegen unter Wasser. Wo heute ein kleiner grüner Eidechs
sich auf dem Schiefergestein einer Berghalde sonnt, da schäumt
die Salzflut auf und es ragen der groteske Krokodilkopf, die
delphinartige Rückenflosse des wilden Ur-Räubers Ichthyosaurus
heraus. In den purpurnen Wassergründen unter diesem Scheusal
aber blüht und wuchert allenthalben in unendlicher Ueppigkeit das
Kleinleben des echten Ozeans. Winzige bunte Korallentierchen,
zierlichen Röschen und Vergißmeinnicht-Sternchen vergleichbar,
haben Jahrtausende lang ihre kleinen Kalkhäuschen aufeinander-
gehäuft, bis Untiefen entstanden sind, bei denen eine solche massive
Kalkstadt der Korallenarbeit wie eine steile Festung die Gewässer
durchragt. In unabsehbaren Feldern haben dicke Schwammtiere
sich gesellig darum angesiedelt. Sehr tief unten, wo die Bewegung
der Wellen sie nicht knicken kann, bilden herrliche gefiederte Seelilien — Tiere aus der Verwandtschaft der Seesterne, die aber
auf langem wurzelnden Stiel gleich Blumen schweben — geheimnisvolle Wälder. Auch ihr fester, dauernder Bestandteil, der
liegen bleibt, wenn das schöne Tier selber abstirbt, ist Kalk. In
weiten Bänken liegt Muschel an Muschel, Austern und Pilger-
muscheln, alle mit harten Kalkgehäusen. Aus dem freien Wasser
aber regnet unablässig Kalk in mikroskopisch kleinen Teilchen frei
herunter: jedes Teilchen ist das niedliche Kalkgerippe eines sonst
formlosen Ur-Tiers, eines lebendigen Schleim-Klümpchens von
der Sorte, wie sie heute noch in unausdenkbaren Myriaden unsern
Ozean in allen Tiefen durchwimmeln und Foraminiferen genannt
werden. Wie eine feine Schneedecke einheitlich reinsten Kalkschlammes legt sich diese nicht endende Fracht noch einmal über
alles sonstige Kalkmaterial der Tiefe.

Lang, unfaßbar lang rauschen diese hohen Wasser der Jura-
Zeit über deutsches Land und überrauschen still in all der Zeit
immer dieses fort und fort schaffende, häufende, Kalk ablagernde
Leben ihrer Kleinen und Kleinsten im feuchten Schoß.

Auch im Herzen des Frankenlandes, da, wo heute die Eisenbahn von München nach Nürnberg quer durchschneidet, ist es so.

Aber die Zeit läuft, wie Busch sagt, „eins-zwei-drei im Sause-
schritt".

Und eines Tages, eines Jahrtausends sagt sich hier besser, erfährt denn doch gerade diese mittelfränkische Gegend eine ganz eigentümliche Wandlung.

Die gewaltige Jura-Periode, wie gesagt, neigt sich unaufhaltsam ihrem Ende zu. Ein ungeheurer Tag der Erdgeschichte versinkt einmal wieder. Der eigentliche Anlaß zum Wechsel mag in fernen, tiefen Ursachen der ganzen Erdgestaltung, Erdentwickelung liegen. Jedenfalls macht sich hier im kleinen Frankenwinkel zunächst eine vielleicht weit voraufbrandende, aber an sich ganz unzweideutige Wirkung geltend: das Meer beginnt langsam in der Richtung von Nord nach Süd zurückzuweichen, als hätten sich ihm fern drüben in den Mittelmeergegenden, oder noch viel weiter südlich, gegen den Aequator an, neue Abzugsbecken aufgetan. Oder auch, als wölbe sich die ganze Nordhalbkugel zeitweilig höher auf und lasse ihr Naß abströmen wie ein auftauchender Seehund. Die rechte Grunderklärung wissen wir heute noch nicht. Genug aber: der Ozean sank langsam, ganz langsam etwas mehr südwärts ab.

Eines Tages stießen die Untiefen aus Kalkmasse, die von den Korallentieren aufgebaut worden waren, vom Wasser befreit als steile weiße Kalkinseln aus dem blauen Spiegel heraus. Bald aber dann in den nördlichsten Teilen unseres Mittelfranken werden auch ganze Stücke Seeboden zwischen den Korallenklippen sichtbar. Der Meeresgrund hatte seit alters hier immer eine geringe Neigung von Nord nach Süd gehabt. So kamen mit dem Sinken des Seespiegels naturgemäß zuerst die höchsten, nördlichsten Teile der Schrägfläche als „Land" ans Licht.

Ans Licht kamen aber mit ihr die Schwammfelder, die Austernbänke, die zerbrochenen Trümmerstätten der Seelilien, endlich in unendlichen Massen der lose Schlammteppich jener mikroskopischen Kalkgerippchen der kleinsten der Kleinen, der Ur-Tierchen.

Ein ödes Land natürlich anfangs, das da aus der Sintflut stieg. Morsche Kalkmassen überall, die sich in den Jahrhunderttausenden vorher zu wahren Gesteinsschichten in der Tiefe übereinander gelagert. Und von diesem Grundmaterial im Sturmwind aufdampfend Wolken, Sandhosen von weißem Kalkstaub, zu dem jener feinſte Grundſchlamm ſofort zerfiel. Erſt allmählich brachte der Wind ſelber von fernem, nördlicherem, älterem Feſtlande Pflanzenſamen herüber, der die Kaltwüſte mit grünem Kleide überzog. Erſt allmählich wanderten Landtiere· von dort ein, fliegende Inſekten, Landeidechſen, was es um dieſe Wende der Jurazeit eben auf trockenem Boden ſchon an ſeltſamem Getier gab zu der gleichen Periode, da die Meerflut noch einen ſo kurioſen Geſellen wie den Ichthyoſaurus beherbergte.

Längſt aber, als dieſe „Erregung“ des neuen Landes von Tieren und Pflanzen glücklich erfolgt war, hatte ſich ein anderer natürlicher Vorgang vollzogen.

Die Waſſer des Himmels, der Atmoſphäre, hatten den Boden erobert, den die Waſſer des Ozeans frei gegeben.

Wolken hatten ſich um die alten Korallenriffe gehäuft, — dieſe waren ja jetzt Berge. Das Regenwaſſer ſammelte ſich oben in Mulden, ſickerte in die Riſſe des Geſteins, trat unten am Fuße der Kalkſchroffen als murmelnder Silberquell hervor. Der Quell brach ſich durch das immer noch ſüdwärts geneigte Flachland weiter Bahn, — bis er endlich das Meer doch noch erreichte. Freilich nicht mehr das tiefe, abgrundtiefe Meer, in dem einſt Seelilien geblüht hatten. Sondern bloß das alte Frankenmeer auf dem Punkt ſeines Abzuges, — an der äußerſten Stelle, da es, unabläſſig ſinkend, die ſchräge Ebene des aufſteigenden Landes mit oberſter Welle gerade noch beleckte. Draußen ragten überall ſchon einzelne trockene Korallenklippen vor. Zwiſchen ihnen und dem jüngſten Feſtlande dehnte ſich der Ozean nur mehr in Form einer flachen Bucht aus, — ſo ſeicht, daß man weithin wohl ſchon bei einer Kahnfahrt den bunten Seegrund mit ſeinen Tiergärten hätte durchſchimmern ſehen. Menſchen und Kähne gab's freilich noch lange nicht!

In dieſe ſeichte Bucht alſo fiel jetzt das Flüßchen ein, das luſtig plaudernde Kind der ſchon längſt freien Kalkhügel da drinnen im Lande.

Sein Süßwaſſer, das Geſchenk der violetten Wolken da hinten, einte ſich der friedlichen Salzwelle, die alle ihre Ozeanswildheit längſt ſelber hier verloren hatte; ſtand ſie doch ſchon auf dem Aus sterbeetat und mußte erwarten, in wieder tausend Jahren — einer Nachtwache! — selber nur noch ein ganz stiller, rings von Festland umgebener See zu sein, der dann gar bald von den einströmenden Bergwassern auch ausgesüßt sein würde.

Einstweilen war das Wasser der mittelfränkischen Bucht allerdings noch Meer, hatte noch offenen Zusammenhang mit der ozeanischen Welt da im Süden, so sehr auch deren goldene Zeit im ganzen um schien. Noch sollte es den Bergwässerlein, und kämen ihrer noch so viele, nicht gelingen, sie diesem Versüßungs-Schicksal unrettbar auszuliefern. Aber die Silberflüßlein brachten nicht bloß Süßwasser zu ihr. Sie trugen noch etwas anderes, derberes mit. Und das mußte die Bucht sich gefallen lassen. Kam es doch zu ihr wie ein alter Bekannter.

Wo immer die Bäche sich vom Gebirge loswanden: sie waren versetzt mit K a l k.

Durch Kalkgestein hatten sie sich gewühlt, Kalk hatte der Wind mit jeder Staubwolke in sie hineingeweht, Kalk war um sie und, zerstäubt, in ihnen bis zur Meeresmündung. Wie Milch ging er in ihnen mit, und wo die Mündung sich öffnete, da schwamm er mit ins Meer, um dort, im stillen, salzigen Buchtwasser, alsbald zu Boden zu sinken.

Im Grunde war's eine Heimkehr. Das alte Kalkmaterial der Korallen, Muscheln, Seelilien, Foraminiferen, einst im Ozean gebildet, kehrte in den Ozean zurück. Fels geworden, den der Regen peitschte, wurde es abermals Meeresschlamm. Freilich jetzt Schlamm einer Flußmündung in einer ohnehin verkommenden, verflachenden Bucht eines abziehenden Ozeans, dessen Stunde geschlagen hatte.

Hier ist jetzt die erste große Station, die uns zur Kenntnis des Ur-Vogels verholfen hat, der wundersamen Handlung erster Akt.

Also Kalk wurde von den Bächen immerfort in die seichte Bucht des fränkischen Jura-Meeres hinabgespült, Kalk lagerte sich Häutchen um Häutchen, Schicht um Schicht auf dem Boden dieser Bucht ab. Dabei aber erhielten diese feinen Kalkhäutchen ganz von selbst eine eigentümliche Rolle im Naturhaushalt dieses Winkels

Sie wirkten nämlich als Totengräber.

Wo Wasser ist, da ist reges Leben. Das galt damals wie heute.

Zwar das Leben der tiefen See war mit dem langsamen Rück-
gang des hohen Meeresspiegels auch allmählich geschwunden.
Aber um so üppiger grünte und tummelte sich alles, was zu
solcher flachen Ozeansbucht nahe einem reich belebten Ufer gewohnheitsmäßig gehörte.

Grüne Wiesen von Seetang dehnten sich unter dem ruhigen
Spiegel aus. Im Tangbusch bargen sich zahllose Fischlein, und die
Krebse hatten hier so recht ihr gesegnetes Reich. Wehte der Wind
von der offenen südlichen See herein, so trieb die Strömung endlose Ketten blauer oder orangeroter Quallen und Herden bunter,
dem Chamäleon gleich farbenwechselnder Tintenfische landwärts
mit sich. Vom Lande umgekehrt kamen mit dem Luftzug große
Libellen und anderes flatterndes Getier, das wenigstens dicht über
die blauen Wellen dahingaukelte.

Wiederum indessen: wo Leben ist, da ist auch ein ewiges
Sterben. Generationen sinken ins Grab. Das Grab jedes los-
gerissenen Pflanzenblattes, jedes abgestorbenen Tier-Körpers aber
war in diesem Falle immer nur wieder der Grund der Bucht,
also derselbe stille Grund, den der einströmende Kalk in gar nicht
so sehr langsamer Folge immer wieder schichtweise zudeckte. So
wurden die feinen Kalkschichten ganz unabänderlich zugleich die
Leichentücher all dieses toten Materials.

Und es gab da immerfort genug so einzusargen. Von oben
fielen die Libellen und andere Land- und Lufttiere, vom Sturm
überwältigt, ins Wasser, ertranken und gerieten auf den Grund.
Aus dem Tang-Wald kamen tote Fische, tote Krebse herab, dazwischen losgeschaukelte Zweiglein der Tangpflanzen selbst. Auch
der einströmende Kalkbach brachte wohl schon das eine oder andere
Kirchhofsgut mit: einen Cypressenzweig, den schönen Wedel eines
Palmfarrnbaumes von den. Wäldern landeinwärts; oder den
Kadaver einer Eidechse, die irgendwo weiter innen verunglückt
war. Jeder Sturm von der Seeseite aber warf jene Quallen- und
Tintenfischschwärme nicht nur in die Bucht, sondern erbarmungs-
los so hoch bis ins äußere Strandwasser hinauf, daß sie sich die

zarten Fangarme und weichen Leiber elendiglich am Sande zu
Setzen schlugen, — auch sie eine Beute dann des ewig nivellierenden, schnell zudeckenden Kalkschlammes.

Die Schichten des Kalkes wurden allmählich ganz von selber
ein Herbarium, ein Museum.

Weich, wie sie zunächst waren, nahmen sie die Umrißgestalt
aller der kleinen Leiblein, die da in ihren Arm fielen zum ewigen
Schlaf, wie durch eine Art feinsten Naturselbstdruckes in sich auf.
War auch der Leib selber längst entschwunden, so wahrte der Kalk
an seiner Stätte doch noch das treueste, das feinste Schattenbild.

Die Natur hat ja auch in späteren Tagen noch manchesmal
Mittel und Wege gefunden, in einer wenigstens verwandten Weise
Lebensumrisse durch Steinabdruck aufzubewahren. Das wunder-
barste Beispiel aus unserer Menschheitsgeschichte sind die Leichen
aus der Römerstadt Pompeji, die vielleicht der eine oder andere
Leser aus eigener Anschauung kennt. Als Pompeji im ersten Jahr-
hundert nach Christi Geburt vom Vesuv verschüttet wurde, ergoß
sich ein Gemisch von vulkanischer Asche und kochendem Wasser
breiartig über arme Flüchtlinge, die sich verspätet hatten. Sie
erstickten im heißen Brei. Als dann die weiche Masse, die ihre
Leiber wie zäher Teig umhüllte, allmählich hart wurde, blieb der
Abdruck, die Form eines jeden Menschenkörpers wie eine grausige
Totenmaske im Stein stehen. Nach achtzehnhundert Jahren, als
Pompeji ausgegraben wurde, geriet man auf diese zwangsweisen
Gräber. Die Körper selbst in ihrer Höhle waren längst zermorscht
bis auf schlotternde Gerippe. Aber die Höhlung mit ihrem Körper-
relief war um jedes Gerippe her noch treu da. Man bohrte sie
an, goß flüssiges Gips hinein und gewann so künstliche Ausgüsse,
die, als man die versteinte Aschenmasse jetzt herunterschlug, grausig
realistische Umrißbilder der Leichen im Todeskampf ergaben: ein
schönes junges Mädchen, einen alten Mann und anderes; auch ein
Hund, der zuckend die Beine über den Kopf schlägt, ist dabei. So
stehen diese armen Zeugen eines Schreckenstages heute im Museum
zu Pompeji.

Im Grunde jener fränkischen Bucht muß das Natur-Verfahren
aber noch sehr viel intimer, viel sorgfältiger gewesen sein.

Jedes Fiederblättchen, jedes durchsichtige Libellenflügelchen kam in dem butterweichen Kalkbrei zum zierlichsten Abdruck. Selbst die Qualle, die doch tot wie ein Gallerttropfen alsbald dahinschwindet, daß keiner ihre Spur mehr ahnt, prägte ihre charakteristische Gestalt gerade noch ab, ehe sie zerfloß. Und die Krebse, die Fische, die Tintenfische (der Tintenfisch ist kein Fisch, sondern ein schneckenartiges Weichtier!) malten sich auf, als hätte sie einer zuerst in braune Farbe getaucht und dann so fest gegen eine frisch gestrichene weiße Wand gepreßt, daß jedes Spitzchen und Fühlerchen der Silhouette nur ja haarscharf herauskomme.

Es war in diesem Kalkgrunde, als schreibe und drucke die fränkische Uferwelt der letzten Jura-Tage ihr eigenes Tagebuch, ein Tagebuch aus Photographien, Bilderbuch und Lebensbuch zugleich.

Aber selbstverständlich: so reizend exakt wie dieses Tagebuch auf Kalkblättern wurde, — es wurde zunächst unabänderlich ein ganz verborgenes Tagebuch, ein Geheimbuch. Hatte sich heute eine feine Kalkhaut wie ein Herbariumblatt über einen Tangzweig oder eine Hummerschere gelegt, so lagerten sich morgen schon wieder neue Häutlein darüber und übermorgen abermals welche. Abdruck um Abdruck verschwanden so alsbald wieder in dem stets dicker anschwellenden Folianten, ohne daß irgend ein Wesen damals in dem Wassergrün und Himmelsblau oben darüber ein Interesse daran gehabt hätte, die steinerne Familienbibel noch einmal aufzublättern.

Denn es fehlte ja gänzlich noch auf dieser Erde das große „Interessen-Wesen", — der Mensch.

Und der fehlte noch lange.

Jahrmillionen rauschten dahin. In ihnen versiegten schließlich die Kalkbäche, in ihnen schwand die ganze fränkische Meeresbucht. Das Getier, das sie belebt hatte, starb aus oder stellte sich selber durch Fortentwickelung so gründlich auf den Kopf, daß keiner es mehr wieder gekannt hätte. Zuletzt gab es in ganz Franken und weiter in ganz Deutschland kein Land mehr mit Cypressen- und Palmfarrn-Wäldern, und es gab auch kein Meer mehr tief drinnen im Lande, weder tiefes, noch seichtes.

Da, wo die Frankenbucht einst in der Sonne geglitzert, bildete der alte Grund der Bucht jetzt soliden deutschen Vaterlandsgrund, den die Berghacke als festen Kalkstein aufschlug.

Hoch über der uralten familienbibel aus Jura-Tagen grünte stattlicher deutscher Wald.

Und alle die alten Seiten, zwischen denen die Portraits der mythisch urältesten Cypressenzweige, Tangbüschel, fische, Krebse und Quallen immer noch fein säuberlich eingedruckt lagen, stellten zäh miteinander verwachsen einen ungeheuren Gesteinsblock dar, fremd und gleichgültig jetzt erst recht zunächst für das neue Geschlecht wimmelnder Erdwesen, das als „Mensch" sich Straßen durch die Täler dieses frankenlandes baute, Dörfer gründete und für Berg und Tal und fluß Namen erfand.

Nun wird die Geschichte fromm. Der heilige Sola, ein Schüler des Bonifatius, lebt als Eremit im Lande. Von ihm heißt heute ein Ort im Herzen des klassischen Bodens Solnhofen. Es wird der Heiligkeit des Mannes keinen Abbruch tun, wenn man versichert, daß er weder von einer Jura-Zeit noch von einem eventuell in diesem Erdenschoße verborgenen Tagebuche dieser Zeit auch nur die leiseste Ahnung besessen habe.

Uns aber tut not, daß wir auch über den heiligen Sola hinweg noch tausend und einige Jahre springen bis auf einen zweiten Menschen, der zwar nicht heilig gesprochen worden ist, aber trotzdem ein unverkennbar wertvolles Glied der Menschheit war, — nämlich auf den braven Aloys Senefelder.

Hier beginnt das zweite Kapitel des weltgeschichtlichen Romans.

Senefelder glückte nämlich etwas, was der heilige Sola wahrscheinlich in der Zukunftsperspektive so wenig geahnt hatte, wie er rückschauend die fränkische Bucht des Jura-Meeres gekannt hatte. Er machte den Ort Solnhofen von einem Tag zum andern weltberühmt, ja einzig in seiner Art. Er schuf einen Zusammenhang zwischen der gesamten Menschheitskultur und diesem unscheinbaren verborgenen fränkischen Dorfe.

Senefelder erfand nämlich um den Ausgang des achtzehnten Jahrhunderts die Kunst der Lithographie, die Kunst, auf Stein zu zeichnen und durch bestimmte genial vereinigte Methoden von

solcher Zeichnung beliebige Abbilder mit Hilfe des Steines selbst
zu drucken.

Diese Erfindung aber war im buchstäblichen Sinne einer einzigen Stein-Art der Welt „auf den Leib" erfunden, und das war
der Kalkstein von Solnhofen. Er allein bot die wahren Grundlagen
des neuen Verfahrens, er ließ sich entsprechend färben und be-
arbeiten, daß die „lithographische Platte" wirklich entstand, er
ließ sich ohne Ausfaserung haarscharf schneiden, er ließ sich in
der Druckpresse unglaublich belasten, ohne zu springen, — kurz,
die neue Kunst hätte besser den Namen „Solnhofener Kunst" als
allgemein Steindruck verdient, so eng gehörte gerade dieser Stein
als Grundlage dazu. Heute noch, nach hundert Jahren und nach
unzähligen Versuchen, in denen alle Nationen gewetteifert haben,
steht der Stein Frankens ohne ernstliche Konkurrenz da, ein deutsches Nationalprodukt so ausgesprochen wie wenige. Die ganze
Welt holt ihre Platten aus Solnhofen und nicht auszusagen ist der
Gewinn, den Kunst wie Wissenschaft der gesamten Kultur in diesen
hundert Jahren diesem ihrem wahren „Bilderstein" danken.

Wunderbares Zusammentreffen der Dinge! Am Tage, da
Aloys Senefelder seinen Fund der Oeffentlichkeit offenbarte, stand
also in der Notwendigkeit der Folgen fest geschrieben, gleichsam
lapidar in Stein geritzt: daß auf der Hochfläche westlich von
Solnhofen und noch an einigen anderen Punkten unbedeutend
weiter davon der Wald fallen werde, die Picke einsetzen und Steinbruch um Steinbruch sich in den Boden eingraben werde, — daß
der Mensch mit seiner ganzen fabelhaften Zähigkeit sich über diesen
Block alten Jurakalkes stürzen und ihn Platte für Platte heraus-
bauen werde, als sei die Parole ausgegeben: hier liegt Gold. Es
lag ja bares Gold tatsächlich genug darin neben allem Kunst- und
Wissenschaftszweck. Und bei dieser Gelegenheit also mußten jetzt
das gesamte Tagebuch von Anno dazumal, die gesamten Chronik-
blätter der Familienbibel jener Ichthyosaurus-Zeit mit zutage
kommen, Seite um Seite, mit all ihren Fratzen-Bildern und urweltlichen Handschriften — zutage kommen mitten im hellen
Licht des neunzehnten Jahrhunderts.

Wohl schien der Sinn dieser Auferstehung zunächst noch

etwa vergleichbar jener Art, wie in barbarischen Tagen köstliche
Pergamente alter Klassiker-Handschriften wohl behandelt worden
sind: Schülerhände benutzten die alten Pergamentblätter noch einmal rein als „Papier" und überkritzelten die unschätzbare Handschrift mit ihren Stümpereien, als sei sie selber das absolut Gleich-
gültige und nur der „Stoff" wertvoll. Aber in Wahrheit war
das neunzehnte Jahrhundert doch schon viel zu klug zu solchem
einseitigen Streich.

Schließlich hätte die ganze Kunst der Lithographie selber gar
keinen Zweck gehabt, wenn nicht die Wissenschaft als solche gleichzeitig geblüht hätte. Und diese Wissenschaft verstand alsbald auch
zum Mittel den Text.

Als Senefelder seine Erfindung machte, kam Smith in England
gerade auf eine erste klare Tabelle der verschiedenen Epochen der
Erdgeschichte, zu denen auch die Jurazeit gehörte. Und als die
Lithographie ihren Triumphzug durch die Welt begann, da hatte
Leopold von Buch schon meisterhaft diese Jurazeit aus ihren hinter-
lassenen Gesteinsschichten beschrieben und eingeteilt, und die neue
Technik selber half die Bilder von Gerippen des Ichthyosaurus und
der anderen Juraungeheuer in wissenschaftlichen Kreisen verbreiten.

Auch in den Steinbrüchen von Solnhofen ließ sich diese Stimme
der Zeit nicht mehr unterdrücken.

Dem schlichten Arbeiter fiel auf, daß seine Platten, die er roh
erst für den menschlichen Bilderdruck brach, des öfteren schon „illu-
striert" aus dem Gestein kamen. Krebse waren darauf gemalt,
Fische und allerhand anderes Getier. Langgeflügelt, aber spindel-
dürr von Leib zeigten sich die Bildchen riesiger Libellen, und
gerade die kamen so regelmäßig wieder, daß die Leute sich bald
volkstümliche Namen dafür erfanden: „Schladenvögel" und
„Stangenreiter".

Es war das uralte Tagebuch, das langsam aufgeblättert
zurückzukehren begann!

Den ersten echten Forschern, denen irgend ein Steinbruchbesitzer so eine Reliquie abließ, ward sofort klar, daß man da vor
einer geologischen Handschrift ersten Ranges stehe. Und zum
gleißenden Weltrufe Solnhofens trat gar bald noch ein feinerer,

vergeistigter Schmelz: der Ruf als Fundstätte von Tier- und Pflanzenresten der Jurazeit in einer Art der Erhaltung, wie sie eben auch nur dieser köstlichste lithographische Kalkschiefer einmal in der ganzen Welt uns gewährte. Die Museen meldeten sich, man bot stattliche, immer gesteigerte Summen für jede schon von der Natur bemalte Platte.

Und so begann denn die wahre Auferstehung der fränkischen Bucht in ihrem g a n z e n Inhalt und Sinn. Wie ein echter Kodex des Tacitus oder Aristoteles kam jede Seite ihres Tagebuchs unter Glas und Rahmen, und hundert Weise der Weisesten schrieben den Kommentar dazu, der bald selbst wieder dicke Bände füllte.

Hier jetzt ist der Punkt, wo die engere Geschichte unseres Ur- Vogels erst möglich wird, — auf so weitem Umweg vom Stoff zum Geist.

Es war im Jahre 1860.

Man hatte jetzt, dank der Forschung von hundert Jahren und dank gewissen großartigen Fundstellen, ein ziemlich klares Bild von der längstverflossenen Jura-Zeit. Man träumte sich mit mehr oder weniger „wissenschaftlicher Exaktheit" in ihre Länder und Meere zurück, meinte ihre Araukarien- und Cycadeen-Wälder in Deutschland wieder rauschen zu hören und mußte nachgerade sehr gut, daß bei Solnhofen einmal eine flache Meeresbucht bestanden hatte und in Schwaben einmal ein tiefes Meer, durch das der Ich- thyosaurus scharenweise dahingeschwänzelt war.

Man hatte aber auch sonst Ideen über allerlei, kluge und dumme, wie das der Weltweisheit besonders in Geschichtsfragen so der Lauf ist.

Man hatte unwiderleglich klar vor Augen, daß in der Jura- Zeit vieles grundverschieden gewesen sei von heute. Dieser Soln- hofener Kalkschlamm hatte die zarteste gallertige Qualle abkonter- feit und selbst die flüchtige Fußspur bewahrt, die zur Ebbezeit ein spazierenwandelndes Reptil in ihn abgedrückt, ganz richtig die alten Tatzen, wie ein Mensch etwa in die berüchtigte rote Erde Westfalens nach einem braven Landregen die Nägel seiner Schuh- sohlen drückt. Aber keine Rede, daß in diesem Juramorast wirklich schon einmal auch ein zierliches Menschenfüßchen mitversteinert sich fände. Man merkte recht wohl: Menschen hatte es damals nun ganz gewiß noch nicht gegeben. Dafür fand man Tiere vom Volk der Eidechsen, der Reptile in den aufdringlichsten Mengen, und man hatte sich längst gewöhnt, die ganze Jura-Zeit als die recht eigentliche Blütezeit der Reptilien zu bezeichnen.

Das Reptil steht aber in der Reihe der höheren und höchsten Tiere, der sogenannten Wirbeltiere, immerhin noch ziemlich tief bei der Rangordnung unseres Systems.

Diese Rangordnung wird wesentlich durch den Gedanken bestimmt, daß der Mensch die Krone aller Lebensentfaltung sei. An ihm mißt man unwillkürlich. Dem Menschen stehen nun Säugetier und Vogel sehr viel näher als eine Eidechse oder Schildkröte. Sie haben dauer-warmes Blut wie er, ihr Gehirn ist viel verwickelter gebaut und was der Merkmale mehr sind.

Da nun die Jura-Periode so aufdringlich gerade Eidechsen und verwandte Reptile wies, nahm man also an, die ganze Tierwelt sei damals gleichsam noch um eine Stufe zurück gewesen. Zu den höchsten Wirbeltieren „habe es noch nicht recht gelangt", — einerlei nun, wie man sich dieses „es" damals ausmalen wollte. Der Glaube an Darwins Entwickelungsgesetze war ja 1860 erst in den nüchternsten, allerdünnsten Anfängen, und die meisten Naturforscher neigten viel mehr zur Annahme übernatürlicher Eingriffe bei Vernichtung wie Entstehung der Tierwelt in den verschiedenen Epochen der Erdgeschichte.

Jedenfalls aber schienen die Tatsachen so viel zu lehren, daß sowohl Vögel wie Säugetiere damals nur erst eine ganz untergeordnete, wenn nicht gar keine Rolle gespielt hätten.

Von Säugetieren besaß man neuerdings ein paar einzelne versteinerte Unterkiefer aus Gestein der Jura-Zeit, aber das war auch alles. Sie gehörten der nahezu niedrigsten Säugergruppe, den Beuteltieren, an und schienen noch ganz vereinzelte Vorläufer erst anzudeuten.

Von Vögeln aber wußte man überhaupt eigentlich noch nichts rechtes aus so entlegener Zeit. Da waren wohl ein paar riesige dreizehige Fußstapfen auf uralten Steinplatten gelegentlich (n i c h t

in Solnhofen) entdeckt worden. Waren es Vogelspuren? Von
ungeheuern, beinahe haushohen Störchen?

Die einen ließen es zu, die andern bestritten es. Und diese
andern haben recht behalten. Denn was da herumgestapft war,
sind, wie wir heute wissen, auch nur Reptilien gewesen, zehn
Meter lange Saurier, die nach Art der Känguruhs auf den Hinterbeinen hüpften.

Um so mehr mußte bei solcher Sachlage nun ein kleiner Fund
in Erstaunen setzen, der im genannten Jahre so recht nebensächlich
wie etwas ganz Harmloses zwischen all den Fischen, Krebsen und
„Stangenreitern" von Solnhofen auftauchte.

Auf einer frischgebrochenen lithographischen Platte zeigte sich
ein zierliches Federchen.

Den Fisch erkennt man an den Flossen, den Vogel an der
Feder, lautet ein altes Wort der Volksnaturgeschichte. Für den Fisch
stimmt es ja nun nicht ganz, und das ist eine Quelle ungezählter
Mißverständnisse geworden. Denn der Walfisch zum Beispiel hat
auch, äußerlich angeschaut, Flossen, und doch ist er ein so echtes
Säugetier wie jede Katze oder jedes Meerschweinchen. Um so
mehr hat der Satz aber seine Richtigkeit für den Vogel. Ein Tier,
das Federn trüge, gibt es in der Tat außer dem Vogel nicht.

Wir wissen heute so genau, wie man überhaupt auf solchen
Gebieten etwas weiß, daß die Feder nichts wesentlich anderes darstellt, als eine umgewandelte, verfeinerte, höheren Bedürfnissen
angepaßte Schuppe, also etwa als eine Eidechsenschuppe. Aber ein
Tier, das bei seiner Körperbedeckung gerade diese höchst charakteristische Umwandlung durchgemacht hätte, kennen wir außer dem
Vogel schlechterdings nicht.

Fragte sich also bloß, ob jenes Naturselbstdruck-Bildchen im
Solnhofener Stein eine echte Feder war.

War es nicht doch ein täuschend ähnliches Pflanzenblatt?

Es ist anzunehmen, daß das einen langen und vielleicht aus-
sichtslosen Gelehrtenzwist gegeben hätte, wäre das treue Bilderbuch von Solnhofen nicht wenig hinterher abermals helfend ein-
gesprungen.

In einem Steinbruch der sogenannten Langenaltheimer Haardt

Der Vulkan Gedeh auf Java.

nahe bei Solnhofen kam schon im nächsten Jahre, also 1861, eine
größere Platte zutage, die denn nun den allersonderbarsten Anblick gewährte.

Eine Anzahl wüst zerstreuter Knochenteile. Und darum herum
der denkbar deutlichste Abdruck einer ganzen Masse von Federn!

Ein Arzt in Solnhofen, Ernst Häberlein, trat als glücklicher
Besitzer der Wunderplatte auf. Er schickte die allgemeine Kunde
davon in die Welt, verlangte aber einen kolossalen Preis. Gelehrte
dürften das Ding besehen, aber einstweilen nicht abzeichnen. Der
Fachforscher Oppel kam als Erster hinzu. Da er nicht nach
dem Original zeichnen durfte, machte er einen Hauptstreich; er
lernte das ganze Bild bis in jede Einzelheit auswendig und
zeichnete es — eine Prachtleistung — daheim aus dem Gedächtnis
nieder. Auf Grund dieser ersten wissenschaftlich ernst zu nehmen-
den Skizze gab dann Andreas Wagner in München dem „neuen
Tier" einen lateinischen Namen.

Die Umstände waren aber so sonderbare, daß ein dritter Fach-
mann, der Zoologe Giebel, rundweg die ganze Platte für regelrechten Schwindel erklärte. Oppels Zeichnung wies, so schien es,
Eidechsenknochen mit Federn vereint. Wagner hatte also auf eine
befiederte Eidechse geraten. Das wollte aber Giebel, der ein
Fanatiker der natürlichen Schranken im System der Tiere war,
nicht in den Kopf. Wenn die Knochen von einer Eidechse stammten,
so waren die Federn hinzugelogen! Menschliche Kunst hatte sie
nachträglich in den echten Fund „hineinlithographiert"!

Dieses Hin und Her der Ideen machte eine ferne Geldmacht
sich zu Nutzen: ehe noch die Oppel und Giebel sich geeinigt hatten,
hatte das Britische Museum zu London auf den Rat seines großen
Helfers Richard Owen hin das Streitobjekt für bare 14000 Mark
angekauft.

Es ist die Platte, die heute in unserm Berliner Museum im
Kasten r e c h t s in einer täuschend ähnlichen Gips-Nachahmung
steht. Das Original ist heute noch in London.

Die Platte mit dem seltsamen Tier war echt. Darüber blieb
kein Zweifel weiter.

Aber sie war zugleich unverkennbar schlecht.

Bölsche. 10

So köstlich sonst der Solnhofener Stein seine Abdrücke zu liefern pflegte und so fein er sich auch hier darin bewährt hatte, daß die zarten Vogelfedern tatsächlich wie auf einer von Menschenhand besorgten Lithographie zum Ausdruck kamen, — der Gegenstand selber war diesmal ein überaus mangelhafter gewesen schon damals, als der Kalkschlamm ihn deckte.

Ein geflügeltes, vogelähnliches Geschöpf war auf den Schlammgrund der Bucht geraten, tot jedenfalls schon, und es war im Seichtwasser, so schien es, von irgend welchen räuberischen Tieren, wahrscheinlich den Allerwelts-Totengräbern, den Krebsen, angefressen und auseinandergezerrt worden. Diese armen Krebse wußten ja nicht, daß sie einen Gegenstand zernagten, der nach Millionen von Jahren noch einmal weltgeschichtliche Bedeutung erlangen sollte. Sie verschleppten Kopf, Hals und Brust vollständig, so daß sie auf der Platte überhaupt fehlen. Den Rest aber warfen sie so hübsch durcheinander, als sollte es ein wahrer Rösselsprung für die Gelehrten werden.

Und nur ein Glück dabei: die Federn, Füße, Krallen und Wirbel hatten keinerlei kulinarisches Interesse, und so hatten wir also alles glücklich behalten, was gleichsam bei der Mahlzeit auf den Tellerrand kam. Die Naturforscher mußten genügsam sein. War es doch gerade noch genug, um sie — gründlich zu verwirren.

Der alte Professor Giebel hatte darin ganz recht gesehen: wenn's diesen Vogel g a b, dann brach ein ganzes Stockwerk menschlicher System-Kunst zusammen.

Man sah auf der schlechten Platte aufs deutlichste noch die Umrisse eines Tieres mit Federn, dessen Vorderbeine durchaus in der Art eines Vogels zu Flügeln mit großen Schwungfedern und Deckfedern umgebildet waren.

Jedermann kennt ja das charakteristische Bild eines Vogels: der Vogel fliegt mit den Vorderbeinen oder, menschlich gesprochen, den Armen und den Federn, die an den Arm- und Handknochen sitzen wie die Zähne eines großen Kammes. Mit den Hinterbeinen dagegen stützt er beim Sitzen und Laufen allein den Körper auf: er ist hier ein echter Zweibeiner.

Vogelflügel und Vogelhinterbeine ganz in diesem Sinne hatte

nun das alte Rätfelwesen offenbar auch gehabt. Die Hinterfüße zumal waren so gut wie gar nicht von denen eines heutigen Vogels zu unterscheiden, und auch die Schwingen selbst waren Vogel in jeder Faser. Man schloß also von hier aus unmittelbar auf ein Tier, das eine Stufe höher stand als die Eidechse, das im Leben dauernd warmes Blut und ein Herz nicht nur mit zwei Vorkammern, sondern auch zwei wohl getrennten Hauptkammern besessen hatte, — kurz, das im System als Vogel zu gelten hatte.

Ein Vogel von Krähengröße — und dieser Vogel Zeitgenosse der Ichthyosaurier.

Das war ja immerhin sehr merkwürdig, doch jenen großen System=Sturz bedingte es an sich noch nicht. Aber die Sache ging eben noch weiter und zwar ging sie gerade n i c h t so weiter, wie es jetzt logisch hätte sein sollen, — das heißt „logisch" im Sinne der Tierkunde von 1861.

Auf derselben Platte lag als Bestandteil eines und desselben Tieres ein Rückgrat aus Wirbeln von der Form einer Sanduhr, wie sie in dieser Gestalt nirgendwo bei lebenden Vögeln, dagegen wohl bei Reptilien, zum Beispiel gerade beim Ichthyosaurus, vorkommen. An dieses Rückgrat schloß sich in einer Deutlichkeit, die selbst dem Laien auf der Platte auffallen muß, ein geradezu riesiger Schwanz an. Dieser Schwanz bestand aus zwanzig Schwanzwirbeln, die gegen Ende immer schlanker wurden. An jedem Wirbel saßen je zwei große Federn, so daß der ganze Schwanz etwa das Ansehen eines jener Palmwedel in unsern Begräbniskränzen gehabt haben muß.

Wir alle kennen ja unsern schönen Pfau und wissen, daß der auch einen echten Federschweif von ganz gewaltiger Länge gravitätisch hinter sich herschleppt. Aber auch beim stattlichsten Pfauhahn reicht kein Knochen in jener Weise bis tief in den Schwanz hinein, so daß die Form eines jederseits befiederten Blattes entstände. Kurz nur ist das echte Knochenschwänzchen am Gerippe des Pfaues wie bei allen lebenden Vögeln. Die Anzahl der Schwanzwirbel keines Vogels geht über neun hinaus, und allermeist spitzen selbst diese sich nicht wie ein Rattenschwanz nach hinten zu, sondern das letzte Schwanzstück bildet einen derben

Knochen in der Form einer Pflugschar, von dem die großen Schwanzfedern fächerartig ausstrahlen. Auch die Länge des Pfauenschweifs ist in diesem Sinne nur ein Ergebnis der ungeheuren Länge jeder einzelnen Prachtfeder, nicht aber der wahren Länge des Schwanzknochenstücks.

Ganz anders aber auf der Platte dort. Dieses Palmblatt da war eben gar kein Pfauen- oder sonst ein großer Vogelschwanz: der lange, zugespitzte, durch und durch von knöchernen Wirbeln getragene Schwanz einer E i d e ch s e war es, dem bloß Vogelfedern äußerlich ansaßen.

Und ein drittes Wunder, ein dritter Widerspruch. Der Flügel war ein Vogelflügel und doch war er's in einem Punkte auch wieder nicht. Im echten Vogelflügel, sagte ich eben, stecken Arm und Hand des Vogeltieres. Aber sie stecken auch g a n z darin und zumal die Hand ist völlig verarbeitet gleichsam in den Flügel hinein. Bei dem Solnhofener „Vogel" ragte dagegen die Hand als solche noch über den Flügel hinaus, an der Flügelecke saßen drei scharfe Krallen auf getrennten Fingern, — dieses Tier konnte in gewisser Weise mit dem Flügel also auch noch greifen, sich mit ihm beim Klettern oder Kriechen festhalten. Auch dieser Vogelflügel war, mit einem Wort, noch halb eine echteste Eidechsenklaue.

Das Fazit aus all diesen Sonderbarkeiten: das neue Tier war e n t w e d e r eine fliegende Eidechse mit Vogelfedern; o d e r es war ein Vogel mit so und so viel Merkmalen noch der nächstniedrigeren Tierklasse, der Eidechsen.

Dieses Entwederoder spiegelte sich zunächst in der wissenschaftlichen Namengebung wieder. Der Professor Wagner in München war für die befiederte Eidechse und taufte also Griphosaurus, zu deutsch der Greifer-Saurier; Saurier dabei soviel wie eidechsenartiges Tier; der Greif der bekannte Vogel der Sage.

Umgekehrt Hermann von Meyer in Frankfurt vertrat den Vogel und nannte ihn seiner Urtümlichkeit halber Archaeopteryx, das ist: Urvogel. Das griechische Wort ist, nebenbei bemerkt, weiblich, man muß also korrekt sagen: d i e Archäopteryx; durch die unwillkürlich untergelegte Uebersetzung in „d e r Urvogel" hat sich freilich in die Mehrzahl aller Bücher der männliche Artikel eingeschmuggelt und ist heute kaum noch wieder zu verbannen.

Am britischen Museum, wo man den Schatz selber jetzt fest besaß, wurde Archäopteryx als Name übernommen und so ist diese Taufe endgültig geworden. Mit dem Zwist über die Sache war's aber damit noch nicht getan, der ging jetzt erst recht los.

In den folgenden zehn Jahren nahm die Lehre Darwins ihren ersten Hochflug.

Die Darwinianer brachten einen ganz neuen Gärungsstoff in die Tierkunde. Wo die Systematik wackelte, da freuten sie sich, denn das war gerade ihr Fall. Wenn es ein Tier gab wie den wunderlichen Fisch Amphioxus, den der eine Systematiker für einen Fisch hielt und der andere für ein wirbelloses Tier, so schossen sie Viktoria: hier lebte uns also eine Uebergangsform vom wirbellosen Wurm zum Fisch, ein Zeuge noch der alten Entwickelung, die da vor Zeiten einmal vom Wurm zum Fisch geführt hatte. Und wenn die Systematiker wetterten, es gebe in Südamerika einen leibhaftigen „Molchfisch", ein Tier mit Merkmalen halb des Molches und halb des Fisches, das man schlechterdings nicht in die Museumsschränke und ihr „Hie Molch, hie Fisch" einzuordnen wisse —, so war das abermals Wasser auf ihre Mühle: — der Molch hatte sich eben über diesen Molchfisch hinweg aus dem Fisch entwickelt.

Durch diese Darwinianer wurde nun auch die Archäopteryx-Platte alsbald im weitesten Kreise berühmt, ja für die Gegner berüchtigt.

Der „Ur-Vogel" wurde hier aus einem bloß zeitlichen Alters-präsidenten des Vogelgeschlechts umgedeutet in einen wahren Patriarchen der Federwelt, — maßen dessen auch er so eine wirkliche entwickelungsgeschichtliche Uebergangsform sei: nämlich das leibhaftige Bindeglied zwischen Eidechse und Vogel.

In jener entlegenen Jura-Zeit, hieß es, waren die Dinge da noch in vollem Fluß gewesen. Gerade wollte der Vogel sich heraus-kristallisieren aus dem Reptil, der Eidechse. Und so hatte dieser kleine Gast der Solnhofener Bucht noch die Scheide zweier Welten in sich verkörpert. Zwei Tiere wohnten schon in seiner Brust, wie die zwei Seelen in der des Doktors Faustus. Das eine Tier

haftete noch nach Reptiliums-Art am Boden „mit klammernden
Organen", es hatte sich mit seinen Krallen an die Rinde des Ur-
waldbaumes und schleppte schwänzelnd ein langes Eidechsenan-
hängsel hinter sich her. Das andere Tier im selben Leibe aber
„hebt gewaltsam sich vom Dust", — es flog schon als beschwingter
Vogel lustig frei über Wald und Meer dahin.

Von alledem wollten aber wieder, wie sich versteht, die Gegner
nicht ein Sterbenswörtchen wahr haben. Ihnen war das ärgerliche Tier trotz allem entweder ein echter Vogel oder eine echte
Eidechse, und sie hofften bloß auf den Retter, der das durch eine
noch im Quadrat und Kubus verfeinerte Bestimmung eines Tages
doch noch unwiderleglich dartun werde, — auf daß die heilige
Ordnung im Museumsschrank Ruhe finde und das leidige Herum-
denken angesichts einer bombenfesten „Nummer" im System auf-
höre. War doch für viele dieser Herren die Systematik wirklich
„heilig", sie war der „Schöpfungsplan", und wer daran rüttelte,
der war nicht mehr ein Naturforscher, sondern ein Gottesleugner,
ein Bedroher der sittlichen Weltordnung und Anarchist.

Für beide Lager aber blieb ein gemeinsamer Wunsch.

Es möchte nämlich das Tagebuch von Solnhofen noch ein
zweites Stück des Urvogels hergeben, damit man in der Sache
selbst sicherer unterrichtet sei.

Es geschah im Jahre des Heils 1877, daß dieser Wunsch in
einer Weise erfüllt wurde, die den guten Geistern von Solnhofen
die Krone aufsetzte.

Noch einmal beginnt das geheimnisvolle Versteckenspiel wie
vor sechzehn Jahren.

Der Steinbruchbesitzer Dürr findet auf seinem Grundstück auf
dem Blumberg bei Eichstätt, also dreieinhalb Wegstunden von
jener Langenaltheimer Haardt, wo das erste Stück lag, im lithographischen Schiefer eine neue Platte mit vorlugendem Federrest.
Sogleich ist auch der bewußte Herr Häberlein wieder zur Stelle,
erwirbt (um welchen Preis ist nicht überliefert) den rohen Stein
und spaltet ihn mit einem lang bewährten Geschick so auseinander, daß der ganze Inhalt nach Entfernung der Deckscheibe wie
auf einer feinen Druckplatte vor Augen tritt.

Diesmal ift's eine geradezu t a d e l l o f e Archäopteryx.

Unzerfreffen, frifch hingeworfen, als folle fie für ein Mufeum eben ausgebalgt werden: Kopf, Hals, alles ift diesmal daran.

Herr Häberlein weiß allfogleich, was er hat, und er weiß auch, wie die Dinge betrieben werden müffen. Ganz wie damals geht zuerft ein dunkles Munkeln in die Naturforfcherkreife. Die Platte foll nicht abgezeichnet, nicht photographiert werden, ehe fie nicht verkauft ift. Und zwar ift ein Verkaufspreis angefetzt, der, wie man in Berlin fagen würde, „nicht von fchlechten Eltern ift". Wie der Vogel aus dem Reptil, fo hat er fich nämlich aus den 14000 Mark, die feiner Zeit in London geboten, „entwickelt". Zufammen mit einer Anzahl fchlichterer Solnhofener Sachen, foll die Platte diesmal bloß 36000 Mark koften, — ein guter Entwickelungsfortfchritt.

Trotz diefes Riefenpreifes lag die Möglichkeit nahe, daß England oder noch wahrfcheinlicher Amerika (wo beifpielsweife Profeffor Marfh in New Haven ebenfoviel Geld wie Unternehmungsluft vor folchen Dingen zu bewähren pflegte) fich die Gelegenheit nicht entgehen laffen würden.

Der alte Volger, Geologe und Obmann zugleich des von ihm geftifteten fogenannten Freien Deutfchen Hochftifts zu Frankfurt am Main, — derfelbe Mann, der durch Ankauf das Frankfurter Goethe-Haus gerettet hat — verfuchte alfo einen Hauptftreich für diefes Tier, das ganz gewiß den Geheimrat Goethe auch nicht wenig intereffiert haben würde. Und zwar für die „Deutfchheit" des Tieres. Er fchloß einen Vertrag mit Häberlein des Inhalts, daß die Platte zunächft für fechs Monate dem Hochftift anvertraut werden folle. In diefer Frift werde das Hochftift entweder felber die Mittel zum Kauf aufbringen, oder irgend eine deutfche Körperfchaft oder Anftalt dafür zu gewinnen fuchen.

Auch das Hochftift mußte fich wunderlicherweife bei diefem Kontrakt noch einmal ausdrücklich verpflichten, keinerlei Abzeichnen oder Photographieren der Platte zu geftatten, ehe der Kauf endgültig fei.

Nun begannen von Frankfurt aus die nachdrücklichften Bemühungen.

— 152 —

Das Hochstift selber konnte keine 36000 Mark beschaffen. Das Deutsche Reich wurde als solches angerufen, es erfolgte aber der büreaukratische Bescheid, daß ein „Reichs-Museum" nicht bestehe, also auch kein Ankauf von reichswegen erfolgen könne. Die Museen der Einzelstaaten besaßen sämtlich nicht die Mittel. Man verhandelte, verlängerte die Frist, focht tapfer mit allen Waffen des Idealismus und der Rechenkunst, — umsonst. Eines Tages holte Häberlein seinen seltenen Vogel wieder heim und die Sache mündete abermals ins ausschließlich geschäftliche Fahrwasser ein.

Es erfolgten jetzt Verhandlungen mit der Universität Genf, wo damals der dicke Vogt die Entwickelungslehre vertrat und dieses Prachtstück ersten Ranges natürlich gern gehabt hätte. Auch die Genfer fielen aber schließlich vor der Summe ab. Der gute Erfolg war diesmal wenigstens, daß Häberlein im Preise etwas herunterging. Er ließ 10000 Mark nach. Blieben also 26000, und auf die hin geschah jetzt nochmals der Radikalstreich eines deutschen Idealisten.

Auch an das preußische Kultusministerium, dem die Berliner Sammlung untersteht, war eine Aufforderung zum Ankauf auf Grund des so verminderten Preises ergangen. Die Berliner paläontologische Sammlung gehörte ihrem Umfang und Inhalt nach damals nicht eben zu den bedeutendsten und konnte eine Auffrischung durch dieses Glanzstück wahrlich gebrauchen. Man war denn auch nicht gerade ganz abgeneigt, aber die Sache sollte ihren gemächlichen Instanzenweg gehen, wobei sich schließlich herausstellen mochte, ob oder ob besser nicht. Ein Geheimrat wurde nach Pappenheim zum Meister Häberlein entsandt, auf daß er ein erstes Gutachten abgebe. Man befand sich inzwischen im April 1880 — nachdem der Fund 1877 erfolgt war. Noch immer gab es keine wissenschaftliche Beschreibung der Platte. Gerüchte aller Art liefen um. Man wußte, daß von Pappenheim aus, unbekümmert um alle Instanzenpausen der Berliner, immer regere Verhandlungen mit dem fernen Ausland im Gange waren. Man mußte sich, schien es, damit abfinden, wenn plötzlich das unersetzliche Objekt in einer Kiste irgend eines Schiffsbauches auf dem Atlantischen Ozean

schwebte. Frühere Fälle haben gelehrt, wie zerbrechliche Versteinerungen dabei fahren. Der einzigartige Schädel des Dinotherium-
Elefanten von Eppelsheim bei Worms, dessen Gypsabguß heute im
Berliner Museum steht, war seiner Zeit schon auf der kurzen Fahrt
über den Kanal nach London zu Splittern zertrümmert worden.

In diesem kritischsten Augenblick war es denn kein Geringerer
als unser Werner Siemens, der die gute Tat des Hochstifts auf
besserer Grundlage noch einmal tat und zwar ganz aus eigener
Initiative und eigener Tasche.

Auch er legte provisorisch Beschlag auf die Platte, aber in
sehr viel wirksamerer Weise. Er zahlte nämlich von einem Tag
zum andern dem Häberlein die ganze geforderte Summe — es
waren jetzt schon nur mehr 20000 Mark — bar aus und war
von Stunde an also jetzt selber Herr des Geschäfts. Die fremden
Bewerber wurden abgewiesen und dem preußischen Kultusministerium das Vorkaufsrecht auf alle Fälle gewahrt. Nach einiger Zeit
kam der Kauf denn auch von hier aus wirklich zustande. Die
Archäopteryx ging aus Siemens' Hand gegen die ausgelegte Summe
in den Besitz des preußischen Staates über und wanderte ins
Berliner Museum für Naturkunde.

So hatte das arme Jura-Vöglein, das vor einigen Millionen
Jahren an irgend einem schweren Tage den bitteren Sturz in den
Tod und in das weiche Grab des Kalkschlammes getan, endlich
seine Ruhe unter einem blanken Glasdeckel und vor einer hellen
Fensterscheibe.

Um so stürmischer und lauter aber erhoben über seinem gläser-
nen Schneewittchen-Sarge dafür jetzt die kämpfenden Parteien der
Naturforschung ihren Schlachtruf.

Das zweite Fundstück, das fortan das „Berliner" hieß im
Gegensatz zu dem Londoner, führte rein sachlich sofort ein Stück
weiter. Es zeigte zum ersten Male den K o p f der Archäopteryx.
War es ein Vogelkopf — oder ein Eidechsenkopf?

Wie mancher hatte sich in den Zwischenjahren seit 1861 seinen
weisen Menschenkopf über dieser Frage weidlich zerbrochen. Jetzt
rissen die Schleier. An einem langen, auf der Platte rückwärts
gebogenen Halse saß ein Köpfchen, das im ersten Augenblick ganz

und gar nur Vogel schien. Formgröße des Gehirnraums, Lage der
Nasenlöcher, Verschmelzung der Knochennähte, — alles war Vogel,
nicht Eidechse. Aber der Blick suchte den Vogelschnabel, — war's
ein Entenschnabel oder Krähenschnabel? Der Vogel mußte doch
einen Schnabel haben! Der Vogel war aber in diesem Falle unentwegt aufgelegt, aller Schablone immer wieder ein Schnippchen
zu schlagen, und so hatte er also jetzt überhaupt keinen echten
Vogelschnabel, sondern er trug Z ä h n e im Ober- wie Unterkiefer.
Zähne einmal wieder wie eine Eidechse!

Gerade diese Geschichte kam ja damals nicht so ganz über-
raschend.

Nunmehr vor sieben Jahren schon, in dem weltgeschichtlichen
Winter von 1870, hatte in Nordamerika ein Naturforscher, der das
Herausbuddeln urweltlicher Geschöpfe in echt amerikanischem Groß-
stile betrieb, Marsh, in Gesteinsschichten aus der Kreide-Zeit die
Gerippe von Vögeln gefunden, die ebenfalls Zähne in den Kiefern
trugen. Da war ein großer Schwimmvogel, den Marsh als
„schwimmenden Strauß“ beschrieb — auf lateinisch: Hesperornis
regalis, das ist: der königliche Westvogel. Er hatte in den Kiefern
oben wie unten Rinnen und in diesen Rinnen steckten echte, unverkennbare Zähne. Im übrigen war er ja ganz und gar keine Archäopteryx mehr, sondern ein sozusagen waschechter Vogel wie jeder
andere von heute. Aber man wußte jetzt, daß es alte Vogelformen
mit Zähnen gegeben hatte, — noch in viel späteren Tagen als
der Jura-Zeit.

Nun sah man: die Archäopteryx selber war also auch noch
ein „Zahn-Vogel“, wie man hinfort zu sagen pflegte, gewesen.

Da sie indessen in allem sonst so sehr ein Gemisch von Eidechse
und Vogel darstellte, so fiel auf die Zähne auch ein neues Licht.
Es waren offenbar auch diese Zähne noch Eidechsen-Zähne, ein
Erbe der Eidechsen, die ja durchweg das bissigste Zahnzeug haben.

Der Zwist entbrannte sofort wieder lichterloh.

Zwar die eigentlichen Gegner der ganzen Entwickelungsidee
wurden damals, ums Ende der siebziger Jahre, schon merklich
dünner. Dafür gab es aber i n n e r h a l b eines allgemeinen und

vorsichtigen Darwinismus gerade zum Falle Ur-Vogel gar gewichtige Meinungsverschiedenheiten.

Man ließ den Kern der Sache zu. Die Mehrzahl der Tierkundigen einigte sich dahin, daß dieser Solnhofener Schwerenöter eben nicht Fisch, nicht Fleisch sein k ö n n e , weil er wirklich im natürlichen Werden der Dinge zwei später widerspruchsvolle Reiche noch geschichtlich v e r k n ü p f e : die Eidechse und den Vogel. Man mochte sich ja über die Gesetze dieses Werdens selbst seine Gedanken machen. Die Tatsache war zu scharf vor Augen, daß die Natur, mochte nun in ihr arbeiten, was da wollte, keine Sprünge gemacht, keine Systemlücken und scharfen Abgrenzungsstriche selber erzeugt hatte. Als sie von der Eidechse zum Vogel wollte, brauchte sie einfach einen Eidechsenvogel als Leiter. Und der lag uns im Solnhofener Tagebuch vor.

Aber nun die engeren Fragen. Die Archäopteryx war streng genommen doch auch gewiß noch nicht die ganze Leiter, sondern nur eine Sprosse. War sie nun eine Sprosse noch näher zur Eidechse — oder schon näher zum Vogel? Hierüber ist viel Papier verschrieben worden.

Der Professor Vogt von Genf, einst ein toller Heißsporn der „revolutionären Zoologie", jetzt aber grau von Haaren und bedächtig von Geist, meinte, das rätselhafte Vieh sei im Grunde doch noch, wie der alte Wagner behauptet hatte, eine echte Eidechse, die bloß im Punkte der Befiederung sich dem Vogel nähere.

In Berlin aber setzte sich der treffliche Wilhelm Dames über die Platte selbst, feilte alle Einzelheiten zunächst aus dem Stein noch heraus, die irgendwie zu fassen waren (zum Beispiel ganz zuletzt noch den täuschend vogelähnlichen Schulter- und Beckengürtel) und veröffentlichte die fleißigsten Einzelbeschreibungen, — mit dem wirklich unwiderleglichen Ergebnis, daß gerade umgekehrt die Leitersprosse der Entwickelung hier schon viel näher beim Vogel als bei der Eidechse stehe.

Aus diesem Zwist zwischen Leuten, die alle im ganzen i n n e r - h a l b des Entwickelungsgedankens standen, ist in weiteren Kreisen dann leider vielfach die grundverkehrte Folgerung gezogen worden, die Archäopteryx sei überhaupt darwinistisch wertlos. Zumal Dames sollte sie entwertet haben. Das ist aber der helle Unsinn, denn man kämpfte hier gar nicht mehr um die Leiter — die stand ein-für allemal fest — sondern um die eidechsennahe Tiefe oder die vogelnahe Höhe der Sprosse, die gerade Frau Archäopteryx vertritt.

Mag man diese Sprosse aber auch ansetzen, wo man will, so bleibt des Lehrreichen für ein allgemeines Denken genug.

Denn wie es nun auch noch wieder mit den darwinistischen Theorien stehe: der Ur-Vogel führt uns eben als solcher — als Vogel — vor eines der großartigsten Probleme der Weltgeschichte überhaupt: vor das Problem vom Fliegen.

In der Geschichte des Ur-Vogels von Solnhofen wirkt eine bestimmte Verknüpfung der Zufälle ganz besonders drollig. Der Vogel, der als erster kühn die Luft erobert hatte, die freie Luft sogar jenseits des festen Erdbodens, hoch über diesem Erdboden, — dieser Vogel ist uns nur erhalten geblieben, weil er am Ende seiner frohen Luftfahrten — ins Wasser gefallen ist. Auf dem Grunde des Wassers nur konnte ihm zu teil werden, was Wolke und Fels ihm nie gewährt hätten: Einbalsamierung im feinen Kalkschlamm und damit eine körperliche Unsterblichkeit.

Zufall, sagen wir. Und Zufall war es. Aber hinter diesem Zufall des Augenblicks liest, wie so oft, der Wissende eine feine Geistesschrift, eine dunkle vergeistigte Beziehung, die den Fall ganz leise ins Symbolische rückt.

Diese kleine Archäopteryx, die uns Kunde wahren sollte von den Anfangserfolgen einer großen Kunst, kehrte sterbend an den Fleck heim, von wo in Wahrheit diese Kunst selber in ihrem tiefsten Keime ausgegangen war.

Es kann ein Satz nicht leicht paradoxer klingen als der: das Fliegen ist im Wasser erfunden worden. Und doch ist er wahr.

Wenn man von einer „Erfindung" des Fliegens spricht, so muß man sich das Wörtchen Fliegen selber freilich zunächst etwas enger umgrenzen.

Es gibt zweierlei Methoden des Fliegens: eine sozusagen handelnde — und eine leidende.

Wenn der arme Lilienthal und jetzt der alte Graf Zeppelin

fliegen wollten oder noch wollen, so ist dieser Flug das Ergebnis der schärfsten geistigen wie körperlichen „Handlung", es soll ein neues Stück Welt dabei für den aktiven Menschen erobert werden. Wenn dagegen ein Pulverschuppen in die Luft fliegt und es gehen so und so viel unglückliche Opfer mit hoch; oder wenn einer jener furchtbaren nordamerikanischen Wirbelstürme einen Stall mit samt der Kuh in die Höhe wirbelt und fortträgt: so zählt das in ein ganz anderes, passives Feld, wie jeder sofort merkt.

So weit rückwärts wir uns nun auf der Erde bewegte Luft denken können und gleichzeitig organisches Leben, so alt müssen wir uns auch diese letztere rein passive Art des „Fliegens" als ewig wiederholte Möglichkeit vorstellen, die keiner erst zu „erfinden" brauchte. Es war das wesentlich eine Frage einerseits der Stärke der Luftbewegung, die lebende Wesen einfach nolens volens mitreißen konnte, — und andererseits der Größe dieser Wesen und damit der Wahrscheinlichkeit, daß sie sich's gefallen lassen mußten.

Ob es in urweltlichen Tagen stärkere Stürme gegeben hat als heute, läßt sich nicht nachweisen. Wir haben bei uns in Europa zu gewissen Zeiten offenbar gewaltige Steppenstürme gehabt, damals, als bei uns auch noch ausgesprochene Steppentiere lebten. Und so haben die Dinge sicherlich oft gewechselt. Aber für eine allgemeine Zunahme der Luftbewegung in die älteren Tage hinein spricht rund gar nichts. In all diesen äußeren Dingen, Stürmen, Ueberschwemmungen, Aufsteigen und Absinken von Ländern und so weiter, galt ja früher die liebe Urwelt für den wahren Hexensabbat. Wir denken heute, daß es in den Hauptzügen kaum je gewaltsamer zugegangen ist als jetzt, nur die Zeiträume selbst sind so ungeheuer gewesen, daß sich alles ins Aeußerste schließlich summieren konnte.

Dagegen ist etwas anderes recht sinnfällig.

Je tiefer man im Reich des Lebenden hinabsteigt, desto kleiner und leichter pflegen die Einzelwesen zu werden. Die tiefste Stelle, noch jenseits von Tier und Pflanze, nehmen die sogenannten Bakterien oder Bazillen ein, Wesen, wie sie einfacher in ihrem Bau nicht mehr gedacht werden können, die aber zugleich an Kleinheit das schier Unglaubliche leisten. Wie bekannt, entziehen sie sich

durchweg unferm unbewaffneten Auge überhaupt, und an eine
Gewichtsbeftimmung ift fchon gar nicht mehr zu denken. Nicht nur
der Wind, fondern recht fchon jedes geringfte Regen und Bewegen
der Luft fchaukelt mindeftens die Keimfporen diefer Leichteften der
Leichten mit und treibt fie dahin und dorthin. Um die ganze Erde
fliegen fie in diefer Weife paffiv herum, fie fallen auf die unzu-
gänglichften Alpengipfel nieder wie in den entlegenften Polarfchnee,
und wir wiffen ja, wie fie unfere Häufer durchqueren, aus der
blauen Luft fich uns auf die Nafe fetzen und rein allgegenwärtig
find, wo immer nur Luft uns erreicht. Es fteht nun durchaus nichts
im Wege, fich diefe allereinfachften Lebewefen auch als die aller-
älteften auf der Erde zu denken. Und dann wäre der paffive Aller-
welts-flug diefer Bakterien auch die erfte flugform im weiten
Sinne gewefen.

Diefe flugart muß aber ihre natürliche Grenze gefunden
haben bei den allmählich entftehenden größeren und fchwereren
Gefchöpfen.

Jedes Bakterium jener Art befteht als ganzes Wefen nur aus
einer einzigen Zelle. Die echten Tiere und Pflanzen aber pflegen
fich aus Millionen und Abermillionen lebender Zellkörperchen
zufammenzufetzen. Da wächft denn das Gewicht im einfachen Ad-
ditions-Verhältnis.

Nehmen wir als die Gruppe lebendiger Wefen, die fich vielleicht zuerft in diefer Weife „vielzellig“ gebildet haben, die Pflanzen an, — nun fo hatte das luftige fliegen mit jedem Druck der
Luft alsbald feine ordentlichen Schranken. Ein nordamerikanifcher
Tornado größten Stils entwurzelt fchließlich auch einen Eichbaum
und wirbelt ihn mit. Aber wie feltene Ausnahme das ift, fieht
man fofort, wenn man fich an das einfache Dafein taufendjähriger
Eichen erinnert, die alfo in diefer ganzen Zeit niemals ein Wind-
ftoß hat auch nur von der Stelle rücken können. Tatfächlich ift die
Pflanze mit ihrem Prinzip des feften Einwurzelns fogar ein einiger
Proteft gegen jeden unfreiwilligen flug. Und nur in einem Punkte
ift fie feiner Arbeit froh gewefen, nämlich in ihrem Liebesleben.
Der Blütenftaub der Pflanzen, der befruchtend das Leben der Art
im Wechfel der Zeiten fortfetzt, kehrt noch einmal gleichfam in

den sonst längst verlassenen Bakterien-Zustand zurück. Jedes einzelne Stäubchen da besteht nochmals wieder nur aus einer einzigen
Zelle und ist also auch wieder winzig klein und unglaublich leicht.
Entsprechend faßt es, so bald es sich von der großen Pflanze gelöst,
dann auch sogleich wieder der leichteste Wind und wirbelt es umher,
wobei sich den Pflanzen mit Doppelgeschlecht die günstige Wahrscheinlichkeit ergibt, mit ihrem Staube den Griffel einer anderen
Blüte fliegend zu erreichen, wo die Befruchtung erfolgen kann.
Wo die Haselkätzchen ihren goldenen Staubregen verpulvern, wo
die Kiefern stäuben oder der Bärlapp sein Hexenmehl reift, da
überall erfolgt dieser passive, aber äußerst zweckgerechte „Flug"
der Pflanzen. Und das ist sicher schon gewesen in jenen Urtagen,
da Bärlapp-Gewächse hoch wie Palmen bei uns zu Lande wuchsen,
und es war im wesentlichen auch so in der Jura-Zeit, als an
Stelle der Farrnkraut- und Bärlappwälder große Forsten von
Nadelhölzern getreten waren. Gerade die Nadelhölzer wissen es
ja noch heute gar nicht anders.

Aber auf der Wende eben von damals, etwa in den Tagen,
da die Archäopteryx an der Solnhofener Bucht ihr Wesen trieb,
lernten diese Pflanzen auch etwas Neues, bisher Unerhörtes kennen.

Es fanden sich andere Wesen, die auch weit, weit über das
Bakterium hinausgestiegen waren. Diese Wesen waren auch
schwerer geworden. Und doch war diese Schwere kein endgültiges
Hindernis für sie geworden — zu fliegen. Sie flogen nämlich
aktiv, nicht bloß als loser Spielball des Windes und keineswegs
bloß in ihrer bakterienhaften Befruchtungsform als einzelne Samen-
zelle, sondern als ganzes Wesen, das selbsttätig sich in der Luft
nach einer gewollten Richtung vorwärtsbewegte.

Es waren Tiere, — diese Wesen. Also Genossen jener großen
zweiten Entwickelungslinie, die wohl ebenfalls aus dem Bakterium
heraufgekommen ist, aber im Punkte der Ernährung und der
Vereinheitlichung des gesamten Organismus eine Bahn höchstens
parallel zu den Pflanzen, im übrigen aber ganz für sich ein-
geschlagen hatte. Und zwar waren es zunächst Tiere aus jener
engeren Gruppe, die auch im Tagebuch von Solnhofen so reichlich
vertreten ist, — Verwandte der kuriosen Schladenvögel oder Stan-

genreiter, die nichts anderes sind als Wasserjungfern oder Libellen, — also Insekten.

Fliegende Insekten.

Die Pflanzen haben damals, wie, wollen wir hier nicht untersuchen, mit diesen Insekten eine Art von Bündnis geschlossen. Sie boten den Insekten Leckereien dar, Honig, und im Moment, wo die Insekten den Honig schlürften, bepuderten sie sie mit ihrem Blütenstaub. Dann flog das Insekt weiter, kehrte im nächsten Blumenwirtshaus ein und streifte, ohne darauf zu achten, den Samenstaub hier auf den Blütengriffel ab. Das Insekt übernahm also einfach die Rolle des Windes, wurde der postillon d'amour der Pflanze in einer Weise, die entschieden sehr viel sicherer war als die alte lose Post durch den Wind.

Aber wo hatten jetzt diese Tiere das Fliegen gelernt? Mit ihrem Auftreten war offenbar der große Schritt von „Passiv" zu „Aktiv" getan. Wenn die Pflanze nachträglich davon profitierte — und alle unsere bunten, duftenden, honigabsondernden Blumen von heute schwören einzig auf diese „Insekten=Befruchtung" —, so war der Umschwung selber doch entschieden ganz und gar Werk des Tieres.

Wie war das zugegangen?

Das Tier kam aus dem Wasser.

Alles Lebendige hatte eine tiefe Beziehung zum Wasser.

Die chemische Formel $H_2 O$, die Wasser bedeutet, ist ein wahres heiliges Pentagramma auch des Lebens. Aus dem Wasser ist wohl zweifellos das erste Bakterium gekommen. Im Wasser hat auch die Pflanze ihre Bahn begonnen. Im Wasser sind die ältesten Tiergeschlechter samt und sonders entstanden. Wasser ist ein Hauptbestandteil der lebenden Körper selbst. Unser Menschenleib setzt sich zu 58 Prozent aus Wasser zusammen. Wie Venedig auf seinen Pfählen im Meer, so schwebt unser ganzes Dasein, schwebt die Erscheinungsform alles Lebendigen auf Erden in sich selbst über den Wassern.

Kein Wunder, daß das erste Leben, ein Schaumgebilde der blauen Flut wie Aphrodite, aus dem Wasser sich auch äußerlich gar nicht herauswagte, hier seine erste Jungkraft erstarken ließ und in seine erste Entwickelungsschule ging.

Das Tier, also zunächst das Wassertier, war aber zu Bakterium und Pflanze der erste ganz große Triumph dieser Entwickelung. Und es war gleichsam der Angelpunkt dieser Entwickelung, daß das Tier sich im Wasser frei bewegen lernte. Die losgerissene Pflanze trieb widerstandslos mit dem Zug der Welle dahin genau so, wie das Bakterium oder der Haselnußstaub oben mit dem Winde wehten. Die Qualle, der Wurm, der Krebs, der Fisch dagegen begannen ein himmelweit neues Prinzip: sie entwickelten eigene Bewegungsarten, Bewegungsorgane zur Beherrschung des Wassers.

Auch die Tiere haben ja die Pflanzenneigung zur Seßhaftigkeit bis zu einem gewissen Grade in sich durchgemacht. Der Korallenpolyp, die Seelilie, die Auster, der Rankenkrebs sind gute Beispiele. Aber das Tier hat diese Neigung überwunden.

Der Wurm, in vieler Hinsicht eine Grundform der ganzen höheren Tierheit, fing an zu kriechen. Aus einem haftenden, polypenartigen Tier, das wie ein Becher mit dem Munde nach oben da saß, erhob er sich zur Schlauchform, mit einer vorderen und hinteren Oeffnung. Und dieser Schlauch jetzt kroch geradlinig dahin.

Aber dieses Tier fing zugleich recht klein an, und lange ist es als Einzelindividuum merkwürdig klein geblieben. So lag nahe, daß die ab- und anflutende Welle das kriechende Tier immer wieder emporriß, mitstrudelte. Es wurde eine frühe zweite Aufgabe (vielleicht ist es gleich die erste sogar gewesen), sich durch aktive Bewegung auch zu erhalten inmitten der bewegten Wassersäule. Neben das aktive Kriechen stellte sich das aktive Schwimmen.

Nun beachte man aber wohl: Schwimmen im freien Wasser war im Wesen schon ein erster Flug. Der Flug in einem dickeren, zäheren Medium als die Luft. Aber im Verhältnis zum Kriechen am Boden unbedingt ein Flug.

Der Polyp, der am Grunde festsaß, der Wurm, der auf dem Grunde sich dahinschlängelte: sie begannen zu fliegen in ihrem Element, indem sie zu schwimmen begannen.

Bölsche. 11

Und wirklich nun: beim Schwimmen im Wasser jetzt sind die
beiden grundlegenden Methoden erfunden worden, die von der
Libelle und der Archäopteryx von Solnhofen bis auf den ersten
Luftballon Montgolfiers, die Flügelplatten Lilienthals und den
aus Ballon und Flugmaschine kombinierten Riesenapparat des
Grafen Zeppelin auch das ganze echte Fliegen als Leitmotive
beherrscht haben.

Erfunden wurde da erstens der schwebende Ballon und zweitens
das Ruder.

Das Prinzip des Ballons trat im Wasser naturgemäß in der
Form der „Schwimmblase" auf. Noch für uns Menschen ist der
Rettungs-Ballon des Ertrinkenden der hohle, luftgefüllte, stets
obenauf treibende Schwimmgürtel. Das Wassertier bildete irgendwo in seinem Leibe einen entsprechenden wasserleeren Hohlraum
aus, der seinem ganzen Körper die Vorteile eines von Natur angewachsenen Schwimmgürtels verlieh. Die eigentlichen Erfinder
dieses Grundprinzips sind gewisse Quallen, also polypenähnliche,
aber bereits frei schwimmende Tiere. Diese Sorte Quallen (sogenannte Siphonophoren) schwimmen, zu Klumpen aneinander-
gewachsen, als Kolonie dahin und das Schweben der ganzen Gesellschaft an der Oberfläche des Meeres wird tatsächlich schon
durch eine regelrechte Ballonblase ermöglicht, die von der lustigen
Genossenschaft als gemeinsamer Rettungsgürtel aufgebläht und
mit Luft vollgepumpt wird.

Dasselbe Prinzip kehrt dann viel feiner bei den Fischen wieder,
die eine echte und auch so genannte „Schwimmblase" besitzen, das
prall aufgepustete Organ, das jeder Köchin bekannt ist. Die
Schwimmblase ist ursprünglich bloß eine Art Falte, ein kleiner
Hautsack am Darm des Fisches gewesen. In diese Falte wurde
Luft gepumpt, die das Fischmaul verschluckt hatte. Nachher hat
sich der Sack aber ganz vom Darm getrennt, hat sich tief ins
Leibesinnere zurückgezogen und unmittelbar von den Blutgefäßen
her mit Luft füllen lassen. In dieser Form ist die Schwimmblase
ebenfalls zum echten Ballon geworden, oder besser noch: der ganze
Fisch hat mit ihr die Fähigkeiten eines Wasserballons erhalten.
Bei unsern meisten Fischen hat sich die Sache so glänzend aus-

gestaltet, daß der Fischkörper genau auf das Gewicht des Wassers eingestellt ist, also positiv im Wasser gar nichts mehr wiegt. Wo er will, da kann er inmitten der Wassersäule stehen bleiben, — sein spezifisches Gewicht ist dem des Wassers genau gleich und er kann so wenig von selbst sinken, wie Wasser in Wasser sinkt.

Aber dieser Fisch ist deswegen nun nicht etwa zur Untätigkeit verdammt wie ein Luftballon in absolut unbewegter Luft. Er gerade hat auch jene zweite Methode bereits wunderbar ausgebildet: das Ruder. An seinem Körper haben sich flache Auswüchse entwickelt, die Flossen, und diese Flossen arbeiten in der allbekannten Weise als Ruder der trefflichsten Art, Schlagruder und Steuerruder zugleich. Mit ihrer Hilfe und im Bunde noch mit der famosen, hinten und vorn spitzen Körperform, die der Mensch in seinen Booten treu dem Fisch nachgebildet hat, schießen der riesigste Kabeljau so gut wie der kleinste Stichling durch ihr Element, daß es eine wahre Pracht ist. Ein Lachs schnellt sich in einer Sekunde bis acht Meter weit vorwärts.

Das Wasser liegt auf der Feste. Auf dem Wasser liegt die Luft. Mit der Luftblase und der Flosse war das Wasser bezwungen. Warum nicht genau so weiter auch in die Luft hinaufsteigen?

Der Kampf ums Dasein tobte, im Wasser wurde es gelegentlich ungemütlich eng. Warum nicht die Schwimmblase wirklich zum Ballon machen und mit den Flossen auch die Luft peitschen?

Mit der Flosse bringen in bescheidenem Maße wenigstens ein paar Fische das Kunststück tatsächlich fertig. Der „fliegende Fisch" saust mit einem hohen Anlauf aus der Wasserfläche herauf und schwebt ein ganzes Stück weit — bis zu hundert Metern — allen Ernstes auf seinen Flossen.

Mit der Schwimmblase wollte die Sache dagegen so einfach nicht glücken. Ein Wasserballon braucht bloß schlichte Luft zu enthalten, um alles nötige zu leisten. Ein Luftballon erfordert, wie jeder weiß, Füllung mit einer Gasart, die leichter ist als gewöhnliche Luft. Die hatten Fisch und Qualle zunächst nicht zur Verfügung. Die fliegende Siphonophorenqualle, die bei der blumenhaften Schönheit dieser Tiere einem schwebenden märchen-

haft bunten Orchideenzweig geglichen haben müßte, hat uns die
Natur leider versagt. Und schließlich war auch der fliegende Fisch
nur ein rechter Stümper in dieser unbeholfenen Form. Was ihm
vor allem abgeht, ist die innere Lebensmöglichkeit, in dem Luftreich, das er erobern möchte, zu atmen. Mag er seine hundert
Meter abfliegen: viel länger ginge die Sache selbst bei bester
Flugkraft nicht, denn er würde ersticken.

So wurden die Atmungsverhältnisse der höheren Tiere von
entscheidender Wichtigkeit in der Flugfrage.

Es ist nun höchst eigenartig zu sehen, wie gerade das Atmungsorgan schon in seiner Wasserform (als sogenannte Kieme) bei
verschiedenen Tiergruppen früh mit der Bewegungsfrage überhaupt in Berührung kam.

Die vier Hauptflossen des Fisches sind wahrscheinlich hervor-
gegangen aus gewissen stacheligen Anhängseln der Kiemenbogen.
Und ebenso scheinen, obwohl in recht verschiedener Einzelweise,
bei den Insekten blattförmige Kiemen, also auch Atmungsorgane,
an der Rückenseite des Körpers zunächst zu flossenartigen Gebilden
sich umgeformt zu haben, die beim Schwimmen helfen.

Da glückte es eines Tages sowohl Fischen wie Insekten, ihre
Atmungsart selber so von Grund aus umzukrempeln, daß das
Wasser ohne weitere Erstickungsgefahr dauernd verlassen werden
konnte. Die Luft wurde von der Atmung her fest erobert.

Alsbald aber bekamen jetzt auch wieder jene Flossenanhänge
neue, die Luft betreffenden Möglichkeiten und Aufgaben. In dem
Wie unterschieden sich fortan freilich Fische und Insekten gründlich.

Das Insekt hatte sich, unabhängig von den rückseitigen Flossen-
falten, schon im Wasser an der Bauchseite drei Paare regelrechter
Beine zum Kriechen und Festhalten ausgebildet. Die benutzte es
jetzt auf dem Lande glatt weiter. Aus jenen (zur Atmung fortan
nicht mehr gebrauchten) Rückenflossen dagegen schuf es sich nach
und nach die hübschesten Flügel. Es lernte, sie gegen die Luft so
einzustellen, daß sie seinen Körper wirklich dahintrugen, — wobei
die Kleinheit und die durch viele luftgefüllte Körperröhren noch
erhöhte Leichtigkeit der Insekten helfend beitrug. So ist die Fliege,

ist der Schmetterling entstanden. Und so hatte es die Libelle schon erreicht am Strande von Solnhofen.

Viel verwickelter verlief die Sache dagegen beim Fisch.

Der Fisch brachte es als „Molchfisch" fertig, ebenfalls Luft-atmer zu werden und zwar auf die äußerst sinnreiche Weise, daß er gerade den auf dem Lande doch so nicht mehr brauchbaren Ballon-Apparat seines Innern, die Schwimmblase, als geschlossenen Ballon ganz abschaffte und in das nötige neue, offene Luft-atmungs-Organ, nämlich eine Lunge, verwandelte. Einmal auf dem Lande, schaffte dann der Fisch — oder wie er jetzt genannt. werden muß — der Molch aber auch seine Ruderflossen ab und schuf sie zu vier regelrechten Beinen um, die zum Kriechen, Sprin-gen, Laufen, Klettern nach und nach sich aufs schönste einschulten.

So schien hier beim Wirbeltier allerdings für eine Weile das Flugprinzip nicht vorwärts-, sondern eher rückentwickelt, trotz des Aufenthalts auf dem Lande. Aber es kam auch da schon wieder zu seiner rechten Zeit. Und als es kam, da war es, als habe die Natur nur eine Pause gemacht, um sich endlich zum Haupt-streich zu sammeln. Wir sind mit dem Fisch und Molch ja ohnehin in der höchststeigenden Linie der ganzen Lebensentwickelung, wo alles an kühnen Möglichkeiten Angelegte und Aufgespeicherte in wahrem Feuerwerk losbrennt.

Die Wirbeltiere, zu denen Fisch und Molch gehören, waren durchweg größere, viel schwerere Tiere als die Insekten. Es geschah ihnen nicht so leicht, daß der Wind sie mitriß und so auf Versuche zu aktivem Fliegen führte. Schließlich kamen sie aber doch wie die Insekten auch auf Gelegenheiten, die zum Fliegen geradezu drängten.

Aus den Kriechbeinen wurden Kletterbeine und Springbeine. Bäume wurden erklettert auf der Jagd nach Beute oder auch auf der Flucht vor fremdem Beutegelüst.

Der Laubfrosch zum Beispiel kroch hoch ins grüne Blätterdach, er hat ja die Farbe dazu auf den Leib gemalt. Der Frosch stand dem Wasser aber noch so nahe, daß er zwischen seinen Zehen flossenartige Schwimmhäute trug. So sehen wir heute noch einen Laubfrosch der Sundainseln (Rhacophorus) sich zum „fliegenden

Frosch" bilden. Will er von hohem Ast rasch zur Erde, so benutzt
er die vier Füße mit ihren riesigen Schwimmhautflächen als Fallschirm und flattert darauf abwärts. Es war ein erster Versuch,
den fliegenden Fisch unter ganz neuen Verhältnissen gleichsam zu-
rückzuerobern.

Auf denselben Sundainseln „fliegt" eine kleine farbenbunte
Eidechse, der sogenannte Flugdrache (Draco volans). Ihr stehen
jederseits ein halbes Dutzend falscher Rippen wie Fischgräten aus
dem Leibe und darüber spannt sich eine Hautfalte als Fallschirm.

Viel weiter war schon eine Eidechse gekommen, die heute
ausgestorben ist, in Solnhofen aber zur Archäopteryx-Zeit überall
herumflatterte: der Flugfinger oder Pterodaktylus. Bei ihr spannte
sich eine ähnliche flossenartige Haut von einem Finger der Hand
in kühner Sichel zu den Hinterschenkeln herüber. Mit echter
Schwimmhaut hatte das jetzt gar nichts mehr zu tun, es war eigens
zum Flattern erfunden. Die Gliedmaßen saßen in der Flatterhaut
wie die Fischbeine in einem Regenschirm. Auf dem Schirm aber
schwebte tatsächlich das ganze Tier durch die freie Luft dahin.
Dieses Regenschirmprinzip ist viel später von einem kleinen Säugetier, der Fledermaus, noch einmal nachgemacht worden, die aber
nicht bloß einen Finger, sondern fast die ganze Hand durch den
Flügel gesteckt hat. Ein Ideal schließlich war es aber immer noch
nicht, zu dem mußten zu allerletzt noch einmal die Atmungs-Ver-
hältnisse verhelfen.

Es traten Eidechsen auf mit warmem, von innen her geheiztem
Blut. Vielleicht hat gerade die lebhafte Bewegungsart Klettern-
der und springender Tiere viel dazu beigetragen. Man hat auch
an zeitweise Verschlechterung des Klimas, große Eiszeiten noch
jenseits der Jura-Periode gedacht, wobei das dauernd warme
Blut eine Anpassung dargestellt hätte, einen Notausweg. Wie es
nun damit gewesen sein mag: die Warmblütigkeit war plötzlich als
Tatsache da. Diese innere Blutdurchwärmung wiederum aber stand
in Zusammenhang mit Umwandlungen und Neuerungen in der
Haut der Tiere. Die Haut bildete eigentümliche Schutzmittel der
kostbaren Innenwärme aus, erzeugte sich schlechte Wärmeleiter
nach außen. Da geschah es, daß einerseits feine Hautfäserchen

zwischen den Schuppen sich zum Haarpelz des Säugetiers ausreckten. In einer anderen Entwickelungslinie aber zeigte sich die hornige, harte Eidechsenschuppe willig, ein ebenso brauchbares Wärmeschutzmittel unmittelbar aus sich hervorgehen zu lassen in Gestalt der F e d e r. Bei gewissen Eidechsen bedeckten sich Leib und Gliedmaßen mit dichtem Federkleid.

Nun denn aber: gerade unter diesen Federträgern waren ausgesprochenste Kletterer und Springer, echteste Baumtiere, gewohnt, von Ast zu Ast zu sausen.

Es waren keine sehr großen Herren dabei, die ganz dicken trug von vornherein das schwankende Geäst nicht. Also das Gewicht wog schon nicht zu schlimm bei Sprüngen. Doch jetzt gab die vermehrte Körperheizung selbst eine neue Möglichkeit auch noch der Erleichterung.

Schon beim Pterodaktylus und anderen Reptilen der Ichthyosaurus-Zeit war eine Verminderung des Körpergewichts vielfach dadurch angebahnt worden, daß die Knochen Hohlräume im Innern zeigten. Da gab es schon Saurier, deren Skelett wie aus Kartonpapier aufgebaut schien, und mancher der reptilischen Landriesen von damals hätte seinen eigenen Knochenberg ohne dieses Prinzip gar nicht mehr von der Stelle bewegen können.

Jetzt bot die innere Zentralheizung des Vogelkörpers eine neue Möglichkeit: nämlich diese Knochenhöhlen mit Luftheizung zu durchdringen.

Die Lungen bildeten verzweigte Säcke, die bis in die hohlen Knochen eindrangen, eine neue Variante der alten Schwimmblase. Und die erwärmte Luft erfüllte sie dabei wie eine Montgolfiere und machte den ganzen Körper noch ein Teil leichter im Sinne jetzt des alten Ballonprinzips.

Immer kühner durften da die Sprünge dieser Leichtfüße werden von Ast zu Ast. Alle Kletterer werden aber gedrängt, die Hinterbeine mehr als Stützpunkt zu nehmen und die Vorderbeine mehr zum Greifen, als Arme also, zu gebrauchen. Beim Sprung gaben die Hinterbeine den Ausschlag, die Arme ruderten. Und da ein Triumph.

An diesen Armen saßen ja die Federn. Der Luftzug blies sie

auf, — auch fie halfen tragen. Was geübt wird, nimmt zu, — ein altes wahres Wort. Die Federn nahmen zu, rechten sich. Auf einmal hatten sie alle Vorteile vereint in sich des Ruders und des Fallschirms. Und der harte Knochenarm in ihnen bot gleichzeitig den sicheren, aktiven Ruderstil.

In dieser Kette der Dinge ist der Vogel entstanden.

Die größte Lösung des Flugproblems, das die Natur unterhalb des Menschen fertig gebracht hat.

Der Urvogel von Solnhofen war der erste klare Vertreter.

Noch trug er Zähne im Maul, noch hatte er Fingerkrallen oben am Flügel, als traue er dem Fluge nicht allein, müsse auch noch greifen und klettern, noch schleppte er als ein recht unbeholfenes Steuer den langen Eidechsenschwanz grob befiedert hinter sich her. Aber der Vogel war mit ihm da, unwiderruflich.

Der Fisch hatte die Luft erobert, nicht bloß atmend am Boden, sondern aktiv schwimmend wieder in ihrer Ganzheit, wie er einst die volle Wassersäule für sich gewann.

Ueber diesen Erfolg ist wieder ein Zeitraum von Jahrmillionen hingegangen. Jetzt sind wir an der Reihe.

Werden wir Menschen den Vogel überbieten, — das letzte abstreifen, was an ihm noch unbehülflich, was unlösbarer Rest seiner Vergangenheit ist?

Es ist ein wunderbarer Glaube, daß der Mensch endlich mit dem Werkzeug alles erringen und überbieten werde, was die Natur als Organ geschaffen hat. Die ganze Bahn der menschlichen Technik ist eine einzige Triumphstraße in dieser Linie. Wie sollte dieses einzelne Problem nicht auch bezwungen werden!

Vielleicht aber, wenn unsere Enkel die Luft besitzen, wird an ihre Gedankentür das abermals Höhere klopfen. Das Wasser liegt auf der Feste, auf Feste und Wasser die Luft. Die Luft hüllt den Planeten abermals wie eine Haut. Zwischen Planet und Planet aber spannt sich — der Aether. Werden wir zuletzt auch in ihn auftauchen?

Die Weltgeschichte des Nilpferdes.

Die Wasser brausen — und nun kommt etwas Ungeheures.

Zuerst eine meterlange blau-rötliche Platte wie ein flacher Klippenkopf, von dem die Ebbe abläuft. Auf dieser Klippe wippen zwei kleine Dinger hin und her, überschlagen sich, spritzen Wasser, als seien es zwei zurückgebliebene Meergeschöpfchen, die in ihr Element zurück wollen. Aber die Dinger haben die Gestalt von Ohren, und nun hebt sich ein fürchterlicher Klotz herauf, ein Tierhaupt. Wie die Märcheninsel zum Kraken wird, so die Klippe zum Nilpferd. Ein Maul spaltet sich auf, im buchstäblichen Sinne wie ein aufklappender Kasten. Zwischen roten Fleischwülsten liegen Zähne, aber nicht nach der Art von Zahnreihen, denen man zutraut, daß sie etwas kauen, sondern derartig verwirrt, schief, lückenhaft, abgehackt, mit dem untersten zu oberst, als habe das fürchterliche Maul sie selber eben erst in sich hineingebissen und zerkaut.

Dieser Kopf allein ist schon ein Riesentier. Aber die Charybdis kreiselt auseinander und jetzt rollt der Leib nach, eine endlose, fleischig schillernde Wurst, länger und immer länger. Erst wenn das Ganze wie eine violette Viermeter-Pflaume am Ufer steht und ganze Bäche von seiner nackten Haut zurückrieseln läßt, erkennt man, daß die Walze nicht nach Seehundsart auf dem Bauch heraufgerutscht ist, sondern fast verborgen unter ihrem quetschenden Bauchwanst vier winzige Beinchen hat, deren jedes vier Hufe trägt.

Indem der Leib sich mit seinen fünfzig Zentnern Gewicht unter Aufwerfen breiartig quellender Falten auf diesen kurzen Stempelchen mühsam einstellt, entlastet sich die Tiefe der Brust zu einem Prusten, als sei in einem D-Zug die Notleine gezogen worden und träten alle Bremsvorrichtungen zugleich in Kraft.

Das ist das Nilpferd, wie es der Besucher unserer großen Zoologischen Gärten jetzt gewohnheitsmäßig erlebt.

Was sind uns Entfernungen, fremde Landschaft, fremdes Klima noch! Inmitten der märkischen Sandebene ein roter Ziegelbau — und in diesem Bau mit seinem geheizten Becken verpflanzt ein Sumpfwinkel aus dem Papyrusdickicht des Tsadsees samt seinem Riesen, dem Nilpferd. Das bringt unsere Kultur schon fertig, als sei es selbstverständlich.

Was sie aber durchweg noch nicht vermag, das ist, dem Alltagsbesucher eines solchen Zoologischen Gartens nun auch den rechten „Geist" mitzugeben, der ihm die grotesken Bilder verklären soll.

Dieses ungeschlachte violette Riesenhaupt, das da aus den Wassern taucht, ist ein Stück Weltgeschichte.

Nicht umsonst wandert die Phantasie bei seinem Namen nach dem heiligen Nil, wo aus der gelben Sandflut des Wüstenrandes jenes andere, noch viel gewaltigere, zu Stein erstarrte Haupt ragt: das Antlitz der Sphinx.

Und doch ist all der Wüstensand von heute nur ein Stäubchen in der großen Sanduhr der Weltgeschichte, die unendlich weit über die ältesten Pharaonen und Sphinx-Erbauer hinunter reicht, — der Sanduhr, die mit rinnenden Körnlein, mit unmeßbar kleinen Schlammteilchen im Laufe von Jahrmillionen Sandsteingebirge aufgebaut hat, und mit wühlenden Tropfen, winzig wirklich wie ein Regentropfen, ganze Gebirge auch wieder abgetragen hat.

Wenn der Mensch, der die Geschichte an seinem Schulbuch mißt, sich in recht entfernte Tage denken will, so träumt er von den Pyramiden, — wie sie gebaut worden sind. Cheops taucht ihm auf, Erbauer der großen Pyramide. Als aber Cheops regierte, lag die große Sphinx schon in der Wüste. Und sie war uralt. Sie hatte keinen Namen eines Erbauers, so alt war sie. Sie mußte wegen hohen Alters schon ausgebessert werden unter der Regierung des Cheops, wie eine Inschrift lehrt.

Doch was ist dieses Alter der Sphinx gegen das Alter des Nilpferdes, dieses zoologischen Sphinxkopfes, der aus den schäumenden Wassern glotzt.

Das Gestein, aus dem die große Sphinx herausgemmeißelt ist, zeigt eigentümliche Streifen oder Schichtungen, wie schon auf jeder guten Photographie sichtbar wird. Der ganze Löwenleib mit Menschenkopf ist nun nicht etwa erst von Menschenhand aus Steinen zusammengeschichtet. Ein einziger Naturblock oder besser noch gesagt, eine natürliche Felsklippe, die im Sande seit alters vorsprang, ist einheitlich als Ganzes in die Sphinxform umgehauen, als Kunst und Technik eine cyklopenhafte Leistung. Die Schichtungen lagen entsprechend von Beginn an im Gestein, und sie verraten uns in Verbindung mit dem Gesteinsstoff selber, daß es sich dabei um eine uralte Sandstein-Klippe handelt, deren Material in grauen Tagen einmal durch strömendes Wasser schichtenweise als Schlamm wie Scheiben eines Butterbrotes (zum Teil allerdings sehr schief) abgelagert worden sein muß.

Es läßt sich nachweisen, daß das zu einer Zeit geschehen ist, die der Naturforscher in das letzte Drittel der sogenannten Tertiär-Zeit rechnet.

Es war vor der berühmten großen Eiszeit. Kein bekannter Menschenrest der Erde, auch die vielbesprochenen Knochen des Pithekanthropus von Java nicht, geht streng nachweisbar so weit zurück. Eben erst hatte sich durch einen kolossalen Einbruch, eine sogenannte Grabenversenkung, das Rote Meer als Arm des Indischen Ozeans gebildet. Wo heute sich jenseits der Landenge von Suez frei das Mittelmeer öffnet, lag streng trennendes Festland. In der Gegend der griechischen Kykladen schäumte das Meer an einem Küstengebirge. Sizilien hing mit Afrika zusammen und die heutige schöne Insel Malta war damals ein Fleck tief im Lande, zu dessen Sumpfseen die Elefanten kamen.

Damals aber schon war die eigentliche Blütezeit der Nilpferde.

Ihre kleinen vierzehigen Beine, ganz genau so gebaut wie heute, konnten sich in den weichen Schlamm schon eindrücken, der dann erst Stein, erst Felsklippe in der Wüste geworden ist und als solche verlorene Klippe der Sandöde ein eingewandertes Menschenvolk wunderbarer Techniker und mystischer Grübler zu phantastischem Ausbau in eine Tierform, die nie existiert hat, reizte.

Sie trugen damals ihren quetschenden Pflaumen-Leib auf

den spaßhaften Stempelchen aber nicht bloß durch Afrika, diese Nilpferde. Ihr Reich ging noch ganz wo anders hin.

Die wenigsten Besucher eines zoologischen Gartens ahnen die Gewalt der Frage: Alt und Neu, vor all diesen Tieren.

Da bewegt sich ganz junges Erdenvolk auf vier oder zwei oder gar keinen Beinen dahin — und daneben, in diesem oder jenem Käfig oder Tümpel, hockt ein Urgreis aus altverschollenen Planetentagen, grau wie so ein Planet selber, mit Backen und Zähnen und Bauch, die ein wandelnder Anachronismus, eine mühsam noch keuchende Versteinerung sind. Lustiges Bellen, Krähen, Gurren erschallt ... das sind die Jüngsten des zoologischen Reichs, die Schöpfungskinder, nicht nur jung, sondern sozusagen schon aus zweiter Hand: die Hunderassen, Hühnerrassen, Taubenrassen. Als der Urmensch jagte, liefen ihm Schakale und Wölfe nach. Daraus ist erst und durch sein Zutun der Hund geworden — und in ein paar kurzen Jahrtausenden alle die unzähligen Hunderassen. Und genau so die Hühnerrassen, die Taubenrassen, — Neuigkeiten der jüngsten Planetenmode und dazu Kunstprodukt, bei denen der Mensch die alten, auf Jahrmillionen eingerichteten Zuchtwahlgesetze der Natur mit einer geradezu unehrerbietigen Weise auf Dampf und Schnellfeuerwerk gesetzt hat. Umgekehrt aber: in dem roten Warmhause dort der fletschende Fleischklotz im trüben Becken, — das ist Patriarchenzeit, unverfälschte, vormenschliche Urwelt.

Vor mir liegt ein alter Foliant, in seiner Weise auch ein kleines Nilpferd an Unhandlichkeit, — aus den guten alten Zeiten, da man im Kloster saß, Raum hatte, sich ein Bäuchlein zu züchten und doch noch Platz dazu, solche Bände von 1300 Folioseiten und mit goldgepreßten Lederdeckeln von der Dicke je eines Zentimeters zu wälzen. Unsereins heute weiß das nicht mehr so recht in Einklang zu bringen, — es ist jedenfalls schlechterdings unmöglich, solche Bücher abends im Bett zu lesen.

Mein Foliant geht zurück auf 1558. Es ist das vierte Buch der großen Historia animalium, der Tiergeschichte des Konrad Gesner, gedruckt zu Zürich bei Christoph Froschauer.

Gesners Tierbuch bedeutete in seiner Zeit einen Wendepunkt der Zoologie. Die Antike war wieder erstanden. Nun griff ein genialer Geist alles zusammen, was sie von den Tieren gewußt, und ergänzte es durch eine Fülle des Neuen. Das waren Leute, diese Gelehrten von Fünfzehnhundert! Als Philologen setzten sie ein. Aber die Philologie war ihnen ideale Basis einer Weltwissenschaft. Um den Aristoteles und den Plinius zu erklären, wurde so ein Polyhistor Vater einer neuen Epoche der Naturforschung, wurde selber mehr als ein Aristoteles. Wir sind solchen Leuten wie Gesner gegenüber heute ein undankbares Geschlecht. Von diesem köstlichen Tierbuch gibt es weder eine neuere Ausgabe des lateinischen Urtextes, noch selbst einen Neudruck der (wenig später veröffentlichten) deutschen Bearbeitung, die schon um des wunderbaren derben Humors und Sprachreichtums ihres Lutherdeutschs willen einen Platz unter unseren klassischen Büchern verdiente.

In diesen schönen alten Blättern Gesners mit ihrem monumentalen Druck und ihren trefflichen Holzschnitten geschah es, daß das Nilpferd für das Gedächtnis der Kulturmenschheit eine Art Auferstehung feierte.

Von den Wassertieren handelt der bewußte Foliant. Land und Wasser sonderte ja schon die Bibel in ihrem Schöpfungsbericht mit strenger Schärfe. Auch dem Gesner zog sich ein tiefer Strich zwischen allem, was da kreucht und fleucht, und dem, was schwimmt. Bei den Walfischen und Seeschlangen, den Häringen, Karpfen und Austern taucht auch das Nilpferd folgerichtig auf.

Graue Traditionen, die an das Wort Hippopotamus zunächst dem Philologen anknüpften, gleißende Bilder aus dem wilden bunten goldenen Rausch des römischen Cäsarentums, in vergilbten Klassikerstellen gespenstisch noch einmal belebt. Als Augustus über die Kleopatra triumphierte, gingen im Festzuge ein Nashorn und ein Nilpferd mit. Als unter dem Cäsar Philippus Arabs die ewige Roma ihr Jahrtausend feierte (248 n. Chr.), erschien im Zirkus ein Nilpferd. Die Römer hatten das Ungetüm bestaunt, hatten es auf Münzen geprägt. Aber das Römerreich brach zusammen. Mythischer blauer Duft sammelte sich über seinen Cäsarenköpfen, er umspann auch ihre Tiere.

Als die höhere Geisteskultur, die Wissenschaft, langsam, inselartig aus den großen Zwischenwassern wieder auftauchte, als end-

lich eine deutſche Naturgeſchichte ſich zum erſtenmal ernſthaft regte
— da war das Nilpferd auf dem Punkt, völlig verſchollen zu
ſein. Mit allegoriſchen Gebilden, den Meerpferden und Sirenen,
verſchmolz es, wo es in der Kunſt ſich erhalten hatte. Der Tierkunde aber miſchte es ſich unter die jüngeren, dem Norden ge-
läufigeren Geſtalten der Robben und Walroſſe, zu denen dunkle
Reiſeberichte von Seekühen der fernen ozeaniſchen Geſtade traten.

Da aber dringt zu Gesners, des großen Sammlers, Ohr
eine wunderbare Zeitung.

Petrus Bellonius (Pierre Belon) war von Frankreich bis
Konſtantinopel gewandert. Im alten Palaſt des Conſtantin laſſen
ihn die Türken dort ein lebendig gefangenes Ungeheuer ſehen,
„umb kleines Gelt“, wie der deutſche Bearbeiter Gesners ſagt.
„Welchem, ſo man ein Kappißhaupt oder große Kürbſen darſtreckt,
ſo ſoll er ſein Rachen ſo mercklich außſperren, daz es ſich zu ver-
wundern iſt, daz der Hüter ſolche ſpeiß in iren Rachen als in ein
ſack würfft.“

Der Schlund, in den man ganze Salatköpfe und Kürbiſſe wirft,
dürfte ſelbſt von einem ſchlichten Laienbeſucher unſerer Zoologiſchen
Gärten wohl nur auf das Nilpferd bezogen werden. Herr Bellonius
riet auf Grund der alten römiſchen Münzen auf den klaſſiſchen
Hippopotamus, von dem die Türken ſelber natürlich keine Ahnung
hatten. Damit war das Sagentier endgültig wieder entdeckt, wenn
man vorläufig auch bloß auf Grund der alten Quellen eine Heimat
Afrika mutmaßen konnte. Dieſe Quellen wieſen — höchſtwahr-
ſcheinlich in Verwechſelung mit der Seekuh, alſo einem echten See-
ſäugetier — allerdings auch nach Indien, — immerhin in ferne,
heiße Länder.

Der gute Gesner war aber kaum dieſer wieder errungenen
Wiſſenſchaft froh, als ihm etwas durchaus Sonderbares zum Fall
Nilpferd in den Weg lief. Etwas ſo recht, um alle Gedanken eines
klugen Mannes von 1558 auf den Gefrierpunkt zu bringen.

Bellonius beſchrieb ziemlich anſchaulich in ſeinem Bericht die
Zähne des Nilpferdes. Wer vergäße ſie je, der ſie einmal geſehen
hat, dieſe entſetzlichen Hauer, die krumm und ſchief im Maule herumliegen, jeder oben abgeſtutzt wie ein gekappter Baumſtumpf?

Juſt genau einen ſolchen Hauer bringt nun ein glaubwürdiger guter Freund dem Gelehrten eines Tages mit, aber nicht aus Konſtantinopel, ſondern friſch, wie er ihn gefunden, — — aus einem Bachbett bei Zürich!

Von anderer Seite kommt ein ähnliches Geſchenk, und als in Solothurn (alſo ebenfalls in der Schweiz) ein Haus gebaut wird, da ſtößt gar die Hacke auf einen ganzen Schädel voll ſolcher Zähne; der Schädel zerfällt zwar alsbald zu Staub, aber die Zähne dauern auch diesmal.

Nilpferde in der Schweiz? Darauf konnte ſich auch ein Mann von Gesners Wiſſen keinen Vers mehr machen. Er erinnert an Rieſengebeine, die man in Sizilien gefunden, und überläßt die Sache dem Leſer. „Ob dieſer oder dergleichen Zan,“ ſo gibt der Ueberſetzer die Entſcheidung reſolut wieder, „Menſchenzän oder von Waſſerroſſen oder ſonſt etlichen grauſamen Thieren geweſen ſeyen, laſſen wir hie bleiben.“ Und die Forſchung ließ es „hie bleiben“. Dieſe Sache war denn doch noch zu ſchwierig für 1558.

Fünfzig Jahre gingen hin, — da kam eine neue Nachricht über das lebende Tier. Diesmal erſchien es endgültig lokaliſiert auf Aegypten. Ein Wundarzt aus Narni in Italien, Federiko Zerenghi, hatte das Nilpferd leibhaftig wieder am Nil entdeckt, an ſeiner klaſſiſchen Stätte. Er hatte ſogar zwei Stück gefangen.

Die Scene ſpielt bei Damiette, alſo im Nildelta. „In der Abſicht, einen Hippopotamus zu erlangen,“ erzählt Zerenghi, „ſtellte ich Leute am Nil auf. Sie mußten abpaſſen, daß zwei Tiere den Fluß verließen, und auf dem Wege eine große Grube graben. Sie wurde mit dünnem Holzgeflecht, Erde und Gras bedeckt, und als es Abend wurde und die Flußpferde zum Waſſer heimkehrten, fielen ſie alle beide in das Loch. Meine Leute holten mich und ich kam mit meinem Janitſchar und wir gaben jedem der beiden Tiere drei Schüſſe in den Kopf aus einer Büchſe von größerem Kugelmaß, als gewöhnliche Musketen haben. Faſt auf der Stelle ſtarben ſie mit einem Schmerzgeſchrei, das mehr Büffelbrüllen als Pferdewiehern war. So geſchah es am 20. Juli 1600. Tages darauf ließ ich ſie aus der Grube ziehen und ſorgſam abhäuten. Es war ein Männchen und ein Weibchen. Die Häute wurden eingefalzen und mit Zuckerrohr-Stroh gefüllt. In Kairo wiederholte man das Salzen noch einmal mit mehr Muße, auf jede Haut kamen 400 Pfund Salz. 1601, als ich aus Aegypten heimkam, brachte ich die Häute erst nach Venedig, dann nach Rom, wo mehrere erfahrene Aerzte sie besichtigten. Nur der Doktor Hieronymus Aquapedente und der berühmte Aldrovandi erkannten darin den Hippopotamus."

Die Bilder dieser Häute erschienen fortan in den Naturgeschichten. Aber die glückliche Jagd, die dem Ort nach schon fast etwas fabelhaft klingt, wiederholte sich selber nicht. Im achtzehnten Jahrhundert, in den Zeiten Linnés und Buffons, nimmt die Tierkunde abermals im ganzen einen gewaltigen Aufschwung. Alles mögliche ferne Getier kommt in dieser lebhafteren Zeit wieder lebend nach Europa. Buffon pflegt in Paris schon einen ganzen Tiergarten. Auf Jahrmärkten zieht zum erstenmal der indische Riese, das Rhinozeros, herum, so berühmt, daß eine (übrigens vortreffliche) Denkmünze mit „Porträt" darauf geschlagen wird. Den alten braven Gellert können wir uns heute gar nicht mehr anders vorstellen, als wie er ausgeht, „um das Rhinozeros zu sehen".

Arme Märtyrer der erwachten Wissenschaft waren sie zumeist, diese umgetriebenen Menagerie-Riesen.

Lenz, der tierkundige Professor zu Schnepfenthal, hat eine tragikomische Geschichte derart aus der guten alten Zeit (allerdings aus verhältnismäßig immer schon jüngeren Tagen) bewahrt. Zwischen Eisenach und Gotha trottelt ein ungeheurer Elefant. Um ihn unschädlich zu machen und zugleich zum Marsch zu zwingen, ist ihm ein riesiger, unten offener, auf kleinen Rädern rollender Kasten wie ein Möbelwagen übergestülpt. Vorne sind Pferde vorgespannt und in der hinteren Innenwand des Kastens kitzeln große Stacheln den Unglückselefanten beständig so hinterwärts, daß er mit Pferden und Kasten Schritt halten muß. Die Erfindung ist zu sinnreich, um nicht zu einer Katastrophe zu führen. Dem alten Brahminen wird die Kitzelei gelegentlich zu arg, er bockt und brüllt, darob werden die Pferde scheu, ziehen schneller, entsprechend bohren sich die Stacheln ein, das Toben des Kolosses wird furchtbar, — bis die geängstigten Pferde endlich schief ziehen und die ganze Schreckenspyramide, Elefant und Schilderhaus, kopfüber in den Chausseegraben stürzt. Der Elefant bricht sich einen Stoßzahn dabei ab, wird aber schließlich nach endlosen Mühen im Zustande des geschundenen Raubritters doch noch wieder hervorgeholt und im Triumph unter seiner Kiste gen Gotha gebracht. Als er dort aus dem Kasten kommt, tobt er aber in berechtigter Auflehnung gegen diese Art der Behandlung derartig, daß niemand ihm zu nahen wagt. Die Gothaer rufen in ihrer Angst die Bürgerwehr zusammen, der Herr Hauptmann, Andreas Heyn hieß der Brave, verfällt jedoch sogleich auf ein Mittel, das auch bei erregten Menschen bisweilen mehr Erfolg haben soll als Kanonenkugeln: er spielt dem Rasenden nämlich eine Flasche mit Rum in den Rüssel. Im gleichen Augenblick war der Zorn des edlen Recken verflogen, mit dankbarem Blick betrachtete er die Flasche, leerte sie auf einen Zug und umarmte dann den Geber mit dem Rüssel so zärtlich, daß, laut Lenz' Bericht, alle Anwesenden sich vor Rührung nicht zu lassen wußten.

Bei all diesen zugkräftigen Ungetümen fehlte aber das Nilpferd.

Ein besonderer Unstern schien über ihm neu zu walten. Schon zu Buffons, des großen Sprachmeisters in der beschreibenden Tierkunde, Zeiten, also Mitte etwa des achtzehnten Jahrhunderts, stand die Tatsache fest, daß das Nilpferd im unteren Nilgebiet, also in Aegypten, zwar einst in Masse gelebt habe, nunmehr aber nahezu oder ganz verschwunden sei. Zerenghis Jagd schien nicht nur die erste, sondern auch die letzte wissenschaftliche Nilpferd-Jagd auf ägyptischem Boden gewesen zu sein. Wahrscheinlich war das Nilpferd sogar schon zu seiner Zeit nur noch ein verspäteter Nachzügler im Lande gewesen. Die anderthalb Jahrhunderte seither aber hatten auch die letzten der letzten in die bewußten Fallgruben gebracht.

Es half nichts mehr, daß gerade auf den Ausgang dieses achtzehnten Jahrhunderts das alte Fabelland Aegypten durch Napoleons tolle Expedition und ihre wissenschaftliche Ausnutzung auf einmal heller wurde, als es zu den Tagen des alten Herodot der europäischen Forschung gewesen war. Jetzt geriet die rasch empor-

blühende ägyptologische Wissenschaft ja auf Denkmal über Denkmal einer ehemaligen Beschäftigung eines hochbegabten Volkes
mit dem Nilpferd, wie sie mit solchem Nachdruck kaum ein zweites
Riesentier der Erde erlebt hat.

Auf bunten lustigen Wandgemälden der uralten Gräber sah
man die Nimrode des alten Reichs, wie sie dem Hippopotamus,
unverkennbar getroffen, mit entsprechend riesigen Metallhaken,
wahren Walfisch-Harpunen, zu Leibe gingen. Und nicht nur gejagt hatten sie ihn. In diesem wunderlichen Lande, wo die Tiere
Götter wurden, war auch das Nilpferd schließlich unter die Ueber-
irdischen geraten. Wahrhaft überirdisch scheußlich, wie es uns ja
heute noch erscheint, stand es in verzerrter, grotesk dickbäuchig
vermenschlichter Gestalt auf dem Gottespiedestal und seine Mumie
lag in geweihter Wickelung im Tempelgrab.

Von diesen alten Aegyptern, die das Nilpferd bis in den
Kultus hineintrieben, hatte jedenfalls auch der Dichter des Buches
Hiob seine Weisheit geschöpft, wenn er in dem kleinen Kolleg,
das dem Knechte Hiob über Naturgeschichte von oben her gelesen
wird (dichterisch einer der schönsten Stellen des ganzen alten Testa-
ments), vom „Behemot" spricht, der das Maul aufreißt, als
wolle er einen ganzen Jordan verschlucken; wieder wie bei den
Kohlköpfen des Bellonius ist es dieses über alle Maßen fürchterliche Maul, an dem man das Nilpferd herauskennt.

Aber was nützte das.

Nicht umsonst tauchte der Riese hier in Mumiengräbern und
auf Grabbildern, die erst die von Fledermäusen umschwärmte Fackel
des Archäologen rot erhellte, auf. Kein lebendes Nilpferd war
mehr im Lande.

Wie so viele lehrreiche Tiere der Naturgeschichte schien es
zurückgewichen vor der Wissenschaft, als sie endlich kam. So war
der Ur-Ochse, von dem Gesner noch einen guten Holzschnitt gibt,
just im Augenblick, da die Tierbeschreibung ihn festlegen wollte,
unter den Händen den Forschern aus dem deutschen Forste heraus-
gestorben. So ist der Biber, den Gesner noch als das gemeinste
Tier aller deutschen und schweizerischen Flüsse kennt, mit der zoologischen Aera, die seine kunstvollen Bauten, seine seltsamen Schma-

rotertiere und anderes mehr erforschen wollte, hingeschwunden bis fast auf den letzten Kopf. Von den romantischen Tieren, wie der Seekuh von Kamtschatka und dem Vogel Dronte ganz zu schweigen, die der Tierkundige nicht erwähnt ohne eine Zähre im Auge, sintemalen sie gleich von ihren ersten Entdeckern gesehen, beschrieben — und mangels besserer Verproviantierung aufgegessen worden sind.

Das Nilpferd zog sich offenbar in die Tropen zurück, abermals in ein recht dunkles Gebiet. Nur das dunkle Afrika kam übrigens in Betracht. Denn Indien bot, so stellte sich allmählich ganz fest, endgiltig keine Nilpferde. Man mochte die Seekühe des Meeres dafür gehalten haben. Vielleicht auch den großen indischen Tapir, der in Cuviers Tagen ganz unerwartet ans Licht kam. Aber indische Lotosblumen hatte der ungeschlachte Gigant auf keinen Fall abgeweidet, so lange wenigstens die Kulturgeschichte zurückreichte.

Langsam, wie eine Morgenlandschaft, über der die weißen Nebel Wolke um Wolke feierlich abdampfen, wächst das Bild des inneren Afrika im neunzehnten Jahrhundert der Kulturmenschheit herauf. Auf den alten leeren Fleck der Karte stellte sich Stück um Stück alles, was die kühnste Phantasie sich nur wünschen konnte: endloser Urwald, Ströme, die in brausenden Katarakten vom Hochplateau niederstürzen, Quellgebiete sagenumwobener Riesenflüsse, wo sich ungeheure blaue Seespiegel plötzlich öffnen, Schneegipfel über Tropenland, menschliche Pygmäenvölker und Gorillaaffen, die stärker sind als ein Mensch . . . . .

Vor dieser immer spannenderen Wandeldekoration taucht nun endlich auch der alte Zirkusriese der Römer wieder auf: das Nilpferd.

Zuerst lernt man es in seinen heimischen Sümpfen selbst ordentlich kennen. Der treffliche Frankfurter Rüppell begegnete ihm in Nubien, andere im Sudan, noch andere, als sie vom Kap her in den schwarzen Erdteil dringen. Wie das wahre Sinnbild des tropischen Afrika erscheint es jetzt, das seltsamste Monstrum des dunkelsten Landes, an dem der Reisende erkennt, in welche bedenkliche Ferne er sich vorgewagt. Als Nachtigall es am Tschadsee findet, kommt ihm auf einmal hell zum Bewußtsein: er ist im Herzen von Afrika. Die geheimnisvollen, von Gefahren umringten Ströme des Innern macht es noch unsicherer. Wie eine Klippe stößt es plötzlich unter das Boot Livingstones, dieses besonders Glückbegünstigten, den auch der Löwe schon einmal in den Klauen hatte.

Inzwischen ist aber in England der erste neuzeitlich erdachte „Zoologische Garten" in Ueberbietung aller alten Menagerien begründet worden (1838), der in kurzer Frist an tausend verschiedene Tierarten lebend vereinigte.

Hier zuerst erscheint es auch als eine Art Ehrensache, den Behemot in Person vor europäischen Augen zu zeigen. Politische Macht und diplomatische Höflichkeiten werden in Bewegung gesetzt um ein lebendiges Nilpferd. Endlich glückt es — und es ist ein Ereignis für die Londoner Gesellschaft, auch solche, die sonst für Zoologie nichts übrig hat.

Von Kairo kommt es, natürlich nicht dort, sondern viel weiter nilaufwärts gefangen. Ein zahmes Tier, wie einst das des alten Bellonius zu Konstantinopel. Ein besonderer Transportkasten wird ihm zur Ueberfahrt gebaut, echtes Nilwasser zum täglichen Bade geht fässerweise auf dem Schiffe mit. Anfangs bekommt es, ein junges Tier, bloß Milch mit Reis und Kleie. Es ist ja nicht eben leicht, einem Nilpferd-Baby die Flasche zu besorgen: das Nilpferdlein fordert binnen kurzem die Milch von nicht weniger als vier Kühen oder zwölf Ziegen. Aber alles wird glücklich überwunden und im Triumph wie ein König erscheint diesmal der Behemot wirklich in London. Die Zeitungen der ganzen Kulturwelt nehmen Notiz davon.

Erst Ende der fünfziger Jahre hat dann eine wandernde Menagerie zwei Nilpferde auch in Deutschland gezeigt. Und seither sind sie dem Großstädter das „Selbstverständliche" geworden, das jeder Schuljunge kennt.

Eigenartiger Zug aber der Dinge.

Der Tag, da der erste Behemot seine plumpen vier Hufe auf englischen Boden setzte, — es war in uralter Schicksalsverkettung ein Tag der Heimkehr.

Um das zu verstehen, gilt es, in Gedanken noch einmal ganz ins Ungemessene zu wandern — weit hinaus über alles bisher Erzählte.

In der grotesken Dreieinigkeit der Inder, Brahma, Vischnu und Siva, ist Siva die wunderlichste Gestalt. Ein Cyklopenauge trägt er auf der Stirn, fünf Arme regt er wie ein riesiger Tintenfisch, sein Haar wallt nieder wie eine Pferdemähne und um seinen Hals schlingt sich ein Kranz von Totenschädeln. So träumt ihn der fromme Inder, wie er auf dem ewig unbetretbaren Schneekamm des höchsten Himalaya in grauser Majestät thront, scheußlich, wie nur irgend ein antediluviales Ungeheuer.

An den Namen dieses phantastischen Glaubensungetüms mahnt die geographische Bezeichnung einer niedrigen Hügelkette, die sich nordwärts von Delhi und Lahor dicht vor dem hohen Himalaya hinzieht: die Siwalik-Hügel. Diese Sandstein- und Ton-Hügel sind eine Katakombe. Wenn der Inder aus dem Gestein riesenhafte Knochen vorragen sah, so mag er sich in dem Gedanken gefallen haben von einer geheimen Urschöpfung Sivas, der in seiner Gebirgsöde einst zum Gigantenspielzeug sich Tiere geschaffen, ihm selber ähnlich an überweltlicher Scheußlichkeit, um sie dann in einer anderen Laune wieder unter Felsblöcken zu zermalmen und zu begraben.

Um die Mitte des neunzehnten Jahrhunderts aber kamen englische Naturforscher an den Ort, setzten ihren profanen Spaten ein und brachten viele Kisten voll Schädel und Gebein heim nach London ins Britische Museum, wo sie heute in schönen Glaskästen vornehm aufgestellt sind: die Wunderwelt des Siva als köstliche Zeugnisse jener längst verschollenen Epoche der Erdgeschichte, die der Forscher als Tertiärzeit bezeichnet.

Im letzten Drittel dieser Tertiärzeit (der Geologe braucht dafür den engeren Namen der Pliocän-Periode) lebte in diesem Lande vor dem Himalaya tatsächlich eine höchst eigenartige Tierwelt. „Vor dem Himalaya" ist dabei eigentlich nicht der ganz zutreffende Ausdruck. Denn diese größte Falte der gesamten Erdrinde stand (so weit geht die Zeit zurück!) damals noch gar nicht in ihrer heutigen imposanten Höhe da.

Die Rinde unseres alten, wahrscheinlich durch Erkaltung immerfort einschrumpfenden Planeten arbeitete in jener Tertiärperiode mit besonderem Eifer. Noch war es nicht allzu lange her, da hatte der Planet, sich runzelnd wie ein dorrender Apfel, in Europa den großen Faltenwulst langsam heraufgetrieben, den wir heute Alpen nennen. Seit so und so viel tausend Jahren (geologisch ist das ja immer eine kleine Spanne) gährte und drängelte es jetzt in ähnlicher Weise auch in Asien: die Himalayafalte wollte sich ebenfalls heraufstauen. Aber noch war das im Werden zur Zeit, von der wir sprechen. Man muß sich ja solche Gebirgsbildung nicht als ruckweise Katastrophe mit entsetzlichen Erdbeben und allerhand vulkanischen Knalleffekten denken. Das stieg und stieg von unten auf ganz, ganz allmählich, so daß endlose Zeiten hindurch Matten und Wälder, Gewässer und Getier ruhig mitgingen, recht nach Goethes Wort: „Waldung, sie schwankt heran, Felsen sie lasten dran."

Bloß die Flüsse, die vom Lande aus gegen die See abflossen, mußten nach und nach ein immer stärkeres Gefälle zeigen. Wie heute, kamen aber damals schon aus der Himalaya-Gegend, auch als sie noch flaches Hügelland war, Flüsse herab, und je mehr das Innenland sich dann hob, desto kräftiger häuften diese Flüsse im Tieflande davor Sand und Gerölle auf.

Was von Tieren gelegentlich in den Strom geriet, zufällig einzeln, oder bei Ueberschwemmungen in ganzen Massen, das kam als Knochenrest zur Ablagerung inmitten dieser Anschwemmsel. Später, als das Gebirge in seiner Schneeglorie ganz stand, hat dann die Faltenbildung auch noch teilweise auf diesen alten Schwemmboden selber übergegriffen, die Ströme haben ihr Bett auch da vollständig verlassen müssen und die alten Sandmassen sind als fester Sandstein noch einmal zu Hügeln darüber emporgestiegen: zu den heutigen Sivalik-Bergen.

In diesen Bergen lag also jetzt, was die Weltgeschichte uns von der Tierwelt jener Tage hat aufbewahren wollen.

Wir schauen in eine muntere Zeit. In Scharen tummelt sich eine reiche Tierwelt. Viel Nahrung muß in den Grasebenen und Buschwäldern dieser tertiären Flußufer hier gewesen sein, denn

Riesen und Zwerge wollten in stattlichster Zahl allerorten davon leben und müssen gelebt haben.

Nachts im Mondschein mag es zu den Tränken herangetrabt sein, wie es in den älteren Reiseberichten (heute haben die Jäger schon stark aufgeräumt) aus Südafrika berichtet wird: Herde um Herde schwerfälliger Dickhäuter, Antilopen in hellen Haufen, ein schleichendes, sich duckendes, selber jagerndes großes Raubtier ums andere — Gebrüll und Geschnaufe und Geplätscher, als komme ein ganzer zoologischer Garten in dieser spukhaften Beleuchtung entfesselt daher.

Der König dieser Siwaliker, dessen Knochenreste sonst nirgends in der Welt bisher gefunden worden sind, war das Tier, das in Achtung seiner kongenialen Verschrobenheit von den Zoologen mit Recht den unmittelbaren Namen „Sivatier" (Sivatherium) erhalten hat. Es kommt annähernd zustande, wenn man die Giraffe und das Elentier aufeinander pfropft und dem Ganzen die Größe ungefähr des Elefanten gibt. Mit der Giraffe hatte es zweifellos eine starke innere Verwandtschaft, es fehlte ihm nur gerade der lange Giraffenhals, ja es muß eher einen kurzen Büffelnacken gezeigt haben. Auf dem plumpen Kopf in der Breite und Länge von mehr als einem halben Meter saßen vorne in der Stirn zwei scharfe Knochenspieße und dahinter zwei dem Elch vergleichbare zackig geschweifte Schaufeln, — also im ganzen vier Hörner. Mit diesem wehrhaften Siva-Haupt stelzte der tolle Geselle auf fast zwei Meter hohen Giraffenbeinen.

Ihm zur Seite wandelten ein ähnliches Vischnu-Tier und ein Brahma-Tier, und zur Vervollständigung fehlte auch die echte Giraffe in der ganzen Pracht ihres Halses an den Siwalik-Tränken nicht. Rinder kamen in Scharen, Antilopen, Hirsche und Kamele. Aus dem Sumpf aber hob sich prustend und röhrend das „Schreckenstier" (Dinotherium). Es war ein Elefant, aber massiger noch als unsere heutigen, und statt der Stoßzähne im Oberkiefer bogen sich ihm zwei kolossale Hauer unter dem Rüssel vom Unterkiefer abwärts, die ihm eher eine Aehnlichkeit mit dem Walroß gegeben haben müssen.

Wieder dann nahten trappelnde Wildpferde, deren Fuß damals neben der großen Hufzehe noch zwei kleinere trug, also noch regelrecht dreizehig war, — dann echte Elefanten, neben dem Mastodon, das vier Stoßzähne statt zweien, oben zwei und unten zwei, trug, — Nashörner mit Hörnern und auch eines, das gerade einmal gar kein Nasenhorn hatte, — endlich Schweine und Tapire.

In das Trompeten, Grunzen und Wihern dieser Arche scholl das Gebrüll von Löwen, denen die Reißzähne wie krumme Dolche aus dem Rachen wuchsen, und in den Baumkronen kreischten aufgeschreckte Affen, Makaken und Schimpansen.

Vom Menschen, — ja, wie gern man von dem etwas wissen möchte! Aber kein Rest ist bisher dort gefunden worden, und wahrscheinlicher auch, als daß man ihn je dabei antreffen wird, möchte wohl gelegentlich der Fund eines Knochenstückes hier von jenem rätselhaften, aufrecht gehenden Wesen sein, dem Affenmenschen Pithekanthropus, der auf Java versteinert zwischen echten Sivalik-Tieren vorkommt.

Hübsch in das alte Bild aber paßt die Kolossochelys, die Kolossalschildkröte, die zwanzig Fuß lang und acht Fuß über der Panzerwölbung hoch wurde, — ihr wird kein Tritt eines Dinotherium oder Mastodon am Sumpfufer Gefahr gebracht haben. Romantisch genug, daß gerade dieses Land, wo der indische Priestertraum die Welt auf einer kosmischen Schildkröte ruhend dachte, vor Jahrhunderttausenden die größte wirkliche Schildkröte der Erde beherbergt hat!

Nun und hier denn, an den Sivalikhügeln, taucht zum erstenmal in der uns erkennbaren Folge der Dinge auch das Nilpferd auf.

Also doch in Indien!

Freilich in einem Indien, das noch ein Stück Urwelt war und in dem die Tierwelt Asiens kunterbunt gemischt erscheint mit der des heutigen Afrika.

Wenn man von einem kleinen Unterschied in der Zahl der Schneidezähne absieht, so ist das Siva-Nilpferd just schon genau unser jetzt lebendes. Schaut man das ganze Tier aber überhaupt im Gerippe an, so wird der Weg, den es gekommen, noch ein Stück weiter zurück klar.

Der Blick irrt herum bei seiner damaligen Gesellschaft am

Sivasumpf und fragt, wer von denen allen dort denn am engsten verwandt mit ihm gewesen sei. Verwandt heißt ja im Sinne Darwins wirklich stammverwandt. Aus welchen noch älteren Formen konnte dieses Siva-Nilpferd sich herausentwickelt haben?

Da will nun der Name sogleich einen Anhalt geben, — der Name, wie wir ihn uns gemacht haben. Hippopotamus: das ist ein Flußpferd. Weil der Fluß zunächst für menschliche Weisheit der Nil war, so ist daraus erst folgerichtig Nilpferd geworden.

Es steckt eine alte, unverwüstliche Liebhaberei in allen pferdeliebenden Völkern, das Pferd überall in neuen großen Tieren wieder zu finden. Wo ein seltsamer Kopf aus den Wassern sah, da mußte es ein Pferd sein, ein Wasserpferd, ein Nilpferd. Die Phantasie dichtete ihm dann die nötigen Flossenfüße und den geringelten Fischschwanz zu, — dieselbe Phantasie, die entgegen aller Naturgeschichte gar zu gern ein Flügelpferd gehabt hätte. Beim Nilpferd schien nun vollends die Sache echt: ein ungeheures Pferd, das tauchen konnte wie eine Otter.

Besieht man sich die Sache aber etwas vom Standpunkte heutiger Naturforschung und stellt ein echtes Pferdeskelett gegen ein Nilpferdgerippe, so schmelzen die Aehnlichkeiten eine nach der andern dahin.

Beide sind Säugetiere, das steht natürlich fest. Und noch enger sind sie beide Huftiere; mit Hufen an den Zehen. Aber solcher Huftiere gibt es außer Pferd und Hippopotamus noch gar viele. Auch das Rhinozeros ist ein Huftier, der Büffel ist eines, die Giraffe und jenes häßliche Siva-Tier sind welche.

Sieht man auf die ganze Bauart, so erscheint nicht leicht etwas verschiedener, als das stolze, hochgebaute, pfeilschnell dahinfliegende Roß, diese Freude aller Künstleraugen, so lange es Künstler gibt, — und diese schlecht gestopfte Fleischwurst, die ihre Beine fast unter sich selber zerquetscht. Morastpfütze und freie luftige Ebene scheinen sich in zwei radikalen Anpassungen gegenüber zu stehen.

Aber da sind ja andere Huftiere zur Auswahl.

Wer sich vom alten Namen losmachen kann, dem muß eine wirkliche Anpassungsähnlichkeit unbedingt auffallen. Wer wirft

sich kopfüber in denselben Morast, wo das Nilpferd sein Heim hat,
badet und puddelt sich nach Herzenslust? Das Rhinozeros. In
den Morast wühlt sich das Schwein, wühlt sich der Tapir, zu ihm
kommt nach des Tages Hitze der Elefant. Was diese Tiere wirklich einander so ähnlich macht, ist die dicke Haut, die gerade bei
den größten, Nashorn und Elefant, auch fast ebenso nackt ist wie
beim Nilpferd. So haben die Tierkundigen allen Ernstes einmal
versucht, diese saubere Gesellschaft in einen Strauß zu binden:
man erfand eine Säugetier-Ordnung der „Dickhäuter" für Elefant,
Nashorn, Nilpferd, Tapir und Schwein.

Das Wort war echt und hat Kurswert im Volksmunde gefunden. Aber die Sache war ein großer Schnitzer.

Es kam die Zeit Darwins, und in dieser Zeit wurde es, wie
gesagt, „ernst" mit dem System. Bis dahin hatte man das System
der Tiere eigentlich mehr für ein großes Haushaltsverzeichnis der
Arche genommen, eine Art möglichst übersichtlichen Adreßbuchs
für die Tierkenner. Jetzt hieß es plötzlich: was das System zu-
sammenbindet, das gehört geschichtlich eng zusammen, es gehört
an einen gemeinsamen Ast des großen Stammbaumes der Tiere.
Und was solchen geschichtlichen Verwandtschaftsbeweis nicht er-
bringen kann, das gehört eben nicht nebeneinander im System,
das System ist danach zu verbessern.

In diesem Moment flogen die Tiere herüber und hinüber,
die ältesten Ketten brachen wie Glas und ganz neue Sammel-
gruppen holte die neue Posaune herbei.

Zunächst flog der Elefant, dieser alte kluge Charakterkopf der
Säugetierwelt, weit von der Dickhäuter-Ecke, ja überhaupt von
allen übrigen Huftieren fort. In einer großen Leere blieb er
stehen, eine Ordnung für sich, — und noch zu dieser Stunde weiß
kein noch so scharfsichtiger Darwinianer, von wannen er eigentlich
in der Entwickelung gekommen ist.

Zum zweiten aber zitierte die Posaune an einen ganz bestimmten Fleck zusammen das echte Pferd, das Nashorn und den
Tapir.

Es ließ sich nicht bloß ahnungsweise, sondern mit großem
Aufwand echten geschichtlichen Materials nachweisen, daß diese

drei Tiere tatsächlich „auf demselben Ast ritten", das heißt: alle drei echte uralte Blutsverwandte im engsten Sinne waren.

Alle Huftiere, so hat sich zunächst äußerst anschaulich darlegen lassen, stammen ursprünglich von Grundformen, von Stammesältesten, die fünf wohlentwickelte Zehen an allen vier Beinen trugen. Ja es stammen sogar nicht bloß alle Huftiere von solchen reinlichen Fünfzehern ab, sondern überhaupt alle höheren Säugetiere. Mit dem Dezimalsystem haben die Fußverhältnisse des Säugerstammes einfach eingesetzt. Wobei nebenher, da das Wort gerade fällt, daran erinnert sei, daß das Dezimalsystem bei uns Menschen eben daher in Brauch gekommen ist, weil wir selber zehn Finger und zehn Zehen haben. Daß wir aber diese Fünfzahl an Händen und Füßen tragen, ist einer der sonnenklaren zoologischen Beweise, daß auch wir aus dem großen Stammbaum der übrigen Säugetiere herausgewachsen sind.

Wie es nun damit sei — jedenfalls haben wir Menschen in dem Falle gerade den Urtypus der Fünferpfoten in wahrer Musterform treu bewahrt. Das aber ist lange sonst nicht überall so gewesen. Gerade bei den Huftieren erlaubten sich die Füße mit fortschreitender Anpassung an allerlei besondere Lebensbedürfnisse die tollsten Abschweifungen oder, besser gesagt, Abkürzungen.

Je nach bestimmtem Zweck wurde im Laufe ungezählter Generationen bald diese, bald jene Zehe einfach unterschlagen, — sie verkümmerte zu gunsten der anderen, etwa wie wenn bei uns Menschen plötzlich die Mode aus irgend einem Grunde aufkäme, bloß noch mit Nachdruck auf die große Zehe aufzutreten oder bei der Hand nur noch mit dem Zeigefinger und Mittelfinger zu greifen.

Und zwar machten sich hier von früh auf zwei ganz bestimmte, unter sich grundverschiedene Richtungen geltend, wie diese einseitige Zehenunterschlagung geübt wurde. Es spiegelten sich darin unverkennbar zwei verschiedene Bedürfnisse.

Hier waren Tiere auf eine endlos weite, schwellende Grasebene gesetzt.

Ihre Lust war, zu traben, dahinzufliegen, so gut es auf vier Beinen irgend ging, über den grünen Teppich, — im schnellsten Lauf, da der Fuß kaum mit der Spitze den Boden schlug, wanderten sie der üppigsten Nahrung zu, im Lauf entrannen sie ihren Feinden, den riesigen Katzen. Kurz: Sausen war Trumpf.

Und die Krone dieses Sausens wurde — das Pferd.

Sein ganzes prachtvolles Knochengerüst steht nicht mehr auf vier Füßen, sondern nur noch auf vier Fingern. An jedem Fuß ist von den ursprünglichen fünf Zehen bloß die mittelste einzig übrig geblieben und auch die steht mit ihrem Huf so, daß der ganze Fuß nur noch in ihr gerade eben auf den Boden tippt.

Das ist nun natürlich nicht an einem Tage gewonnen worden. Viele, ungezählte Generationen mußten ganz, ganz langsam ihre vier anderen Zehen sozusagen einschlafen lassen, bis das volle Kunststück geleistet war. Diese Generationen bezeichnen wir, wo sie uns voll entgegentreten, natürlich Stufe um Stufe mit besonderen Namen. So zeigt jenes Wildpferd, das einst auf den Ebenen bei den heutigen Sivalik-Hügeln lebte, an seinen Gerippen heute noch, wie gesagt, neben der großen Mittelzehe zwei kleinere, immerhin schon mehr verkümmerte. Noch früher aber haben pferdeähnliche Tiere gelebt, die nachweislich noch wenigstens regelrechte drei Zehen zum Auftreten benutzten und davor Vierzeher, bis endlich die Stammform mit allen fünfen ganz im Blauen der Zeit auftaucht.

Diese älteren, noch mehrzehigen Pferde-Ahnen aber, von denen man besonders aus Nordamerika sehr gute versteinerte Reste hat, nähern sich in ihrem übrigen Habitus jetzt ganz unverkennbar jenen beiden heute noch lebenden Huftier-Typen: dem Nashorn und dem Tapir. Ja diese Aehnlichkeit geht so weit, daß man mit ziemlich reinem Gewissen sagen kann: der Tapir sowohl wie das Nashorn sind stehengebliebene alte Aeste des großen Pferde-Stammbaumes.

Eine groteske alte faltige Tante ist dieses Nashorn, die in einem Winkel noch dasitzt, während das junge Enkelvolk längst eine ganz andere graziöse Höhe erreicht hat und als stolzes Roß dahinfliegt. Tatsächlich hat das Rhinozeros, wie jeder im Zoologischen Garten abzählen kann, an allen vier Füßen noch drei Hufe, von denen immerhin der mittelste — in bedeutsamem Hinweis auf das Pferde-Ideal — schon etwas stärker entwickelt ist.

Der Tapir aber steht noch eine Entwickelungsstufe weiter

zurück, maßen er vorne vier und hinten drei Zehen mit Hufen hat,
— also halb die Nashorn-Stufe des Pferde-Ideals darstellt, halb
noch eine ältere, vierzehige verkörpert. Er ist in jeder Hinsicht ein
zwitterhaft urweltliches Tier, dieser Tapir, der in unsere Welt
nicht mehr paßt. Sieht man aber auf dieses abweichende Zehen-
verhältnis vorn und hinten, so möchte man geradezu sagen: der
kleine dickfellige Phlegmatiker mit seinem kurzen Rüssel steht heute
noch auf dem Sprung zwischen zwei Stufen der Entwickelung,
mitten im Akt erstarrt wie der Diener in Dornröschens Schloß,
der mit dem Kredenzbrett in der Hand steif eingeschlafen war.

So die Linie auf der Grasebene.

Eine andere Sorte Huftier aber geriet auf weichen Boden,
Sumpf- oder wenigstens Waldboden, was in Urwald-Ländern ja
im Grunde dasselbe ist, weil da jeder Waldgrund dreiviertel mindestens Sumpfpfütze ist.

Auf dieser weichlichen, nachgiebigen Unterlage entstand mit
der Zeit ein ganz anderes Fuß-Ideal. Nicht e i n e hüpfende Zehe,
— sondern z w e i Zehen mit einem scharfen, auseinanderspringen-
den Hufpaar: der Fuß des Hirsches, der Fuß des Rindes.

Die mittelste und die zweitäußerste Zehe wurden diesmal
Trumpf, — Mittelfinger und Ringfinger. Auf ihnen stelzen vor-
sichtig Ochse, Hirsch, Antilope, Giraffe dahin. Im übrigen aber
auch hier dieselbe langsame Ueberleitung. Aus Fünfzehern erst
Vierzeher, bei denen Zeigefinger und kleiner Finger zusehends als
Ballast absterben. Endlich die reinen Zweizeher. Ungeheuer war
diesmal die Zahl der zweizehigen Geschlechter, die herauskamen:
alle die unzähligen Völker der Hirsche, Antilopen, Giraffen, Ochsen,
Schafe und so weiter, der Wiederkäuer, um ein älteres ordnendes
Versuchswort, das den Bau des Magens zu grunde legte, zu benutzen. Aber daneben auch ganz genau so wie dort das Stehen-
bleiben, das anachronistische Ueberleben einzelner Vorstufen.

Wir sind am Ziel.

Eine dieser Vorstufen ist das Schwein. Noch sind hier durchweg vier Zehen, aber nur zwei treten noch wirklich auf. Das ist
schon hart an der Brücke zum echten Zweizehen-Ideal.

Dann aber: — das Nilpferd.

Vier Zehen mit derben Hufen berühren an allen vier Füßen den Boden.

Ein urtümlicher Fuß in jedem Bezug.

Die alte Tante des Ochsen- und Hirschvolkes steht vor uns, wie dort im Rhinozeros die des Pferdestamms.

Von der klassischen Erde Indiens wandern wir auf den alt-klassischen Boden Europas, — nach Griechenland, wo die Marmor-klippen des Pentelikon ragen.

Eine flache Ebene fällt von diesen kunstgeweihten Höhen gegen das blaue Inselmeer ab, dieses Wundermeer alter Kultur, in dem jedes Inselchen ein Brückenpfeiler der aufwärts strebenden Mensch-heitsseele ist.

Ein Bergbach geht durch die Ebene ins Meer, ein Stück süd-lich von Marathon. Oleander schattet über die Ufer. Hirten wei-den ihr Vieh. Sie gehören zu einer kleinen Meierei dicht am Bache, die Pikermi heißt.

Jeder noch so kleine Bach ist ein stiller Geologe, ein emsiger Helfer der menschlichen Geologie, wenn sie ihn nur beachten will. Besser als es lange Arbeit mit Hacke und Spaten vermöchte und kostenlos (die Geologie hat heute noch gar leere Taschen) schließt er durch eine Rinne, die er tief und immer tiefer in den Boden schürft, alte Erdschichten und Gesteinsschichten wie mit dem Messer auf. Jedes Bachufer wird mit der Zeit ein geologisches Profil, ein Querschnitt durch die unterschiedlichen Brot- und Wurstschnitten, die im großen Butterbrot der Erdrinde aufeinander liegen.

Während die Menschen lange Zeit nur den pentelischen Mar-mor der Berge herunterbauten, um unsterbliche Kunstwerke daraus zu formen, wühlte das Wässerlein von Pikermi unten in der Ebene auf eigene Faust den oberflächlichen Sand, den verhältnismäßig junge Tage hier aufgeschüttet, Korn für Korn auseinander, bis endlich eine derbere Unterlage von hart verbackenem rotem Lehm und Gerölle darunter zum Vorschein kam.

Das jetzt war schon im besseren Sinne urweltlicher Boden. Verschollene Flüsse, vom Gebirge her hier einst dahinrauschend, mußten diese Grundschicht abgelagert haben. Sie waren längst vertrocknet und das Bächlein, neu von oben eingreifend, konnte nicht einmal als ihr unmittelbarer Epigone gelten. Aber es wies wenigstens durch seine stille Maulwurfsarbeit endlich wieder das uralte Bett, das der junge Sand sonst allenthalben verschüttet und den Blicken entzogen hatte.

Aus der Geschichte ist bekannt, daß im neunzehnten Jahrhundert ein Bayernprinz König von Griechenland wurde und damit Geistesfäden sowohl wie Zufallsfäden sich anspannen zwischen Athen und München.

Man könnte sich streiten, welche Sorte von Schicksalsfaden mehr beteiligt war, als im Jahre 1838 ein braver bayerischer Soldat aus einer der Garnisonen König Ottos sich bei dem Meierhofe Pikermi zu schaffen machte und von ungefähr aus dem bewußten roten Lehm, den der Bach erschlossen, einen seltsamen Schädel herausstöberte.

Dieser Schädel wurde nach München verschickt, unterlag der wissenschaftlichen Bestimmung des gelehrten Professors Andreas Wagner — und erwies sich als Schädel eines Affen. Ein Affe im klassischen Boden zwischen Athen und Marathon war denn doch ein etwas starkes Stück. Pikermi, bislang kaum den nächsten Hirten bekannt, erhielt eine Art geistiger Weltberühmtheit. Die Geologen kamen fortan in hellen Haufen und entlasteten den alten Bach von seiner weiteren Arbeit, indem sie selber jetzt die Lehmschicht systematisch aufhackten.

Das Ergebnis war noch überraschender. In der ganzen Lehmmasse zeigte sich eine bestimmte engere Schicht, gleichsam eine besondere Einlage des großen Butterbrots, die ungefähr so ihren Meter gerade dick war, — und diese Schnitte war in der Tat die eigentliche Wurstschnitte.

Wie in einer regelrechten Blut- oder Leberwurst feingehackte Fleisch- und Fett-Teilchen kunterbunt durcheinanderliegend die ganze Wurstmasse zusammensetzen, so bot diese Schicht das Bild einer Hackmasse aus alten Knochen, die fast ebenso dicht als Mosaik den ganzen Bestand hier bildeten.

Ein österreichischer Forscher löste sich gelegentlich einen Erdenkloß von kaum dem Sechstel eines Kubikmeters heraus und fand darin: das ganze Vorderbein und drei große zersplitterte Röhrenknochen einer Art Giraffe, Hörner und Unterkiefer einer Antilope, ein Stück Kiefer und ein paar Zähne eines jener dreizehigen Ur-Pferde, drei Rhinozerosknochen und noch etwa ein Dutzend unter-schiedlicher kleinerer Knöchelchen. In der Weise aber geht das weiter durch die ganze Schicht.

Man hat das Gefühl, daß hier vor Zeiten mit einer Unmasse von Tieren plötzlich etwas passiert sei. Man denkt zuerst an eine wahre Art Sintflut, die hier wenigstens im kleinen tabula rasa gemacht. Aber die Knochen verraten keine Spuren, daß sie durch Wasser verschwemmt sind. Sie zeigen im Gegenteil die unverkenn-barsten Abzeichen von Raubtierzähnen, die Leichen müssen also zunächst offen als Beute für Löwe und Hyäne dagelegen haben. Vielleicht hat ein Sandsturm eine riesige flüchtende Tiermasse ein-geholt, überschüttet, erstickt und dann wieder freigeweht. Viel-leicht hat eine anhaltende schreckliche Dürre die armen Pflanzen-fresser einer ganzen Gegend um eine letzte Tränke zusammen-geschart, und dann, als auch die erschöpft war, am Fleck alle doch hingerafft. Das sind so Rätselfragen der Geologie, die in das schwere Gebiet der ganzen Existenzverhältnisse urweltlicher Tiere übergreifen. Wer will aber aus Knochen das Leben mit seinen tausend Möglichkeiten wieder auferstehen lassen! Eins nur ist sicher und gerade das ist uns hier die Hauptsache.

Diese irgendwie gestorbene und verdorbene vorklassische Tier-welt von Pikermi war himmelweit verschieden von allem, was wir heute in Europa erwarten.

Gleich der Affe, ein Makak, weist auf die Tropen. Dazu eine Grassteppe mit Giraffen, Antilopen, Elefanten und Nashörnern. Unter den giraffenähnlichen Tieren fällt das Hellas-Tier (Hella-dotherium) auf, das nicht ganz den langen Hals der echten Giraffe hat und auch sonst etwas plumper ist. In neuester Zeit ist im innerafrikanischen Urwald endlich ein schon lange als „Okapi" signalisiertes großes Säugetier festgestellt worden, das von allen Lebenden diesem Helladotherium am nächsten kommt.

Ein weiterer Blick aber zeigt, daß wir nahezu vor derselben Tierwelt stehen, die jenes Land der heutigen Sivalik-Berge am Himalaya unsicher machte. Und nun eröffnet sich eine großartige

Gunong Kendang, Gebirgskette im Norden von Java; im Mittelgrund überschwemmte Reisfelder.

Perspektive, die beide klassischen Orte unmittelbar miteinander verbindet.

Reste einer solchen Tierwelt lassen sich verfolgen auf der ganzen ungeheuren Linie von Pikermi bei Marathon bis zu den Vorhügeln des Himalaya. Eine Schädelstätte, vergleichbar der am Pikermi-Bach, ist aufgedeckt worden auf der Insel Samos, also dicht vor dem Festland von Kleinasien, im alten Reiche des glücklichen Polykrates. Weitere unverkennbare Fundstücke sind entdeckt worden auf der Urstätte sozusagen alles Griechenzaubers: auf dem heiligen Boden der Ebene von Troja, wo die Wühlerei des neunzehnten Jahrhunderts einsetzte mit der „verbrannten Stadt" Schliemanns und dem Goldschatz des Priamos, um endlich bei tertiären Knochen der Elefanten- und Giraffenzeit abzuschließen. Die nächste Station ist Persien und so geht es bis Indien selbst. Ja von da noch östlich scheinen die Katakomben dieser Giraffen- und Elefantenwelt bis tief nach China hinein zu gehen und sicherlich reichen sie südöstlich bis Java, also unmittelbar bis über den Aequator hinaus.

Aber umgekehrt ist auch bei Pikermi in Griechenland west- und nordwestwärts kein Halt. Ungarn, Italien, Spanien haben ihre durchaus entsprechenden Fundstätten. Die Razzia auf dieses geheimnisvolle Tiervolk, die auf Java unter Palmen beginnt, endet nach modernen Begriffen buchstäblich beim guten deutschen „Aeppelwein", — bei Eppelsheim zwischen Alzey und Worms. Dort ist schon 1835, also drei Jahre vor dem Affenknochen von Pikermi, ein wahrhaft fürchterlicher Schädel ausgegraben worden, — zum nicht geringen Schrecken der trefflichen Pfälzer, die sich in ihrem gemütlichen Lande solcher unbehaglichen Vergangenheit nicht versehen hatten. Mit seinen abwärts gekehrten Hauern erwies er sich als Kopf jenes „Schreckenstiers" oder Dinotherium, das uns auch in den Sivalik-Hügeln selber begegnet ist und das ebenso in Pikermi lebte.

Kein Zweifel: eine einzige Welle großer Tiere, die wir heute ohne weiteres Tropentiere nennen müßten, ist in diesen grauen Tagen — in ihrer warmen Sonne werden sie nicht grau, sondern sehr blau gewesen sein — quer durch ganz Asien herangekommen

und abgeströmt durch das ganze südliche und mittlere Europa bis
zur atlantischen Küste und bis nach Deutschland hinauf.

Es spricht mancherlei dafür in einer hier und da bemerkbaren
Reihenfolge des Auftretens, daß der Verlauf wirklich diese Form
hatte: einer Einwanderung von Osten, von Asien über Kleinasien
hinweg, westwärts nach Europa und dann tief in dieses hinein.

Und in dieser Pfeilrichtung, von Sonnenaufgang abendwärts,
ist damals auch der ungeschlachte Geselle vom Schweine- und Paar-
hufer-Stamm auf die Wanderschaft gegangen: der Hippopotamus.

Es macht den Eindruck, als seien die Tiere schubweise gekommen. Wir wissen ja aus historischer Zeit, wie das manchmal so
geschieht. So kam im achtzehnten Jahrhundert die braune Wanderratte zu uns aus der asiatischen Steppe. Als die ersten Kolonisten
das Land nördlich vom Kap besiedelten, wurden sie alle paar
Jahre durch das jähe Vordringen unglaublicher Massen von Antilopen, sogenannter Springböcke, in Angst versetzt. Diese einzeln so
harmlosen Grasfresser bewohnten weite wasserarme Steppen des
Binnenlandes. In guter, futterreicher Zeit vermehrten sie sich
dort wie Sand am Meer. Dann trat, durchweg alle vier, fünf
Jahre, eine große Dürre ein, und nun kam die Armee der Hungern-
den in Fluß. Wie ein zappelnder Fleischkoloß von einheitlichen
Masse ergossen sie sich, dichtgedrängt zu Millionen, südwärts in
das Ansiedlerland, — wehe jedem Hälmchen Grün dort, dieser
Heerwurm des Antilopenvolkes wütete in den Kulturen schlimmer
als Löwen und Panther. Heute ist das freilich, dank der schnellen
Aufräumearbeit, die das erbarmungslos angewandte Feuergewehr
unter der Hochtierwelt Südafrikas allgemein besorgt hat, nur noch
eine alte Ueberlieferung.

Aber in solchen stoßweisen Massenbewegungen, müssen wir
uns denken, hat damals auch Asien seine Tierwelt zu uns herüber
geschickt.

In unerschöpflicher Weite müssen sich westwärts immer neue
fruchtbare Weidegründe von ziemlich gleichförmiger Beschaffenheit
aufgetan haben, in die der langsame Strom eintreiben konnte je
nach Bedarf. Als das Dinotherium schon bei Eppelsheim war,
waren andere noch weit zurück. Ein Trupp ging schneller, andere

ganz langsam, im Verlauf erst unzähliger Generationen. Es war
wie bei der so viel späteren Völkerwanderung der Menschen, die
auch westwärts zunächst abfloß und in hundert verschiedenen Formen sich ausgestaltete.

Das Nilpferd, scheint es, gehörte zu den langsamen Wan-
derern. Das ist ja so verständlich bei seiner Lebensweise. Es ging
sicherlich immer mit den Flußnetzen, stromaufwärts, -abwärts, wo
es sie traf, bis endlich eine besonders schmale Wasserscheide die
Brücke in ein neues Netz gab. Sie sind selber verschollen, diese
Flüsse. Aus ihnen können wir den Weg nicht mehr konstruieren.
Aber die Reste des Riesen geben hier und da, unverwüstlicher als
ganze Stromsysteme, gleichsam Marksteine ab.

Jetzt endlich, aus dieser Linie vom Himalaya bis Eppelsheim,
verstehen wir, wie dem guten Doktor Gesner zu Zürich Nilpferd-
knochen zukommen konnten aus unverfälschter Schweizererde, ohne
daß Menschenschabernack oder Teufelshilfe im Spiele war.

In Pikermi selbst ist zwar bisher kein Nilpferd gefunden
worden. Vielleicht bloß zufällig. Vielleicht aber war es damals
noch nicht so weit auf seiner gemächlichen Westwanderung. Wenig
später ist es jedenfalls gekommen, — gekommen auch aus diesem
ewig rätselvollen Asien, das immer wieder wie eine Wiege der
Dinge in der Geschichte auftaucht. Damals entsandte es Giraffen,
Mastodonten und Nilpferde, wie es Jahrhunderttausende später
Menschenvölker entsandt hat. Woher im letzten Schoße, — das
lehrt uns auch die alte Tierstraße nicht, deren Spuren wir eben
aufdecken.

Es ist abermals eine klassische Station, wo wir dem Behemot
zuerst in Europa begegnen: im Tale des Arno, des Flusses von
Florenz. Lange Zeiträume hindurch muß es hier von Nilpferden
geradezu gewimmelt haben. Die weite Wanderung war ja nicht
ohne eine gewisse Wandlung hingegangen. Dieses Arno-Nilpferd
hatte schon einen Schneidezahn jederseits weniger als der alte
Ur-Behemot der Sivalik-Hügel, und damit entsprach es so gut wie
ganz unserm Alt-Aegypter. Bloß noch etwas größer scheint es
gewesen zu sein, — Hippopotamus major ist es deshalb getauft
worden.

Dieses Groß-Nilpferd taucht dann ganz entsprechend auch in Frankreich auf, in Süddeutschland, ja in wahrhaft überwältigender Fülle in England. Im Britischen Museum zu London steht eine ganze Mustersammlung englischer Nilpferde, aus South Wales, Kent, Suffolk, Essex, ja unmittelbar aus dem Tal der Londoner Themse. Hierher gehört natürlich auch der Schweizer Hippopotamus Gesners. Einmal im Besitze Europas, zählte der Behemot dann sogar zu den zähen Eroberern. Er dauerte noch lange aus, als mit dem Ende der Tertiär-Zeit das Klima in ganz Europa fort und fort schlechter wurde.

Es nahte damals bekanntlich die große Eiszeit, die sich in ganz Nordeuropa wie ein langer, lebentötender Polarwinter zwischen die warme Tertiär-Zeit und die gemäßigte Temperatur von heute schob. Aber diese Eiszeit ist, wie alle großen Umwälzungen der Erdgeschichte, ganz langsam herangekommen. Affen und Giraffen gingen dabei unter oder wanderten aus. Andere, zähere Gesellen aber versuchten es mit der Anpassung an die zunehmende Kälte. Elefant und Nashorn hüllten sich in ein dickes, warmes Zottelkleid, als die Gletscher überall aufblinkten. Eine besonders anpassungsfähige Antilope blieb ihren Bergen treu trotz aller Schneelawinen: dauert sie doch heute noch als unsere allvertraute Gemse im Schweizer Hochgebirge aus. Lange, scheint es, hat auch das Nilpferd sozusagen getrotzt gegen den immer mehr verlängerten Winter, den immer kargeren Sommer.

Besonders aus dem Main- und Rheintal wollte es sich rein nicht verdrängen lassen. Es muß das eine Gegend gewesen sein, die jahrtausendelang alle nur ausdenkbaren Nilpferd-Bedingungen bot, — seltsam genug, wenn man an heute denkt.

Als aber die Flüsse allzu dauernd mit Eis gingen oder wohl ganz von ihrem Quellgletscher auch talabwärts erobert wurden (wuchsen doch die Schweizer Gletscher bis in den Bodensee und Genfer See), da scheint es endlich doch auch langsam nach Süden zu Reißaus genommen zu haben. Die eigentliche sibirische Kälteanpassung der Mammute und Pelz-Nashörner hat es jedenfalls nicht mitgemacht.

In der Eiszeit ist der Mensch schon da, als Urmensch freilich erst ohne schriftliche Ueberlieferung. Dann, diesseits der Eiszeit von uns aus, kommt jenes eigenartige Interregnum: die Kulturepoche, die bei den Aegyptern, Babyloniern, bei den Mykenä-Königen in Griechenland und so weiter zuerst für uns hell wird, setzt ein, — aber sie setzt ein in faustdickem geschichtlichem Nebel. Noch fehlen alle Fäden, die herüberleiten. Woher sind die Aegypter gekommen? Woher die Hellenen? Düsternis, Nacht, Fragezeichen überall. Und genau unter diesem Nebelreif, der vielleicht wieder Jahrtausende umfaßt, verschwindet das Nilpferd ganz aus Europa, — auch aus dem Mittelmeergebiet.

Es hat durchaus den Anschein, als sei es auf der Flucht vor der Eiszeit zuerst nur auf die Mittelmeerländer eingeschränkt worden. Diese müssen eine Zeitlang noch sehr viel Landgebiet auch da gewährt haben, wo heute das Mittelmeer selber rauscht: Landgebiete, die zugleich Brücken nach Afrika bildeten.

Sehr wahrscheinlich war unser Freund schon in jener Zeit, als die ganze bunte Tiergesellschaft der Siwalik-Hügel zuerst in Europa erschien, gleich mit einem Seitenstrom dieser Tierwelle auch nach Nordafrika hinübergegangen. Ein Siwa-Hippopotamus mit sechs Schneidezähnen liegt nämlich in alten Schichten Algiers. Möglich, daß erst jetzt, also viel später, das echte Nilpferd mit vier Schneidezähnen im Rückstoß von Europa her Afrika berührte. Und so ist es wahrscheinlich damals an den Nil erst in seiner echten Gestalt gekommen als ein später Flüchtling aus dem ungastlichen Europa.

Höchst originelle Spuren dieses letzten Aktes liegen für uns auf einigen Inseln des Mittelmeers.

Sizilien sowohl wie Kreta stecken voll von ganz jungen, oberflächlich herumgestreuten Nilpferdresten. Kreta ist der sonderbarste Fall. Auf absolut wasserarmen Hochebenen liegen die Nilpferdgerippe heute dort im trockensten Geröll. Hier müssen einst Seen gewesen sein, von Flüssen gespeist. Aber die Insel böte keinen Raum, keinen Anhalt, sich das auch nur in der Phantasie noch wieder zu gestalten. Es muß eben zu jener Zeit keine Insel hier gewesen sein. Der heutige Felsstock der langen dünnen Insel kann nichts anderes sein, als ein stehengebliebener Pfeiler alten Fest-

landes, das sich noch in verhältnismäßig jungen Tagen dort dehnte
und auf dem die Flußpferde gemächlich Station gemacht haben.
Das Untersinken weiter Landstrecken im Mittelmeer, das breite
Kontinentrücken zu einzelnen schaumgepeitschten Inseln zersplitterte,
besiegelte erst ihr Schicksal.

Diese Mittelmeergebiete, im Bereich der Griecheninseln sowohl
wie zwischen Sizilien und Afrika, sind ja bis auf diesen Tag Schauplatz gärender Erdbewegungen. Erdbeben erschüttern die noch
stehenden Landsockel, im Meeresgrunde platzen vulkanische Erup-
tionen los, ja neues Inselland steigt (wie die berühmte Insel
Ferdinandea von 1831) gelegentlich gespenstisch aus der Tiefe.
Vielleicht lebt noch sagenhafte Tradition von jenem großen Sinken,
das Kreta zur Insel machte und seine Nilpferde tötete, in der
schönen Geschichte der Griechen vom Untergang der Atlantis, —
eine Sage, die wahrscheinlich erst viel später in den entlegenen
atlantischen Ozean „verlegt" worden ist, wie so oft Sagen mit
erweiterter Weltkenntnis umprojiziert werden.

Auf Malta scheint der Vorgang gerade bei den Nilpferden
noch eine höchst lehrreiche Zwischenstation gehabt zu haben.

Als hier die alte Festlandbrücke, die Sizilien oder besser noch
das Festland von Italien trocken mit Afrika verband, ins Splittern
kam, als Sizilien sich nach beiden Seiten losriß, die Afrikabrücke
in ganzer Breite unter Wasser tauchte und nur Malta wie eine
einsame Säule, zeugend von entschwundener Pracht, mitten in den
blauen Wassern stehen blieb: da geschah den einheimischen Nilpferden etwas ganz Eigentümliches. Sie starben nicht gleich aus,
aber sie verkümmerten bei lebendigem Leibe. Das Nilpferd ist,
wie wir gesehen haben, wenig anderes als ein ins Riesenhafte
vergrößertes Schwein. „Flußschwein" träfe seinen Charakter als
Namen viel besser als „Flußpferd". Nun scheint es, daß von alters
in diesem wahren Ueberschwein an Größe eine gewisse Neigung
liegt, gelegentlich wieder Rückschläge zu liefern auf die einfache
Normalfigur schweineartiger Tiere. Heute noch lebt in Ober-
Guinea eine Nilpferd-Sorte, die gewohnheitsmäßig noch nicht zwei
Meter lang wird. Dabei handelt es sich keinesfalls um eine etwa
ältere und deshalb noch schweineähnlichere Stammform des großen

Behemot, denn dieses Liberia-Nilpferd hat nicht sechs Schneidezähne gleich den Siwa-Ahnen, sondern es hat im Unterkiefer nicht
einmal mehr vier wie der Nilriese.

Eine ganz ähnliche kleinere Art findet sich nun in zahlreichen
Knochenresten bei Palermo in Sizilien. Auf Malta aber stößt man
auf die Gerippe eines wahrhaften Duodez-Nilpferdes. Und diese
Zwergform wird vollends merkwürdig durch Elefantenknochen,
die damit zusammenliegen und die in der Zusammensetzung aus-
gewachsene Elefäntchen von zwei und (in der kleinsten Art) sogar
nur einem Meter Höhe ergeben, also Tiere, schließlich nur noch
wie ein Kalb so groß.

Das muß einen Sinn haben. Und es ist von allen der wahr-
scheinlichste eben der, daß die Riesentiere, Elefant und Nilpferd,
des alten Festlandes an dieser Stelle verkümmerten, als das
Festland sich auflöste und schließlich nur noch die kleine Insel Malta
als letztes Asyl der Riesen aus den Fluten ragte. Das Futter wurde
dünn und immer dünner, — und so entstand in einer Art zwangs-
weiser Hemmungs-Anpassung ein Pygmäengeschlecht, Elefanten wie
Kälber und Nilpferde wie Schweine. Malta wird von Philologen
bisweilen für die Insel Ogygia der Odyssee, das selige Eiland
der Nymphe Kalypso, von andern auch wohl für das Heim der
Zauberin Kirke gehalten. Man träumt unwillkürlich, wie der Dulder Odysseus noch zu diesen Zwergelefanten und Zwergnilpferden
geraten wäre. Aber das war wohl lange hin, als die Phönizier
zum erstenmal Malta fanden und Schiffermärchen darüber ver-
breiteten. Kirkes Schweine werden so wenig die Schweinenilpferd-
chen Maltas gewesen sein, wie der grause Minotaurus im Laby-
rinth auf Kreta ein überlebender Riesenhippopotamus dieser Insel
war. Geschichtlich im Sinne menschlicher Schrift- und Bilder-
tradition taucht das Nilpferd zuerst in Aegypten auf.

Damit wären wir aber im Verlauf unseres Kreises der Dinge
wieder auf dem Punkt, von wo wir ausgegangen sind.

Mit dem vollen strahlenden Aufgange der Kultursonne erscheint der Behemot dann auf der Flucht auch von Aegypten fort,
ins tropische Innere Afrikas hinein, das er wahrscheinlich längst
schon auf andern Wegen erreicht hatte.

Diesmal war es nicht mehr Flucht vor Landzerstörungen durch die See. Es war Flucht vor dem Menschen. Ein Zurückweichen, bedingt durch ein stetiges Anwachsen des systematisch erweiterten Ausrottungsgebiets.

Die Hilflosigkeit des „großen" Tiers vor dem menschlichen Werkzeug, vor allem dem Feuergewehr, drückt sich darin mit erbarmungsloser Folgerichtigkeit aus. Die Kleinen, die Unsichtbaren, die Bazillen und Bakterien, trotzen uns Menschen noch, weil zu ihnen das grobe Schießgewehr nicht langt. Der Riese ist für uns das leichteste Angriffsobjekt. Ein Leitwort der Urwelt kommt aus diesem violetten Fleischkoloß; es hieß Zertrampeln. Das aber gerade hat für uns gar keine Bedeutung mehr. Hier ist der Mensch der große Bändiger, der große Ueberwinder, der spielend die Urwelt umwirft, wie Odysseus den Polyphem.

Noch einmal, auch im tropischen Afrika, ist dem Nilpferd eine Insel gefährlich geworden im Sinne seiner alten Abenteuer. Auf Madagaskar hatte es sich angesiedelt, zwischen riesigen Halbaffen und flugunfähigen Vögeln von der Größe der fabelhaften Greife. Aber auch dort ist es zuerst verkümmert zu einer Zwergform und dann ganz eingegangen.

Im großen Festlande von Afrika wird es nicht verkümmern, sondern es wird zwischen zwei Jägerfeuern enden: den Schießgewehren derer, die von Norden, und derer, die auf dem Burenwege von Süden kommen.

Und der letzte Behemot, das steht sicher in seinen Sternen, wird in einem europäischen zoologischen Garten, satt gefüttert, aber altersschwach, das Zeitliche segnen, betrauert vom Naturforscher, der wieder einmal ein Körnlein Urwelt im unerbittlichen Stundenglase der Zeit verrinnen sieht — ein stattliches Körnlein, aber doch nur Staub, wie es einst der ganze noch viel stattlichere Planetenkörper, der es erzeugt hat, sein wird.

Aus Erde bist du genommen, zu Erde sollst du werden. Und nur der Gedanke lebt, — der große Naturgedanke, aus dem du geworden bist; und der Menschengedanke, der dein Werden noch einmal zurücksucht, — — du Stück Weltgeschichte — Nilpferd.

Die Wunderwelt der Radiolarien.

Ein Blick in die Tiefsee.

Wir alle kennen das alte liebe Märchenbild vom „Schatz in der Tiefe“.

Durch einen Zauberspruch gelöst, öffnet sich der Berg und im roten Licht eines Geisterflämmchens glühen unendliche Reichtümer auf. Oder dem Sonntagskinde in der Maiennacht klärt sich der tiefe Strom zu durchsichtigem Kristall und im Blau da unten schimmert es von versunkenem Golde. Das schlaue „Venediger Männlein“ aber bringt gleich einen Zauberspiegel mit, in dem sich jede verborgene Kostbarkeit klar abspiegeln muß und läge sie noch so tief.

Alte Schnurren — die Zeiten haben sich verwandelt, wunderbarer, als das Volksmärchen träumt. Der Naturforscher ist das wahre Venediger Männlein geworden, das durch Bergwände schaut und in Wassergründen liest.

Neben mir, wie ich das schreibe, steht einer seiner stärksten Zauberspiegel: das Mikroskop. Ich werfe einen Blick hinein. Und auch mir ist, ich schaue in einen Nibelungenhort.

Da liegt es unendlich gehäuft, ganz so, wie man sich einen verwunschenen Schatz der Zwergentiefe malt. Im halben Schein des etwas abgeblendeten Lichtes köstlichste Geschmeidearbeit aus gediegenem Silber. Blanke Schilde mit Stacheln am Rande. Alte wunderliche Helme mit Pickelhaubenspitze und langen Ohrklappen. Kugeln und Becher, Schüsseln und silberne Flaschen, strahlende Teller mit kunstvoller Verzierung wie aus dem berühmten Silberschatz von Hildesheim. Medaillons und Körbchen in zierlichstem Filigran. Vogelbauer und Kinderspielzeug, Rasseln und kleine

Windmühlen, aber alles durch äußerste Kunst zum Wertstück erhöht. Die Kronen verschollener Könige, doch auch silberne Dornenkronen wie ein mahnendes Gegenstück aller Erdenmacht. Große prunkende Ordenssterne mit den schönsten Kreuzen darauf. Scepter und Schwerter, Hellebarden und Streitäxte, lateinische und russische Kreuze an langem Schaft. Einiges ist zerbrochen, wie es uralten Schätzen der Sagenzeit geziemt. Aber noch jedes Trümmerstück, jeder Fetzen eines Kettenpanzers, jeder abgebrochene Dolchgriff ein Kunstwerk, wie es keinem Waffenschmiede der Epigonenzeit mehr glückt.

Wo liegt dieser Schatz?

Ich ziehe ein kleines Glasplättchen unter dem Mikroskop hervor. Zwischen zwei Gläsern dieses Plättchens erscheint dem freien Auge etwas wie eine schwache Trübung. Eine Anzahl winzigster Pünktchen, etwa als sei eine leichte Prise Schnupftabak hier eingeklemmt. Ein kleiner Zettel an der Seite des Plättchens gibt dazu lakonisch dunklen Bericht. „Radiol. Ooze. Chall. Stat. 271. C. Pacif. 2425 Fd.“

Ooze (englisch) heißt Schlamm. Radiolarian-Ooze ist Schlamm, der fast ganz aus den Kieselschalen gewisser Geschöpfe besteht, die der Naturforscher als Radiolarien bezeichnet. Die vorliegende Probe solchen Schlammes ist von den Gelehrten des englischen Schiffes „Challenger“ (zu deutsch „Der Herausforderer“) auf der zweihunderteinundsiebenzigsten Station ihrer wissenschaftlichen Expedition um die Erde gesammelt worden. Und zwar geschah es im Zentral-Pacific, also im Herzen des Stillen Ozeans. Es handelt sich um eine Schlammprobe vom Grunde des Ozeans. 2425 Faden maß die Tiefe dieses Ozeans an jener Stelle. Ein englischer „Faden“ mag zu etwa ein Meter achtzig gerechnet werden. Das gibt eine Wassersäule von über 4350 Metern. Die Jungfrau im Berner Oberland ist nur 4167 Meter hoch. Man könnte sie an jener Stelle in den Stillen Ozean versenken, und das größte Schiff würde noch über ihren Gipfel wegfahren, ohne an eine Klippe zu stoßen.

Aus solcher ungeheuerlichen Tiefe ist die kleine Probe „Schnupftabak“ heraufgeholt. In Kanada-Balsam zwischen zwei Glasstückchen konserviert, hat sie eben unter meinem Mikroskop gelegen. Sie war der „Schatz", der bei langsamer Bewegung des Glasplättchens in silberner Schöne an meinem staunenden Auge vorüberzog.

Jedes der Schatzstücke, das ich sah, war in Wahrheit nur die Vergrößerung eines Pünktchens, dem bloßen Auge einzeln kaum oder gar nicht mehr wahrnehmbar. Und jedes dieser Pünktchen ist die einzelne Schale eines einzelnen Lebewesens — eine Schale, in der einmal ein lebendiges Wesen gehaust hat, eine Schale, die dieses lebendige Wesen selbsttätig sich gebildet hatte, wie ein kleines Menschenkind sich Zähne bildet oder ein Schmetterling sich seine bunten Flügel baut.

Jede Art dieser Geschöpfchen baut sich auch nach besonderer Art ihr Schälchen, in dem sie wohnt, ihr Skelett gewissermaßen, das ihren sonst weichen Körper stützt. Eine ganze Fülle solcher Arten aber barg die eine winzige Schlammprobe.

Sie sind nicht wirklich von Silber, diese Schalen. Aus Kieselsäure sind sie zumeist aufgezimmert, demselben Stoffe, der den schönen Bergkristall baut.

Wunderbar aber vor allem: diese Kieselschalen treten uns entgegen als Gebilde, allen Ernstes sehr vergleichbar den herrlichsten Proben menschlichen Kunsthandwerks. Sie zeigen sich wirklich zu Kronen und Sternen, Helmen und Bechern aufs vollkommenste geformt. Aesthetisches Wohlgefallen wird in kühnster Form in uns geweckt. Und das alles in einer Welt verschwindender Kleinheit, heraufgeholt aus Meerestiefen, in denen eine Jungfrau versinkt, von uns getrennt nicht bloß durch die Ferne des Tropenozeans, sondern auch dort noch durch eine halbe Meile Wasser, in der das letzte Stäubchen Sonnenlicht längst erloschen ist, ehe die ganz große, ganz schaurige Tiefe sich auftut....

Der Blick schweift vom Mikroskop fort über eine lange Kette seltsamer Zusammenhänge, die dieses Bild, diesen Gedanken ermöglicht haben. Ueber ein Stück Kosmos und ein Stück menschlicher Geistestat.

Tiefseeforschung!

Was man vor hundert Jahren noch unter diesem Worte sich gedacht hätte!

Man hat wohl gesagt, der Ozean sei die Wiege der menschlichen Kultur. Es ist vielleicht wahrer, daß er der Prüfstein der Kultur ist, der Prüfstein einer Kultur, die zugleich Erderoberung war.

Der Kulturmensch hatte den Urwald, die Wüste, das Hochgebirge überwunden, als er vor der endlosen Fläche des Ozeans noch immer mit dem Grauen wie vor einem unergründbaren Ungeheuer stand. Und als er dann endlich, im Zeitalter der großen Entdeckungen, nun doch wagte, den gewölbten Rücken dieses Ungetüms zu überklettern, da blieb ihm das eigentliche Grauen noch lange treu. Auf Holzplanken steuerte er sich hinüber. Aber da drunter war's fürchterlich, Kraken und Seeschlangen. Und ein unmeßbarer schwarzer Schlund, der immer bereit war, Schiffe zu fressen, aber sonst auf nichts Antwort gab. Tief, entsetzlich tief ging das hinab.

Wie tief, darüber hatte man allerdings keinerlei Erfahrungen, sondern nur alte Mythen.

Aus dem Altertum überkommen war eine Art philosophischer Messung, offenbar im einsamen Grüblerstübchen zuerst ausgeheckt. Alles in der Welt folgt strengen Gesetzen der Symmetrie. Tiefe und Höhe stehen in einem geheimen Wechselverhältnis. Also wird die höchste Bergerhebung der äußersten Meerestiefe auf Erden entsprechen. So schloß man. Wie hoch die obersten Bergspitzen wirklich waren, wußte man damals freilich auch noch nicht. Immerhin riet man auf ein paar tausend Meter nach oben und unten.

An tatsächliche Messungen in die großen Ozeantiefen konnten aber selbst Kolumbus, Vasco da Gama und Magalhaes noch nicht denken. Die kurzen Lotleinen von höchstens vierhundert Metern Länge, die an den Küsten genügten, verloren im freien Ozean jeden Wert. Vergebens lotete Magalhaes auf seiner Weltumsegelung damit, er fand keinen Grund. Und da, wo selbst jene philosophische Deduktion nicht hingedrungen war, zweifelte man noch in der zweiten Hälfte des siebzehnten Jahrhunderts ernstlich daran, ob das Weltmeer überhaupt allerorten einen Grund habe. Der treffliche Lüneburger Geograph Bernhard Varenius mußte noch 1671 diesen Glauben ausdrücklich widerlegen.

Hundert Jahre später befuhr der große Cook den Stillen Ozean und das südliche Eismeer, ausgerüstet mit aller Wissenschaft seiner Zeit. Diesmal ging das Lot auf vierhundertfünfzig Meter hinab, ohne den Boden zu treffen. Fast um dieselbe Zeit, Anfang der siebziger Jahre des vorigen Jahrhunderts, ließ Phipps bei Spitzbergen gar zwölfhundert Meter Leine laufen, noch immer ohne Erfolg. Endlich, 1818, glaubte sich John Roß in der Baffinsbai einer großen Lösung nah: sein Lotapparat stieß bei fast zweitausend Metern auf und brachte sogar mit Hilfe einer kunstvoll ersonnenen Kneifzange eine Probe des Grundschlammes (mit lebenden Tieren darin) ans Licht.

Um diese Zeit wußte man aber bereits sehr gut, daß zweitausend Meter noch nichts bedeuteten gegen die wirkliche Höhe der stolzesten Bergriesen auf der Erde. Sollte also der antike Glaube recht haben, so mußte Roß' Zweitausendmeterstelle immer noch eine verhältnismäßig seichte Stelle sein, und von anderen Punkten ließ sich weit mehr erwarten, nachdem überhaupt so lange Lotleinen einmal erfunden waren.

Einstweilen sollte es aber gerade mit diesen Leinen noch eine böse Sache werden. Im Juli 1843 meinte der jüngere Roß auf seinem dritten Vorstoß gegen den Südpol eine Tiefe von über achttausend Metern festgestellt zu haben, ohne noch dabei Grund gefunden zu haben. In dieser Zeit war durch die Engländer schon die Höhe des Dhawalagiri im Himalaya auf mehr als achttausend Meter bestimmt, die alte Forderung schien also ungefähr erfüllt.

Als aber in den fünfziger Jahren gar Angaben über Tiefenmessungen bis zu vierzehn- und fünfzehntausend Metern Seetiefe folgten, begann die Kritik stutzig zu werden. Man verwertete allerdings jetzt die nötige Schnurlänge zu kolossalsten Messungen, und jeder Beobachter modelte an der Art dieser Schnur und ihrer Lote herum. Aber es stellte sich gleichwohl heraus, daß man die Ablenkung der Leine durch Strömungen und andere wichtige Störungen nicht beseitigt, ja nicht einmal in Betracht gezogen hatte. Und so wurden gerade diese neueren Ziffern, mit Einschluß auch der von Roß aus dem Südmeer, nachträglich alle wieder illusorisch. Die ganze Arbeit stand abermals beim Anfang.

Diesmal griffen aber die Amerikaner alsbald mit höchster Energie ein.

Für sie trat mit den fünfziger Jahren die Tiefseefrage aus dem Nebel allgemein philosophischer Betrachtung oder auch dem engeren Zweck rein geographischen Fachstudiums heraus in das grelle Licht einer äußerst dringlichen praktischen Forderung.

Die Idee eines unterseeischen Telegraphenkabels zwischen Europa und Amerika tauchte auf.

Die endliche Erfüllung dieser grandiosen Idee bedeutet technisch den Moment, da der Kulturmensch sein altes Grauen vor dem „Ungeheuer Meer" endgültig abgeschüttelt und den Ozean bis in seinen Abgrund hinab dauernd für sich erobert hat. Für die Tiefseefrage im alten Sinne aber bedeutete sie zugleich die Epoche der Lösung.

M. F. Maury von der Marine-Sternwarte zu Washington (1806—1873) revidierte jetzt die ganze Theorie und Praxis des Problems, und die Kabelarbeiten selbst führten allmählich zur genauesten Kartenaufnahme zunächst des Atlantischen Seebodens zwischen Irland und Nordamerika, in der auch exakte Tiefenmaße ihre Stelle fanden.

Zum erstenmal bekam man in Maurys Zusammenfassung nicht bloß einige vage Ziffern, die der Phantasie aufhalfen, sondern es erschien das regelrechte Bild eines ganzen Ozeanbodens, wie er sich in Ebene, Tal und Gebirge darstellen müßte, wenn das deckende Wasser fortgedacht wird.

Maury selbst und mit viel mehr Glück noch Brooke und Baillie verbesserten auch das Tiefenlot selbst, das schließlich doch zum annähernd fehlerfreien Registrierapparat umgeschaffen werden sollte und zugleich das Heraufziehen von Grundproben auch aus den gigantischsten Tiefen ermöglichte. So ließ Brooke das Lotseil in einer Eisenstange enden, die unten ein paar vorstehende, beim Druck leicht in die Stange selbst hineinzustoßende hohle Federspulen trug. Um diese Stange war eine durchbohrte schwere Kanonenkugel so befestigt, daß sie Stange und Lotseil zunächst durch ihr Gewicht bis auf den Grund mitriß, im Moment des Aufschlagens aber sich automatisch löste. Die befreite Stange und Leine konnten

dann leicht wieder aufs Schiff hinaufgezogen werden, und in den
Federspulen, die der Stoß unten zuerst in den Schlamm hinein- und
dann in die schützende Stange zurückgetrieben hatte, kamen zugleich Proben des Tiefseeschlammes selber mit herauf. Diese Methode wurde von Ballie dann noch wesentlich verfeinert und ist
in der Folge bis auf ein gewisses Maximum der Brauchbarkeit
innerhalb der Prinzip-Grenzen getrieben worden.

Jedenfalls gingen die Sachen im Sinne des alten Problems
jetzt mit Riesenschritten vorwärts. Und nachdem man inzwischen
den Gaurisankar im Himalaya-Gebirge als wohl endgültig größte
Bergerhebung der Erde mit 8840 Metern festgestellt, fanden sich
in den folgenden Jahrzehnten jetzt wenigstens einige Seetiefen im
Atlantischen und Pacifischen Ozean hinzu, die diesem Gaurisankar
nun doch ungefähr entsprachen, auch bei Anwendung der schärfsten
Lotapparate. Wie die Dinge heute liegen, scheint es allen Ernstes,
daß jene Maße unseres Planeten nicht ganz, aber doch annähernd
sich die Stange halten: wenig über eine deutsche Meile vom Meeresspiegel an aufwärts in das Luftreich hinein und etwas über eine
Meile abwärts in die Wassernacht. Vielleicht ist es nur zufällig so.
Vielleicht aber auch hat es wirklich sein Gesetz. Die größte zur Zeit
gemessene Seetiefe liegt bei der Ladronen-Insel Guam (also im
Stillen Ozean, nicht allzu weit von Japan) mit vollen 9644 Metern.
Das Wasser muß auf diesem Loch mit annähernd tausend Atmosphären lasten!

Wie es aber so oft in der Geschichte menschlicher Forschung
gegangen ist: in dem Moment, da das antike Problem der „reinen
Tiefe" erledigt war oder wenigstens dicht vor seiner Erledigung
stand, erschien es in gewissem Sinne schon gar nicht mehr als so
ausschließlich interessant. Ein ganz anderes „Tiefseeproblem" rückte
nicht technisch, aber allgemein wissenschaftlich in den Vordergrund.

Gut, die Lotleine mochte so und so viel tausend Meter ab-
rollen. Die wichtigere Frage aber stellte sich sofort dahinter: Wie
sieht es, wenn es denn so schaurige Abgründe da unten gibt, in
diesen Abgründen aus? Vor allem: gibt es Leben da unten?

Von der Länge der Lotleine schweifte der Blick des Forschers
hinweg zu jenen Schlammproben, die der Apparat heraufbrachte.

Und abermals war es eine reiche Kette der Meinungen, Behauptungen, Irrtümer, die vor diesem neuen Problem aus den Tiefen menschlichen Denkens sich mit heraufzog.

Vom „unfruchtbaren Meere" singt der Grieche der Homerischen Zeit — in Liedern, die das Meer doch schon so gewaltig schildern. Es klang etwas davon fort bis tief in unser Jahrhundert hinein in dem festen Glauben, daß der Ozean, wenn auch auf seiner Fläche nicht wirklich lebensarm, so doch abwärts in die Tiefe hinunter ein einziges ungeheures Grab ohne jedes Stäubchen fortdauernden Lebens sei.

Im Grunde: was wußte man bis an unser neunzehntes Jahrhundert heran selbst vom Leben der Meeresfläche? Ein paar große Merkwürdigkeiten. Daß Fische darin wimmelten, die gelegentlich wie die Heringe wahre Inseln bildeten, niemand ahnte woher, und ein andermal wieder geheimnisvoll fehlten. Daß der Walfisch sich heraufhob wie eine Berglast dem Menschen nützlicher Artikel, die man sich allerdings nicht entgehen lassen durfte; man nahm das so gründlich, daß dieser Riese der Salzflut beinahe ausgerottet war, ehe man sonst vom Leben im Ozean etwas Rechtes kannte.

Der Hering wie das fälschlich „Walfisch" getaufte Seesäugetier waren beide noch Vertreter der Wirbeltiere. Das ist einer der großen Tierstämme, die wir heute unterscheiden. Das Meer beherbergt aber zahllose Tierformen aus mindestens acht Stämmen — außer Wirbeltieren noch Manteltiere (Ascidien, Salpen), Mollusken (Schnecken, Muscheln, Tintenfische), Stachelhäuter (Seeigel, Seesterne, Seegurken), Gliederfüßer (Krebse), Würmer, Cölenteraten (Schwämme, Polypen, Medusen) und endlich Angehörige des Mischstammes der sogenannten Protozoen oder Urtiere. Und von diesen acht Stämmen kommen zwei, die Manteltiere und die Stachelhäuter, ganz, einer, die Cölenteraten, fast ausschließlich im Meere vor. Wie wenig die ältere Tierkunde damit noch rechnete, zeigt am besten die Systematik bis auf die Mitte unseres Jahrhunderts. Linné warf alles unterhalb der Wirbeltiere und Gliederfüßer in einen Topf als „Würmer". Cuvier löste wenigstens die Mollusken noch als besondere Hauptgruppe heraus, ließ aber

den ganzen Riesenrest (mit Ausnahme eines Teiles der echten
Würmer) immer noch unter einer haltlosen Rubrik „Radiärtiere",
deren mangelhafte Definition nur zu gut bewies, wie schwach bis
in die dreißiger Jahre hinein die allgemeine Kenntnis gerade der
tieferen, wesentlich meerbewohnenden Gruppen geblieben war.

Das änderte sich erst in den Tagen der rastlosen Tätigkeit
unseres großen deutschen Physiologen Johannes Müller. Auch
Karl Vogt hat nicht wenig zu dem Umschwung beigetragen.

Auf einmal begriff der Tierkundige, daß das Meer für ihn
alles eher als eine Wüste oder besten Falles ein gelegentliches
Raritätenkabinett sein dürfe. Eines seiner wichtigsten ständigen
Beobachtungsgebiete mußte es werden, das er wie ein kluger
Feldherr mit seinen besten Truppen und einem Netz sicherer Küsten-
stationen zu umgeben hatte. Johannes Müller zog mit seinen
Schülern, so oft es irgend anging, an die See und richtete sich mit
„fliegendem Laboratorium" bald an der Nordsee, bald am Mittel-
meer ein, so gut es eben ging. Und es war, als sinke eine
Schranke, die bisher die ganze zoologische Forschung gelähmt, als
jetzt zum erstenmal Naturforscheraugen auch die kleinere und kleinste
Tierwelt des Salzwassers am lebendigen Stück beobachten konnten.
Die Epoche war ohnehin gerade angebrochen, wo man das Mikroskop — verbessert, wie die Technik es jetzt bot — als das entschei-
dende Geschütz des Tierforschers endgültig anerkannt hatte. Die
Zellenlehre, von Schwann auch für das Tierreich begründet, bot
einen ganz neuen Anhalt zu einer früher nie gewagten einheitlichen Auffassung des tierischen Organismus in seinem mikroskopischen Innengefüge. Und das Studium der Jugendformen und
Keimformen der Einzelindividuen, durch Karl Ernst von Bär entscheidend angeregt, verhieß noch einen besonderen Gewinn, dem
wieder gerade eine Menge von Seetieren (zum Beispiel die ausschließlich marinen Stachelhäuter) aufs glücklichste entgegenkamen.

Indessen auch diese ganze Epoche, wie sie die Namen von
Müller, Schwann, Bär bezeichnen, ging zunächst nur an das Strand-
gebiet und die Oberfläche des Meeres heran. Müller fischte die
Meeresfläche nach kleinem und kleinstem Getier mit einem feinen
Gazenetz ab wie mit einem Schmetterlingsnetz. Das war für den

Augenblick ein gewaltiger Fortschritt, der das Material zu einer ganzen Bibliothek köstlichster Forschung, ja in gewissem Sinne zu einer ganz neuen Zoologie geliefert hat. Aber die Tiefe des Ozeans kam dabei noch gar nicht in Betracht. Und die Frage konnte einstweilen noch lange eine offene bleiben, ob diese Tiefe überhaupt für diesen meerbeflissenen Zoologen irgend welches Interesse biete.

Allerdings lagen schon in Müllers Zeiten ein paar Versuche vor. Der alte John Roß hatte, wie erwähnt, bereits 1818 bei seiner Tiefensondierung von — behaupteterweise — fast zweitausend Metern in der Baffinsbai einen leibhaftigen Seestern heraufgezogen. Kam er wirklich aus solcher Abgrundstiefe? Dann verhieß das ja ein unabsehbares Arbeitsfeld. Die ganze Wassersäule von zweitausend Metern an bis zur Fläche, ja am Ende von jenen Gaurisankar-Tiefen an bis oben hinauf belebt allenthalben von dem unerschöpflich wimmelnden Groß- und vor allem Kleingetier, wie es die oberste Schicht dem Mullnetz bot ... ein grandioses Bild, gegen das alle tierische Lebensfülle des Landes zurücktrat!

Einige gründliche Züge mit dem Schleppnetz der Austernfischer, die besonders Michael Sars in Christiania, dem trefflichen Pastor und späteren Zoologieprofessor, glückten, schienen das ums Ende der vierziger Jahre nur zu bestätigen. Sars fand reiches Tierleben noch bei etwas über achthundert Meter Tiefe.

Aber rund um dieselbe Zeit erhob sich gegen alle Behauptungen der Art die gewichtige Stimme eines Mannes, von dem die Mitlebenden allerdings meinten, daß er als absolute Autorität reden dürfe.

Edward Forbes (1815—1854) hatte sich sehr eingehend und kritisch mit der Bevölkerung der englischen Meere und ganz besonders auch des Mittelmeeres beschäftigt. Er kam im wesentlichen zu dem Ergebnis, daß von einem eigentlichen Tiefseeleben schlechterdings keine Rede sei. Tiefer als rund fünfhundertfünfzig Meter sollte überhaupt kein Leben mehr vorkommen. Schon eine ganze Strecke früher erloschen die Pflanzen. Dort aber auch die Tiere. Es wurden Gründe vorgebracht, warum es so sein müsse, — die alte Geschichte: „Der Philosoph, der tritt herein und beweist euch, es müßt' so sein."!

Forbes war ein zu guter Beobachter, als daß man ihm nicht auch da hätte folgen sollen, wo er bloß deduktiv schloß. Man übersah aber, daß seine Verallgemeinerung, die aller Tiefsee das Leben absprach, tatsächlich eine solche war und sich bloß auf die eine strenge Tatsache stützte, daß er im Mittelmeer (also keineswegs einem offenen großen Ozean) eine Abnahme des Lebens nach unten im Sinne jener Ziffern stellenweise konstatiert hatte. Eine ganze Weile galt Forbes' Behauptung als Glaubenssatz. Dem Zoologen gehörte bloß ein winziger Bruchteil des obersten Meeres. Der Rest war Oede. Oede, deren Finsternis schon sehr bald das pflanzliche Leben, deren enormer Wasserdruck aber verhältnismäßig früh auch schon das tierische Leben erstickte.

Bloß, wie gewöhnlich: einige Skeptiker blieben nun doch. Und ihre letzte Hoffnung richtete sich eben auf jene so rasch aufblühende Tiefseeforschung im Gefolge der Terrainstudien zur Legung des transatlantischen Kabels.

Nicht lange, und die Ergebnisse sollten hier wirklich so merkwürdig werden, daß sie allein jene kostspieligen Studien gerechtfertigt hätten, auch wenn das große technische Experiment unterseeischer Telegraphenleitung an sich mißlungen wäre.

Zuerst kam bei den Arbeiten der Engländer und Amerikaner mit dem Brookeschen Sondierungsapparat Schlamm vom Talboden des Atlantischen Ozeans herauf, der zahllose Kalkschälchen von Urtieren enthielt. Das konnten aber immerhin, wenn man skeptisch sein wollte, noch die abgesunkenen toten Schalen von Geschöpfen sein, die lebend sämtlich sich ganz oben herumtrieben. Es mußten bessere Beweise heran.

Doch auch die kamen alsbald. Der für diese Studien günstige Zufall wollte, daß mehrfach Kabelleitungen, nachdem sie bereits jahrelang auf dem Meeresgrunde gelegen hatten, rissen. Man mußte sie wieder empor winden und in einem Falle dieser Art, bei dem Kabel zwischen Sardinien und Algier, zeigte sich das Kabel besetzt mit lebenden Tieren. Seit drei Jahren hatte es in einer Tiefe von 3600 Metern gelegen. In diesen drei Jahren hatten sich fünfzehn verschiedene Tierarten in zahlreichen Exemplaren darauf angesiedelt. Hier war also — und gerade in Forbes'

14*

„unfruchtbarem" Mittelmeer — unzweideutig Leben noch bei 3600 Metern!

Die Beweise wurden aber vollends schlagend, als man anfing, aus ähnlichen Tiefen Tiere heraufzuholen, denen an der Stirn geschrieben stand, daß sie an Tiefenverhältnisse angepaßt waren.

Man muß sich erinnern, was dieses Wörtchen „Anpassung" seit der Wende zu den sechziger Jahren bedeutete.

Es war keine leere Phrase mehr. Darwin hatte seine große Lehre aufgestellt. Alles Lebendige der Erde, Tier wie Pflanze, erschien als der Spielball entscheidender Anpassungsgesetze. Das weiße, dick bepelzte Polartier zeigte sich den Eisverhältnissen des Poles angepaßt, das gelbe Wüstentier der heißen Sandöde, der grüne Laubfrosch dem Blätterwerk, auf dem er saß. Im Lichte dieser Lehre dünkte es wie etwas Selbstverständliches, daß das Tiefseetier, wenn es überhaupt existierte, den seltsamen Umständen der Tiefsee angepaßt sein müsse. Forbes hatte allerdings gerade an der „Möglichkeit" solcher Anpassung bis hier herab gezweifelt. Sollte es wirklich denkbar sein, daß organische Wesen, diese zartesten, gebrechlichsten Gebilde unseres Planeten, sich noch an Wasserverhältnisse angepaßt haben könnten, wo schon bei vierhundert Metern finstere Nacht herrschte, bei achtzehnhundert Metern aber schon ein Wasserdruck von ungefähr zweihundert Atmosphären auf jedem Bewohner lastete und wahrscheinlich auch die Temperatur schließlich bis nahe an Null Grad herunterging?

Immerhin hatte die Anpassung ja sonst im Tierreich Fabelhaftes geleistet. Auch die Schlünde der Adelsberger Grotte und der Mammuthöhle Nordamerikas sind völlig finster. Und doch hausen hier farblose, blinde Molche (Olm), blinde Spinnen und blinde Käfer (Leptoderus), dort blinde Fische in den stygisch schwarzen Gewässern. Die Blindheit scheint dabei gleichsam zu den Anpassungen selber zu gehören: das Auge ist eingegangen, weil es nicht mehr gebraucht wurde.

Da war es denn gewiß interessant, daß aus den ozeanischen Abgründen jetzt allen Ernstes Tiere heraufkamen, die verwandte Anpassungen aufwiesen. Zunächst gerade auch blinde Tiere. Blinde Fische, blinde Krebse. Das mußten echte Bewohner der dunklen, also tiefen Teile der See sein, die ihr Augenlicht aus Anpassungsgründen aufgegeben hatten, gleich jenem Adelsberger Molch.

Dann fanden sich aber auch Tiere, die umgekehrt sehr große Augen hatten. Das schien verdächtig. Indessen die Lösung folgte auf dem Fuße.

Eine dritte Gruppe der Ankömmlinge aus der ozeanischen Nacht zeigte nämlich äußerst kräftige Leuchtorgane. Auch diese Anpassung hat der Sache nach nichts Ungewöhnliches. Wie allbekannt, leuchten eine ganze Masse auch von Landtieren im Dunkeln. Bei unseren „Glühwürmchen", kleinen Käfern, locken sich die liebenden Gatten mit dem grünen Sternchen, das von gewissen Stellen ihres Leibes ausstrahlt. Der Cucujo-Käfer Brasiliens glänzt gar so hell, daß man wie beim Schein einer Laterne daneben lesen kann. Und an der Oberfläche des Meeres erzeugen Myriaden meist winzig kleiner Seetiere jenes entzückende Schauspiel, das der Laie „Meerleuchten" nennt. In der ewig finsteren Tiefsee mußte solche Gabe aber ein Anpassungsmittel ersten Ranges werden. Der Fisch, der Krebs hellte sich selbst seinen Weg.

Wundervoll gewahren wir diese Selbsthilfe besonders bei einzelnen Fischen. Der Leuchtapparat sitzt ihnen direkt über dem Auge: es ist, als sei das lichtempfangende Organ hier zugleich das lichtstreuende geworden.

Bei dem Fische Malacosteus, der schon aus Tiefen von 5000 Metern gezogen worden ist, sitzt je eine Laterne dicht unter jedem Auge und je eine zweite etwas weiter zurück. Die ersteren werfen rubinrotes Licht, die letzteren smaragdgrünes. Bei dem Fisch Echiostoma flammt hinter jedem Auge ein dreieckiges Organ von schönstem Blaufeuer. Noch wieder bei andern Fischsorten scheint der Leuchtapparat sogar wie eine freischwebende Glühlichtbirne an langem, drahtartigem Hautauswuchs vor der Stirn herzupendeln. Dabei sind diese Apparate selber aufs sinnreichste konstruiert. Besondere Nervenleitungen führen zu ihnen hin, die es in die Willkür des Tieres stellen, sein Lichtlein aufblitzen oder verlöschen zu lassen. Und Linsen und Hohlspiegel geben dem Leuchtorgan alle Feinheiten einer kunstvollen Laterne. Es sind übrigens nicht Fische allein, die da unten leuchten. Krebse, Polypen, Würmer und Seesterne tun es ihnen gleich und selbst Tintenfische „illuminieren“ in den prachtvollsten Farben.

Natürlich ließ ein so bewehrtes Tier seine eigenen Augen nicht verkümmern. Die vielfältigen hellen Stellen der Meeresnacht, die aber von solchen Fackelträgern überhaupt erzeugt wurden, mochten auch andere, selbst nicht leuchtende Geschöpfe da unten bewogen haben, ihre Augen nicht eingehen zu lassen, sondern im Gegenteil recht riesig aufzutun. So war dieses Rätsel mit erklärt.

Freilich traf das alles nur das Tier. Die Pflanze, die das Sonnenlicht nicht als Lampe bei der Nahrungssuche oder als Liebessignal gebrauchen kann, sondern in ihm eines ihrer unentbehrlichen direkten Lebenselemente besitzt, konnte es schlechterdings nicht zu solchen Anpassungen, die ihre chemische Lebensküche negierten, bringen. Und da hat Forbes wirklich recht behalten: das Pflanzenleben hört im Ozean durchweg mit ein paar hundert Metern Tiefe gänzlich auf. Um so reicher und merkwürdiger wurde dafür mit jedem neuen Funde das Tierbild.

Eine wahre Märchenwelt. Zu den Anpassungen an die Dunkelheit traten andere an den Wasserdruck und die übrigen Besonderheiten dieser Existenz unter völlig abnormen Bedingungen. Fische und Krebse zeigten wahre Fratzenformen. Da gab es sammetschwarze Fische mit einem solchen Riesenmaul, daß das ganze Tier eher einem schwimmenden Löffel glich als einem Fisch. Krebse streckten ihre unglaublich verlängerten Beine und Fühler wie ein ungeheures Netz um sich her, um im Dunkeln möglichst weit tasten und schon an der leisesten Erschütterung des Wassers auf weiteste Entfernung hin einen nahenden zweiten Styx-Bewohner signalisieren zu können. Krebsartige Geschöpfe, die sonst in bescheidenster Größe auftreten, wie unsere friedliche Hausfreundin, die Assel oder des „Kellertier“, krochen hier in wahrer Gigantenform daher, und ebenso regte es sich da unten von spinnenartigen Riesen, groß beinahe wie Vogelspinnen, aber unendlich dünnbeinig stelzend gleich unseren Weberknechten.

Fern ab von allen Stürmen der Oberfläche liegt ja dieses Abgrundwasser, und die gebrechlichsten Wesen, die oben jede harte

Welle zerſchlüge, durften hier offenbar ſich frei zu unerhörter
Größe entfalten. Eine Weile glaubte man ſogar, in dieſer Welt
der Wunder noch einer ganz beſonderen Spur nahe zu ſein. Dieſe
abgeſchiedenen Unterweltsgründe ſollten die Tierwelt aus ver-
ſchollenſten Urtagen der Erdgeſchichte zum Teil lebendig gerettet
haben. Oft iſt ja dergleichen vom Ozean und ſeinen Geheimniſſen
geglaubt worden. Seit die Gerippe der ausgeſtorbenen Seereptilien
Ichthyoſaurus und Pleſioſaurus in unſeren Muſeen ſtehen, hat
immer einmal wieder ein phantaſievoller Kapitän berichtet, er ſei
einem lebenden Untier der Art, etwa einem Pleſioſaurus mit langem
Schwanenhals, begegnet. Seitdem man durch die großartigen Funde
in Nordamerika weiß, daß in der Kreideperiode — alſo allerdings
Millionen von Jahren vor unſerer Zeit — den damaligen Ozean
enorme, ſchlangenartig dünne Reptile von über hundert Fuß Länge,
die ſogenannten Moſaſaurier, durchſchwommen haben, iſt die berüchtigte fabelhafte „Seeſchlange“ gern als eine noch überlebende
Art ſolcher vorſintflutlichen Ungetüme aufgefaßt worden. An Humboldt wandte ſich einſt ein wunderlicher Grübler, der untrügliche
Beweiſe zu haben glaubte, daß die Erdkugel nahe dem Nordpol
ein Loch habe, das in eine ungeheure Höhle voll noch lebender
urweltlicher Saurier führe, eine Idee, die der geiſtreiche Jules
Verne zu einer glänzend erfundenen, leider nur im zoologiſchen und
geologiſchen Detail recht erbärmlichen Dichtung verwertet hat.
Träumereien und fromme Wünſche!

Tatſache aber war, daß jetzt aus der Seetiefe wirklich Vertreter einer Tiergruppe heraufkamen, die unter den Verſteinerungen
aus früher Zeit der Erdgeſchichte eine bedeutende Rolle ſpielen.
Die Meere der Jura- und Kreidezeit hatten zahlloſe Mengen
überaus zierlicher Geſchöpfe beherbergt, die der Naturforſcher als
„Seelilien“ bezeichnet. Obwohl am Boden mit langem Stengel
haftend und oben zu einer blütenartigen Krone entfaltet, haben
dieſe Geſchöpfe doch mit echten Lilien, ja mit Pflanzen überhaupt
nicht das mindeſte zu tun. Es ſind echte Tiere aus der Verwandt-
ſchaft der Seeigel und Seeſterne. In der Gegenwart, ſo ſchien es,
war dieſe ebenſo abſonderliche wie ſchöne Tiergruppe, die einſt
wahre Wälder in der See gebildet hatte, bis auf verſchwindende

Nachzügler in den amerikanischen Tropenmeeren ausgestorben. Da zog Sars 1864 bei den Lofoten eine Gattung, die sich äußerst eng an Formen der Kreideperiode anschloß, aus der Tiefe von fünfhundertfünfzig Metern, also genau von der Grenze, wo nach Forbes überhaupt kein Leben mehr vorkommen sollte. Und nun stellte sich allmählich heraus, daß gerade in großen Tiefen solche lieblichen Seelilien noch in allerlei Formen und beträchtlicher Anzahl wurzelten. Der Ozean der unendlich fern verschollenen Kreidezeit schien ganz tief da unten noch einmal wiederzukehren. Es hat aber bei dem einen Fall im wesentlichen doch sein Bewenden gehabt, und die Idee, daß man im Meeresabgrund noch einmal wie in einem Schacht in die Vergangenheit der Erde rückwärts steige, hat sich sonst nicht halten lassen.

Alle diese Erfolge wie Probleme kamen natürlich nicht auf einen Tag. Und sie kamen in ihrer Fülle auch schon nicht mehr bloß als Abfall von den Kabelarbeiten.

Sobald man im Gefolge dieser Arbeiten einmal fest wußte, daß es trotz Forbes' Zweifeln da unten überhaupt noch tierisches Leben gab, regte sich der Eifer zu Tiefsee-Expeditionen, die eigens diesen zoologischen Zweck ins Auge faßten.

Zwei englische Gelehrte, William Carpenter und Wyville Thomson, machten diese engere Sache ums Ende der sechziger Jahre zu ihrer Lebensaufgabe.

Obwohl das Problem jetzt als ein rein fachwissenschaftliches den eigentlich praktischen Zweck entbehrte, wußten diese vortrefflichen Männer doch den großen Stil der Untersuchung zu wahren, ja schließlich zu steigern. Beide waren längst Physiologen und Zoologen von Ruf, als sie dieses Feld wählten. Auf Thomson hatte besonders jene Entdeckung von Seelilien in der Tiefsee Eindruck gemacht. Er glaubte an eine noch zu entdeckende Urweltfauna dort unten, was sich, wie gesagt, allerdings durch die Untersuchungen selbst nachher nicht so bewähren sollte.

Der alte Carpenter erlangte alsbald die Unterstützung der englischen Regierung, die zunächst zu drei Fahrten das Schiff stellte. 1868 wurde mit dem Kanonenboote „Lightning" (Blitz) das Meer bei den Faroer-Inseln sondiert. Bei neunhundert Metern ergab sich reiches Tierleben! 1869 und 1870 setzten Fahrten des Wacht-schiffes „Porcupine" (Stachelschwein) bis nach dem Golf von Bis-caya und bis Malta die Studien höchst erfolgreich fort. Diesmal wurden noch weit größere Tiefen belebt gefunden: bei Malta ging das Leben bis über dreitausend Meter hinab.

Alle Welt wurde jetzt aufmerksam. Carpenter wandte sich an die Regierung, ob sie nicht eine regelrechte Weltumsegelung eigens für Tiefsee-Zwecke ausrüsten wolle. Da die materiell wichtige Kabelfrage diesmal ganz im Hintergrund stand, war die Forderung immerhin eine ziemlich starke Probe auf den rein wissenschaftlichen Idealismus der englischen Staatsleitung. Die Probe ist aber, wie rückhaltlos anzuerkennen ist, in umfassendstem Maße bestanden worden.

Die größte Tat in der ganzen Tiefsee-Forschung des neun-zehnten Jahrhunderts setzt hier ein: die ruhmreiche Weltfahrt der englischen Korvette „Challenger". England bewilligte zunächst die Kleinigkeit von zwei Millionen Mark. Später mußte die Summe noch um eine weitere Million und 360 000 Mark erhöht werden. Ein Kriegsschiff wurde durch Entfernen von anderthalb Dutzend Kanonen und Einbauen eines Laboratoriums in ein treffliches Naturforscherschiff verwandelt. Das Kommando erhielt ein Kapitän, der auch von der wissenschaftlichen Aufgabe etwas verstand, George Nares; er ist später durch seine glänzende Nordpol-Expedition, die an der Westküste von Grönland bis über den 83. Breitengrad hinausdrang, berühmt geworden. Die engere fachwissenschaftliche Leitung aber kam, wie recht und billig, in Thomsons bewährte Hand.

Bei den sehr ausgiebigen materiellen Verhältnissen, die herrsch-ten, konnte dieser Tiefsee-Chef aber noch einen ganzen Stab er-gänzender Kräfte um sich sammeln, Fachmänner für Zoologie, Botanik, Chemie, Zeichnen und andere. Seine glücklichste praktische Wahl war dabei der erste Assistent John Murray. Auch ein junger deutscher Zoologe aus Siebolds Schule, Rudolf von Willemoes-Suhm, durfte an der Expedition teilnehmen; er sollte leider zu ihren Opfern gehören, da ihn das glühende Tropenklima der zentralen Südsee im dritten Jahr der Reise hinraffte.

Sie sollte Jahre dauern, diese ganze Weltumsegelung — seit den Tagen des großen Cook wohl die eigenartigste, die unserem Planeten gewidmet worden ist. Sonst war der Ozean immer nur die Brücke gewesen, die den Naturforscher von Land zu Land trug. Diesmal kam ein Schiff, das die Absicht zu haben schien, auf dem Wasser — je offener, desto besser — geradezu heimisch zu werden. Das Land, das man hier suchte, lag Tausende von Metern senkrecht unter dem Kiel. Dafür war es aber, wo immer man es traf, ein „neuer" Erdteil mit allem Reiz des Unbekannten.

Die ganze Fahrt dauerte vom 21. Dezember 1872 bis zum 25. Mai 1876. Das erste Jahr galt dem Atlantischen Ozean in seiner vollen Breite und einem großen Teil seiner Länge. Dann ging es nach einigem Aufenthalt in Kapstadt tief in das immer noch so mysteriöse südliche Eismeer hinein, bis vor jene dräuende Eismauer, die jetzt noch wie vor mehr als hundert Jahren, als Cook segelte, unser Wissen dort abschnitt wie ein verriegeltes Tor, zu dem unsere Technik noch keinen Schlüssel besaß. Auch der „Challenger" mußte schließlich vor den Eisbergen flüchten und kam mit Mühe 1874 nach Australien. Zwanzig Monate hindurch widmete er sich jetzt dem Stillen Ozean. Die Heimfahrt endlich führte durch die Magalhaes-Straße wieder in das atlantische Becken zurück, das von Montevideo bis zu den Azoren nochmals vollständig durchquert wurde. Siebenhundertneunzehn Tage hatte das wackere Schiff, als es in Portsmouth wieder vor Anker ging, auf offener See zugebracht, unter den Schneeschauern des Antarktischen Meeres wie, was die Leistungsfähigkeit der Teilnehmer noch wesentlich mehr in Anspannung setzte, unter den sengenden Glutstrahlen der äquatorialen Sonne.

Im ganzen waren 68890 Seemeilen zurückgelegt worden. Und das alles unter fortgesetzter beobachtender Tätigkeit der Naturforscher an Bord.

Auf jener ungeheuren Meilenbahn, die sich im verwegensten Zickzack um die ganze Planetenkugel schlang, hatten nicht weniger als dreihundertundsiebzig Tiefsee-Lotungen stattgefunden, zweihundertfünfundsiebzig Temperaturmessungen in die Tiefsee hinab und zweihundertvierzig Züge mit dem Schleppnetz. Darunter befand sich eine erfolgreiche Lotung mit emporgeretteter Schlammprobe aus 8235 Metern, also mehr als Dhawalagiri-Tiefe; der Ort war im Stillen Ozean nicht weit von den Philippinen.

Einem derartig systematischen Angriff widerstand das Geheimnis der Tiefsee nicht mehr; es gab jetzt reine Bahn. Sechshundert Kisten mit zoologischem und sonstigem Material, die in tadelloser Erhaltung daheim anlangten, boten der Wissenschaft fortan ein „Tiefsee-Museum", das aller vagen Spekulation ein Ende machte und mit „Tatsachen" redete.

Unter diesen Tatsachen war eine von besonderer Bedeutung. Ja man konnte sie die wichtigste von allen nennen, da sie die räumlich größten Gebiete umspannte.

Schon jene ersten Untersuchungen des nordatlantischen Bodens bei Gelegenheit der Kabellegung hatten, wie oben erwähnt, die Aufmerksamkeit auf eine seltsame Grundzusammensetzung des Ozeanschlammes in gewissen Tiefen gelenkt. Die heraufgeholten Schlammproben wiesen immer und immer wieder Unmassen kleiner Schälchen auf, die als die Gehäuse oder Skelette äußerst niedriger Organismen von der unbestimmten unteren Grenze des Tierreiches gedeutet werden mußten. Der engere Sachverhalt schien dabei folgender.

Um die Küsten der Festländer und Inseln herum zeigte sich ganz regelmäßig zunächst ein flacher Kranz rein mineralischer Massen — Schlicklager, deren Schlamm und Sand deutlich seine Herkunft vom Lande selbst, als Küstentrümmer, die das Süßwasser beständig ins Meer hineinwusch, verriet. Dieser Kranz mochte sich hundertfünfzig bis zweihundert Seemeilen von der Küste hinausziehen.

Dann aber änderte sich der Schlamm in seiner Beschaffenheit gänzlich. Er wurde freier Ozeanschlamm. Was aber bildete den?

Die Untersuchung der Proben ergab eine gelbliche Masse, die beim Trocknen weiß wurde wie Kreide. Kreide ist reine Kalkmasse. Der Schlamm war denn jetzt unzweideutig auch Kalkschlamm. Und unter dem Mikroskop zeigte sich sofort, wo der Kalk herkam. Der ganze Schlamm war ein dichtes Gemisch aus den winzigen Kalkschalen jener Geschöpfe.

Es hat sich in der Folge herausgestellt, daß gerade diese Wesen selbst in lebendem Zustande nicht da unten herumkriechen, so reich auch sonst das Tiefseeleben ist. Sie schweben mit ihren Kalkschälchen frei im Ozeanwasser, zum Teil geradezu an der Oberfläche. Erst wenn das Tier abgestorben ist, fällt das Schälchen in die Tiefe hinab. Man bekommt aber einen Begriff, welche unerhörten Massen dieser Geschöpfchen das Ozeanwasser erfüllen müssen, wenn man bemerkt, daß Quadratmeile um Quadratmeile ganzer Riesengebiete des Ozeangrundes mit einer einzigen Schlammmasse aus solchen Kalkschälchen bedeckt sind! Es ist übrigens dies offenbar die ganz gleiche Methode, der unsere heutige Kreide einst ihren realen Ursprung verdankt hat. Was wir heute Kreide nennen, das war in der alten Epoche der Erdgeschichte, die wir als Kreideperiode bezeichnen, genau solcher Tiefseeschlamm aus den Kalkgehäusen abgestorbener Lebewesen. Erst die Bewegungen und Faltungen der Erdrinde haben in den seitdem verflossenen gewaltigen Zeiträumen diesen alten Meeresgrund trocken gelegt und hoch zu Inseln und Gebirgen heraufgetürmt. Noch jetzt aber weist das Mikroskop in der Kreide unverkennbar die Schälchen ihrer ehemaligen unfreiwilligen Erbauer. Doch das nebenbei.

Die Stelle im System, die der Naturforscher jenen lebenden Besitzern der schlammbildenden Kalkschalen anweist, ist bei den sogenannten Urtieren. Enger gehören sie nach gangbarer Schablone zu den Wurzelfüßern oder Rhizopoden.

Der Laie, der sich ein solches Wesen vorstellen will, muß fast alles dabei über Bord werfen, was ihm an einem „Tier" gewöhnlich vor Augen schwebt.

Ein Hund, ein Frosch, eine Auster, ein Seestern sind echte Tiere. Diese Tiere bestehen, wenn man sie unter dem Mikroskop betrachtet, aus Millionen winzigster lebendiger Körperchen oder Klümpchen, — den sogenannten Zellen. Auch der Körper des Menschen ist aus Myriaden solcher Zellen zusammengesetzt. Diese Zellen bilden aber gleichzeitig in jedem höheren tierischen Körper nicht eine gleichartige Masse, sondern sie treten gruppenweise zu Organen zusammen. Der Magen, das Gehirn, das Herz sind solche Organe. Beim Menschen, Hund oder Frosch auch die Beine und Füße.

Ein solches Wurzelfüßergeschöpf besteht aber nun ganz im
Gegensatz dazu nicht aus vielen Zellen, sondern eben nur aus
einer einzigen. Diese eine einzige Zelle ist sein ganzer Leib.
Von echten Organen in jenem Sinne ist natürlich nicht die Rede.
Nur eine ganz geringe Gliederung zeigt sich innerhalb des einzigen
Zellenleibes. Aber nicht einmal ein Magen ist da: die ganze Leibesmasse nimmt Nahrung auf und verdaut sie. Kein Blut kreist, kein
Herz schlägt. Und es gibt auch keine ständigen bewegenden Gliedmaßen. Wenn das Urtier trotzdem kriecht und schwimmt, so geschieht
es, indem der ganze weiche Schleimleib beliebig bald hier bald
dort wurzelartige Zipfelchen aus sich herausfließen läßt, die im
Augenblick als Hand oder Ruder dienen, um gleich darauf wieder
in der weichen Leibesmasse zu zerschmelzen. Nur eines ist bei
vielen dieser Sonderlinge allerdings ganz konsequent entwickelt:
sie vermögen aus ihrem fast organlosen Leibe harte Skelette
auszuscheiden, die ihrem gallertigen Körper als Schutz, als Stütze
dienen. Und zwar besteht dieses Skelett bei den genannten Wurzelfüßern aus Kalk: es bildet jene Kalkschälchen des Tiefseeschlammes.
Insbesondere die Gattung Globigerina wurde als eine hervor-
ragende Werkmeisterin des Kalkschlammes erkannt.

An sich würde nun nichts im Wege stehen, sich mit solchem
„Globigerinen-Schlamm", wie man ihn getauft hat, tatsächlich den
ganzen Ozeanboden der Erde, soweit er etwa zweihundert Meilen
von der nächsten Küste abliegt, bedeckt zu denken. Man käme auf
eine runde Fläche von mindestens drei Achteln der gesamten Erdoberfläche — ungefähr ebensoviel, wie alle fünf Kontinente zusammen beanspruchen.

Hier war es aber die Challenger-Expedition, die dargetan
hat, daß die Sache, wenn schon in der Wirkung ebenso gigantisch,
doch nicht so ganz einfach über einen Leisten gearbeitet ist.

Thomson und seine Leute stellten fest, daß bei einer Tiefe
zwischen viertausend und fünftausend Metern der Globigerinenschlamm mehr und mehr aufhört. Meist ist er schon bald
nach Ueberschreiten der viertausend Meter-Grenze zu Ende.

Es tritt dann in den noch entlegeneren Abgründen an seine
Stelle ein Teppich von nochmals wesentlich andersartigem Schlamm,

dem gerade das Charakteristische des Globigerinenschlammes vollständig fehlt, nämlich die Kalkschälchen und überhaupt der Kalk.

An und für sich mußte das überraschen. Die Kalkschälchen der
Globigerinen und verwandten Wurzelfüßer sinken, wie wir gesehen
haben, allenthalben im Ozean von oben nach unten ab. Das
lebende Geschöpf treibt sich im freien Wasser herum, die tote Schale
fällt auf den Grund. Dabei kann es für dieses Absinken selber
doch ganz einerlei sein, wie tief der Ozeangrund liegt. Liegt er
näher als viertausend Meter, so lagern sich die Schälchen eben
schon bei weniger als viertausend Metern fest auf und bilden
Kalkschlamm. Liegt er dagegen fünftausend oder sechstausend oder
gar achttausend Meter tief: warum sollten sie dann nicht bei fünf-
und sechs- und achttausend Metern genau ebenso zur Ruhe und
zur Schlammbildung kommen?

Es war nötig, eine Hilfserklärung zu suchen. Und sie fand
sich in der Tatsache, daß in den riesigen Tiefen jenseits der viertausend Meter, also da, wo die Montblanc-Tiefe allmählich zur
Gaurisankar-Tiefe wächst, eine Macht auftritt, die die absinkenden
Kalkschälchen auflöst. Diese Macht ist aller Wahrscheinlichkeit
nach das mit Kohlensäure erfüllte, unter gewaltigem Druck stehende
Meerwasser selbst. Es gewinnt in solcher Tiefe einfach die Kraft,
das absinkende Kalkmaterial vollkommen aufzulösen, wie der heiße
Kaffee ein Stück Zucker löst. Und so wird die Bildung irgend
welchen Kalkschlammes hier unmöglich trotz des Faktums, daß auch
auf dieses tiefste Terrain unablässig Millionen und Übermillionen
von Kalkschälchen herabregnen.

Indessen: Schlamm liegt darum doch auch dort, wenn schon
kein Kalkschlamm. Wo kommt nun dieser Schlamm her?

Man hat ihn im Gegensatz zu dem Globigerinenschlamm seiner
vielfach bemerkbaren Farbe nach den „roten Tiefseeschlamm"
genannt.

Es ist eben der Teppich eines neuen, tieferen Stockwerkes,
in allem durchaus verschieden.

Die rote Farbe rührt von Eisen- und Manganoxyd her. Die
chemische Untersuchung zeigt das. Sie zeigt aber auch sofort, daß
ein sehr großer Teil der Schlammbestandteile vulkanische Masse

ist, Asche, Bimsstein, Lava. Man muß sich erinnern, daß fast alle
tätigen Vulkane der Erde dem Meere nahe liegen und jede Eruption
eine Unmenge solcher Stoffe ins Wasser wirft. Es finden auch
Vulkanausbrüche gelegentlich direkt im Ozean selbst statt. Und
furchtbare Explosionen, wie die des Krakataua an der Sundastraße,
wo das Meerwasser in den Krater einbrach und ihn wie einen
Kessel platzen ließ, haben auf Zeiten die ganze Erdatmosphäre
mit vulkanischem Staub durchsetzt, — Staub, der allmählich dann
niedergesunken sein muß und zweifellos zu großen Teilen vom
Ozean aufgesaugt ist. Dort sank er dann nochmals durch die ganze
Wassersäule bis auf den Grund.

Ganz absonderlicher Natur scheinen winzige metallische Kügelchen zu sein, die besonders im roten Schlamm des Stillen Ozeans
von der Challenger-Expedition nachgewiesen worden sind. Nur
ein fünftel Millimeter und noch weniger groß, bestehen sie aus
metallischem Eisen mit einem charakteristischen Zusatz oft von Nickel
und Kobalt. Nach außen überzieht sie eine schwarzglänzende Hülle
von Magneteisen. Was kann das sein? Der geheimnisvolle
chemische Bau weist unmittelbar auf kosmischen Ursprung. So
sind Meteorsteine zusammengesetzt, die aus dem Weltraum zu uns
herabstürzen! Es besteht eine hohe Wahrscheinlichkeit, daß wir
es mit feinstem Meteor-Staub zu tun haben, der unablässig vom
All her auf die Erde herabregnet und sich in dieser Tiefe allmählich
häuft. Wunderbares Bild: in dieser Abgrundtiefe, wohin kein
Sonnen-, Mond- und Sternen-Licht mehr dringt, rücken uns plötzlich die fernen Weltenräume wieder nah, durch die in ewigem,
stillem Fall der Staub verpulverter Gestirne rinnt....

Doch das alles erschöpft lange noch nicht den roten Schlamm.
Es bleibt noch ein Hauptbestandteil: Kieselerde. Wie oberhalb
der viertausend Meterlinie Kalk, so hier Kiesel. Woher aber
gerade dieser Stoff?

Wir rufen uns zurück, daß jener Kalk des oberen Schlamm-
teppichs auch nicht „von selbst" dahin kam, sondern seinen Weg
durch lebendige Leiber tierähnlicher Lebewesen genommen hatte.
Er erschien in der Form von Myriaden abgelagerter Kalkschälchen
solcher Wesen. Nun wird aber von lebendigen Geschöpfen der

Erde wie Kalk, so auch Kiesel häufig verarbeitet. Es lag also nahe genug, auch für die Kieselbestandteile des roten Schlammes an organischen Ursprung zu denken. Der Expedition des „Challenger" war es vergönnt, in der Linie dieser Tatsachen und Wahrscheinlichkeiten gerade eine ihrer fruchtbarsten und schönsten Entdeckungen zu machen.

Schon im kalkigen Globigerinenschlamm lassen sich zahlreich mit eingebettete Kieselkörperchen nachweisen. Unter das Mikroskop gebracht, enthüllt sich ein solches Kieselkörperchen durchweg als die Schale, das Skelett eines den Globigerinen zwar verwandten, aber doch durchaus nicht gleichartigen Geschöpfes: eines Urtiers vielmehr von jenem Wurzelfüßertypus, den man als Gruppe der „Radiolarien", zu deutsch „Strahlinge", von den übrigen sondert.

Neben anderen feinen Unterschieden im Bau ihres (auch hier durchaus nur aus einer Zelle gebildeten) Leibes trennt die Radiolarien von den Globigerinen und Verwandten vor allem die Art eben ihrer Skelette oder Schalen: statt aus Kalk sind diese hier in den meisten Fällen aus Kiesel aufgebaut.

Im übrigen sinken diese Kieselschälchen aber genau so nach dem Ableben ihrer Besitzer auf den Grund wie die Kalkschälchen. Auch das lebende Radiolar lebt mit seinem Kieselskelett vergnüglich im Wasser des Ozeans (allerdings diesmal noch bis in große Tiefen hinab) und nicht auf dem Schlammgrunde unten. Während aber jene Kalkschalen, wie erwähnt, jenseits der ersten viertausend Meter vom gepreßten, kohlensäurereichen Wasser erfolgreich gleichsam aufgefressen, aufgezehrt, verflüchtigt werden, ist das bei den Kieselschalen nicht möglich. Es liegt also theoretisch auf der Hand, daß da, wo der Globigerinenschlamm aufhört, nach unten zunächst ein Schlamm beginnen muß, der von Lebensresten jetzt wesentlich nur noch Radiolarien enthält. Der „Challenger" durfte das aber nun zum wirklichen Bilde gestalten, und zwar kam die Sache doch noch ganz wesentlich imposanter heraus, als sie rein theoretisch zu erwarten war.

Es war vor allem der Stille Ozean, der da das großartigste Schauspiel bot.

Der Stille Ozean ist trotz seiner vielen Inseln (es sind wesentlich steile Korallenriffe)) verhältnismäßig sehr tief. Der Durchschnitt der Tiefe geht auf dreieinhalbtausend bis fünfeinhalbtausend Meter hinab. Man ist also vielfach jenseits der Globigerinengrenze. Und wirklich: an einer ganzen Reihe von Stellen fand sich nun auch die ganze Tiefe hier in der prachtvollsten Weise bedeckt mit reinem Radiolarienschlamm. Die Radiolarien erschienen da so hageldicht, wie oberhalb der viertausend Meter etwa im Atlantischen Ozean die Globigerinen. An vielen anderen Stellen freilich machte es den Eindruck, als unterlägen auch die Radiolarien mit absteigender Tiefe ziemlich rasch einem geheimnisvollen Zerstörungsprozeß. An ihre Stelle trat dann der eigentliche und reine „rote Schlamm", der zwar noch in hohem Maße kieselhaltig ist, aber in dem doch die sichtbar erhaltenen Radiolarienschalen auffallend abnehmen, bis schließlich die individuelle organische Form kaum noch in letzten Spuren wahrnehmbar ist. Wer diese Zerstörung besorgt — die hier offenbar keine chemische Verflüchtigung wie bei dem aufgelösten Kalk der Globigerinen, sondern nur eine Lösung der individualisierten Form bedeutet — bleibt einstweilen dunkel. Aber das ist ja auch nebensächlich.

Die interessanteste neue Tatsache war die Entdeckung wirklicher Radiolarienlager von prächtigster Erhaltung in der Tiefsee.

Wieder sollte es eine besondere Erkenntniskette sein, die hier heranlenkte und den eigentlichen Gewinn abbekam.

Wenn der Laie von einer solchen systematischen Gruppe wie „Radiolarien" hört, so erscheint ihm das wie etwas sehr Einfaches, Selbstverständliches. Eines Tages sind diese Tiere oder Urtiere, oder wie das System sie nun nennt, von diesem oder jenem Forscher „entdeckt" worden. Dann hat er ihnen die richtige Stelle in der Schablone des Systems, wie es im Lehrbuch steht, gesucht, hat ihnen einen Namen gegeben, für den das lateinische oder griechische Lexikon den Anhalt bot, und da stehen sie nun für alle Zeiten. So gemütlich geht es aber in Wirklichkeit nicht mit der Erkenntnis. Und gerade die Erkenntnisgeschichte der kleinen Radiolarien ist ein sehr hübsches Beispiel dafür, wohl wert, erzählt

zu werden, da zugleich ein Stück Geschichte der modernen Tier-
forschung überhaupt darin steckt.

In den dreißiger und vierziger Jahren, damals, als die Tief-
seefragen zuerst dunkel aufdämmerten, wußte man von dem Dasein
der Radiolarien im heutigen Sinne noch gar nichts.

Aber mehr noch: man hatte im System der Lebewesen, wie es
die Lehrbücher damals vorführten, noch überhaupt die ganze Ecke,
die ganze Rubrik nicht, in die sie sich nachmals einordnen sollten.

Dagegen begann man eben in zunehmender Stärke auf etwas
aufmerksam zu werden, das ganz allgemein ein neues Licht in die
Tierkunde brachte. Man merkte, daß es eine geradezu unerhörte
Masse von Geschöpfen und darunter besonders auch Tieren gebe
und immer gegeben habe, die man wegen ihrer mikroskopischen
Kleinheit bisher gänzlich übersehen hatte.

Die ersten Beobachter mit dem Mikroskop im siebzehnten und
achtzehnten Jahrhundert hatten ja schon beobachtet, wie in jedem
faulenden Wassertropfen eine Welt des bislang unsichtbaren Lebens
wimmelte.

Jetzt aber trieb ein deutscher Naturforscher, Christian Gott-
fried Ehrenberg in Berlin, die Sache ins Große, — ins Große
tatsächlich des Kleinsten.

Vor Ehrenbergs Glas begann sich alles allenthalben zu beleben oder wenigstens Spuren ehemaligen Lebens zu weisen. Der
Teichschlamm wie der trockene Staub in der Dachrinne, die losen
Sonnenstäubchen der Luft wie das harte Kreidegestein, Schiefer-
platten und Kalksteinbrocken, — alles wimmelte teils von lustigstem
Leben, teils erwies es sich in dem Sinne, wie wir es oben schon
von der Kreide besprochen, als zusammengebacken aus Milliarden
und Milliarden kleiner tierischer oder pflanzlicher Schälchen der
Vergangenheit. Die kleinsten Organismen erschienen als die stärk-
sten Mithelfer im Bau der Erdrinde, als gewaltige Faktoren im
Aufbau des großen Gebirgsgerüstes, das uns heute vor Augen steht.

Mit Staunen vernahm man von Ehrenbergs immer neuen,
unermüdlichen Feldzügen in dieses Gebiet, die in eine Milchstraße
des Winzigsten eindrangen wie die Teleskope der Herschel und
Rosse in die der Riesensonnen am Firmament.

Aber was waren das nun für Tiere, für Pflanzen, diese Liliputer mit Herkuleswucht?

Heute wissen wir, daß die überwältigende Mehrzahl zu jenen
niedrigsten aller Lebewesen gehört, die gleichsam die Basis der
ganzen eigentlichen Tier- und Pflanzenentwickelung erst bilden.
Urtiere und Urpflanzen nennt man sie, wobei die Grenze des
Tierischen und Pflanzlichen aber überhaupt schwimmt. Das Wesent-
liche, in dem sich alle durchweg einig sind, ist jene schon erwähnte
Beschränkung des Individuums auf e i n e Zelle, ein einziges jener
Klümpchen lebendigen Stoffes, die bei den höheren Pflanzen und
Tieren zu unendlicher Masse vereint den Körper bilden.

Von alledem hatte aber der gute Ehrenberg inmitten seines
köstlichen Beobachtermaterials selber ja nun noch keine leiseste
Ahnung. Er heckte sich aus freier Phantasie vielmehr eine gerade
gegenteilige Theorie aus. Ihm war es nicht genug mit der All-
verbreitung und Massenanhäufung dieser kleinsten Organismen
auf der Erde. Diese Liliputer sollten noch eine erhöhte Merkwürdigkeit dadurch erhalten, daß die Tiere darunter tatsächlich
eine h o h e Organisation·besäßen. Diese „Infusorien“, wie er noch
mit dem alten Wort das ganze kleine Gesindel zusammenfassend
nannte, sollten in ihrer Art „vollkommene Organismen“, das heißt
echte Tiere mit allen wesentlichen Organen der höheren Tiere, sein.

Es war leider in diesem Umfang und vor allen echten Urtieren
vollkommener Unsinn. Aber Ehrenberg ritt auf seinem Prinzip
unentwegt bis zu seinem Ende, also bis 1876, wo man sonst in der
Forschung den wahren Sachverhalt seit langen Jahren genau
kannte.

In der Verknüpfung der Dinge lag aber auf alle Fälle, daß,
wenn irgend einer, so gerade Ehrenberg bei seinen Studien zuerst
auch auf die schönen Panzer der Radiolarien und so schließlich auf
diese selbst stoßen mußte. Die ganze Welt arbeitete ja in der
Mitte des Jahrhunderts für Ehrenberg mit. Von überall her
sandte man ihm Schlamm-, Staub- und Gesteinsproben ein, be-
gierig, was er für mikroskopische Lebenswunder herauslesen werde.
So erhielt er denn auch wirklich von mehreren Seiten allmählich
Radiolarienproben. Er erkannte sehr wohl die überaus zierlichen

Kieselpanzer und benannte sie, — übrigens noch nicht als Radiolarien, der Name fand sich erst später.

Gerade weil die Schalen — lebende Tiere erhielt er zunächst nicht — aber so über alle Begriffe kunstvoll waren, wurde er nur doppelt in seiner alten Meinung bestärkt, daß solches Kunstskelett nur ein auch im weichen Leibesbau äußerst künstlich und hoch organisiertes Tier herstellen könne. Und so stellte er die neue Tiergruppe schließlich zu den Stachelhäutern, also den Seesternen, Seeigeln und Seegurken, wohl an die denkbar unmöglichste Stelle, die ihr im System der Tiere überhaupt anzuweisen war.

In Ehrenbergs Proben waren aber teils die Schälchen noch lebender, teils die schon längst ausgestorbener Radiolarien enthalten. 1846 brachte man ihm Felsenstücke von der Antillen-Insel Barbados, die vollkommen aus zierlichsten Radiolarienschälchen zusammengesetzt waren. Diese Felsen stammten aber noch aus der sogenannten Miocänzeit, einer Zeit, da bei uns in Europa noch Giraffen, Antilopen, Affen und Papageien lebten und in Sachsen Palmen wuchsen. Damals müssen offenbar Radiolarien ganz nach der heutigen Art schon als Meeresschlamm ihre Schalen abgelagert haben, und dieser Meeresschlamm ist dann in der Folge zu Fels verhärtet und als Gebirge der Insel Barbados hoch über den Spiegel des Ozeans heraufgehoben worden.

Doch auch heutige Tiefseeproben erhielt Ehrenberg, die ersten, die es überhaupt gab, und es waren sogleich Radiolarien darin. Der schon erwähnte Amerikaner Maury sandte 1854 acht Proben, in denen Ehrenberg vierzig verschiedene Arten von Kieselskeletten unterschied. 1860 erhielt der Berliner Mikroskopiker durch den Leutnant Brooke aber gar ein Tiefseepräparat, das aus über sechstausend Metern Tiefe im Stillen Ozean kam und entsprechende Kieselschälchen zeigte. Das war die spätere große Fundstätte des „Challenger". So nahe war man schon dem höchsten Triumph aller Radiolarienforschung — und doch wußte Ehrenberg noch immer nicht, was ein Radiolar überhaupt sei und wo es hingehöre.

Diese Unwissenheit war allerdings jetzt bei ihm schon subjektives Mißgeschick als Folge einer willkürlichen Nichtbeachtung der neueren Literatur. Denn zwei Jahre vorher hatte sein großer

Berliner Kollege Johannes Müller gleichsam noch aus dem Grabe heraus — in einer nachgelassenen Schrift — gerade diese Frage bis zu einer gewissen Grenze endgültig erledigt. Müller faßte sie dabei von ganz anderer Seite.

Ehrenberg hatte die Bewohner seiner Tiefsee-Schälchen ohne Skrupel auch für wirkliche Bewohner der tiefsten Ozeangründe gehalten. Es ist aber oben schon gesagt, daß die Radiolarien ausnahmslos schwimmende Geschöpfe sind und, allerdings von den großen Tiefen unten an, bis zur Oberfläche herauf alle Schichten der kolossalen Wassersäule je nach Neigung der einzelnen Arten beleben. Dieser wahre Sachverhalt legt nahe, daß die damalige Zoologenschule, die anfing, die Meeresoberfläche mit dem Mullnetz abzusuchen, ebenso auf Radiolarien stieß wie der alte Ehrenberg daheim vor seinen trockenen Schlammproben der Tiefsee, und zwar diesmal auf lebendes Material.

In Wahrheit gesehen und sogar beschrieben hatte schon Anfang der dreißiger Jahre der Weltreisende Meyen solche lebendigen Radiolarien-Tiere, ohne daß sich aber jemand um den Zusammenhang gekümmert hätte. Jetzt war es der treffliche Zoologe Thomas Huxley, nachmals Darwins begeisterter Vorkämpfer, der als bescheidener Schiffsarzt annoch auf einem Australienfahrer unabhängig wieder auf das gleiche Objekt geriet. Er fand 1851 winzige lebende Schleimklümpchen im Ozean, die zu Kolonien zusammenhielten und jedes für sich ein zierlichstes Kieselskelett besaßen. Unglücklicherweise wußte aber Huxley jetzt wieder nichts von Ehrenbergs Kieselschälchen. Er beschrieb seine Wesen ganz unabhängig als neue Seetiere. Doch erkannte er sehr klar schon, daß jedes dieser bepanzerten Schleimklümpchen nichts anderes darstelle als eine einzige Zelle. Und da inzwischen von Siebold im System für alle derartigen einfachsten tierähnlichen Formen die gute Gruppe der Urtiere oder Protozoen vorgeschlagen worden war — ein großer Fortschritt —, so zählte Huxley seine Einzeller mit Kieselschalen folgerichtig hierher. Sie waren jetzt wenigstens im richtigen Schubfach des Museums!

Erst Müller aber sollte zeigen, welche gewaltige zweite Schublade noch mit hier einging: nämlich all das Material, das Ehren-

berg an Kieselskeletten aus der Urwelt und aus der heutigen Tiefsee besaß.

Es ist erzählt, wie Müller jahrelang an die Seeküste zog und
die kleine Lebewelt der Welle am Fleck studierte. Dabei geriet er
schon 1849 auf rätselhafte Gallertfäden. Durch Meyen und Huxley
wurden ihm die Augen geöffnet, was es sein könne. Seit 1855
widmete er sich der seltsamen neuen Urtiergruppe mit wachsen-
der Liebe.

Zuerst schienen es ihm allerdings drei ganz verschiedene Sorten
zu sein, die nichts Gemeinsames besaßen. Mindestens aber war
die eine davon identisch mit Ehrenbergs geheimnisvollen Tiefsee-
und Barbadosgeschöpfen. Und als es endlich doch glückte, alle drei
unter einen Hut zu bringen, da erstand, jetzt auch von Müller endgültig so benannt, die wirkliche Klasse der „Radiolarien", ein
neuer Zweig der großen Gruppe der Wurzelfüßer bei den Urtieren.

Müller hätte seine Radiolarienstudien gleich zu Anfang beinahe
mit dem Leben bezahlt, indem sein Schiff 1855 an der norwegischen
Küste unterging; nach furchtbarem Kampfe mit den Wellen rettete
er sich schwimmend ans Ufer, während einer seiner Schüler ertrank.
Immerhin lähmte das böse Ereignis etwas seine Leistung, da er
fortan sich nicht mehr entschließen konnte, auf seinen Exkursionen
an die See selber ein Boot zu besteigen. Auch raffte ihn der Tod
ein paar Jahre danach in Berlin in der Fülle der Kraft hin. Noch
aber löste er gerade vorher jene Hauptfrage und öffnete damit der
ganzen Erkenntnis der Radiolarien eine offene Bahn. Und er gab
noch etwas mit, was vollends die reichsten Früchte getragen hat.

Johannes Müller war nicht nur ein Forscher, sondern ein
Lehrer ersten Ranges.

Die besten Köpfe der folgenden Zeit auf physiologischem Fach-
gebiet waren von ihm eingeschult. Und einer seiner letzten Schüler
war Ernst Haeckel.

Dieser Name sollte fortan bis zum Ausgang des Jahrhunderts die ganze Radiolarienkunde beherrschen. Ein Jahr nach
Müllers Tod, im Herbst 1859, kam Haeckel, damals fünfund-
zwanzigjährig und in der ersten Leidenschaft zur Zoologie, nach
Messina. Die ersten Fischzüge in dem tierreichen Hafen führten

ihn auf die schwimmenden Radiolarien. Das war bestimmend für viele Jahre seiner Bahn.

Er studierte das Material an der Hand der letzten Müllerschen Abhandlung, fand eine Masse neuer Arten hinzu, ersann Methoden, wie die schönen Skelette zu isolieren seien, zeichnete und malte die Weichteile nach der Natur, die Kieselschalen mit Hilfe der Camera lucida und arbeitete sich in alle irgend hierher gehörigen Probleme spezieller wie allgemeiner Art mit einer Energie ohnegleichen ein. Schon 1862 erschien im Verlage von Reimer in Berlin seine große Monographie der Radiolarien, ein Folioband Text von fünfhundertzweiundsiebzig Seiten und ein Bilderatlas von fünfunddreißig Kupfertafeln, sämtlich von Haeckels künstlerischer Meisterhand selbst entworfen. Das Werk ist noch heute eine der schönsten zoologischen Monographien, die das ganze Jahrhundert hervorgebracht hat. Es zeichnete sich vor ähnlichen Versuchen, eine kleine Provinz des Tierreichs bis in jeden Winkel erschöpfend darzustellen, ganz besonders durch die glänzende, in einem Guß dahinströmende stilistische Behandlung, sowie die Fülle weiter Gesichtspunkte für die allgemeinen biologischen Probleme der Zeit aus. Die Radiolarien, so lange vernachlässigt, zählten fortan unter die Paradebeispiele fachwissenschaftlicher Durcharbeitung.

In Haeckels Leben selbst bedeutete das Buch gleichzeitig noch eine große Wende. Auf Seite 231 findet sich ein Bekenntnis, das heute ein geschichtliches Interesse hat. Haeckel erklärte sich darin öffentlich für Darwin, dessen entscheidendes Buch vier Jahre früher erschienen war. Der äußere Erfolg war, daß für die nächsten Jahre der „Kampf um Darwin" zu Haeckels Lebensaufgabe wurde. Diese Linie, deren Ausläufe allgemein bekannt sind, ja in weiten Kreisen, wenn die Rede auf Haeckel kommt, eigentlich nur bekannt zu sein pflegen, braucht hier nicht verfolgt zu werden. Sie erklärt aber, warum in den folgenden vierzehn Jahren seine Tätigkeit wesentlich auf anderen und zum Teil allgemeineren Gebieten lag als bei den Radiolarien selbst.

In dieser Zeit ruhte der Fortschritt in der Erkenntnis unserer seltsamen Kieselorganismen runde neun Jahre gleichsam auf den Lorbeeren des großen Haeckelschen Vorstoßes aus. Und erst 1871 kam Cienkowski mit einer neuen Entdeckung von hoher Bedeutung, einer Entdeckung, die abermals eine wahrhaft brennende Probe für die Verwickelung tiergeschichtlicher Fragen geliefert hat.

Haeckel hatte sich natürlich gehütet, zu der Anschauung Ehrenbergs zurückzukehren, daß die Besitzer so köstlicher Kieselskelette deshalb notwendig hoch organisierte Tiere etwa vom Range eines Seesterns sein müßten. Auch ihm blieben sie äußerst niedrigstehende Wurzelfüßer von der untersten Grenze des Tierreiches. Gleichwohl mußte er 1862 von seinem Wissensboden aus bestreiten, daß diese Radiolarientiere noch nicht zu der Stufe der Zusammensetzung aus mehreren Zellen fortgeschritten seien. In der weichen Gallertmasse ihres äußeren Leibes jenseits einer gewissen immer vorhandenen innersten Zentralkapsel lagen nämlich gelbe Körper, die unzweideutig echte Zellen waren. Echte Zellen in der Mehrzahl. Da half nichts: diese Geschöpfe waren mindestens vielzellig, mochten sie auch sonst noch so echte Urtiere vom Wurzelfüßerschlage sein.

Die Frage über Einzelligkeit und Vielzelligkeit der lebenden Wesen überhaupt wurde nun in den folgenden Jahren gerade im Gefolge der Darwinschen Idee besonders wichtig. Im Sinne Darwins hatten sich die höheren Wesen aus niedrigeren entwickelt. Das führte zuletzt notwendig darauf, daß alle Wesen, die aus einer Mehrheit von Zellen zusammengesetzt waren, von solchen abstammten, deren ganzen Leib nur eine einzige Zelle bildete. Die Einzeller waren die wirklichen Urformen aller vielzelligen Tiere und Pflanzen. Das aber rückte diese Einzeller plötzlich in ein blendendes Licht und den ganzen Gegensatz mit. Haeckel selbst beschrieb echt einzellige Wesen, die sogenannten Moneren, die dem strengen Begriffe der Einzelligkeit im verwegensten Sinne zu entsprechen schienen und als die wahren Ahnenbilder der äußersten Stammbaumecke jenseits von Tier und Pflanze angesprochen wurden.

Inmitten dieser Debatten bedeutete es nun einen wirklich sehr mächtigen Fortschritt für die Radiolarienkunde, daß Cienkowski den Nachweis führen konnte, daß doch auch diese Radiolarien echte „Einzeller" seien, also der großen Urgruppe im Stammbaum angehörten.

Jene gelben Zellen in der Leibesmasse der kleinen Kieselwesen, zeigte er, gehörten gar nicht zu diesem echten Leibe: es waren fremde Geschöpfe, die sich bloß gewohnheitsmäßig inmitten des Radiolars aufhielten. Und zwar waren es selber einzellige Geschöpfe, doch solche, die in ihrer Atmungs- und Ernährungsart mehr den Pflanzen ähnelten, — also sogenannte „Urpflanzen".

Die Sache klingt ja an sich schier unbegreiflich. Und doch ist sie nicht so sonderbar, wie man meinen sollte. Sie wiederholt nur, was im verwickelten Getriebe des Lebens noch öfter vorkommt. Wir alle wissen, wie gewisse Tiere in anderen schmarotzern: der Bandwurm im Hund, in der Katze, ja in uns selbst. Auch Pflanzen schmarotzern auf anderen: so die Mistel auf den Kiefern des Waldes. Daß einzellige, noch völlig urtümliche Wesen in höheren Tieren schmarotzern, ist eine Tatsache, die wir neuerdings in immer bedenklicherem Umfange kennen gelernt haben: sind doch alle die bösen Bazillen, die unser Leben bedrohen, nichts anderes als solche winzigen Eindringlinge, die in uns leben wollen und uns dabei in Mark und Bein hinein vergiften. Warum sollen also nicht auch einmal im einzelligen Urtier, dem Radiolar, einzellige Urpflanzen schmarotzern?

Die Sache scheint tatsächlich aber noch wieder etwas anders zu liegen. Das häusliche Leben dieser gelben Pflanzenzellen im Leibe des Radiolars scheint nicht auf ein Schmarotzertum im groben Sinne hinauszulaufen, sondern vielmehr auf eine Art willkommener Schutzgemeinschaft zwischen Radiolar und Pflanze. Auch für solche Schutzgemeinschaften, bei denen jeder Teil auf seine Kosten kommt, gibt es Beispiele genug im Reich des Lebendigen. Den bekanntesten Fall bilden die sogenannten Flechten. Früher führte man sie im System als besondere Pflanzengruppe auf. Heute weiß man, daß sie zustande kommen durch eine engste Genossenschaft von Pilzen und Algen, die sich zu einem Ganzen miteinander verschlingen. Der Pilz nützt dabei durch seine Lebensgewohnheiten und Fähigkeiten der Alge und die Alge umgekehrt wieder dem Pilz. Aehnlich müssen wir uns den Sachverhalt bei den Pflanzenzellen in der Zellmasse des Radiolars vorstellen. Der gegenseitige Nutzen liegt auch hier auf der Hand. Das Radiolar hat die Atmungsart der Tiere: es braucht Sauerstoff und scheidet Kohlensäure aus. Die in ihm lebende

Pflanze dagegen zerſetzt wie alle Pflanzen im Lichte Kohlenſäure und gibt Sauerſtoff ab. So kommt jede Partei zu Gewinn bei der Genoſſenſchaft. Man bezeichnet dieſe und ähnliche Vorgänge als „Symbioſe" oder „gemeinſchaftliches Leben".

Nachdem dieſe verwickelte Geſchichte einmal durchſchaut war, ſtand natürlich nichts mehr im Wege, nunmehr das Radiolar ſelber wieder als nur aus einer einzigen Zelle beſtehend aufzufaſſen. Richard Hertwig hat das im Verlaufe der ſiebziger Jahre in korrekter Weiſe dargelegt und allgemein eingeführt.

Inzwiſchen hatte aber auch der alte Ehrenberg, der immer noch lebte, mikroſkopierte und ſyſtematiſierte, ſeine Radiolarienſtudien keineswegs aufgegeben. 1872 und 1875 faßte er alles noch einmal genau zuſammen, was er über die Radiolarien der verſteinerten Vorwelt wußte. Er kam aber nach wie vor über einfaches Abzeichnen und Benennen der Kieſelſchälchen nicht hinaus. Alles, was die Zwiſchenzeit über den lebendigen Organismus ſeiner Lieblinge gebracht, ignorierte er. Für ihn gab es keine „Radiolarien" als Gruppe der einzelligen Urtiere. Die ganze Zellentheorie, ſeit bald vierzig Jahren jetzt die Grundlage aller biologiſchen Forſchung, war ihm eine Modetorheit, die er nicht mitmachen mochte. Von Haeckels Monographie kannte er nicht einmal den richtigen Titel. Und bis zu allerletzt meinte er, es habe wohl überhaupt noch kein Forſcher ein lebendes Radiolar tatſächlich beobachtet.

Es iſt, als gehe durch eine ſolche Geſtalt wie Ehrenberg die Scheide zweier Epochen der Naturforſchung: der alten, die im Muſeum ſaß und mit Naturmerkwürdigkeiten ſpielte wie mit kurioſen Raritäten; und der neuen, die mit der lebendigen Natur wirklich lebte wie ein Freund und aus dieſer Freundſchaft Welten des Gedankens ſchöpfte. Für die Radiolarienforſchung war es kein Verluſt mehr, daß Ehrenberg genau in dem Jahre ſtarb, da der „Challenger" mit dem größten Radiolarienmaterial, das je geſehen worden war, in Portsmouth einlief.

Hier aber beginnt tatſächlich das letzte und das großartigſte Kapitel in der Geſchichte unſerer Radiolarienkenntnis.

Von den dreiundeindrittel Millionen der Challenger=Unkoſten waren mehr als zweiundeindrittel für die Expedition ſelbſt ver-

braucht worden. Den Rest hat in den folgenden zwanzig Jahren
die Herstellung des wissenschaftlichen Reisewerkes aufgezehrt. Heute
ist das Werk vollendet, schon räumlich ein Reisebericht von Dimensionen, mit denen sich nur ein Werk ganz vom Anfang des Jahrhunderts im Plan vergleichen läßt, das aber nie fertig geworden
ist: die Riesenarbeit Alexander von Humboldts über seine Fahrten
in Süd- und Mittelamerika. Humboldt hat schließlich dreißig Quar-
tanten und Folianten herausgebracht. Der „Challenger-Bericht"
umfaßt fünfzig Bände mit rund dreißigtausend Quartseiten Text
und über dreitausend lithographischen und Kupfertafeln. Es war
von Beginn der zwanzigjährigen Arbeit an außer Frage, daß diese
Herkuleslast nicht ein einzelner Bearbeiter tragen könne. Auch
Humboldt hat ja seiner Zeit die ganze Elite der Forschung in Bewegung gesetzt. Aber schon die Verteilung der Arbeit und Ober-
leitung erforderte eine vorzügliche und ausdauernde Kraft. Thomson, der die Expedition selbst so glücklich geleitet, brach schon zu
Beginn der Ausarbeitung daheim zusammen. Die Strapazen der
Fahrt waren ungeheure gewesen. Mehrere der besten Teilnehmer
büßten sie noch nachträglich mit dem Leben. So auch Thomson,
den ein Gehirnleiden aus der Bahn warf. 1882 hat ihn der Tod
erlöst. An seine Stelle trat John Murray, sein erster Assistent.
Keine bessere Kraft konnte sich der Sache widmen. Mit Hilfe von
sechsundsiebzig Mitarbeitern wurde von ihm das grandiose Unter-
nehmen nun wirklich bis zur Neige durchgeführt. Als ein schönes
Zeugnis englischer Unbefangenheit war dabei zu vermerken, daß
die Mitarbeiter lediglich nach wissenschaftlichen Rücksichten gewählt
wurden, also, wo es not tat, auch unter Nicht-Engländern. Und
gerade dieser Zug wurde bedeutsam für die Radiolarien.

Haeckel war jetzt für sie die unbestritten höchste Autorität unter
den Zoologen aller Nationen. Also wurde Haeckel damit betraut.

Erst unter seinen Händen ist dann offenbar geworden, was
für einen Reichtum man auf dem Radiolariengebiet eingeheimst
hatte in jenen sechshundert Kisten heimgebrachter Naturalien.

„Ich werde nie", erzählt Haeckel selbst, „das Erstaunen beim
ersten Anblick derselben vergessen, als ich im August 1876, der
freundlichen Einladung meines lieben Freundes Paul Rottenburg

in Glasgow folgend, der dort tagenden Britisch Association bei-
wohnte; ein großer Teil der Sammlungen war dort ausgestellt,
und die allgemeine Uebersicht über die Resultate der Expedition
wurde mitgeteilt. Unvergeßlich ist mir insbesondere ein Sonntag-
Vormittag, den ich zusammen mit Sir Wyville Thomson, Carpenter
und John Murray zubrachte; Hunderte von „Stationspräparaten"
wurden gezeigt, d. h. von jenen mikroskopischen Präparaten, welche
unmittelbar nach dem Heraufziehen des feinen Netzes durch Behandlung mit Alkohol, Färbung mit Carmin und Einbettung in
Kanadabalsam auf den einzelnen 354 Beobachtungsstationen an-
gefertigt waren. Jedes einzelne dieser Präparate enthielt zahlreiche
(oft mehr als hundert verschiedene) Lebensformen, die vielen verschiedenen Klassen angehörten; alle aber wurden übertroffen von
den wunderbaren Gestalten einer einzigen Klasse einzelliger Ur-
tierchen, den Radiolarien."

Der Eindruck dieses Sonntag-Morgens entschied bei Haeckel
über die Arbeit von zehn Jahren. Er hatte auf drei bis fünf
gerechnet, es wurden aber zehn. Dann erschienen 1887 als ach-
zehnter Teil des „Challenger-Berichts" drei Bände von im ganzen
2750 Druckseiten aus seiner Feder: eine zweite Monographie der
Radiolarien, unvergleichlich umfangreicher als die erste. 140 Bildertafeln illustrierten sie.

Wie reich das Material auf einmal geworden war, lehrt die
einfache Ziffer der neu beschriebenen Arten: es waren 3508!
Müller hatte fünfzig lebende Radiolarienarten gekannt. In Haeckels
Prachtwerk von 1862 kamen 144 neue Arten hinzu. Im ganzen
stand die Kenntnis bis auf das „Challenger-Werk" bei 810 Arten.
Jetzt wuchs die Ziffer sofort auf 4318. Und diese 4318 Arten verteilten sich über 739 Gattungen, 85 Familien, 20 Ordnungen und
4 Legionen. Ein unglaublicher Formenreichtum — bei Urtieren
von so einfacher Grundorganisation! Vielleicht gibt es keine zweite
Tatsache, die so angetan ist, Respekt vor dem zu wecken, was man
„Leben" nennt. Die Kraft dieses Lebens, Formen und immer
wieder Formen in unerschöpflicher Fülle aus sich heraus zu gebären,
erscheint vor diesen Kleinsten in ihrer vollen Größe. Es mag zum
Vergleich der 4318 Radiolarienarten dienen, daß die ganze Klasse

der Säugetiere noch nicht dreitausend Arten umfaßt. Haeckel selbst ist aber der Ansicht, daß mit seiner Arbeit noch lange nicht einmal das „Challenger-Material" erschöpft sei, geschweige denn alles, was die Ozeane der Erde wirklich an Radiolarien noch besitzen mögen.

Der Text auch des Radiolarienteiles des „Challenger-Berichts" ist selbstverständlich in englischer Sprache erschienen. Inzwischen hat der deutsche Verfasser aber (1887 und 1888) erfreulicherweise auch eine deutsche Ausgabe der wichtigsten Textteile als zweiten, dritten und vierten Band seiner Monographie im Reimerschen Verlage veröffentlicht. 106 Bildertafeln der englischen Ausgabe sind auch hier beigefügt. Leider liegt es in der Natur der Dinge, daß derartige Prachtbände größten Formats mit luxuriösen Tafeln im Buchhandel auch einen Preis vom „größten Format" besitzen. Ein vollständiges Exemplar aller vier Bände der deutschen Monographie kostet 180 Mark. Für die Spezialforschung selbst ist das weniger wichtig, da es hier ja wesentlich darauf ankommt, daß Bibliotheken und Institute das Werk für den gemeinsamen Gebrauch vieler anschaffen. Sehr schade ist dagegen, daß in weiteren Bildungskreisen diese wundervollen Bildertafeln bisher so sehr wenig bekannt geworden sind.

Es handelt sich dabei keineswegs bloß um Tierbilder für das zoologische Interesse. Auch das wird ja bei uns mit jedem Jahr ein allgemeineres. Wie viel tausend und tausend Gebildete, die gewiß nicht zum „Fach" gehören, haben sich nicht in den letzten Jahrzehnten an den köstlichen zoologischen Bilderbüchern von Brehm und Mützel, Vogt und Specht, Heck und anderen immer wieder erfreut und weitergebildet. Aber hier kommt noch etwas viel umfassenderes in Fluß.

Die ästhetischen Interessen werden aufs nachhaltigste berührt.

Das erweitert den Interessentenkreis aber alsbald ins unendlich Größere.

Ich meine das jetzt nicht bloß der vorzüglichen Ausführung dieser Radiolarientafeln wegen. Ganz gewiß ist sie schlechtweg allerersten Ranges. Haeckel, treu unterstützt durch die kunstfertige Hand von Adolf Giltsch in Jena, hat das Schöne, das wiederzugeben war, seinem Rang entsprechend mit allen Mitteln höchster Kunst dem Bilde gewonnen. Aber das Grundlegende ist eben doch die Natur selbst. Diese Natur, die im Reiche des atomistisch Winzigen, jenseits unserer leiblichen Sehgrenzen, den weichen, an sich formlosen Protoplasmaleib niedrigster Urtiere mit der Gabe ausgerüstet hat, rhythmische Gebilde von vollkommener Schönheit hervorzubringen. Das Bild sagt hier alles. Es reicht die Hand zu einem Wege, der bei der Aesthetik anfängt und in den tiefsten Gründen der Philosophie endigt.

Haeckel hat nun kürzlich die ersten Hefte eines neuen Werkes in die Welt geschickt, das ebenfalls eine Fülle schöner, zum Teil farbiger Tafeln bringen soll, dabei aber diesmal ausgesprochen zum Zweck volkstümlicher Belehrung gedacht ist. Es erscheint in zwanglosen Heften von je zehn Tafeln mit populärem Text, jedes Heft einzeln verkäuflich zu dem überaus geringen Preise von drei Mark. Das Werk behandelt alle möglichen Objekte aus dem Tier- und Pflanzenreich, ausgewählt nach einem einzigen Gesichtspunkt. Auch Radiolarien sind gleich auf dem ersten Blatt in schönster Auswahl vereinigt. Aber der Gesamttitel heißt: „Kunstformen der Natur". Prägnant faßt dieses Wort den Begriff, unter den auch das „Merkwürdige" der Radiolarien fällt.

Haeckel denkt sich, daß diese von ihm gewählten und künstlerisch wiedergegebenen Objekte der organischen Natur ausübenden Künstlern eine Fülle geradezu von Vorlagen, Motiven, Anregungen gewähren könnten. Zweifellos ein bedeutender, fruchtbringender Gedanke. Immer ist es ja die Natur gewesen, aus der der Künstler als ewigem Lebensborn geschöpft hat. Aber keineswegs immer, ja man kann mit gutem Recht sagen: so gut wie gar nicht bisher (mit wenigen Ausnahmen!) ist es der Naturforscher gewesen, der dem Künstler dabei entgegengekommen ist.

Die Ecke, wo er die Welt des sinnlich Sichtbaren am meisten erweitert hat — im vergrößernden Mikroskop — ist dem Künstler durchweg fremd geblieben. Und nicht nur dem Künstler. Der Aesthetiker vom Fach wußte nichts davon zu sagen. So blieben Beziehungen lange unfruchtbar, die im rechten Bruderbund das Beste für beide Teile zeugen könnten. Denn der Gewinn liegt unverkennbar auf beiden Seiten gleich stark. Der Naturforscher beschreibt seine Naturgegenstände zunächst als einfacher Registrator. Nun hat er aber seine Radiolarien auf dem Blatt, treu mit dem Apparat des Mikroskopes und der Camera lucida reproduziert. Da kommt der Aesthetiker, der Künstler hinzu und bricht in den Ruf der innigen Begeisterung aus: wie schön ist das! Der Naturforscher stutzt und besinnt sich. Er besinnt sich darauf, daß sein Beruf doch auch noch ein höherer ist als der des einfachen Registrierens von Tatsachen. Er soll ja doch auch der „Geschichtschreiber“ der Natur sein. Radiolar und Mensch, alles gehört in diese Geschichte. Der Mensch arbeitet als Künstler eine Welt des Schönen aus sich heraus, und als Aesthetiker schafft er eine Lehre vom Schönen. Das Radiolar in den Schlünden der Tiefsee, in den untersten Schichten vielleicht einer Wassersäule von beinahe Meilenhöhe — oder auch treibend auf dem sonnigen Blau der Mittelmeerwelle von Messina —: es arbeitet Gebilde aus seinem weichen einzelligen Protoplasmaleibe heraus, die wir Menschen als „schön“ bezeichnen. Wir Menschen — Vertreter der Spitze aller tierischen Organisation, Vertreter der „Kultur“, die nochmals diese tierische Stufe um einen ganzen Oberbau überboten hat — wir Menschen, Phidias und Michelangelo und Raffael, Homer und Goethe. Und das sollte nicht zu denken geben?

Es ist gar keine Frage: die „Natur“ auch unterhalb des Menschen ist voll von Objekten, die unserem menschlichen Sinn noch als vollkommene künstlerische Leistung erscheinen, die zweifellos Objekt der Lehre vom Schönen, der Aesthetik, sein müssen. Und das hebt in solchen Entwickelungstiefen schon an, wie beim Radiolar, ja dort setzt es mit einer Energie ein, die verblüfft. Im Grunde und ganz bei Licht besehen, setzt es sogar noch viel früher ein. Man betrachte ein Schneekristall oder eine Säule Bergkristall. Da ist die Anlage dieser Dinge schon im Anorganischen, im sogenannten „Toten“. Nach geheimnisvollen Gesetzen der Natur erscheint eine rhythmische, eine harmonische Ordnung der Stoffteilchen, die uns als „künstlerisch“, als „schön“ entzückt — und das selbst noch jenseits der Grenze des sogenannten „Lebendigen“.

Für den Laien hat allerdings die Frage immer am meisten Gewicht, ob diese Gestalten nur rein „mechanisch" oder ob sie durch einen bewußten künstlerischen Willensakt geschaffen seien. Wenn er hört, daß diese köstlichen Kieselskelette der Radiolarien doch von lebenden Wesen geformt seien, so neigt er dazu, noch an die letztere Art zu denken. Beim Kristall aber erscheint ihm alles notwendig bereits als „mechanisch". Wenn man aber nun die Gebilde selbst vergleicht, wenn man die Aehnlichkeit zwischen Kristall und Radiolarienschale erkennt und wenn man sich sagt, daß gerade das „Schöne" in beiden unverkennbar für unser Auge das Gleiche ist, so muß man schwankend werden, ob jene Unterscheidung wirklich etwas Scharfes aussagt.

Wie allbekannt, führt eine große Schule moderner Naturforscher alle Erscheinungen auch des Lebens nach Möglichkeit zurück auf die Gesetze des einfachen mechanischen Geschehens, wie es auch jede Kristallbildung beherrscht und im Weltall von Stern zu Stern waltet.

Das erscheint dem begeisterten Betrachter der Lebenserscheinungen nun wieder leicht als etwas Herabziehendes: das „Leben" scheint ihm minderwertig gemacht, herabgedrückt, weil es „mechanisch" erklärt werden, ins rein „Mechanische" eingegliedert werden soll.

Man vergißt aber dabei, daß die Lebenserscheinungen als solche ja in ihrer ganzen Größe und Herrlichkeit bestehen bleiben, daß dagegen umgekehrt der Begriff des „Mechanischen" in solchem Falle ungeheuer gesteigert und in ein ganz neues Licht gerückt werden muß.

Wenn ich eine wirkliche Einheit der Natur annehme, in der sich der Gegensatz von mechanisch und lebendig aufhebt, und wenn ich das Wörtchen „mechanisch" dann als die Gesamtbezeichnung wähle, so gebe ich eben diesem Wörtchen eine ungeheure Bedeutung: das ganze Weltmysterium geht darin ein. Wir vertauschen im gewöhnlichen Sprachgebrauch gern „mechanisch" mit natürlich im Sinne von „selbstverständlich". Aber das paßt auf diesen hohen Begriff dann eigentlich gar nicht mehr. Das Mechanische bleibt das einzige letzte größte Wunder im Majaschleier der Welt.

Singkara=See auf Sumatra.

Diese Gedanken führen weit hinaus. Ich sagte ja: die Aesthetik
der Radiolarien geht unmittelbar in die Philosophie. Immerhin
mag die kurze Andeutung zeigen, wie diese Aesthetik aufzufassen ist.
Es ist in der verhältnismäßig kurzen Zeit, da wir die Radiolarien
genauer kennen, doch schon der eine oder andere Versuch gemacht
worden, auch ihre Bildung ästhetisch schöner Formen wirklich rein
„mechanisch“ zu erklären. Die einzelnen Erfolge sind noch proble-
matisch und brauchen uns hier nicht zu beschäftigen. Aber mag
in der Folge dergleichen glücken: im Sinne jener allgemeinen
Betrachtungsweise ändert das ja an der eigentlich interessanten
ästhetischen Frage nichts.

Jene höchste, ganz weltumfassende Definition von „mechanisch“
würde ja auch das Gehirn eines Phidias oder Goethe umspannen:
in diesem Punkte unterschieden sich der Meister des olympischen
Zeus und des Faust nicht von einem beliebigen Radiolar, das in
Montblanc-Tiefen des Ozeans schwimmt. Was bleibt, ist der
Unterschied des Grades, der eben ein menschliches Gehirn der
höchsten Art und einen menschlichen Organismus überhaupt von
einem nahezu organlosen einzelligen Urtier, wie es das Radiolar
darstellt, trennt.

Schon beim höheren Tier, das dem Menschen in etwas näher
kommt, sehen wir das Bilden ästhetischer Dinge aus dem einfachen
kristallartigen Ausscheiden übertretend in gewisse verwickeltere Handlungen, die sich unserer Kunstbetätigung unverkennbar nähern. Die
Heuschrecke, der Frosch, die Nachtigall, der Gibbon-Affe bringen
rhythmische Laute von mehr oder minder musikalischem Werte hervor. Es geschieht in der Zeit der lebhaftesten Erregung des ganzen
Organismus: in der Zeit der Liebe. Und die Laute werden erzeugt
und vernommen als etwas Angenehmes, Erfreuliches, der höchste
Lebens- und Glücksgehalt des Tieres konzentriert sich darin. Weibliche Vögel wählen sich das in den Farben ihnen am meisten sym-
pathische: das „schönste“ Männchen aus und züchten so unmittelbar schönere Rassen heran. Der Mensch vollzieht dann noch den
riesigen Schritt, daß er das Organ zum Werkzeug erweitert: er
erfindet Musikinstrumente, züchtet sich nicht mehr durch jene Auswahl bunte Farben am eigenen Leibe, sondern beginnt zu malen,

sucht sich Farbstoffe, projiziert seine Wünsche nach außen in ornamentale Gebilde, die er sich mit Hilfe von Werkzeugen „schafft", er bildet in Marmor, er malt auf Leinewand, bis eine Welt der Kunst um ihn her erwächst, die wie ein höherer, gemeinsamer Bau sich über der Menschheit wölbt. Gleichzeitig werden die rhythmischen Mittel der Sprache zur Dichtung gesteigert. Gedankenharmonien mischen sich in die rein formalen Harmoniegebilde, die Ideale des Geistes verketten sich mit denen der Form.

Dieser große Weg braucht nicht weiter angedeutet zu werden. Jeder fühlt aber wohl dabei den Nerv von selbst, die ungeheure, aber konstante Linie, die wirklich von dem rhythmisch gebauten Panzer des Radiolars bis zur schaffenden Kunst des Menschen reicht — den Weg von einer Anlage zu einer Erfüllung.

Es besteht für mich kein Zweifel darüber, daß es dasselbe Prinzip ist, das den rhythmisch schönen Panzer des Radiolars schafft — und die Kunst des Menschen. Will man mir entgegenhalten, daß das Radiolar doch sein Kieselgebilde nicht „bewußt" schaffe, während der Mensch mit Bewußtsein auf seine Kunst ausgehe, so muß ich schlicht entgegenhalten, daß ich zwar über den Grad des Bewußtseins im Radiolar nichts sicheres weiß, daß ich aber eines ganz sicher weiß: daß nämlich unser menschliches Kunstschaffen ganz gewiß nicht von unserm menschlichen Bewußtsein ausgeht. Triebhaft im Sinne einer vom unbekannten Innern unseres Daseins aus vordringenden und fortreißenden Macht, die wir weder rufen noch abweisen können, vollzieht sich gerade unser menschliches Dichten und Kunstschaffen, — des rufe ich jeden echten Schaffenden zum Zeugen an.

Die Kunst läßt sich nicht kommandieren. Sie ist ein Geschenk, allerdings eines aus uns selbst. Das Naturprinzip, das in ihr durchbricht, läuft ja nicht übernatürliche Bahnen hinter uns. Es läuft in uns, ist ein Teil von uns, ein Bestandteil unseres tiefsten Seins. Da ich aber selbst im Sinne natürlicher Entwickelung vom einzelligen Urwesen nur getrennt bin durch einen Unterschied des Grades, nicht der Art, — so scheint es mir kein großes Wagnis, zu sagen: dieses in mir enthaltene, in meiner Menschenkunst so und so durchbrechende Naturprinzip sei auch da unten schon, wenn

auch auf einer anderen Stufe, im Radiolar vorhanden und schaffend
wirksam. Es dichtet keinen Faust, dieses Radiolar, und malt kein
jüngstes Gericht. Aber in seinem triebhaften Gestalten zierlicher,
rhythmischer Gebilde beweist es in seiner Weise doch schon, daß
auch in ihm eine Durchbruchsstelle ist jenes gewaltigen, auch aller
höchsten Kunst letztlich zugrunde liegenden Naturprinzips, das
auf rhythmische, harmonische, „schöne" Gebilde geht.

Es war kein Silberschatz, kein wirklicher Nibelungenhort, von
dem wir ausgegangen sind. Winzige Schälchen meerbewohnender
Tiere niedrigster Art lagen unter dem Mikroskop, eine Messerspitze
voll wie eine Prise Schnupftabak.

Und doch — welche Bilder dahinter!

Meerestiefen, gegen die der grüne Grund des Rheinstroms,
der in der Sage das Nibelungengold verschlingt, ein seichtes Rinn-
lein mit ein paar dünnen Tropfen wird. Und in diesen schwarzen
Gaurisankar-Tiefen, nur vom gespenstischen Licht phosphorescieren-
der Fische noch magisch erhellt, ein unendlich geheimnisvoller
Schatz, so wunderbar, wie ihn keine Sage träumt: die heilige Natur-
Knospe des Großartigsten, Edelsten, Glückseligsten, was der Menschheit oben im freien Sonnenlicht verliehen wurde: — der Kunst.

Warum die urweltlichen Tiere ausgestorben sind?

Es war an einem wundervollen Sommermorgen auf der Insel Rügen.

Ich war eine Weile pfadlos durch den dichten Wald geschritten, zwischen hohen Farrnkräutern, nach oben und allen Seiten ganz eingesponnen in das lückenlose Smaragdgrün der kleinen, hart gerippten, zitternden und flimmernden Buchenblätter.

Auf einmal eine Lücke, als tauche das Auge aus einem tiefen, tiefen grünen See. Und da unendlich weit das blaue Meer, das alte, immer schöne.

Ich kletterte von der Buchenhöhe herab zum schmalen, steinigen Strande und setzte mich auf einen grauen Block, ein paar Minuten still versonnen in der Folge eines weißen Dampfers, der fern, klein wie ein Spielzeug, die Meereswölbung schnitt.

Dann kam mein Blick, wie sich ausruhend von dem unendlichen Bilde, aufs Nächste zurück.

Dicht vor meinen Füßen lag um eine Vertiefung ein kleiner Steinring. Kinder hatten ihn spielend gebaut, eine Art Burg, in der eines gesessen hatte, während die andern einen Kreis darum bildeten und sangen.

Aber mich· fesselten die Steine selbst.

Weiße Kreidebrocken; einer war zerschlagen und wies einen schwärzlichen Kern: Feuerstein. Ein rötliches Geröllstück von ganz anderer Mineralart. Ein kleiner, halb abgebrochener gelblicher Steincylinder wie ein länglicher Fingerhut. Ein bläuliches rundes Ding, seltsam wie mit undeutlichen Ornamenten verziert, im ganzen einer harten, eingetrockneten Cypressenfrucht nicht unähnlich.

Zwischen allerhand größeren Trümmern auch ein winziges Körnchen von auffallendem Rotgelb: Bernstein.

Meine Gedanken begannen zu wandern.

Diese Kinder hatten mit Jahrmillionen der Erdgeschichte gespielt ohne eine Ahnung davon. Jede kleine Quader da in ihrer Festung war ein Stück Urwelt mit einer ungeheuren Perspektive.

Dieses Körnchen Bernstein war versteinertes Harz eines Fichtenbaumes, dessen Art heute auf Erden nicht mehr gefunden wird, ein Gruß aus längst verschollenem Urwalde einer deutschen Küste in Tagen, da es noch keinen Begriff „deutsch" gab, weil es noch keinen Begriff „Menschheit" gab.

Diese Kreide, wie sie jetzt die steilen Wände der Stubbenkammer auf Rügen zusammensetzt, war einst Tiefseeschlamm des Ozeans. Die Kalkschalen mikroskopisch kleiner Tierchen, die diesen Ozean belebten, sanken jahrhunderttausendelang unablässig in die Tiefe und bildeten dort allmählich diesen Schlamm. Dann kamen Faltungen der Erdrinde, verschoben Land und Wasser und stauten den uralten, zu Stein verhärteten Schlamm als Hügel empor. Gegen diesen Hügel quetschten sich Millionen Jahre später die Gletschermassen der Eiszeit, die, von Norden kommend, die ganze Ostsee ausfüllten. Mit diesen Gletschern ist der rote Stein dort von den Gebirgen Schwedens bis hierher geschleppt worden. Zugleich rissen diese mit Steinen wie ein Reibeisen besetzten Gletscher hier die weiche Kreide Rügens auf, wühlten gleichsam ihre Eingeweide heraus, daß sie in nackter Blöße, zersplittert und zersetzt, offen blieben, wie sie heute stehen.

Aus dem zerrissenen Fels aber lösten sich schwärzlich-gelbbraune Einlagen. Von da stammt der Feuerstein. Als der Kreidefels noch weicher Schlamm war, betteten sich in diesen Schlamm schichtenweise seltsame Knollen aus Kieselstoff, auch sie das Erzeugnis wahrscheinlich kleinster Tiere, vielleicht hauptsächlich Radiolarien, die unzählige Gehäuse aus stahlhartem Kiesel aufbauten und zu solchen Klumpen sich ballen ließen. Das ist unser heutiger Feuerstein.

Zwischen diesem Feuerstein fiel aus der Kreide noch mancherlei anderes Gebild, auch das urzeitlicher Rest verschollenen tierischen Lebens. Dieses zerbrochene gelbe Röhrchen, „Donnerkeil“ im Volksmunde genannt, war einst ein Körperteil eines Tintenfisches vom Schlage der sogenannten „Belemniten“. Diese wie mit Hieroglyphen besetzte blaue Steinfrucht ist der Ausguß der Schale ebenfalls eines Tieres, eines See-Igels, der zugleich mit jenem Tintenfisch lebte, als der Feuerstein und die Kreide sich bildeten.

In jenem Ozean der Kreidezeit schwammen 120 Fuß lange Eidechsen, die Mosasaurier, dünn wie das Schiffermärchen die große Seeschlange träumt. Und am Strande des Meeres stapften reptilische Scheusale von zehn Metern Länge, die aufrecht auf den Hinterbeinen gingen wie unser Känguruh. In Belgien liegen heute noch die Reste; beim Bergwerksbetrieb sind sie zutage gekommen tief unter der Sohle des heutigen Lebens, eine versunkene Welt.

An solchem Fleck, wo die Geschichte des Kosmos sich in ein Kinderspiel drängt, tauchen einem von selbst allerhand Fragen auf.

Es ist immer eine der nächsten gewesen: wo ist das alles hingekommen? Warum ist es heute nicht mehr da?

Das Meer blaut noch in unabsehbarer Weite wie je, hat noch immer Tiefen, in denen der Gaurisankar sich untertauchen ließe, noch heute bietet es dem Walfisch, der auch hundert Fuß lang wird, Nahrung und Raum. Wo sind die Mosasaurier, die Iguanodons, wo der Ichthyosaurus hingekommen, dessen Steinmumien in Schwaben dicht beisammenliegen wie die Heringe, wo die Mammute, deren rotwollige Leiber noch blutig frisch im sibirischen Eis stecken wie in einer Konservenbüchse der Ewigkeit?

Eine Antwort scheint ja die erste, rascheste.

Unendliche Zeit ist seit damals hin. In dieser Zeit hat die Erde hundert Akte des wildesten Spektakelstücks durchgespielt. Das Land ist geborsten und hat feurige Lava und kochenden Wasserdampf gespieen, Sintfluten haben sich darüber ergossen. Da wurden die Fische gebraten und die Sumpfreptile ertränkt. Und über die Mammute gar ist klafterhohes Eis gestürzt.

Aber davon will die heutige Wissenschaft nicht mehr viel wissen, wenn es auch in Jugendbüchern und Romanen noch erzählt wird.

Wir haben gelernt, daß die Mühlen der Weltgeschichte in der Ichthyosaurus-Zeit wahrscheinlich genau so langsam gemahlen haben wie heute. Es brodelt wohl einmal ein Vulkan. In Jahrhunderttausenden frißt sich ein Strom auch ein neues Bett, versandet ein See, sinkt eine Küste Millimeter um Millimeter abwärts, bis endlich ganz, ganz langsam der Ozean ins Wattenmeer zwischen Inseln, in die Marschen, ja endlich über ein ganzes Tiefland bis zur nächsten Hügelmauer dringt. Daß es aber niemals jene allvernichtenden Katastrophen, die gleichsam mit dem Schwamm über alles Lebendige wischten, seit ältesten Erdentagen in Wahrheit gegeben habe, davon liegt ein schlichtestes Zeugnis vor.

Es leben nämlich heute noch einzelne Tiergeschlechter munter neben uns, die schon mit dem Ichthyosaurus und noch weiter zurück blühten. Ein solcher leibhaftiger überlebender Urweltler ist der Molchfisch Ceratodus Australiens, der recht im Sinne Darwins eine Uebergangsform darstellt zwischen Fisch und Molch, weil er nämlich noch Kiemen zum Wasseratmen besitzt wie ein Fisch und doch zugleich schon eine Lunge, wie die Landtiere sie vom Molch an aufwärts haben. Dieser Molchfisch ist genau der Gattung nach älter als der älteste Ichthyosaurus und erfreut doch noch jetzt die Australneger Queenslands durch sein wohlschmeckendes, lachsrotes Fleisch. Ja, die Lingula, ein kleines, halb wurm-, halb muschelähnliches Tier aus der Gruppe der sogenannten Brachiopoden, lebt im Ozean, so lange wir überhaupt Kenntnis und Reste von lebenden Wesen besitzen: von der kambrischen Epoche an, mit der all unsere Weisheit beginnt, bis auf den heutigen Tag.

Umgekehrt das Mammut war ausgestorben, als unsere Geschichtsüberlieferung begann, kein Lied, kein Heldenbuch meldet mehr von diesem „deutschen Elefanten" mit seinen ungeheuren Stoßzähnen. Und doch hat der Mensch, wie wir heute sicher wissen, dieses Mammut noch gejagt, sein Fleisch hat er verspeist, aus dem Elfenbein seiner Zähne hat er Schnitzereien gefertigt, ja auf ein solches Knochenstück, das in einer französischen Höhle bei Kulturresten der Steinzeit (also der ältesten Menschheits-Kultur jenseits aller schriftlichen Ueberlieferung) entdeckt worden ist, hat ein Künstler jener Urtage mit roher Hand, aber noch wohl erkennbar, das

Umrißbild eines solchen Elefanten mit Pelz, Stoßzähnen und Rüssel
eingekritzelt. Den Menschen hat offenbar keine Erdkatastrophe fort-
gefegt seither, — die Mammute aber sind alle tot. Warum?

Man hat beim Mammut vermutet, es sei dann wohl der
Mensch selber gewesen, der es vertilgt hat.

Kein Zweifel ist ja, wie dieser Mensch wahrhaft verheerend
eingebrochen ist in die Tierwelt der Erde. Wo ist all das wilde
Getier der alten Germanen-Wälder, wie es die Römer bei uns
fanden, in den zweitausend Jahren hingekommen? Bären, Wölfe,
Luchse gab es die Masse, Ur-Stiere und Auerochsen und Elentiere
sielten sich im Sumpf, und aus jedem Flußarm stiegen die seltsamen Kuppelbauten und Dämme der Biber. Verschwunden ist
das alles vor der Kultur. Hier und da nur noch ein letztes Häuf-
chen Biber, ein paar künstlich gehegte Elentiere. Der deutsche Auer-
ochs und Bär sind längst ganz verschollen, der schwarze Ur-Stier
ist sogar überhaupt ausgestorben. Warum soll es dem Mammut,
dessen Knochen heute noch im Kies bei Berlin, im Flußbett der
Lippe, auf dem Elbplateau jenseits Dresdens gefunden werden, nicht
schon ein paar Jahrtausende vor Cäsar genau so ergangen sein?

Aber auf jene Seeschlangen der Kreidezeit und den Ichthyosaurus vom Fuße der schwäbischen Alb paßt auch das wieder nicht,
denn mit ihnen ist zu ihren Lebzeiten überhaupt noch kein Mensch
zusammengetroffen. Millionen von Jahren liegen zwischen dem
ersten Auftreten des Menschen und dem letzten Ichthyosaurus.
Kein Siegfried kann diese Lindwürmer erlegt haben. Aber wer
war es denn?

Es ist erst ein paar hundert Jahre her, da hatte man bezüglich
dieser versteinerten Ungeheuer noch ganz anders verwegene Fragen.

Haben diese Tiere überhaupt je gelebt? fragte man. Im
Gestein selber sollte eine mystische Bildungskraft stecken, die den
toten Stein gelegentlich spielend zu tierähnlichem Gebilde formte.
So wäre ein solches vermeintliches Drachen-Gerippe gar kein
echter Rest eines Tieres, das einst im Sonnenlicht sich gefreut und
seine Tatzen geregt wie wir, — sondern es wäre das Ergebnis
einer Art geheimnisvollen Kristallisationsprozesses erst in der
schwarzen Erdentiefe.

So luftig das erdacht war: es hielt doch den Tatfachen nicht lange ftand. Es läßt sich an den finnfälligften Merkmalen beweifen, daß diefe Urweltler einmal geftorben find. Was aber ftirbt, muß gelebt haben.

In goldig durchschimmernden Stückchen diefes Bernfteins hier gewahrt der Kundige nicht felten Mücklein, Spinnen und Ameifen. Sie find genau des Todes verftorben, der heute ähnliche kleine Tiere ereilt, wenn die Fichte tränt und der Kirfchbaum zähes Harz aus feiner Rinde träufelt: vom klebrigen Harztropfen find die Vorwitzigen gefangen und umhüllt worden wie die Einwohner Pompejis anno dazumal vom Afchenfchlamm des Vefuv, — zum Bernftein verhärtet, ins Meer verfchwemmt, hegt fie noch heute die alte Harzmaffe als gläferner Sarg.

Tief im Geftein, wo der Ichthyofaurus heute fchläft, liegen eng bei ihm, auch zu Stein geworden, die Verdauungsrefte feiner Nahrung. Der Forfcher fchleift fie auf und gewahrt auf der Schliff-fläche die wohl erkennbaren unverdaulichen Ueberrefte deffen, was der alte Drache verfchlungen hat. Fifchfchuppen find es, Gräten und die Trümmerftücke von Tintenfifchen. Diefes kleinere Getier ift alfo gefreffen worden vom großen, — geftorben im dicht be-zahnten Rachen eines hungrigen Räubers. Damals wie heute gab es offenbar Hader und „Kampf ums Dafein", es gab Freffer und Gefreffene, Ueberwinder und Unterliegende.

Wir ahnen aber noch andere Urfachen des Todes und zwar nicht nur bei Kleinen, fondern auch bei den Gewaltigen felbft.

Jene Riefeneidechfe Iguanodon, von der ich gefprochen habe und die auf den Hinterbeinen trottete wie ein Känguruh, ift im fogenannten Wälderton bei Berniffart in Belgien in einer ganzen Herde von dreiundzwanzig Stück ausgefchachtet worden. Diefes ganze Regiment Koloffe ftand derart aufrecht im Tongrund, daß man nicht anders annehmen kann, als es ift voreinft einmal in einer Unglücksftunde die ganze Kavalkade aufrecht fo im weichen Sumpfgrunde eingefunken und erftickt. Wunderbar kann das ja nicht fein bei Reptilien von zehn Metern Länge, die wahrhafte Drachenfchwänze hinter fich herfchleiften und nach vorne Hänge-bäuche wie die Fettgänfe gehabt haben müffen, während der vogel-

artige Schnabelkopf sich auf hohem Schwanenhalse haushoch über
das ganze recke. Ein ähnlicher Unhold, den man in Amerika gefunden hat und der seine siebzig Fuß lang wurde, der Brontosaurus,
wird auf ein Gewicht von zwanzig Tonnen, das sind zwanzigtausend
Kilogramm, geschätzt. Ein solches Tier auf einem genügend tiefen
urweltlichen Moorboden war rettungslos verloren; es ging unter
wie ein leckes Schiff mit Steinfracht.

Gerade dieser letztere Fall muß uns aber nun besonders zu
denken geben.

Er macht auf etwas aufmerksam, was am Ende nicht nur das
einzelne Sterben, sondern das ganze endgültige „Aussterben" solcher
Urweltler in seinem Grunde aufhellen könnte, wenn man es nur
recht erwägt.

Ein solcher wandelnder Fleischberg wie der Iguanodon oder
der Brontosaurus hatte etwas unverkennbar Uebertriebenes in
sich. Etwas Uebertriebenes, das sich unter besonderen Umständen
hatte heranbilden können und in seiner Weise eine Zeitlang Herr
der Situation war, — das aber über kurz oder lang doch dem
Lose aller Uebertreibungen verfallen mußte: unpraktisch zu sein.

Wenn wir das Gerippe eines solchen Brontosaurus, wie es
von dem amerikanischen Geologen Marsh im Museum zu New
Haven wieder zusammengesetzt worden ist, genau betrachten, so
erscheint in ihm ein groteskes Mißverhältnis.

Alle Wucht der Entwickelung dieses Riesenleibes ist in die
reine Masse verlegt. Dieses Tier konnte, so lange es sich um Größe
allein handelte, wenig Feinde haben, denn es trampelte da alles
nieder. Ein ausgewachsener Elefant wiegt bloß 6000 Kilogramm.
Dieses Reptil hätte ihn also gründlich zerquetscht, wenn es nur
über ihn wegkroch. Viele dieser Drachen waren auch noch am
ganzen Leibe verpanzert, trugen riesige Hörner auf Stirn und Nase
wie Stiere und Rhinozerosse, oder sie hatten aufrechtragende steinharte Kämme aus soliden Platten den ganzen Rücken entlang und
auf dem Schwanz halbmeterlange Stacheln, die ein anspringendes
Raubtier von Tigergröße durchlöchern mußten wie die zusammen-
gefaßten Speere den Winkelried.

Aber diese riesengleichen Lindwürmer hatten umgekehrt Ge-

hirne, so winzig, daß ein Spatzenhirn sich im Verhältnis über
sie erhebt, wie das Gehirn eines Menschen über ein Spatzenhirn.
Mehrfach war bei ihnen das Rückenmark in der Beckengegend viel
dicker als das ganze Gehirn, so daß man fast sagen möchte: sie
haben mehr mit den Beinen gedacht als mit dem Kopf. Es kann
aber mit dem ganzen Denken nicht weit her gewesen sein. Der
ungeheuerlichen Leibesfülle entsprach eine ungeheuerliche Dummm-
heit. Wenn man die Höhle im Schädel mit Gips ausgießt, so erhält
man die Maße ihrer Hirne heute noch ziemlich genau: sie sind
erschreckend klein. Das Wort scheint wahr geworden vom Berge,
der eine Maus erzeugt. Sie besaßen aber noch lange keine Gehirne,
die sich dem eines kleinsten Mäusleins vergleichen ließen. Und das
war denn doch schließlich wohl der Punkt, wo sie sterblich waren.

Ihre Körperlast, sonst unangreifbar, machte sie zum Opfer
jeglichen Terrains, das nachgab, — des Sumpfbodens wie des
Flugsandes.

Und ihre wahrhaft monumentale Dummheit führte Generation
um Generation wohl immer wieder auf so verfänglichen Boden.
In diesen kleinen Gehirnchen speicherten sich keine Erfahrungen
an, warfen Falten des vererbten Denkens auf, lehrten die Enkel in
Schläue meiden, was den Ahnen Verderben gebracht. Sie trotteten
jahrtausendelang ihren gleichen Weg, und wenn auf diesem Wege
eines Tages ein Moor entstand, so sanken sie in dieses Moor und
erstickten, als müßte es so sein.

Bis an einem letzten Tage der letzte Lindwurm so das Zeitliche gesegnet hatte.

Es mag ebenso geschehen sein, daß viel kleinere Tiere ihrer
doch Herr wurden trotz aller zwanzig Tonnen Gewicht, und zwar
aus dem einfachen Grunde, weil diese Tiere sich inzwischen im
Verhältnis größere, also klügere Gehirne erworben hatten.

Gegen einen solchen schwachköpfigen Saurier war ein Vogel,
wie gesagt, ein Genie. Es gab aber in der letzten Drachenzeit
nachweisbar bereits Vögel, und zwar sind in Südamerika neuerdings auch Vogelriesen gefunden worden, die über drei Meter
hoch waren und Raubvogelschnäbel und Krallen gehabt haben
müssen wie aus Stahl. Wenn ein solcher Greif sich dem Lindwurm

unversehens auf dem Rücken festhalte, vermöge seiner viel feineren
geistigen Gewitztheit geschickt den Schlägen des Stachelschwanzes
auswich und seinen Schnabel zwischen die Panzerplatten einhieb,
so half dem Herkules schließlich all sein Gewicht nichts mehr, und
der schlimme Vogel schlug ihm endlich den Leib auf, wie ein Igel
sich mit seinen spitzen Zähnen in eine Viper frißt.

Darwin hat uns im neunzehnten Jahrhundert auf das große
Prinzip in der Entwickelung des Lebens auf Erden aufmerksam
gemacht, das mit dem Worte „Anpassung" ausgesprochen ist.
Ueberblicken wir die heutige Tierwelt, so sehen wir jede Tierart
in einer bewundernswürdigen Weise ihrer Lebenslage angepaßt.
Der Fisch ist wie eine kunstvolle Maschine auf das Leben im Wasser
hin gebaut, der Vogel auf die Luft, der Maulwurf auf die Wühlarbeit im dunklen Erdreich, das Roß auf die Ebene, die Gemse
auf das Gebirge, der Affe auf den Baum. Auch die Tiere der
Urwelt zeigen in all ihren Abdrücken und Gerippresten, die uns
von ihnen im Gestein erhalten sind, solche Anpassungen in Hülle
und Fülle. Schon da hat der uralte Fisch seine Flossen, die verschollene Schildkröte ihren Schutzpanzer, der Ichthyosaurus seine
scharfen Zähne und der älteste Vogel seine Federflügel. Und schon
aus diesen Organen der Anpassung allein, die so deutlich noch vor
Augen stehen, kann man den sicheren Schluß ziehen, daß diese
Tiere wirklich einmal gelebt haben. Aber man kann aus dem
Prinzip gerade der Anpassung auch herleiten, daß und warum viele
einst vorhandene Arten vollständig wieder ausgestorben sind.

Gab es auch in der Erdgeschichte nicht jene wüsten Katastrophen, die ganze Tiervölker in Lava brieten oder in Sintfluten
ersäuften, so hat sich doch die Erdoberfläche im Laufe der Jahrmillionen langsam, aber sicher fort und fort ganz respektabel
verändert.

Das aber schuf für das bunte Tiervolk im ganzen immer wieder andere Grundlagen, andere Nötigungen der „Anpassung".

„Andere Zeiten, andere Vögel!" Der alte Vers hat zoologisch
eine tiefste Wahrheit. Was für die Zeit der Erdgeschichte etwa,
da der heutige Jura-Schiefer als Meeresschlamm sich absetzte, gut
war im Sinne vollkommener Anpassung, das genügte für die spätere

Epoche, da die heutige Kreide sich in der Tieffee bildete, nicht mehr,
— und so fort. Einzelne stille Winkel hat es zwar immer gegeben,
wo diese oder jene Art allen Wechsel überstand, ohne sich wesentlich
dem Fortgang anzubequemen: so erklären sich jene überlebenden
letzten Mohikaner uráltester Tage wie jener Molchfisch und jenes
Lingula-Tier. Für die Masse aber schuf jede neue Epoche der
großen Erdentwickelung ein scharfes Entweder — oder.

Entweder die Tiere paßten sich den neuen Verhältnissen entsprechend neu an, oder sie starben als unbrauchbar, als reaktionär
geworden aus.

Beide Fälle sind in Masse immer wieder eingetreten. Welche
Veranlagung dabei über das „Wie" des Weges entschied, ist freilich auch dem darwinistisch gesinnten Naturforscher von heute noch
keine ohne weiteres beantwortbare Frage. Man ist versucht zu
sagen, daß es jedesmal die Genies der Tierwelt waren, die sich
umformten zu neuer Anpassung, und andererseits die Tröpfe und
Trottel, die den Anschluß nicht finden konnten und unter den Tisch
fielen. Wobei die Worte selbst freilich, von uns Menschen entnommen, vorläufig noch keine echte, tiefere Erklärung umschließen.
Denn wir wissen durchaus nicht, auf Grund welcher innerlichen
Weltverknüpfung nun etwa in unserem Menschenleben selbst hier
ein Genie geboren wird und dort ein Trottel. Bloß das sehen wir
klar, daß das Genie, wenn es einmal da ist, seine Zeit beim
Schopfe nimmt und mit ihr hochschwimmt, — während der arme
Tropf in ihrer Welle elendiglich ertrinkt. Und dieses Verhältnis
ist (hier hat Darwin zweifellos den Nagel auf den Kopf getroffen)
für die alten Tiere jedenfalls ebenso maßgebend gewesen.

Wer in veränderter neuer Zeitlage die entsprechende neue
Anpassung darbot, der erhielt sich, war Herr der Situation, —
wer sie aber nicht hatte, der versank.

Immerhin läßt sich aus jenem guten Beispiel von den ungeheuer körperschweren, aber ebenso verstandesdürren Lindwürmern
der Kreidezeit aber noch ein engerer Schluß zu diesem Haupt-
gedanken wagen.

Je extremer, je einseitiger, je fanatischer, möchte ich sagen,
eine Tiersorte zu einer Zeit ihre Anpassung an ganz bestimmte

enge Verhältnisse getrieben, desto geringer scheint die Wahrscheinlichkeit gewesen zu sein, daß sie jene goldene Straße des Fortschritts noch einmal einschlagen konnte, desto größer der Zwang,
daß sie tragisch unterging.

Ziemlich unzweifelhaft liegt hier der Grund, daß so viele
gerade der sonderbarsten barocksten und uns unbegreiflichsten
Riesentiere der Vorwelt eben bloß noch als Gerippe im alten
Gestein liegen, — sie waren solche Extreme der einseitigen, nicht
mehr beweglichen Anpassung ihrer Zeit.

In neueren Tagen sind insbesondere von dem Privatdozenten
Brandes in Halle interessante Vermutungen über dieses Aussterben
extrem veranlagter Tiere geäußert worden.

Noch in der sogenannten Diluvialzeit, also in den ersten Tagen,
aus denen wir die Knochenreste von Menschen und die ersten Anzeichen einer eskimo-artigen, ganz niedrigen Kultur besitzen, lebte
in Europa sowohl wie besonders in Amerika ein Geschlecht großer,
löwenartiger Katzen von sonderbarstem Aussehen. Machairodus
hat man sie getauft, das ist zu deutsch: der Säbelzahn. In der
Tat führten diese Ungeheuer im Oberkiefer Eckzähne, die nicht
bloß wie echte Raubtierzähne von heute als derbe Wehr und An-
griffswaffe im Maule saßen, sondern die wie wahre krumme Säbel
oder Messer über den Unterkiefer hinweg aus dem Maule vor-
sprangen.

Man hat sich mit Recht gefragt, wie ein solches Tier überhaupt
entstehen konnte?

Es ist nicht mehr ein regelrechter Löwe, sondern eher die
Karikatur eines solchen.

Diese wahren Walroß-Hauer im Maul einer Katze scheinen
durch Uebertreibung des Prinzips mehr einen Ballast darzustellen,
denn eine Waffe, die wirklich noch zum Beißen Sinn hat. Man
glaubt den Räuber, der ein Wild angesprungen hat, sich damit
festbeißen zu sehen in einer Weise, die ihn förmlich festnagelt an
den eigenen Zähnen, ohne daß er doch damit richtig packen kann.

Wie soll eine so abstruse Anpassung überhaupt je zustande
gekommen sein, — an was hatte dieser Säbelzahn sich überhaupt
angepaßt?

Nun ist gewiß auffällig, daß wenigstens in Amerika, also gerade da, wo die Machairodus-Löwen mit üppigster Zahnentfaltung in Masse gelebt haben, aus derselben Zeit uns die Knochenreste kolossaler Säugetiere überliefert sind, die steinharte Panzer trugen.

Bekanntlich gibt es noch heute einige recht solid verpanzerte Säuger, — so das Gürteltier, das in einem festen Hornpanzer steckt wie ein Krebs in seiner Schale. Heute noch gibt es solche Gürteltiere ausschließlich in Amerika, es sind aber durchweg ziemlich kleine Tiere. In den Tagen jenes Machairodus aber existierten im Lande dort Riesen aus der Verwandtschaft der Gürteltiere und der nah dazugehörigen Faultiere, die die Größe von Elefanten und Nashörnern erreichten, ja zum Teil noch massiver gebaut waren als der Elefant. Und auch von diesen Patriarchen besaßen viele den echten knochigen Gürteltierpanzer, bloß auch übersetzt in die Dimensionen eines Rhinozeros. Die sogenannten Glyptodonten steckten ganz darunter wie enorme Schildkröten. Einige Riesenfaultiere (Vettern des berühmten Megatherium) trugen den Panzer wie ein geheimes Kettenhemd innerhalb ihres dicken, obenauf mit gelbroter Wolle belegten Felles.

Es scheint nun ein ganz plausibler Gedanke, daß die Existenz so zahlreicher Panzertiere am Ort, wo der Machairodus jagte, einen Fingerzeig abgebe dafür, wie sein abnormes Gebiß doch einmal einen echten Anpassungszweck gehabt haben könnte.

Diese Ungeheuer im Schildkrötenrock hatten keine andere Waffe gegen ein aufspringendes Raubtier, als eben ihren Rock. Dumm waren sie ihren Gehirnen nach auch über alle Maßen, und ihr Gebiß war auf Blätter- oder Wurzelkost gebaut wie das von harmlosen Wiederkäuern. Aber ein Löwe oder Tiger von heute hätte ihnen immerhin ja auf den Buckel springen mögen zum „Löwenritt": — kein gewöhnlicher Raubtierzahn hätte diese harte Nuß aufknacken und dem Schalenbesitzer wirklich ans Blut kommen können. Ganz anders dagegen unser Machairodus. Seine Säbelzähne mochten allen Ernstes in die Hornwand einschneiden, mochten Panzerplatten losreißen und so den leckeren Braten bei lebendigem Leibe tranchieren. Ein fürchterliches, aber zum Zweck sinnreiches

Tranchiermesser für Gürteltiere wäre also der Eckzahn des Machairodus gewesen seiner ursprünglichen Anpassung nach.

Es ist aus diesem Gedankengang dann selbst wieder ersichtlich, daß diese enge Anpassung für so einseitigen Zweck später doch ein Entwickelungshemmnis und eine Ursache schließlich des Unterganges der Machairodus-Löwen aus sich heraus werden konnte.

Denn eines Tages starben die Panzergürteltiere, dauernd bezwungen vom siegreich angepaßten Machairodus, selber ganz oder doch mehr und mehr aus, — der Angreifer sah sich auf anderes, nicht bepanzertes Wild, Pferde, Hirsche, Lamas und so weiter, angewiesen, — und jetzt rächte sich plötzlich die zu tolle Anpassung, die Säbelzähne brachten ihm Nachteil im Daseinskampfe statt Gewinn, — er blieb zurück gegen schwächer, aber bequemer bezahnte Raubtiere, und damit war sein Schicksal besiegelt. Tatsächlich hat der Machairodus mit dem Glyptodon zusammen das Feld geräumt, während der Jaguar und Puma, diese großen Katzen mit sehr viel kleineren Eckzähnen, heute noch Amerika unsicher machen.

Es ist eine Schwierigkeit der Theorie, die ich nicht verhehlen will, daß sie bloß auf Südamerika zugeschnitten ist. Niemals haben in der alten Welt verpanzerte Glyptodon-Arten gelebt, wohl aber liegen Reste säbelzähniger Raubtiere auch hier in Menge. Immerhin läßt sich bei einer großen Reihe auch der altweltlichen Säugetiere von damals wenigstens auf dicke, rhinozerosartige Häute schließen, die schon ein Machairodus-Gebiß als Gegen-Anpassung herausfordern konnten. Und auch von dieser tertiären Tierwelt ist nachher viel ausgestorben, was den Angreifer mitgerissen haben könnte.

Ein anderes vielleicht noch besseres Beispiel scheint dann das Mammut zu bieten.

Von allen lebenden und ausgestorbenen Elefantenarten trug das Mammut die kuriosesten Stoßzähne. In gewaltiger Krümmung biegen sie sich aufwärts am Rüssel vorbei wieder der Stirn zu, als wollten sie nach kühnstem Bogen geradezu in den Kopf, von dem sie unten ausgegangen, oben wieder hineinwachsen.

Vergleicht man mit diesen Bogenzähnen die Zahnwehr eines

lebenden Elefanten, so machen auch sie in der Tat den Eindruck einer ins Unsinnige umschlagenden Uebertreibung.

Der Laie ist ja geneigt, sich unter dem Mammut gerade dieser enormen Zähne wegen ein besonders entsetzliches Tier zu denken, — wobei er gewöhnlich noch die an sich irrige Meinung mitbringt, daß das Mammut bedeutend größer als der heutige indische oder afrikanische Elefant gewesen sei. In Wahrheit ist dieser alte Eiszeit-Elefant aber durch diese seine Riesenzähne wehrloser gemacht worden, da er überhaupt mit ihnen nicht mehr als Stoßwaffe arbeiten konnte und bloß durch die außerordentliche Schwere dieser zwecklosen Kopfzier in seiner freien Bewegung ärgerlich gehemmt wurde.

Wie aber sind diese unpraktischen Uebertreibungshauer zustande gekommen?

In jedem zoologischen Garten kann man beobachten, daß die gewöhnlichen Stoßzähne des Elefanten aus dem Oberkiefer sich herausbiegen. Es sind zwei wurzellose Schneidezähne dieses Kiefers, die mit den Eckzähnen der Raubtiere nichts zu tun haben.

Ihr Nutzen besteht für den Elefanten vor allem darin, daß er beim Abbrechen von Zweigen im Urwalde sie als Gegenstütze benutzt: er faßt den Zweig mit dem Rüssel und knackt ihn über dem kurzen krummen Stoßzahn ab.

Genau so haben es aller Wahrscheinlichkeit nach schon die Vorfahren des Mammut gemacht, waldbewohnende Elefanten jener sogenannten Tertiärzeit, in der Europa noch dichte tropische Urwälder besaß. Als eine höchst sinnreiche Anpassung an dieses Zweigknicken im Walde waren die Stoßzähne dort erworben worden.

Nun änderten sich aber die Dinge. Am Ende der Tertiärzeit brach die große Eiszeit los. Ihr kalter Hauch vertilgte die Urwälder, karg und armselig wurde der Pflanzenwuchs am Gletscherrande, und was von Tieren sich hielt, das mußte fortan damit vorlieb nehmen.

Das Mammut bestand die Kälte selbst. Es paßte sich ihr an durch einen dicken Wollpelz und dauerte jahrtausendelang dicht am Eisrande unentwegt aus. Nur so konnten seine Kadaver gelegentlich in das Eis selbst geraten und unter guten Umständen (wie in Sibirien, wo in der Eiszeit gefrorener Boden bis heute nicht getaut ist) bis auf unsere Zeit darin erhalten bleiben.

Doch die Stoßzähne, auf den Wald berechnet, wurden dabei allmählich total überflüssig.

Sie hätten ganz eingehen können.

Aber da gerade mischte sich ein Gesetz ein, das für diese Sorte Zähne allgemeine Gültigkeit zu haben scheint. Diese wurzellosen Schneidezähne der Säugetiere haben, scheint es, allgemein eine Tendenz, während des ganzen Lebens der Tiere für ihr Teil immer weiter zu wachsen, wenn sie nicht durch äußeres Abschleifen gehemmt werden, — etwa so, wie unsere Fingernägel und Haare immer langsam vorwärts wachsen, wenn man sie nicht künstlich kürzt.

Man kann das sehr hübsch bei Nagetieren beobachten. Für gewöhnlich stehen da die oberen und unteren Schneidezähne so gegeneinander, daß sie sich stets an der Spitze aneinander abreiben und abschleifen, also trotz permanenten inneren Nachwachsens im ganzen nicht größer noch kleiner werden. Kommt aber der Fall vor, daß etwa unten die Zähne durch einen Mißwachs oder Unfall fehlen, also das gegenseitige Abarbeiten ausbleibt, so wachsen die oberen Zähne ins Blaue hinein weiter, krümmen sich zur tollen Spirale und bohren sich wohl gar rückwärts wieder in den Schädel ein.

Dieses Schicksal erlitt das Mammut im großen.

Solange seine Stoßzähne als Aesteknacker dienten, schliffen sie sich dabei von selbst ständig auf ihr Normalmaß herab. Als aber diese Tätigkeit aufhörte und damit auch das regulierende Abschleifen, — da entstanden aus ungehemmtem Wachstums-Uebermut jene kolossalen Bogenkrümmungen, es kamen die stirnwärts und wieder auswärts wie kranke Kartoffeltriebe gekrümmten Riesenhauer zustande: die Stoßzähne des Mammut.

Ihr Sinn stand zunächst jenseits jeder Anpassung. Bald aber zeigte sich ein „Unsinn" geradezu in Hinsicht solcher Anpassung darin. Diese Krummstäbe aus schwerer Elfenbeinmasse wurden reiner Ballast. Und es ist sehr möglich, daß dieses am Kopfe sinnlos belastete Ungeheuer gerade deshalb gewissen Angreifern (zu denen

zweifellos in erster Linie schon der Mensch gehört hat) früh und
endgültig zum Opfer gefallen ist. Die Elefanten der Tropenländer,
die nie diesem krankhaften Zahnwachstum verfallen waren, weil
ihnen die Baumzweige zum Abnutzen niemals gefehlt hatten, blieben
dagegen erhalten bis auf den heutigen Tag, wo freilich von einer
neuen Seite her die Stoßzähne auch ihnen zum Verderben werden:
indem nämlich der Mensch sie in schnellem Tempo jetzt ausrottet
des Elfenbeins dieser Zähne wegen.

So träumte ich am Strande Rügens über den Steinchen der
Kinderburg.

Die alte Erde erschien mir, bebend unter der Last ewig neu
gezeugten Lebens. Aber wie der Saturnus der Sage verschlang sie
ihre Söhne auch wieder zu ihrer Zeit.

Die Meisterin Natur baute in Millionen von Jahren ihr
Kinderspiel aus Machairodus-Löwen und Mammuten wie diese
Kinder hier ihren Ring aus uralten Tintenfischen und Seeigeln,
und sie zerwarf es ebenso mit einem Schlage der Hand.

Aber das Leben, die Entwickelung des Ganzen wogte, schwoll
unablässig dabei, selber nie ruhend, nie verschwindend, wie das
ewig blaue Meer da draußen vor meinem Blick.

Eines Tages war aus diesem dunklen Spiel der Mensch her-
aufgestiegen, der dieses ganze Werden noch einmal übersah und
in der Urwelt las wie in einem Buche. Was wird sein Los sein?
Wird er auch in eine Sackgasse der Anpassung einst einmünden?
Oder ist er das endgültige Meisterstück der Weltentechnik, — die
vollkommene Anpassung, für die es keinen Stillstand mehr gibt?

Ich folgte dem letzten Rauchstreifchen des weißen Dampfers
am Horizontstrich, und ich tröstete mich, daß die Menschheit auf
alle Fälle noch Millionen von Jahren vor sich habe, um in dieser
Frage zu einem Schluß zu kommen, — Jahrmillionen der gran-
diosesten Entfaltung zum Herrn der Erde über alle Länder und
Ozeane hinweg.

———————

Vom Leben im Weltraum.

Es gehört zu den liebenswürdigsten Ergebnissen der Naturforschung, daß sie den Menschen von seiner Einsamkeit erlöst.

Jeder von uns wird ja aus dem Geheimnisse ins Geheimnis
hineingeboren; jedem kommt auch einmal die Stunde, wo er sich
ohne Anschluß fühlt an die Welt. Hier ich, auf einsamen Planeten
verschlagen für ein Menschenleben; und über mir die fremden
kalten Sterne.

Auch die Menschheit im ganzen, selber ja nur wieder ein großer
Uebermensch mit allen Sorgen und Lieben des einzelnen, hat diesen
Moment durchgemacht. Die Natur war ihr ein banger Traum, an
dem sie kein Teil zu haben glaubte. Der erste Chemiker, der genau
nachwies, daß ein Teilchen Eisen, ein Körnlein Salz, ein Tropfen
Wasser, die in den Menschen eingehen und ihn bauen helfen, dort
dieselben bleiben wie draußen in der Erzstufe des Erdengrundes,
in der Salzflut des Ozeans, in den blauen Wassern der Himmels-
wolke: er hat diesen Bann zuerst energisch gelöst.

Am Nachthimmel glüht jäh eine Feuerkugel auf, sie zerplatzt,
ein Donner rollt und heiße Steine fallen auf die Erde nieder.

Meteorsteine sind es, Bruchstücke eines fremden kleinen Weltkörpers, der in rasendem Fluge unsere Erde gestreift, an ihrer
Atmosphäre sich entzündet hat, geborsten, herabgestürzt ist. Der
Chemiker untersucht diesen Weltallsfremdling, der sich zwischen
Monden und Planeten, ja seiner Bahn nach offenbar in ganz
anderen Fixsternsystemen herumgetrieben hat, und er stellt auch in
ihm Eisenteile fest. Dasselbe Eisen wie in uns!

Hier zieht sich ein Band vom roten Blutsaft unserer Adern zum
Siriusstern, zum Nebelfleck des Orion, die unserem Auge aus den

unendlichſten Fernen des Alls heraufglimmen, im buchſtäblichen Sinne ein eiſernes Band. Und dieſes Eiſen wallt um die Sonne als glühender Dampf. Es webt in den grünen Blättern des Eichbaumes über dir: — wenn du der wachſenden Pflanze das Eiſen entziehſt, wenn du ſie nicht fütterſt damit, ſo bleibt ihr Blatt bleich und krank.

Wenige Menſchen noch haben heute eine Ahnung, wie feſt ſie in der übrigen Natur hängen.

Unſer Blick ſchweift über die endloſe Wogenfläche des Meeres: wie fremd, wie ungeheuerlich, wie unfaßbar erſcheint das alles von der ſchmalen Klippe, die uns Pygmäen Raum gibt, aus. Und doch: wenn wir den rechten Blick hätten, ſo erſchiene der eigene Leib uns als ſolches Meer. 58 Prozent, mehr alſo als die Hälfte unſeres ganzen Körpers, beſteht aus reinem Waſſer; jeder Muskel enthält 75 Prozent. Ueber dieſem ſchwankenden See baut ſich das Feſte unſerer Exiſtenz nur wie ein dünnes luftiges Gitterwerk in uns ſelber auf.

Ja dieſer Körper, der ſich einſam fühlt und im Gegenſatz zu aller Welt, er hat nicht einmal eine feſte Grenze gegen dieſe Welt. Scheinbar bildet die Haut ja eine. Aber unabläſſig verflüchtigen ſich von dieſer warmen, feuchten, atmenden Haut unſichtbar winzige chemiſche Teilchen und verbreiten ſich ins Freie hinaus. Der Chemiker ſagt dir, daß keine wirkliche Scheidewand iſt zwiſchen einem Stoff und dem feinen Hauch, der von ihm ausgeht. Dieſer Hauch, vielleicht nur noch als zarteſter Duft mit dem chemiſch feinſten der Sinne wahrnehmbar, iſt ja nichts als unendlich verteilter Stoff ſelbſt. Schärfte ſich das Auge für dieſes unabläſſige Zu- und Abſtrömen über der Haut, ſo verlöre ſich augenblicklich der ganze feſte Körperumriß: wie ein immer feinerer Nebel flöſſe der ganze Menſch in einer loſen Wolke dahin. Bis wohin? Wo hat dieſer chemiſche Wellenſchlag ſein Ende?

Vielleicht nirgendwo. Unſer Auge iſt ſtark, die Lichtwellen des Sirius noch zu empfinden. Wer ſagt uns, ob es nicht bloß Sache der Feinheit des chemiſchen Apparats wäre, umgekehrt den feinen Duft einer ſchönen irdiſchen Haarlocke auf dem Sirius aufzufangen, ein Beweis, daß unſer Leib tatſächlich bis dorthin reicht?

Wir bewundern die Rosenfarbe einer Wange. Nach Jahren kehrt die Erinnerung dazu zurück, als sei der ganze Zauber einer lieben Menschenindividualität darin enthalten gewesen. Und doch — was war diese Farbe? Sonnenlicht war es, von dieser reflektierenden Fläche Menschenhaut zurückgestrahlt auf unser eigenes Auge. Zwanzig Millionen Meilen von uns entfernt, von der ganzen Erde entfernt, hat die riesige Sonne, dieser Weltallshochofen mit seinem weißglühenden Kern und seiner Hülle glühender Metalldämpfe, dieses Licht und in diesem Lichte dieses entzückende Rot gekocht. Durch diese ganzen zwanzig Millionen Meilen eiskalten öden Raumes hat das Licht sich erst durchquälen müssen, damit du es von der lieben Mädchenwange erhalten kannst. Wem gehört es mehr an: der Sonne oder der Individualität des Mädchens?

Wer in diese Gedanken sich einmal resolut eingelebt hat, dem hat es nichts so sehr Fremdartiges mehr, daß auch außer der Erde im All noch wirkliches Leben existieren sollte.

Zwölf Grundstoffe oder Elemente mindestens bauen bei uns das Lebendige. Wo aber das All eine Sprache hat, um uns von seiner Chemie zu erzählen, da tauchen immerfort Elemente dieses gleichen Stammes in ihm auf. Im Nebelfleck, wo er wirklich aus Gas besteht, leuchtet Wasserstoff. Der Meteorstein, das einzige Ding der Sternenferne, an das unsere Hand greift, besteht durchweg, wie gesagt, aus Eisen. In der Sonne glühen nachweislich eine ganze Reihe, wahrscheinlich sogar alle Lebenselemente. Im Kometen glänzt Natrium, das dem Leben so unentbehrliche Kochsalzelement. Da schwebt im Fernrohr eine ferne Welt: der Mars. Bläulich glänzen seine Wasser um den Pol, und an diesem Pol selber blinkt eine weiße Kappe von Schnee. Warum sollen in diesem Meere nicht silberne Fische spielen, nicht rosenrote und orangegelbe Medusen in stillem Zuge dahintreiben, warum sollen nicht weißbrüstige Möven um die Ränder dieses Schnees kreisen?

Vor etwas über 300 Jahren war es, da kam die Idee eines Lebens im All über diese enge Erde hinaus einem großen Denker der Menschheit wie eine strahlende Offenbarung.

Kopernikus hatte die Erde als ein bewegtes Sternlein unter die Sterne geworfen. Giordano Bruno war es jetzt, der zum erstenmal träumte, auf all diesen tausend und tausend Lichtpunkten der Sternennacht möchte Leben blühen wie bei uns. Phantastisch, als die Vision eines Dichters, kam das zuerst.

Aber zur gleichen Stunde fast, da Bruno für diese und andere Gedanken, die seinen Zeitgenossen Sünde schienen, den Martertod auf dem Scheiterhaufen erlitt, zur gleichen Stunde wurde das Fernrohr erfunden. Ein neuer wirklicher Blick tat sich auf in die Sternenwelt. Vom Monde herüber glänzten auf einmal Berge, in der Sonne dräuten schwarze Flecken, der ganze Himmel erschien wunderbar verwandelt und nähergerückt. Und unter den Schauern dieser grandiosen neuen Sichtbarkeit der Dinge verlor jener Gedanke selbst seine Kühnheit.

Der Blick, dem das Rohr als neues Auge zu seinem alten Organe gefügt war, suchte unwillkürlich nach Spuren fremden Lebens im Sternenall, nach wirklich sichtbaren Spuren.

Da dünkte dem einen, die Sonne weise in ihren schwarzen Flecken gleichsam Fenster einer geheimnisvollen Innenwelt. Diese Innenwelt der Riesenkugel sollte an sich fest und dunkel sein, ohne die eigentliche Sonnenglut. Erst über ihr schwebte eine hohe Atmosphäre, eine Luftschicht, deren oberste Lage weiß glühte wie ein beständiges riesenhaftes Nordlicht und jene Wärmestrahlen nach außen warf, die uns Erdbewohner noch in einer Entfernung von zwanzig Millionen Meilen einen warmen Tag machen. Auf jener schwarzen Innensonne aber, die nur durchlugte, wenn die Lichthülle im „Sonnenfleck" zerriß, sollte das Leben der Sonne blühen, ihre Wälder, ihre Tiere, ihre Sonnenmenschen.

Ein anderer studierte mit dem Fernrohr den Mond, und vermeinte Festungen zu sehen, die die Mondbewohner sich errichtet, Höhlen, in denen sie ihre Städte bauten, um dem furchtbaren Sonnenbrande zu entgehen.

Ein dritter träumte von organischer, lebendiger Substanz, die frei im Weltraum fliege und bisweilen als leuchtender Gallert auf die Erde gleich den Meteorsteinen niederfalle.

Aber mit alledem räumte die Forschung, die das scheinbar geschaffen, fortschreitend auch ebenso rasch wieder auf.

Der wahre Kern der Sonne, den uns die Untersuchung des Sonnenlichtes durch die sogenannte Spektralanalyse enträtselt, erwies sich als weißglühende Kugel geradezu von unfaßbarer Hitze, und die Sonnenflecken waren nicht Löcher zu einer schwarzen Gespensterwelt unseres Lichtballs, sondern höchstens rostartige Erkaltungswolken, die vielleicht auf ein in der Millionenfolge der Jahre dereinst einmal nahendes Ausglühen des ganzen Riesen von der Oberfläche her deuteten. Die Mondburgen waren tatsächlich nur zackige Gebirge von grotesker Zerrissenheit. Jene lebendigen Meteore aber erwiesen sich, wo ein kritischer Naturforscher sie faßte, als über Nacht jäh entstandene Schleimteller braver irdischer Algen, ja als Eingeweide von Fröschen und ähnliches, das bloß die Seltsamkeit des plötzlichen Anblickes mit den Sternschnuppen der Sommernacht willkürlich verknüpft hatte.

Nun sank auf einmal der Phantasie wieder der Mut.

Alle die Fixsterne des Nachthimmels da oben waren Sonnen wie unsere, zum Teil bloß noch viel heißer. In Gluten, sagte man sich, wo das Eisen als schimmerndes Wölkchen verdampft, kann kein Leben bestehen. Zwischen diesen lohenden Herden des Alls aber dehnte sich ein im Gegensatz unglaublich kalter, luftleerer Raum, der mit seiner Kälte von über hundert Grad umgekehrt jede Lebensmöglichkeit durch Frost erstickte. In dieser nackten Raumeskälte schwamm schutzlos, ohne eigene Lufthülle und ohne jedes Tröpflein Wasser, der Mond — also ebenfalls leblos.

So zog der Gedanke, der einst Sternbilder belebt, langsam wieder die bunten Flügel überall ein. Am Ende war doch diese rätselreiche Erde, wenn auch nicht der Weltmittelpunkt, so doch das einzige Pünktlein Welt, wo lebendige Herzen schlugen und das stille Wandeln des Naturgesetzes als Freude und Schmerz empfanden....

Menschengedanken kommen und gehen wie Wolkenzüge über einer Landschaft.

Auch was wir „Wissenschaft" nennen, ist nur ein solcher ewig wechselnder Wolkenzug. Heute, auf der Wende des zwanzigsten Jahrhunderts, hat sich abermals gar viel Stoff über dieser großen Frage angesammelt, der die Wage wiederum wohl zum Gegenteil belasten könnte.

Es ist aber zunächst eine ganze andere Ecke, die uns heute zu denken gibt. Nicht die Sterne trifft sie ohne weiteres, sondern das Leben selbst.

Zu den wunderbarsten Errungenschaften der Forschung in den letzten Jahrzehnten gehört das Bild, das wir gewonnen haben von der schier märchenhaften Zähigkeit, die dem Leben innewohnt.

Wohl, die Sonnen im All bleiben glühend, der Weltraum dazwischen bleibt grabeskalt, der Mond bleibt nahezu ohne Luft, und so weiter.

Nur daß wir zu dieser Stunde uns ernstlich zu fragen anfangen: beweist das wirklich etwas gegenüber der Zähigkeit, die wir neuerdings wenigstens an gewissen Formen des Lebens entdeckt haben?

Vor langen Jahren machte einmal eine Sache gewaltiges Aufsehen. Man wußte nicht, war es ein Stück ernsthafte Wissenschaft oder ein Zeitungsscherz.

Aus Pyramidensärgen sollten Weizenkörner gefallen sein, und diese Körner, alt wie Sesostris und Moses, sollten in der hellen Sonne des neunzehnten Jahrhunderts noch einmal aufgeblüht sein bis zur leibhaftigen Aehre. „Mumienweizen" taufte man das Wunder.

Hübsch, wie die Geschichte klang, war sie in diesem Falle doch nur hübsch erfunden. Wohl haben diese alten Aegypter ja das Menschenmöglichste geleistet im Einbalsamieren ihrer ganzen Zeit, vom Nilpferd bis zur Katze, vom König bis zum Kärrner, als hätten sie mit Gewalt in unsere Museen kommen wollen. Wir besitzen die leibhaftige Mumie jenes Ramses, der zu Herodots Tagen schon ein Fabelheld war. Und so ist auch der uralt ägyptische Weizen wirklich auf uns gekommen, genau so, wie wir aus dem Moorboden der Schweizer Seen die verkohlten Früchte noch gezogen haben, von denen die Pfahlbauer sich nährten. Aber auch dieser Mumienweizen ist allemal völlig in sich zu schwärzlicher Kohle geworden, und wenn er ins Wasser kommt, so löst er sich, anstatt zu keimen, in schmutzigen Brei auseinander.

Man hatte eben hier gleich zu viel verlangt vom Leben: jahrtausendelang sollte es mumienhaft in der Gruft liegen können und dennoch seine Kraft nicht verlieren. Was aber nicht so theaterhaft in die Welt posaunt worden ist, das sind andere, schlichtere, aber dafür wahre Geschichten vom zähen Leben.

In alten Herbarien aus dem achtzehnten Jahrhundert fanden sich getrocknete, sauber gepreßte Moospflänzchen. Man nahm sie heraus, befeuchtete sie — und erzog aus den Sporen, den Zeugungsteilen eine neue, tadellos lebendige Moosgeneration. Hier hatte das Leben wirklich geschlafen, eingesargt schon als scheinbar totes Museumsobjekt — und das über hundert und mehr Jahre fort. Dem großen Botaniker Robert Brown ist es geglückt, sogar den Samen der Lotospflanze nach vollen hundertfünfzig Jahren aus solchem Herbarium zum Leben aufzuwecken.

Mit diesem Falle hat eine große Aehnlichkeit das Kunststück winziger Tiere, der sogenannten „Bärtierchen" (Macrobiotus). Sie sind klein, aber nicht ganz niedrig organisiert, etwa den Spinnen annähernd noch vergleichbar. Ihr Aufenthaltsort sind gern alte Dachrinnen. Ist es nun dort feucht, so tummeln sie sich munter herum. Wenn aber Dürre kommt, so erstarren sie scheinbar zu absolut totem Staube, und dieser Staub mag Jahre hindurch hierhin, dorthin wehen, als Sonnenstäubchen schweben, im Winkel der Dachrinne gehäuft liegen: kommt nach all den Jahren endlich nun wieder Wasser hinzu, so quillt das formlose Körnlein auf, streckt Beinchen heraus — und ist, auferstanden, wieder ein regelrechtes Bärtierchen, das frißt, wächst und liebt, als wäre nichts geschehen. Dieselbe Auferstehungskraft kommt wurmähnlichen Kleintieren, den Rädertierchen, zu.

Man hat sogar von Kröten, die, in Stein eingeschlossen, lange erstarrt fortgelebt haben sollen, ähnliches behauptet, es hat sich aber bei Experimenten nicht bestätigt. Und man behauptet es von Menschen heute noch: indische Fakirs sollen sich lebendig begraben lassen, sollen einschnurren wie die Bärtierchen und doch wieder auferstehen — auch das bis jetzt ohne Gewähr. Gleichviel: die alten Herbarienmoose und die Bärtierchen sind unzweifelbar echt.

Doch sie erzählen bloß vom Sieg des Lebens über jahrzehntelanges, jahrhundertlanges Vertrocknen ohne jede Spur von Wasser. Weit staunenswerter noch ist der Kampf dieses Lebens gegen Hitze und Kälte.

Wie selbstverständlich scheint es, wenn wir an uns denken, daß kochendes Wasser verbrüht, Frostkälte erfrieren macht. Pflanze wie Tier erliegt dem, wohin wir sehen. Das Maiglöckchen im Strauß an unserer Brust wird nach wenigen Minuten strenger Winterkälte welk, der Krebs in der kochenden Brühe stirbt elendiglich und sein roter Rock, den er dabei anzieht, ist sein Marterkleid, wie die bunten Mäntel, die man einst in Spanien den Ketzern umhing, wenn es auf den Scheiterhaufen ging. Und doch ist das, wie wir heute wissen, nicht mehr allgültig für das ganze Leben.

Schon vor fast fünfzig Jahren zog der Berliner Naturforscher Ehrenberg, der es besonders auf die Kleinsten der Kleinen in Luft, Erde und Wasser abgesehen hatte, auf der Insel Ischia bei Neapel aus einer heißen Quelle von achtzig Grad Hitze lebende Wasserpflanzen (Algen) und jene Rädertierchen, denen es gar nicht einfiel, sich da drinnen verbrühen zu lassen, sondern die offenbar seit alters fidel in aller Hitze hausten und sich vermehrten. Auf derselben Insel leben Algen (also Pflanzen) in kochendem Dampf (die Insel ist vulkanisch und glüht und kocht allenthalben von unten her) von über vierundsechzig Grad Celsius. Und im berühmten Yellowstonepark in Nordamerika, wo kochendes Wasser in turmhohen Fontänen aus der Erde spritzt, sind gar noch viel höhere Temperaturen gemessen worden, und immer noch grünten die Pflanzen in dieser Kochbrühe.

Das alles aber ist endlich noch nichts gegen gewisse jener allerniedrigsten Lebewesen, die wir Bazillen nennen und von denen heute so viel die Rede ist. Streng genommen ist so ein Bazillus nicht recht Tier und nicht recht Pflanze. Aber er lebt und ist sozusagen der ganz schlichte, einfachste Ausgangspunkt sowohl des tierischen wie des pflanzlichen Lebens. Nun denn: einige solcher Bazillen, zum Beispiel der böse Milzbrandbazillus und der Heubazillus, sind nicht umzubringen mit einer Glut von über hundert Grad. Ja im äußersten Falle überstanden Bazillenkeime einen dreistündigen Aufenthalt in einer trockenen Hitze von hundertvierzig Grad.

Und seltsam: es ist, als sei auch das höhere Leben da noch wenigstens annähernd so gewappnet, wo es selber noch gleichsam

wieder von einem bazillenhaften Stadium, als Keim oder Samenkorn, für sich ausgeht; Getreidekörner ertragen ebenfalls ein
stundenlanges Ausdörren in der vollen Hitze von wenigstens
hundertzehn Grad Celsius, ohne ihre Keimkraft zu verlieren.

Die gleichen Bazillen sind es denn auch, die mit noch uner-
hörterer Bravour der Kälte trotzen.

Auch bei der Kälte war man schon früh auf gewisse Merkwürdigkeiten bei höheren Tieren aufmerksam geworden. Der eine
sah Quallen einfrieren, daß der ganze Leib mit Eiskristallen durchsetzt war, und doch wieder tauend weiterleben. Dem andern froren
auf einer Nordpolfahrt die Karpfen hart wie die Steine, und als
er sie ans Feuer brachte, sprangen sie ihm noch aus dem Topf,
so wenig wirklich „erfroren" waren sie gewesen. Ich selbst habe
grüne Frösche in einem Glase mit Wasser dem Froste ausgesetzt,
das Wasser wurde zu einem Eisklumpen, der das Glas sprengte,
und durch das Eis schimmerten die grünen Leiber der Tiere; als
aber der Klumpen im warmen Zimmer taute, krochen die Frösche
heraus, als sei nichts geschehen. Das mußte schon zu denken geben.

Aber erst als Raoul Pictet, der große Physiker, in seinem
Laboratorium anfing, nicht nur wahre Polarkälte, sondern schon
über Weltraumskälte künstlich herzustellen, da begannen die ganz
großen Wunder. Pictet erzeugte jene ungeheuerlichen Kältegrade,
bei denen schließlich die Luft gefriert und ihre Gase in Tropfen,
ja in Schneeflocken herabfallen. In solchen Eiskammern wurde
nun gelegentlich auch das Leben geprüft — und es bestand Proben,
die keiner je geträumt hätte. Ertrugen Frösche eine Kälte von
achtundzwanzig Grad Celsius unter Null, so kam der Tausendfuß
noch lebendig davon bei fünfzig Grad und die Schnecke hielt es
gar noch mit hundertzwanzig Grad aus. Auch diesen Rekord aber
schlug im Triumph der Bazillus, der mit zweihundert Grad Kälte
noch nicht umzubringen war. Auch in diesem Falle gingen aber
ebenfalls die Samen höherer Pflanzen fast den ganzen Weg mit:
mittelst flüssiger Luft wurde eine Kälte von hundertzweiundneunzig
Grad Celsius erzeugt und der sorgfältig ausgetrocknete Samen von
Kürbissen und Erbsen hundertzehn Stunden lang hineingebracht,
— er verlor seine Keimkraft, also sein Leben nicht!

Nun setzte man Bohnen und Rettigsamen auch noch sechzehn Monate lang in Glasröhren, aus denen die Luft ausgepumpt war, also in ein künstliches Stück luftleeren Weltraums: es half alles nichts, sie dauerten und keimten, der Luft, der Feuchte und der Wärme zurückgegeben, lustig auf, als sei das alles noch nichts gewesen.

Diese ganz schlichten Tatsachen haben nun praktisch sehr viel mehr Bedeutung für die Frage nach dem „Leben im Weltall", als alle allgemeinen astronomischen Träumereien über Mondfestungen oder Marsmenschen. Sie eröffnen uns zunächst eine wirklich diskutierbare Möglichkeit, wie Leben von einem Weltkörper auf andere übertragen werden könnte.

Wie unsere Erde unablässig vom Weltraum her fremde Bestandteile empfängt (bald derbe Meteorsteine, bald nur ganz feinen Eisenstaub, der sich auf dem unberührten Eise der Polarlande und in den Tiefen des Ozeans ablagert), so auch verliert sie zweifellos fort und fort eigene Teile in den Raum hinein.

An den Grenzen ihrer Lufthülle verflüchtigen sich bei ihrem rasenden Laufe schwebende Teilchen und bleiben hinter ihrer Bahn zurück. Winzige Stäubchen hochgewirbelter Asche von feuerspeienden Bergen und was sonst da hinaufkommt, mag sich so abstreifen. Auch Meteorsteine selbst, die bloß als leuchtende Sternschnuppe unsere oberste Luftschicht durchschneiden, aber aus dem Bereiche der Erde vermöge ihrer kolossalen eigenen Geschwindigkeit doch wieder halbverbrannt (die Reibung an der Luft erhitzt sie) entrinnen, werden Luftteile mit allem, was darin schwebt, losreißen und in den Raum werfen.

Jetzt in dieser Luft schweben aber auch organische Teilchen, lebende Wesen in jenem staubhaft vertrockneten, aber doch noch lebensfähigen Zustande. Bazillenkeime, vom Wind dahingewirbelte Bärtierchen, flugfähige Pflanzensamen, allerlei mag da mit hinaufgelangen.

Und wenn es nun mit verloren geht?

Kälter als hundertfünfzig bis zweihundert Grad setzt selbst kühnere Rechnung die Temperatur des Weltraumes zwischen den Sternen durchweg nicht an; genau weiß man ja von ihr nur, daß sie recht kalt sein muß. Ohne große Mühe läßt sich denken, daß auf diese Weise wenigstens einzelne Lebenskeime als fakirhaft schlummernde Lebensreste von einem Weltkörper zum andern kommen könnten, das Leben der einen, schon bewohnten Welt auf andere übertragend. Mag sie hundert Jahre dauern, diese Sternfahrt. Wir wissen ja jetzt, daß das Leben in solchem trockenen Samenkorn ein Jahrhundert lang ruhig schlummern kann, ohne zu sterben.

Wenn Darwins Lehre recht hat, so würde aber ein einziger Bazilluskeim, auf einen noch gänzlich lebensleeren Weltkörper solchermaßen verweht, genügen, um die ganze herrliche Fülle aller Tier- und Pflanzenarten durch allmähliche Entwickelung im Laufe vieler Millionen von Jahren aus sich hervorgehen zu lassen.

Unsere Erde selbst könnte so einst von irgend einem unbekannten Stern aus befruchtet worden sein. Wie das göttliche Weizenkorn von Eleusis im Mythus des Altertums symbolisch die ganze Formenfülle der zeugenden Natur umschloß, so wäre ein erstes, unsichtbar kleines Keimstäubchen eines Bazillus Urmutter alles Lebendigen bei uns gewesen.

Wir wissen nicht, was Leben eigentlich ist.

Wir wissen nicht, wie es ursprünglich entsteht. Möglich wäre im Sinne solcher Betrachtungsweise, daß es unter Verhältnissen sich gebildet hat, die wir gar nicht kennen, da sie in Urtagen auf äonenfernem Stern vielleicht nur einmal gegeben waren. Zu uns wäre das Leben erst spät als längst fertiges Bazilluskörnlein herübergewandert. Oft, immer wieder kamen solche fliegenden Körnlein im Trockenheits- und Kälteschlaf des Raumes zu uns heran. Lange aber glühte die Urerde gleich der Sonne, da hielt sich nichts. Bis die Erdrinde sich auf hundert Grad etwa abgekühlt hatte, da faßte der erste Bazillus Fuß, mehrte sich, änderte, entwickelte sich und umgrünte die Erde endlich als Wiese und Wald, umschwebte sie als Vogel und Schmetterling, ja bezwang sie zuletzt als denkender Mensch.

Das ist eine Linie, wie wir uns auf Grund der Tatsachen gut den Verlauf der Dinge denken könnten. Aber es ist nicht zu leugnen, daß man den Gedankenfaden auch noch nach einer ganz anderen Seite von hier aus spinnen könnte.

Diese wunderbare Fähigkeit des Lebens, sich an extreme Temperaturen so prachtvoll anzupassen, schlägt nicht bloß eine Brücke durch den kalten, luftleeren Raum, sie macht auch wahrscheinlich, daß Weltkörper belebt sein können, denen wir es nach unserer gewöhnlichen, älteren Auffassung vom Leben nie zutrauen würden.

Wo immer wir auf unserer Erde das Leben studieren, da zeigt es sich den Verhältnissen dieser Erde wahrhaft genial angepaßt. Der Fisch ist dem Wasser, der Vogel der Luft angepaßt. Die Fische der Tiefsee sind gebaut, den furchtbaren Druck einer Wassermasse von mehreren tausend Metern Dicke auszuhalten, und sie ertragen die Finsternis da unten, indem sie selber Licht erzeugen. Der Mensch aber ist gar die Universalanpassung der Erde, die schließlich alles in einem kann und erträgt, was die ungezählten Tier- und Pflanzenarten jede für sich an Anpassungen an ihr Milieu ausgeheckt haben.

Nun fragt sich, ob nicht aber das Ganze, was wir als „Leben" auf der Erde kennen, noch wieder eine Grundanpassung gerade bloß an diesen Erdenstern sei.

Das „Leben" selber aber könnte sich im weiten All noch in ganz andern Anpassungen bewähren.

Unsere Erde bietet uns viel Luft, viel Wasser, sie bietet durchweg keine allzu tollen Wärme- und Kältekontraste. So hätte sich unser Leben von früh an auf diese irdische Sachlage im wesentlichen eingestellt, so fest, daß es nun in seinen Vertretern gar nicht mehr anders als gerade so leben kann, genau wie der Tiefseefisch heute nur noch in der Tiefsee und der Vogel nur auf dem Lande, der Affe auf dem Baum und der Maulwurf in der Erde leben können.

Aber es brauchte ursprünglich keineswegs überall so zu sein.

Und wenn wir heute noch gerade unsere älteste, niedrigste Lebensform auf Erden, den Bazillus, einer Hitze von hundertvierzig Grad, einer Kälte von zweihundert Grad trotzen sehen, so kommt uns die Vermutung, ob hier nicht noch Reste uns auftauchen einer allgemeineren Anpassungsfähigkeit des Urlebens an noch ganz andere Wärme- und Kältegegensätze und an anderes mehr.

Der geistvolle Physiologe Preyer hat gelegentlich im vollen Ernste die Frage aufgeworfen, ob man sich nicht eine Form des

Lebens denken könne, die einfach an Tausende von Hitzegraden angepaßt wäre. Das gäbe aber die Möglichkeit lebender Wesen mitten in den Metalldämpfen des Sonnenballs. Als die Erde einst selber noch glühend war, ein leuchtender Stern, auf dem der glühende Wasserdampf in roten Fontänen aufspritzte, wie jetzt auf der Sonne, da mochte sie solche Glutwesen beherbergt haben. Und erst als ihre Rinde starr, hart und kühl wurde, als die chemische Verbindung, die wir Wasser nennen, sich darauf niederschlug — erst da hätte dieses Urleben sich dem Umschwunge der Dinge „angepaßt" und es wäre nun das Leben entstanden, das fortan ohne Wasser, ohne eine gewisse Kühle nicht mehr bestehen kann.

Umgekehrt ein Weltkörper etwa wie der Mond, der furchtbare Kontraste von wochenlanger permanenter Mittagsglut und wiederum wochenlangem Nachtfrost zeigt und der wahrscheinlich nur geringste Reste von Luft und Wasser besitzt, könnte das Leben zu einer Anpassung von Anfang an genötigt haben, die eben wieder das ertrüge: einer Wechselanpassung nämlich im Temperaturwiderstand und einer ganz aparten Diät für ein Minimum von Luft und Wasser dazu.

Es klingt ja für unser Erdenleben so plausibel: kein Leben ohne Luft, denn kein Leben ohne beständige Fütterung mit Sauerstoff. Und selbst der Rettigsame unter der Luftpumpe bleibt bei uns doch „scheintot". Ein beständig scheintotes Leben könnte aber doch nicht mehr für „Leben" rechnen.

Gewiß, aber man vergißt dabei, daß zwar der Sauerstoff zur dauernden Erhaltung des Lebens absolut nötig sein kann, daß aber nicht damit gesagt ist, daß dieser Sauerstoff nun gerade der Luft entnommen werden muß. Wir kennen hier auf Erden schon Bazillen (immer wieder müssen die als Urbeispiel heran!), die tatsächlich ganz ohne Luftsauerstoff gedeihen, ja es gibt welche, die dieser direkte Sauerstoff tötet wie ein Gift. Auch diese Bazillen aber fressen Sauerstoff trotzdem — sie ziehen ihn nämlich aus festen Stoffen, festen chemischen Verbindungen nach derselben Methode, wie jede Pflanzenwurzel so und so viel nötige Sachen sich einfach aus der schwarzen Gartenerde saugt.

Wie denn, wenn also die Mondwesen nun auch ihre Atmungsnährstoffe wurzelhaft aus sauerstoffhaltigen Mondmineralien zögen — eine einfache Anpassung des Lebens an einen Stern ohne Luft? Es sei daran erinnert, daß man auf dem Monde wirklich seltsame Färbungen beobachtet hat, die manche Kraterhöhlen allmählich annehmen, wenn die Sonne sie bescheint. Auch sehr gewissenhafte Astronomen glauben, daß diese Farben durch eine aufsprießende Art Pflanzenwuchs hervorgerufen werden könnten. Aber man sieht: es könnten, wenn schon Pflanzen, so doch gar seltsam fremdartige Pflanzen sein — Pflanzen eben mit Mondanpassung.

Tatsächlich haben erst vor solchen Gedankengängen alle die echten oder angeblichen Spuren, die man von lebenden Wesen jenseits der Erde auch heute wieder entdecken möchte, ein tieferes Interesse.

Der einzige wirklich ernsthafte Fall ist da ja gegenwärtig der Mars. Je näher wir die Karte des Mars kennen lernen, desto stärker drängt sich das Bild auf, daß dieser Planet an seiner Oberfläche von intelligenten Wesen systematisch „bearbeitet" sei. Die grünen, kanalartigen Linien, die seine rötlichen Länder durchqueren, bilden ein Netz von mathematischer Schärfe, wie Straßen einer irdischen Stadt oder künstlich angelegte Vegetations- und Bewässerungsstreifen einer großen Kultur. Man ahnt den Sinn dieser Streifen, man sieht kürzeste Verbindungen so angelegt, wie ein irdischer Baumeister sie auf einem Grundplane ebenfalls anlegen müßte. Nicht die fahrigen und phantastischen, sondern gerade die nüchternen, besonnenen Astronomen von heute raten hier auf einen großen, einheitlichen Marsbaumeister: nämlich menschenähnliche Intelligenz.

Wenn Darwin recht hat, lag die höchste irdische Menschenintelligenz der Anlage nach schon im ersten Bazillus. Sie ist eine Grundanlage des Lebens. Auf dem Mars konnte sie als Blüte der Anlage so gut entwachsen wie bei uns, und sie bleibt dort so gut Intelligenz wie bei uns. Auf Milliarden Sternen mag sie genau so aus der Knospe brechen, wenn ihre Zeit erfüllt ist.

Darum aber kann der Weg, den die Lebensentwickelung bis hierher genommen hat, auf andern Sternen im Sinne des oben Gesagten ein unendlich verschiedener sein.

Bölsche.   18

Die Marsmenschen, an positiver Intelligenz uns vielleicht schon weit überlegen (denn der Mars ist wahrscheinlich älter als die Erde), können an Gestalt, also in der äußeren Form der Anpassung, die das „Leben" sich dort geleistet hat, sich von uns um so viel und mehr noch unterscheiden, als hier auf Erden ein Bazillus sich von Goethe oder Darwin unterscheidet.

Ihre Kraft ist die gleiche; die äußere Gestaltung ihres Stoffes könnte uns vielleicht entsetzen, wenn wir sie sähen, so absolut fremd, dämonisch fremd wäre sie uns. Sind wir doch auf Erden von solchen Dämonen allerorten schon umgeben! Ein Tier könnte der innewohnenden Gotteskraft nach, der Urkraft der Entwickelung nach, Mensch werden. Und doch welcher Kontrast: ein Elefant, ein Walfisch — und ein Mensch auf der Sonnenhöhe Goethes!

Andererseits ist allerdings mit Sicherheit anzunehmen, daß mit einer gewissen Intelligenzhöhe, wenn sie einmal errungen ist, auch gewisse ethische Eigenschaften zum Durchbruch kommen müssen, einerlei, wie nun die äußere Schale sei. Die Entwickelung dieser höheren Ethik ist so gut eine logische Naturnotwendigkeit, wie die der Intelligenz selbst. Der schlichte Kern christlicher Ideen wie das: „Liebe deinen Nächsten wie dich selbst" wird sich mit der gleichen Folgerichtigkeit auf einer gewissen Entwickelungshöhe einstellen, wie etwa die Erkenntnis des Pythagoreischen Lehrsatzes, der durch die gleichartige Macht der Logik auf allen Sternen, wo immer Intelligenz bis zum echten Denken steigt, ewig neu geboren werden wird.

Nur wer den Mut hat, sich zu diesen und ähnlichen Gedanken durchzukämpfen, für den tritt ein Wort wie „Leben im Weltall" aus der kindlichen Spielerei über ins Gebiet der tiefen und ernsten Fragen, bei denen es sich zu verweilen lohnt.

Ein Stück Weltanschauung taucht ihm dahinter auf.

Die Küche der Urzeit.

In der uralten Tradition stehen jene beiden Bilder: der Mensch am Anfang seiner Existenz in einem schönen grünen Paradiesgarten, wo ihm die süßen Früchte in den Mund hängen, — und der Mensch, hinausgejagt ins Dornenfeld, in Not und Mühe sein karges Brot sich suchend, frierend und hungernd.

Es ist, als hätten das achtzehnte und das neunzehnte Jahrhundert sich in diese Bilder geteilt. Im achtzehnten träumte man den wirklichen Menschen der Urzeit in einem paradiesischen Naturzustand. Man dachte an jene köstlichen Südseeinseln, wo der Brotfruchtbaum wächst und ewiger Sommer ist. Und der gute Rousseau baute sich daraus ieine selige Urinsel auf, wo eitel Tugend, Liebe und Sättigung des Leibes und der Seele herrschten.

Im nüchternen neunzehnten Jahrhundert umgekehrt grub man alte Knochen, Scherben, Pfahlbaumpflöcke und Müllhaufen aus Höhlen und Sümpfen, und es erschien der Steinzeitmensch, ein armer, nackter, vertriebener Adam, der mit Höhlenbären und Mammuten kämpfte, während hinter ihm die Lawinen der Eiszeit donnerten.

Mit gebratenem Mammutrüssel und Höhlenbärenschinken beginnt in der Tat der nachweisbare Ur-Speisezettel der Menschheit.

An den Ostküsten der dänischen Inseln liegen allenthalben dicht am Meer seltsame Dämme. Bis zu drei Metern werden sie hoch, bis zu sechzig manchmal breit. Kjökkenmöddinger nennt man sie im Lande. Das sind buchstäbliche Müllhaufen, Küchenabfallhaufen. Es ist ein ungeheures Monument, das unsere entlegensten Altvordern sich selbst gesetzt haben, indem sie etwas sehr Schlichtes taten, das sonst nicht mit Denkmälern gefeiert zu werden pflegt: nämlich tapfer aßen.

Der vielbewährte Brauch der Berliner Grunewaldbesucher
stand bei ihnen bereits in hohen Ehren, alle Schalen, Knochen,
Gräten und zerbrochenen Geschirre hübsch am Fleck der Mahlzeit
liegen zu lassen.

Ort der Mahlzeit war traditionell in ungezählten Generationen
die Meeresküste. Und da niemand wehrte, so kam im Lauf der
Zeiten folgerichtig zustande, was dem Grunewald auch winkt: es
bildete sich rings um die Inseln eine Art geologischer Kultur-
schicht, ein unverwüstlicher Damm von Küchenkehricht. Andersen,
der liebe Dänendichter, sagt so hübsch: „Vergoldung vergeht,
Schweinsleder besteht." Die ganze Nation von Steinzeitmenschen,
die da gearbeitet, verging endlich bis auf die letzte Spur. Aber
die Kjökkenmöddinger bestehen heute noch....

Es war ein Volk jener vorgeschichtlichen Steinzeit, das hier
gehaust und getafelt hat.

Die große wilde Eiszeit, in der ganz Dänemark unter Gletscher-
eis begraben lag, war allerdings schon vorüber. Aber das Klima
war noch wesentlich unwirtlicher als jetzt. Der wundervolle licht-
grüne Buchenkranz, der heute Dänemarks Stolz ist, existierte noch
nicht. Düstere Fichtenwälder, wie sie heute wild dort nirgendwo
sich finden, bedeckten Land und Küste.

Arm war die Kultur der Menschen im Schatten dieses Fichten-
urwaldes. Wir sehen an den Resten ihrer Habe in den Müllhaufen selbst ihre Armut: rohe Messer und Werkzeuge von Feuerstein, Knochengerät, verarbeitete Geweihstücke, ganz ungefüges Ton-
geschirr, aber keinerlei Metall und kein Anzeichen von Ackerbau.

Und doch wie es geht: ein Feinschmecker von heute vor die
Kjökkenmöddinger gestellt, möchte am Ende doch gar meinen, er
stehe auf der Kehrichtkiste des Rousseau'schen Paradieses. In der
Stadt Kopenhagen wird noch heute, wie weltbekannt, eine gar
gute Tafel geführt. Aber es ist kein Gedanke mehr an die Austern-
verschwendung, die jene Stein- und Hornleute des Fichtenwaldes
offenbar jahrhundertelang systematisch betrieben haben. Den ganzen
Grundstock jener Mülldämme nämlich bilden Austernschalen. Der
philanthropische Zukunftstraum war hier schon einmal Vergangen-
heitstatsache: Austern als Volksnahrung.

Die Möglichkeit beweist zugleich, wie weit diese Tage zurückgehen. Denn die Auster ist heute überhaupt kein Freund der Ostsee mehr, weil sie salzigeres Wasser vorzieht. Als über dem
dänischen Ostseestrand noch die Fichte ragte, da muß auch das
Wasser dieser Ostsee noch weniger durch Zuflüsse versüßt gewesen
sein, als es heute der Fall ist. Man erinnert sich, daß während
der ganzen Eiszeit die großen Flüsse, die heute in die Ostsee fließen,
Oder und Weichsel, hinter der Eisbarriere nach der Elbe zu abflossen und mit dieser in die Nordsee gingen. Wie dem nun sei:
die dänische Auster war damals Trumpf. Mit andern eßbaren
Muscheln mag sie das eigentliche Zugericht zu allem „Konsisten-
teren" gebildet haben, die Kartoffel der Urzeit, die man als selbstverständlich rechnete.

Wo die Schale der Auster sich treu durch alle Jahrtausende
erhalten hat, da ist natürlich auch der Knochen des zugehörigen
Bratens liegen geblieben.

Braten konnten sie schon, die Vorgeschichtler. Steppenbrände,
bei denen Tiere unfreiwillig gebraten wurden, haben den Urmenschen wahrscheinlich zuerst auf den Geschmack am Bratfleisch
gebracht. Das schmeckte in seiner salzigen Aschenkruste köstlich und
hielt sich sehr viel länger als frisches. In der großen Eiszeit mit
ihren furchtbaren Wintern ist dann wohl die stolze Kulturtat geschehen, daß das Feuer vom Menschen eingefangen, zur Herdflamme gezähmt wurde. Er lernte es als Funken auffangen, der
aus dem zerschlagenen Feuerstein sprühte. Er lernte es beim Schaben
von Holzmehl gewinnen — erst wollte er bloß solches Schabemehl
herstellen, um die Glut, die ein Blitzstrahl oder Vulkanbrand gegeben, zu bewahren — dann lernte er, daß beim Schaben das
Holz selbst warm wurde, sich entzündete, — und Prometheus war
fertig. Er ist auch der größte Küchenheilige.

Mit der Herdflamme begann die Kochkunst.

In den Kjökkenmöddingern liegen immerzu Feuerstellen, ge-
schwärztes, verkohltes Holz, Asche, angeglühte Steine, gesengte
Knochen. Gedampft und gebrodelt hat es schon bei diesen Austern-
essern nach Herzenslust zu den Urwaldfichten empor.

Es war Getier dieses Urwalds, das in der Asche briet. Wie nicht zu leugnen: auch durchweg schlemmerhaft schmackhaftes Getier.

Da liegen im Müllgrund Knochen des Auerochsen. Wem hat nicht einmal das Herz höher geschlagen, wenn er im „Lederstrumpf" vom köstlichen Buckel und der noch köstlicheren Zunge des Büffels las, die der alte Trapper mit unnachahmlicher Kunst nach glücklicher Jagd bereitet? Verschollene Küchenromantik der Menschheit! Die echten Lederstrümpfe haben seitdem dafür gesorgt, daß der nordamerikanische Büffel bis auf eine kleine, künstlich gehegte Herde ausgerottet ist. Und damit teilt er nur das Los jenes europäischen Wisents oder fälschlich so genannten „Auerochsen", den unsere Uraltvordern sich schmecken ließen. Von der überlebenden kleinen Wisentherde im kaiserlichen Forst von Bjelowjehsa in Rußland ist zur Not heute noch einmal ein Stück für einen Zoologischen Garten durch Gnadenakt des Zaren zu haben, aber einen Wildbrethändler für Wisentbraten gibt es längst in der ganzen Welt nicht mehr. Noch ist überliefert, wie er schmeckte: zwischen Rindfleisch und Hirsch soll er die Mitte gehalten haben, und im alten Polen galt eingesalzener Wisent als Fürstenmahl.

An gewöhnlichem Ochsenfleisch war übrigens bei den Steinzeitleuten auch kein Mangel, bloß wird es ebenfalls damals noch einen Beigeschmack von „Wild" gehabt haben. Denn ungezähmt als wilder Forstschrecken hauste neben dem Wisent auch noch die echte Stammform unseres heutigen zahmen Rindes im Fichtenwalde: der schwarze „Urstier", der heute einfach nicht mehr existiert, weil er in unsern Kulturrassen aufgegangen ist.

In den dänischen Kehrichthaufen kommen, soweit bekannt, keine Küchenabfälle mehr vom Rhinozeros vor. Aber an andern Orten Europas liegen sie um so reichlicher.

Mitten im Herzen Deutschlands, am Fleck, wo Schiller und Goethe gewandelt sind, in alten Kalkablagerungen der Ilm bei Weimar, steckt ein vorgeschichtlicher Müllhaufen, der auf ein jahrhundertelang fortgesetztes Rhinozerosfestessen deutet. Die Nashörner müssen damals im Thüringerwald so häufig gewesen sein, wie heute die Rehe. Es war nicht genau dieselbe Sorte wie heute in den warmen Ländern. Ein dicker, rot und weiß gescheckter

Pelz bedeckte die Haut als Schutzmittel gegen die Kälte. Noch heute schmeckt dem Neger das Nashornfleisch vortrefflich, obwohl die Europäer nichts davon wissen wollen. Den Weimaranern der Steinzeit aber ist es wahrscheinlich noch mehr auf die Masse, die solch ein Koloß an Nahrung für einen ganzen Stamm bot, angekommen, als auf die Feinschmeckerei. Immerhin merkt man an den Knochen, die heute noch angebrannt auf der alten Feuerstätte herumlagen, als man den Kalktuff aufgrub, recht gut, wie die Steinzeitler sich hauptsächlich über junge Tiere hergemacht haben. Sie ließen sich zweifellos leichter fangen und schmeckten obendrein zarter.

Alles in allem dürfte das Rhinozeros in Europa vom Menschen schließlich „aufgegessen" worden sein. Die Menschen mehrten sich rasch und erfanden immer mehr Fallgruben, Giftpfeile und andere hübsche Sachen zu Gunsten ihrer Küche. Damit konnten die schwerfälligen Ungetüme nicht Schritt halten, und zu irgend einer Stunde hat die letzte deutsche Nashornkalbskeule sang- und klanglos an irgend einem Bratspieß ihre Bestimmung erfüllt.

Elefantenfleisch ist gröber als Ochsenfleisch. Ein Stück Vorderfuß muß vierundzwanzig Stunden gekocht werden, um zart zu werden, aber Fleisch und Bouillon sind dann gleichermaßen vortrefflich. Der Rüssel, in der Asche gebraten, gehört zur Feinschmeckerei. So ähnlich, denke ich, werden die Dinge also auch beim Mammut gelegen haben, das ja nur ein großer, dick mit rotem Wollpelz bekleideter Elefant mit toll gekrümmten Stoßzähnen war.

Aber es gibt gerade über den Mammutbraten einen gelehrten Streit. In Predmost in Mähren ist sozusagen wieder einmal die Knochenkiste einer vorgeschichtlichen Volksküche ausgegraben worden, und diesmal ergab sie eine solche Ueberfülle zerspaltener und angebrannter Mammutknochen, daß man hier offenbar vor den Tafelresten einer wahren Mammutorgie steht.

Doch ist behauptet worden, die Elefantenesser von Predmost hätten nicht frisches Fleisch, sondern Eisfleisch gegessen. Als Eisfleisch ist nämlich Mammut heute noch in Sibirien zu haben. Im dauernd gefrorenen Boden dort liegen seit vielen Jahrtausenden wohlkonservierte Mammutkadaver, die sich beim Auftauen so frisch erweisen, daß das Fleisch wieder anfängt zu bluten und die splitterdürren, verhungerten Hunde der Tungusen dort mit Gier darüber herfallen, als sei es frische Jagdbeute. Solche Eiskadaver sollen nun schon in der Steinzeit die Predmoster ausgegraben und ebenfalls mit Seelenruhe gebraten und verzehrt haben.

Die Geschichte hat den Zweck, Mensch und Mammut möglichst auseinander zu bringen, das Mammut vor die Eiszeit, den Menschen hinter die Eiszeit. Aber an andern Orten ist neuerdings mit aller nur möglichen Sicherheit erwiesen, daß der Steinzeitmensch tatsächlich auch das lebende Mammut gejagt und mit Pfeilen angeschossen hat. Und jene uralten Weimaraner haben sogar noch eine andere ausgestorbene deutsche Elefantenart, den sogenannten Altelefanten, gewohnheitsmäßig erlegt und verspeist. In Südamerika brieten die Urleute gleichzeitig das Megatherium, ein Faultier, das noch größer als der Elefant war, und den Glyptodon, ein Gürteltier von Rhinozerosgröße.

Wo immer man in den Kjökkenmöddingern wühlt: immer stellt sich eine gewisse epikureische Wehmut ein, wie viel Gutes unserer Küche seitdem verloren gegangen ist.

Da liegen die großen gelben Nagezähne des Bibers. Den kennt nun unsere deutsche Luxusküche auch schon nicht mehr — und damals war er ein Volksgericht. Es gibt noch alte Rezepte: daß er mit Seerosen sich gemästet haben müsse, um gut zu schmecken, und ähnliche schöne Sachen. Es hat sogar sicher nicht zum wenigsten an der Ausrottung des deutschen Bibers mitgetan, daß er einen so exquisiten Braten gab. Die Pfäfflein haben ihn ihrer Zeit, als sie ins Land kamen und fromme Klöster bauten, wo allerwege gut gegessen wurde, für ein „Fischgericht" erklärt, damit er auch am Fasttag aufgetischt werden dürfe, — dieselbe Praxis, die am Orinoko durchgehalten wurde, wo die Missionare die fette Seekuh, ein schwimmendes Säugetier von ausgesuchtem Wohlgeschmack, sofort als Fisch bezeichneten, um es für ihre Freitagstafel zu retten.

Und wer möchte nicht auch vom „Riesenalk" gekostet haben, einem großen, flugunfähigen Tauchvogel, dessen abgeknabberte Gerippteilchen in dem uralten Kehricht stecken. Total ausgestorben heute, steht er bloß als ausgestopfter Balg noch in einigen Museen. Zehntausend Mark zahlt man für einen Balg, sechstausend für das Ei. Damals war er ein ständiger Gast unserer Küsten. Massenhaft mögen die Federn beim Rupfen mit dem Wind zerstoben sein. Am Ende hat das Fleisch wie bei den meisten dieser Seevögel stark nach Tran geschmeckt. Aber welcher Genuß des Aparten, ein Spiegelei, das sechstausend Mark wert ist!

Ein anderer großer Vogel, den die Kjökkenmöddingerschlemmer fleißig aßen, war der Auerhahn. Gerade er ist ein Beweisstück, daß damals Dänemark noch Fichtenwald hatte. Denn er ist selbst ein Schlemmer in jungen Fichtentrieben. Heute ist er vor dem Laubwald, der das Land erobert hat, längst völlig verschwunden.

Unsere Kulturküche ist zweifellos sauberer und appetitlicher geworden. Aber das alte Sprichwort bleibt ewige Weisheit: der eine hat den Beutel, der andere das Geld. Es war stofflich noch lange nicht das schlechteste Jugendabenteuer der Menschheit, die Kjökkenmöddingerküche.

Das Ende der Tierwelt.

Morituri te salutant....

Wie ein Tier sozusagen am hellichten Tage mitten in Europa verloren gehen kann, dafür gibt es ein lehrreiches Exempel.

Im sechzehnten Jahrhundert schrieb Konrad Gesner zu Zürich ein Tierleben in riesigen Folianten. Er schrieb es lateinisch, und es ist dann erst in eine Art Lutherdeutsch übertragen worden. In dem „Vogelbuch" dieses ehrwürdigen zoologischen Kirchenvaters wird ein Vogel beschrieben, der anno 1555 in der Schweiz und benachbarten Ländern offenbar so männiglich bekannt war wie der Specht oder der Geier.

Dafür zeugt, daß er nicht weniger als sechs verschiedene Namen im Volksmund hatte: Waldrapp, Steinrapp, Klausrapp, Meerrapp und Scheller.

„Rapp" ist Rabe, und schwarz mit grünem Schiller auf den Federn war er gleich diesem. Wie die Dohlen nistete er „in hohen schrofen oder alten einöden thürmen und schlössern", wie es bei Gesner heißt, und an den wilden Felsen beim Bade Pfäffers mußte der Vogelsteller sich an Seilen tollkühn hinablassen, um die Jungen aus den Nestern zu holen. Man holte sie, weil diese Nestküken „für einen schläck" gehalten wurden, „denn sy habend ein leiblich fleisch und weich gebein".

Sonst aber glich der Waldrapp nach Bild und Beschreibung keineswegs einem Raben. Der Kopf hatte oben eine Glatze und hinten ein „streußlin" (Federsträußchen), und ein langer, spitzer, roter Schnabel saß daran, geschaffen, das Gewürm aus den engsten Felsenritzen zu ziehen. Der alte Gesner selbst, Muster eines sorgsamen Beobachters überall da, wo er aus erster Hand gibt, hatte ihm den Magen geöffnet und seine Nahrung festgestellt. Kurz, so recht ein unbestrittenes Tier, nach dem man jeden Bauern im Lande und jeden feinen Schlemmer nur zu fragen brauchte.

Zweihundert Jahre später sitzt Meister Linné zu Upsala in Schweden vor der großen Schöpfungsarche noch einmal wie der erste Mensch und soll jedem Tier auf Erden einen lateinischen Doppelnamen geben.

Wie er aber die Häupter seiner Lieben aus allen vorhandenen Folianten zusammenzählt, gerät er auch auf das Gesnersche Protokoll in Sachen „Waldrapp".

Nun, in Schweden gibt's den Vogel nicht, das steht fest. Der zu vergebende Name muß also auf Gesner gebaut werden. Der lange Schnabel und die Federholle am Kopf sprechen für einen Wiedehopf, also erfolgt Upupa (das ist: Wiedehopf). Zum Unterschied von dem gewöhnlichen Wiedehopf kommt aber dazu eremita, entsprechend dem Volkswort „Klausrapp", also ein Vogel, der in einsamer Klause wie ein Eremit haust.

Rund fünfzig Jahre genügte Linnés Ansehen, um den Vogel so auch streng wissenschaftlich noch außer Diskussion zu halten. 1805 aber hält unser Bechstein neue Generalmusterung der deutschen und verwandten Vogelwelt. Er kennt die Vögel unvergleichlich viel besser als Linné und weiß auch in der Schweiz Bescheid. Und er erklärt plötzlich zum Kapitel Waldrapp, dieser Vogel sei weder ein Wiedehopf noch ein Rabe, und in Schweden könne es ihn allerdings nicht gut geben, denn es gebe ihn überhaupt nicht. Man müsse den alten Gesner mit einem Kunstprodukt angeschwindelt haben, einem Vogelbalg, halb Krähe, halb Hopf, der heute wie damals unmöglich sei.

Hieran war nun unbestreitbar wahr, daß weder im Bade Pfäffers noch in Zürich noch in Bayern und Lothringen noch wo sonst ihn Gesner hinbeschrieben, irgend ein anno 1805 lebender Mensch einen Vogel auch nur annähernd dieses Ansehens mehr kannte. Das Standesamt der strengen Wissenschaft sah keinen Ausweg, als ihn wirklich zu streichen.

Jetzt vergehen nochmals über neunzig Jahre.

Dann sitzen zwei tüchtige Vogelkundige modernsten Schlages,

Hartert und Kleinschmidt, im Rothschild'schen Museum in England beisammen, besehen den alten Gesnerschen Holzschnitt und ein ähnliches altes Bild und überlegen, wie bloß der Züricher Altvater auf seinen mysteriösen Rapp habe kommen können. In diesem Augenblick tritt der Vogelkenner W. von Rothschild selbst herein und erklärt nach einem raschen Hinblick, der Vogel stände in einem modernen Bildwerk auch noch. Es stimmt, aber er steht dort als ein afrikanischer Vogel, der seit den dreißiger Jahren aus Afrika, Arabien und Klein-Asien wissenschaftlich bekannt ist und von dort her ausgestopft sogar im Rothschildmuseum selbst sich findet.

Es ist in der Tat weder ein Wiedehopf noch ein Rabe, sondern mit metallisch schwarzem Gefieder, langem, rotem Hakenschnabel, dem Kahlkopf und dem Hinterhauptbüschel — ein Ibis.

Dieser Schopf- oder Mähnenibis nistet heute noch nach Dohlenart in Schwärmen in altem Gemäuer, z. B. an einem Sarazenenschloß am Euphrat, und holt sich das Gewürm mit dem langen Schnabelhaken heraus.

Es ist einfach derselbe Vogel.

Und das schlichte Resultat ist, daß Süddeutschland, Tirol, die Schweiz, Italien im sechzehnten Jahrhundert einen echten Ibis besessen haben, der nach Rabenart ihre alten Burgen und schroffen Felsen umschwärmte, massenhaft gejagt und gegessen wurde, — kurz, ein typischer Landesvogel war. Geronticus eremita lautet der wiederhergestellte wissenschaftliche Name, er umfaßt den lebenden asiatisch-afrikanischen Vogel und den ehemaligen Europäer. In der eben erscheinenden, nicht genug zu empfehlenden prachtvollen Neuausgabe von Naumanns Naturgeschichte der Vögel Mitteleuropas (zwölf Foliobände, in Koehlers Verlag zu Gera) ist der Verschollene nach Exemplaren, die Rüppell aus Afrika mitgebracht hat, auf trefflichster Farbentafel zum erstenmal als wenigstens ehemaliger „Mitteleuropäer" dargestellt.

Man muß sich vergegenwärtigen, welch fremdartiges Tier ein Ibis für uns heute ist. Jeder denkt dabei an Afrika, an Krokodile und Pyramiden. Ibismumien liegen in den altägyptischen Katakomben. Eine kleine, im Hochzeitskleid schön rote Ibisart lebt ja heute noch in Ungarn und der Türkei und verfliegt sich ab und zu auch einmal vereinzelt bis nach Deutschland, doch kann das nicht mitrechnen; denn als versprengter Irrgast sind auch der afrikanische Geier und der Flamingo schon so in Schlesien aufgetaucht. Um 1555 war aber der große gehaubte Ibis oder Waldrapp einfach „unser", wie Kuckuck und Nachtigall. Und erst seitdem ist er bei uns ausgestorben bis auf den letzten Kopf — ausgestorben buchstäblich fast bis auf jenen Holzschnitt bei Gesner.

Die paar Worte des Altmeisters von dem „schläck", den er abgab, zeichnen vielleicht sein Schicksal.

Es heißt da schon, daß die Leute an den Vogelwänden bei Pfäffers immer ein Junges im Nest ließen, um die Vögel nicht ganz zu verscheuchen. Es waren aber böse Zeiten damals im Punkte Vogelschutz. „Immer" wird's doch wohl nicht geschehen sein. Und eines Tages sind die Ibisse ausgeblieben, — verscheucht vielleicht, vielleicht auch ausgerottet. Still hat sich das vollzogen. Während oben die Wissenschaft registrierte, Akten anlegte, mit Linné ein Standesamt für Taufzwecke einrichtete, fiel unten eine ganze altvertraute Tierart einfach unter den Tisch — und was für eine interessante.

Der Zufall will, daß sie im fernen Afrika, wohin unsere Waldrapp-Ibisse jedenfalls alljährlich wie unsere Störche, unsere Schwalben gewandert sind, sich noch bis heute erhalten hat.

Aber wie dünn ist der Faden dieses Zufalls! Heute haschen die Forscher, ob nicht noch, in einem alten Schweizer Naturalienkabinett etwa, ein einziger wurmstichiger ausgestopfter Balg des deutschen Waldrapp übrig sein könnte. Kleinschmidt hat geradezu einen Aufruf erlassen, danach zu suchen. 1740, so weiß man schon, gab es noch einen, aber auch der ist längst verschollen. Oder soll es nicht am Ende doch noch einen ganz versteckten Felswinkel, eine in diesem Sinn ganz märchenhaft zoologisch-romantische Ruine geben, um die heute noch statt Krähen und Dohlen der deutsche Ibis leibhaft lebendig kreist?

Schwerlich. Der Blick, der heute nach kreisenden Vögeln über Felsschroffen sucht, findet ja überhaupt so manches nicht mehr. Was hat der Lämmergeier als Nationalvogel der Alpenromantik nicht für eine Rolle gespielt. Im achtzehnten Jahrhundert, zu

Buffons Zeiten, war er noch der vollkommene Fabelvogel. Dann rückte ihm das neunzehnte auf den Leib. Die ganz entsetzlichen Räubergeschichten gingen auf ihr Maß zurück. Der treffliche Girtanner in St. Gallen beschrieb, ordnete, klärte. Im Zoologischen Garten bekam auch der Laie den bärtigen Banditen, ästhetisch eine Glanzleistung der Natur, leibhaftig zu sehen.

Heute, wenn man auf dem Dampfer über den Thuner- oder Vierwaldstättersee fährt und im Blau taucht ein kreisender Raubvogel auf, so ruft alles: „Seht, ein Lämmergeier." Der Zoologe aber schreibt still in sein Tierbuch, daß seit sechs Jahren in den ganzen Schweizer- und Tiroleralpen kein Lämmergeier mehr gesehen worden ist.

Die Schußwaffen und gleichzeitig der Wandel der Dinge durch die Kultur überhaupt haben, wie es scheint, auch hier einen deutschen Vogel ersten Ranges, für meinen Geschmack fast den allerschönsten, endgültig vernichtet. Außerdeutsche Gebirge (Albanien, die Pyrenäen) erhalten auch ihn zur Stunde noch als zoologische Art — wie lange, steht dahin. Und einst ging er bis auf die schwäbische Alb. In Bayern ist der letzte bei Berchtesgaden 1855 geschossen worden. Die letzten beiden Steirer, heute im Wiener Hofmuseum, fielen schon 1809. Der letzte Oberösterreicher, ein altes Weibchen, wurde am 3. Februar 1824 bei der Ruine Scharnstein am Tissenbach heruntergeholt. Tempi passati!

Der Waldrapp ist nicht der einzige Fall, wo man heute in ferne Erdteile gehen muß, um die letzten Trümmer der älteren Tierwelt Deutschlands noch wiederzufinden.

Im Zoologischen Garten bestaunen wir manchen wilden Gast aus entlegenstem Erdenwinkel und ahnen nicht, wie eng er einst als Landsmann zu uns gehörte. So hat uns unser schöner Berliner Garten, der sich neuerdings zum wissenschaftlich wertvollsten der ganzen Welt entwickelt, im vorigen Sommer zum erstenmal den Moschusochsen gezeigt. Struppig wie ein Eskimo kommt er hoch aus Grönland herab, systematisch ein Wundertier zwischen Schaf und Rind. Er ist eine Reliquie der Mammutzeit: wie die Mammute tot, so ist er uns lebend erhalten im ewigen Polareis. Als aber die Mammute noch lebten, war er mit diesen ein deutsches Tier, unfere Urväter haben ihn gejagt. Seine Knochenreste finden sich in England und Frankreich, in Deutschland und Rußland. Bis an die Pyrenäen schweifte er heran und im Rheintal war er ständiger Gast, so lange die großen Gletscher ragten.

Derselbe Garten beherbergt jene wundervollen Tiger aus Nordasien, Kolosse mit dem dicken Pelz, der nach Sibirien deutet. Im Bild dieses sibirischen Tigers aber erscheint wieder nichts Geringeres als der deutsche Tiger. Mit solcher Mähne, solchen Zottelhaaren kamen diese wilden Riesenkatzen einst bis zu uns, kämpften mit Pfahlbauern und Höhlenmenschen und scheuten den Eishauch der Gletscher nicht, die damals von Rübezahls Bergen tief nach Schlesien und nach Böhmen hineinlagen.

Die Griechen, als sie die Cyklopenmauern von Mykenä türmten und von Herakles zu fabeln begannen, kannten noch von Angesicht zu Angesicht den europäischen Löwen.

Heute wandeln allsommerlich Tausende von Touristen den herrlichen Fichtenwald vom Elbfall nach Spindelmühle im Riesengebirge herab und streifen einen Fleck dabei, der im Bädeker der „Bärengrund" heißt. Er erinnert sagenhaft noch an eine der letzten Stationen dieser alten, bedrohlichen Invasion menschenfressender großer Raubtiere in unserm Heimatland: 1726 wurde hier der letzte Bär erlegt.

Rund dreißig Jahre später endete die Kugel eines Wilddiebs bei Tilsit in Ostpreußen ein anderes Tierdrama: sie tötete den letzten Wisent oder Auerochsen auf deutscher Erde. Gesner hatte noch den zweiten deutschen Waldstier, den eigentlichen Urochsen, lebendig gekannt, der schwarz war mit hellem Rückenstreif und lange, leierförmig geschwungene Hörner trug. Er ist längst von der Erde verschwunden, während ein letztes Häuflein Auerochsen in Litauen durch Inzucht langsam, aber unrettbar heute zugrunde geht. Erreicht das gleiche Schicksal über kurz oder lang eine andere, kaum größere Schar am Nordwestabhang des Kaukasus, die zwar noch als „wild" gerechnet wird, aber doch schon unter Schutzgesetzen (der Anfang meist vom Ende!) steht, — so ist auch der Wisent für immer in der Welt dahin!

Die Inzucht bei mangelnder Blutauffrischung ist es, an der

überhaupt der Versuch durchweg scheitern wird, solche aussterbenden Tiere wenigstens in zoologischen Gärten zu retten. Wohl gelingt es gelegentlich uns noch, ein schon verlassenes Land durch Massenimport wieder mit einer sonst noch vollkräftig erhaltenen Tierart zu bevölkern. So war in ganz Großbritannien schon 1762 der letzte Auerhahn geschossen worden. Seit 1837 wurden dann systematisch ganze Massen lebender Auerhähne aus Norwegen eingeführt und heute hat Schottland einen der großartigsten Auerhahnbestände der ganzen Welt, der diesen zweitschönsten Vogel Europas vielleicht noch einmal retten wird, wenn wir auf dem Kontinent mit ihm aufgeräumt haben. Aber überall, wo kleine Restkolonien einer Tierform abgeschnittene Inseln ohne Zuzugsmöglichkeit bilden, da ist ihr Schicksal besiegelt.

So wird die winzige Station europäischer Affen auf dem Felsen von Gibraltar kaum mehr lange ausdauern. Auch mit ihnen geht ein Stück Weltgeschichte zu Grabe, etwas wie ein letztes Lichtstreifchen der Erinnerung an eine Zeit, da Europa noch bis nach Schwaben von Affen bewohnt war.

Zu Ende geht, in solche hoffnungslose Robinsonlage verbannt, der europäische Biber, heute nur noch in einer Kolonie von hundertfünfzig Stück an der Elbe und Mulde vorhanden.

Merkwürdig ist, wie mit solchem größeren Tier, wenn es ausstirbt, fast immer auch noch die eine oder andere Kleintierart mitgerissen wird, wie die Ratte vom untersinkenden Schiff. An den deutschen Biber hatte sich (ebenso wie an den amerikanischen) ein höchst seltsamer flügelloser Käfer schmarotzend nach Läuseart angepaßt, der nur allein in seinem Pelz vorkommt. Geht der Biber ein, so fällt ihm der Käfer nach, wie Fiesko seinem Mantel. Als die Seekuh der Beringsinsel, das sogenannte Borkentier, im achtzehnten Jahrhundert ausgerottet wurde, verschwanden mit ihr eine Walfischlaus und ein Spulwurm, die sich ihr so angepaßt hatten, daß sie nicht mehr anderswo leben konnten.

Dieses Wechselverhältnis, das ein Wesen bis in den Tod an ein anderes kettet, ist leider auch eine der mißlichsten Ursachen zur ungewollten Verwüstung unserer liebenswürdigsten, ästhetisch reizvollsten kleineren deutschen Tierwelt heute.

Waldbach bei Tjibodas auf Java.

Mit vollem Recht geht unsere Kultur gegen häßliche und giftige Unkräuter vor. Der Förster wütet gegen jedes alte Gerümpel von Baum, der Parkliebhaber holzt aus, um alle feuchten Winkel, wo die Bäume sich formlos durcheinanderflechten, aufzuhellen, im Garten stört uns jedes ungepflegte Stück, jede Dornecke ohne Schermesserspuren. Aber mit der Brennessel vernichten wir einen unserer schönsten Schmetterlinge, den goldbraunen „Kleinen Fuchs", dessen Raupe diese scharf gewürzte Kost braucht, und ein ähnlich enges Band verknüpft andere, teils giftige, teils unschöne Unkräuter mit diesen lieben Gesellen, den bunten Schmetterlingen, ohne die der gepflegteste Garten arm bleibt. Und mit den hohlen Bäumen und dem Dorngestrüpp nehmen wir unsern farbenprächtigsten und sangesfrohesten Vögeln die Gelegenheit zum Nestbau, mit roher Hand schlägt unsere Forst- und Parkkultur all den uralten Anpassungen und Gewohnheiten, die da über viele Jahrtausende heraufkommen, ins Gesicht.

Der Erfolg ist ein Veröden der Landschaft, ein Stillwerden. Wir haben uns so gewöhnt, alles den bösen Italienern in die Schuhe zu schieben, die uns die Singvögel wegfangen und verspeisen. Daß wir selber daheim mit unserm bloß noch auf praktische Holz-Rücksichten reglementierten, kasernenhaft strammen und geputzten Walde beständigen Vogelmord treiben, wollen wir durchweg nicht Wort haben.

Schon wächst bei uns eine Generation heran, die von der ursprünglichen Schönheit unserer deutschen Vogelwelt kaum noch eine Ahnung hat. Ich las unlängst ein paar Verse von Karl Busse, eine Sommerstimmung. Zuletzt hieß es da: „Und einsam streicht die Mandelkrähe, weiß Gott wohin, weiß Gott wohin..." Ich weiß nicht, ob unser Lyriker wirklich an die Mandelkrähe (die mit den Krähen nichts zu tun hat) gedacht und nicht bloß einen Namen aufgegriffen hat. Was ich aber weiß, ist, daß ich seit Jahren eine ausgestopfte Mandelkrähe mit ihrer wahrhaft leuchtenden Farbenfülle in Grün, Blau und Zimmetbraun im Zimmer stehen habe und in all diesen Jahren fast von jedem Besucher die Frage gehört habe, aus welchem tropischen Papageienlande dieser Prachtkerl stamme. Daß er noch jetzt ein urtümlich deutscher Vogel sei, wußte keiner. Aber auch dies Juwel wird alljährlich freilich seltener. Es teilt das Schicksal des Uhus, des Schwarzspechts, der Trappe, des schwarzen Storchs, die alle rapid eingehen.

Ein Kampf der Kultur mit der Schönheit!

Mir schwebt da immer ein drastisches Beispiel vor.

Zweimal im neunzehnten Jahrhundert, 1863 und 1888 war es, als habe die Natur vor, uns in Deutschland statt des ewigen Nehmens einmal auch etwas Zoologisches neu zu schenken.

Aus Zentralasien kamen Schwärme lieblicher Vögelchen, Steppenhühner, in der weichen, gelblichen Farbe wie aus Wüstensand aufgebaut. Niemand weiß, warum sie plötzlich wanderten. Behalten haben wir sie auch nicht, trotz lebhafter Hoffnungen aller Vogelfreunde. Die armen Vögelchen sollten merken, daß sie sich ins Reich der Kultur gewagt hatten. In reißendem Flug kamen sie an. Es war ihnen nichts, in einem Tage von Jütland quer über die ganze Nordsee nach England zu sausen. Aber genau in ihrer Flughöhe zogen sich allenthalben die Telegraphendrähte dahin — sie prallten an und kamen in Menge um. Der freie Wüstenvogel, der gegen das metallene Netz der Kultur stieß — zu seinem Verderben.

Wenn ich manchmal durch die schönen Räume des Berliner Museums für Naturkunde wandere, so überfällt mich eine seltsame Träumerei.

Ich habe das Gefühl einer verschollenen Welt, eines untergegangenen Planeten. Nicht bloß in dem Mumiensaal, wo von steinerner Platte wirklich die uralt verschollenen Ichthyosaurier mich anglotzen, die vor Jahrmillionen bis auf den letzten Kopf ausgestorben sind. Auch all das frisch ausgestopfte Getier, die bunten Vögel, die Affen und Elefanten und Löwen, die Schmetterlinge in ihren Glaskästen, die getrockneten Korallen und Seesterne — sie haben mir einen Todeszug, ein hippokratisches Gesicht, — Gruß der Sterbenden.

Ich sehe im Geiste ein Riesenmuseum der Menschheit in ein paar tausend Jahren.

Da stehen die Tiere wie heute, noch viel schöner in der Erhaltung, präpariert für die Ewigkeit mit den vollkommenen Konservierungsmitteln, die wir heute noch nicht kennen. Aber an Tier um Tier, an der Giraffe, dem Tiger, dem Nashorn, der Wildgans und dem Sperling — überall steht ein Zettelchen angeklebt mit einem geheimnisvollen Zeichen.

Wer in der Geheimsprache der Zoologen bewandert ist, kennt es sogleich, aber auch der Laie mag den Sinn schon ahnen.

Ein Totenkopf.

Er besagt, daß diese Tierart ausgestorben ist.

Dieser Gedanke ist mehr als ein paradoxer Einfall. Er entspringt einer Wahrscheinlichkeit, ja einer unerbittlichen Logik. Der Südseeinsulaner singt ein schwermütiges Liedchen von der Palme, die wächst, der Koralle, die sich breitet, und dem Menschen, der untergeht. In den Sternen der Kulturmenschheit steht aber das genau Umgekehrte geschrieben. Der Mensch wird Herr der Erde sein, eines Tages. Und alles Getier, das nicht unmittelbar in seiner Kultur aufgeht, wird an dem Tage verschwunden sein.

In der köstlichen Vogelsammlung des Zwingers zu Dresden haben sie schon jetzt einen besonderen Schrank eingerichtet für Tiere, die der Mensch in der kurzen Zeit, da er für Museen sammelt, bereits im Leben ausgerottet hat und nur noch in Museumsbälgen besitzt: der Takahevogel und der Dünnschnabelnestor, ein Papagei von Neuseeland, die Labradorente und der Riesenalk, der 1844 auf Island untergegangen ist. Diese Vogelbälge sind heute schon so köstlich, daß man sie dem Licht nicht mehr auszusetzen wagt, aus Furcht, sie verbleichen.

In demselben Schrank liegen ein paar einzelne Federn der kolossalen Moastrauße, flugunfähiger Vögel, die von den Neuseeländern bis auf den letzten Kopf vertilgt wurden, als die tierarme Insel dem eingewanderten, rasch wachsenden Volk keine andere Fleischnahrung bot; nachher sind die Leute in ihrer Not Kannibalen geworden.

Selbst diese kostbare Sammlung rühmt sich aber schon keines Balges mehr von der Dronte, jener grotesken, ebenfalls völlig flugunfähigen Riesentaube der Insel Mauritius, die größer als ein fetter Schwan war. Die Matrosen der holländischen Schiffe, die im siebzehnten Jahrhundert dort landeten, verproviantierten sich fröhlich mit diesen wandelnden Fetttöpfen. Nach hundert Jahren war die Freude zu Ende: die letzte Dronte war gegessen.

Und nochmals fünfzig Jahre später warf der weise Konservator des Museums zu Oxford auch noch das letzte ausgestopfte Stück wegen Mottenfraß aus der Sammlung; damit war endgültig auch die Schattenexistenz im Museum dahin; nur Bilder und Knochen sind übrig.

Im Britischen Museum zu London steht das Gerippe jenes Seesäugetiers vom Geschlecht der sogenannten Seekühe, des Borkentiers. Es war ein Ungetüm, das zehn Meter lang und achtzig Zentner schwer wurde. Wie Borke war seine verfilzte Schwartenhaut anzusehen, darunter aber lag vier Finger dick der reinste Speck. Um dieses Speckes willen hat das Borkentier daran glauben müssen. Auch diesen Riesen der rätselvollen Einsamkeit, einen wahrhaft urweltlichen Gesellen, entdeckte hungriges Matrosenvolk eines gestrandeten Schiffes auf einer Insel bei Kamtschatka im achtzehnten Jahrhundert. Siebenundzwanzig Jahre reichten diesmal hin, um den Koloß verschwinden zu lassen auf Nimmerwiedersehen.

Solche absonderlichen Fälle klingen uns wie hübsche zoologische Geschichtchen, jedes Lehrbuch verzeichnet sie. Aber es ist mehr darin: es ist die Schicksalsstimme der Allgemeinheit.

Es wird leer um den Menschen, wohin er kommt.

Als der Mensch auf der Erde erschien, war die Frage zunächst keineswegs selbstverständlich, wer in dem Kampf zwischen Mensch und Tier Sieger bleiben würde.

Furchtbar verbarrikadiert mit ihren unzähligen Anpassungen in Verteidigungs- und Angriffsmitteln stand die Tierwelt da, ein Meisterstück von Jahrmillionen. Denn in all diesen Jahrmillionen der Erdgeschichte hatte der Daseinskampf selbst immerfort alles Schwache, Ungenügende unerbittlich ausgemerzt. Nur das Wehrhafteste, nur die wahrhaft raffinierte Schutzanpassung war aus dem langen Spiel sieghaft emporgestiegen.

Im Gestein der Erdentiefe schliefen die ungezählten falschen Experimente, alle die alten Saurier und Scheusäler, denen schließlich Hai, Delphin und Riesenvogel oder auch die eigene Unförmlichkeit den Garaus gemacht. Bis in jedes Winkelchen umspann eine wahrhaft vollkommene Tierwelt diesen alten Planeten, Luft, Wasser, Erde, schwimmend, fliegend, kletternd, laufend, selbst im Erdreich wühlend wie der Maulwurf. Die Erdenarche zitterte unter der Last.

Und dahinein eines Tages — der nackte Mensch.

Was war er zunächst? Ein Stück Fleisch, gut zu fressen. So und so viel Tiervölker hatten sich in ihrer Lebensanpassung gewöhnt, Fleisch anderer Geschöpfe zu fressen. Der Mensch ein Objekt der hungrigen Raubtiere also!

Das Nächste, was da in Betracht kam, war die Größe des Menschen, die Körpergröße.

Es ist in neuerer Zeit ein paarmal behauptet worden, der Urmensch sei ein Zwerg gewesen. Wir wissen ja heute durch Schweinfurth und Stanley, daß es in Afrika noch jetzt regelrechte Zwergvölker gibt. Der ebenfalls fast zwerghafte Stamm der Weddas in den Urwäldern Ceylons wird von manchen Kennern für die unterste, urtümlichste aller Menschenrassen gehalten, die heute noch lebt. Und in Schweizersbild bei Schaffhausen sind allen Ernstes ja auch die Knochenreste sogar prähistorischer Zwerge gefunden worden. Gleichwohl ist die Vermutung aus diesen Gründen allein kaum haltbar.

In alten wie in neueren Zeiten kann auch Verkümmerung nachträglich das Normalmaß bei ganzen Völkern herabgedrückt haben. Jenes geheimnisvolle Wesen von der Insel Java, das einen halben Affenkopf hatte und dazu schon echte Menschenbeine, der Pithekanthropus, über dessen 1891 entdeckte Gebeine sich die darwinistischen und antidarwinistischen Forscher seither so mächtig in den Haaren liegen: es hatte mindestens volle Militärgröße.

Brachte der Mensch die aber mit, so teilte das sogleich das Tierreich vor ihm in einen größeren und einen kleineren Teil.

Im allgemeinen war alles, was größer war als der Mensch, ihm gefährlich, alles Kleinere dagegen trat unter ihn. Der Maulwurf war ihm ein lächerliches, ein verächtliches Tier, obwohl das Gebiß dieses Maulwurfs, gegen ein noch kleineres Tier gehalten, furchtbarer ist als ein Tigergebiß. Das erste kleine Geschöpf, bei

dem er eine ganz besondere, auch ihm gefährliche Angriffs-
waffe entdeckte trotz der Körperkleinheit, war die giftige Schlange.
Wenige Geschöpfe haben seine Phantasie denn auch so erregt, wie
dieses Ausnahmetier. Der Schlangenkultus beweist es. Die Allerkleinsten und doch Allerschlimmsten hat freilich erst das Mikroskop
des neunzehnten Jahrhunderts entdeckt: die Trichinenwürmer, die
sich ins Muskelfleisch des Riesen bohren, und die allerdings nicht
mehr eigentlich tierischen, wenn auch lebenden Bazillen, die seine
Lunge als Schwindsuchterzeuger zerstören, seinen Darm als Cholera
bedrohen.

Im wesentlichen aber ging sein Blick damals nach oben. Was
ihn angriff, mußte größer sein als er.

Der Naturforscher von heute unterscheidet mindestens sieben
Hauptgruppen oder „Stämme" im Tierreich. Davon kommen sechs
kaum in Betracht als Größengegner des Menschen.

Die Urtiere (vom Laien meist Infusorien genannt) fallen ganz
fort, denn sie sind durchweg mit bloßem Auge überhaupt nicht
sichtbar. Vom farbenbunten Volk der Pflanzentiere (also den
Schwämmen, Korallen, Seerosen, Quallen) könnte zur Not einem
Schwimmer im Ozean einmal die einzige Qualle Cyanea arctica
gefährlich werden. Denn sie hat einen Schirm von zwei Metern
Breite und darunter abwärtsbaumelnde Fangarme von vierzig
Metern Länge. Das alles ist zwar weich wie Gallert, aber diese
Quallenarme nesseln wie Brennesseln, und vielleicht dürfte der
Taucher denn doch verloren sein, um dessen nackten Leib sich diese
vierzig Meter Giftschnur wickeln.

Vom Molluskenstamm (Schnecken, Muscheln und Tintenfische)
dräuen nur zwei, und beide auch nur in der purpurnen Tiefe: die
indische Riesenmuschel Tridacna gigas, deren zwei Meter breite
Klappschalen gar wohl einen unvorsichtigen Menschen durch blitz-
schnellen Schluß guillotinieren können — zur leckeren Mahlzeit für
das ungeheure, zehn Kilogramm schwere Muscheltier im Innern.
Und der Kraken, der Riesentintenfisch, der mit den Fangarmen
wohl zwanzig Meter lang wird und mit seinem harten Hornschnabel
dann einen Menschen zerknacken würde wie ein Affe eine Haselnuß.
Ganz ausscheiden wieder die so unendlich formenreichen Glie-

dertiere — Krebs und Insekt. Einzelne Krebse mögen unheimliche Gäste sein, ernsthaft gefährlich sind sie nicht, trotz ihrer „tausend Gelenke". Auch gegen den größten aller Regenwürmer, den Riesenwurm Megascolides australis von Gipsland in Australien, der zweimal so lang wie der Mensch wird, bedürfte es nicht einmal bei einem Kinde besonderer Herkuleskraft zur Verteidigung.

Und vollends der dickste Seeigel vom Geschlecht der Stachelhäuter wird noch nicht einmal so dick wie das Stachelschwein, das die Jäger in der römischen Kampagna durch einen einfachen Klaps auf die schnüffelnde Nase töten.

Erst im Stamm der Wirbeltiere fangen die echten Größen zahlreicher an, nochmals freilich mit Unterschied auch da nach den einzelnen Klassen.

Ein paar Fische machen in der Reihenfolge von unten nach oben den Anfang. Der Hai als Menschenfresser ist altberüchtigt. Im Süßwasser aber ist der kolossal bewehrte Hecht durchweg zu klein, wenn schon ich mich eines Ungetüms aus dem tiefen tückischen Wallensee im Kanton Glarus erinnere, das auf der Tafel wahrhaft zu Koteletten zerschnitten erschien, da es jeder Schüssel spottete — diesem anderthalb Meterriesen hätte ich beileibe nicht in dem kalten Gebirgssee beim täglichen Bade begegnen mögen.

Vom Wels, dessen größte, zwei Meter lange Exemplare, einer kohlschwarzen Riesenkaulquappe gleich, hier bei Friedrichshagen als wahre „Seeschlange" des Müggelsees gelten, ist sicher überliefert, daß er Hunde, große Wasservögel und gelegentlich selbst ein Kind schluckt.

Dagegen kommt von der ganzen nächsthöheren Klasse der Amphibien nicht einmal der Riesensalamander Japans auf. Und seitdem auch die wahnsinnige Angst vor dem „Gift" der Molche und Kröten sich dahin verflüchtigt hat, daß der Schutzsaft dieser nützlichsten Tiere einen kleinen Schnupfen erzeugt, wenn er just auf die Schleimhäute gebracht wird, kann das ganze Lurchvolk geradezu als Typus der Harmlosen gelten.

Von den Reptilien kommen ihrer Größe nach nur drei in Betracht: die Riesenschlange, deren Gefährlichkeit aber, wie die so vieler Tropentiere, in älteren Quellen arg übertrieben worden ist; das Krokodil; und endlich zur Not noch die nordamerikanische Schnappschildkröte, die über ein Meter lang wird und dem Schwimmer mit einem stahlharten Schnabel zu Leibe geht, der in zentimeterdicke Ruderschaufeln Löcher beißen kann.

Als der erste Mensch die Erde betrat, war die „große" Zeit dieser Reptilien im ganzen längst herum.

Verschwunden war der Iguanodon von Bernissart in Belgien, der auf den Hinterbeinen trabte wie ein Känguruh, der zehn Meter maß und dessen Daumen rechtwinklig abstanden wie mächtige Dolche, bereit, jeden Angreifer umarmend zu spießen wie das Folterwerkzeug der eisernen Jungfrau. Verschwunden war der Hadrosaurus von Dakota, der nicht weniger als 2072 Zähne im Maul trug, verschwunden der Atlantosaurus, der mit 115 Fuß Länge auf dem Lande dahinwatschelte, und der Mosasaurus, der ebenso lang im Ozean sich schlängelte. Die Idee wäre so hübsch: den Urmenschen sich noch im Kampf zu denken mit den Ichthyosauriern. In einer „Deutschen Geschichte" (von Pfahler, aus der zweiten Hälfte des neunzehnten Jahrhunderts) habe ich gelegentlich den Satz wirklich gefunden, daß die alten Germanen ihre weltgeschichtlich so bekannte Kraft gestählt hätten im Drachenkampf mit diesen Ichthyosauriern. Leider stören dieses gute Bild aber die mindestens drei Millionen Jahre der Tertiärzeit, die zwischen den Germanen auf der Bärenhaut und der Ichthyosaurusepoche der Erdgeschichte liegen und in denen schon kein einziges jener Ueberreptile mehr gelebt hat.

Auch die Gigantenzeit der Vögel war vorbei oder doch im raschen Abzuge, als der Mensch kam. Den Brontornis von Patagonien, der zu einem wahrhaft schauerlichen Raubvogelschnabel fast zwei Meter lange Beine besaß und wahrscheinlich selbst noch jenes Saurierhochwild jagte, hat er wohl nicht mehr erlebt. Die großen Strauße kann man nicht als ernste Gegner mitrechnen, und wo er sie auf Inseln fand, wie auf Neu-Seeland die Moas und auf Madagaskar den drei Meter hohen Aepyornis, da ist er damit rasch so gründlich fertig geworden, daß der Naturforscher schon für sein Museum zu spät kam.

So bleiben die Säugetiere. Und damit die wahren Größen-gegner.

Die Tertiärzeit, die dem Menschen unmittelbar voraufgeht, hatte sie in ihrer ganzen Kraft entfaltet. Im Moment, da der Mensch für uns in erkennbaren Kulturresten in Europa auftaucht, sieht er sich vor Mammutelefanten, Nashörnern, Nilpferden, wil-den Ochsenarten, dem Riesenhirsch, dem Renntier und den größten aller bekannten Raubtiere, dem Höhlenbären und dem Tiger.

Der erste Kühne, der sich auf schwankendem Boot in die Salz-flut wagt, sieht Dampf aufwallen und glaubt, eine schwarze Insel entsteige der Tiefe: er erlebt den Walfisch, das Säugetier, das es jetzt auf jene 115 Fuß des Mosasaurus gebracht hat.

Ganz unglaublich muß das Gedränge jener großen und größten Säuger noch in den ersten Urwäldern, Steppen und Wassern gewesen sein, in die der Mensch geriet. Nur die wildesten Gebiete Zentralafrikas, wo abends um die Tränke alles dröhnt und zittert von dem Stampfen ungezählt antrampelnder Elefantenherden, Nashörner, Giraffen, Antilopen, oder das Getümmel großer See-säugetiere, Robben, Seebären, Seeelefanten auf neu entdeckten Klippen der arktischen und antarktischen Vorgegend können uns heute noch einen Begriff davon geben. Und auch sie nicht lange mehr, denn die Büchse knallt von Jahr zu Jahr die Elefanten nieder, und die großen Robben und Wale sind an ihren älteren bekannten Plätzen schon so gut wie ausgerottet.

Von Säugergruppen, die heute klein sind wie das Gürteltier, lebten noch Riesenformen, groß wie das Nashorn (der Glyptodon), als der Mensch den Kampf begann. Waren doch in dem gleichen Südamerika dieser Riesengürtler (in allerdings noch etwas älteren Zeiten) selbst die Mäuse einmal zu solcher Rhinozerosgröße herauf-gewachsen.

Die furchtbarsten angreifenden Gegner aber waren zweifellos gleich von Beginn an die Raubtiere. Deutschland hatte damals noch so viel Tiger wie Indien, und dabei war auch noch der Machairodustiger, der im Oberkiefer jene zwei Eckzähne in Ge-stalt gekrümmter, aus dem Maul wie beim Walroß vorspringender Messer trug.

Ein nicht zu verachtendes Gegenüber waren gewiß auch die Affen in einigen Arten: der Gorilla, an Größe dem Menschen gleich, gilt heute noch als „ernste" Sache trotz des Feuergewehrs, und ganz kürzlich erst ist auf Madagaskar das Gerippe eines Halbaffen gefunden worden, der, wie es scheint, den Gorilla noch an Höhe übertraf.

Und doch das alles eines Tages im Absturz.

Ein paar Säugetiere und Vögel gerettet durch Kultivieren als ein Stück Menschenhaushalt selbst, als Haustiere.

Ein anderer Rest noch eine Weile erhalten als Jägerfreude. Jagdgesetze müssen selbst ihn schon schützen.

Ganze Länder schon in ein paar Geschichtsjahrhunderten ihrer Charaktertiere beraubt: Aegypten ohne Nilpferde, Deutschland ohne die Ure und Schelche seiner Nibelungenzeit. Und durch welche Macht das alles?

Ich wandere an meinem märkischen See hier draußen hin, mein Fuß stößt an ein Stück Feuerstein.

Im tiefen Meer der Kreidezeit ist das aus den Kieselschalen mikroskopischer Urtierchen zusammengebacken. Die Gletscher der Eiszeit haben es aus der Kreide von Rügen, dem alten Tiefseeschlamm jener Tage, gerissen und hierher transportiert. In solchem Stückchen Feuerstein liegt des ganzen Rätsels Kern.

Das hat der Mensch gefunden, eines Tages, damals am Rande der Eiszeitgletscher.

Und seine Intelligenz war soweit vorgeschritten, daß er es zum Werkzeug, zur Waffe zurechtschlug.

Und an dieser neuen Kapitelüberschrift der kosmischen Entwickelung, diesem kleinen Wörtchen „Werkzeug" sind sie alle abgeprallt, die harten Köpfe der übrigen Tierwelt — der elfenbeinerne Stoßzahn des Mammut und das natürliche Messer im Maul des Machairodustigers, der Panzer des Riesengürteltiers und die Speckschwarte des ungeheuren Walfisches.

Aus diesem Feuersteinmesser hat sich in einer geraden Linie geistigen Fortschritts das Bronzeschwert entwickelt und aus dem die Eisenwaffe bis zum Rohr der Kanone, deren Kugel einen Elefanten fällt wie ein Schlag mit der flachen Hand eine Mücke.

In diesem Stückchen Feuerstein wurde die schwache Hand des Menschen hart wie Stein, hart wie Stahl, brennend und verheerend wie der Funke, der aus diesem Feuerstein, wenn er geschlagen wird, sprüht.

Und an dieser Werkzeugwende brach die Tierwelt zusammen, wie schließlich der Granitberg der Alpen davor zum Tunnel einbrach und die Landenge von Suez zum Kanal sich spaltete.

Im Menschenmuseum ist ihr Grab, ihr Ziel.

Mit dem kleinen Zeichen des Totenkopfs auf der Etikette, das da besagt „ausgestorben" — ausgerottet durch den Menschen. Das Ende der Tierwelt!

Die Anfänge der Kultur
bei den Tieren.

Natur und Kultur sind keine Gegensätze.
Stufen sind es einer fortschreitenden Entwickelung.

Jedes kleine Menschenkind kann uns das lehren. Was in grauen Tagen der Urgeschichte wie ein Mysterium erscheint, das erlebt jede Mutter in schlichtem Bild noch einmal mit. Wunderbare Kräfte haben in stiller, pflanzenhafter Arbeit den Leib des Kindes gebaut. Eines Tages erscheint er im Lichte und die feinen Saiten des Kunstwerks beginnen ihre Melodie zu spielen. Jene Kräfte haben in festem Ziel die Organe des Körpers geschaffen: wie Magen und Herz, so auch Gehirn und Hand. Auf einmal aber ist es, als sinke die ganze Schaffensmacht, nachdem sie dort ihr Werk getan, jetzt konzentriert hinein in das kleine Kindergehirn.

Zu ihm geht, was die Aeuglein schauen, von ihm aus regt sich auf solche Lichtpost des Auges hin die Hand.

Und die Hand greift nach Dingen der Außenwelt. Der erste Griff geht nach Stoffen der Ernährung. Dann wird spielerisch nach allem möglichen gefaßt. Holzklötzchen werden aufeinandergetürmt, Sandhügelchen gehäuft wie kleine Bauten. Das rosige Händchen lernt einen Löffel greifen, um die Suppe zu bewältigen. Mit einem Bleistift wird gekritzelt. Zugleich hat die Sprache eingesetzt, ebenfalls Muskelarbeit im Dienste des Gehirns. Und die ersten moralischen Empfindungen bilden sich aus, begründet auf das Zusammenleben mit andern Menschen und die Anpassung daran.

So erobert die junge Menschenblüte, aus der Natur heraus geboren, sich in organischer Folge, ohne Riß und ohne ein größeres

Wunder, als es in jeder Entwickelung liegt, die höhere Stufe der Kultur.

Jedes Kind ist aber ein „erster Mensch".

Es erlebt noch einmal die Schauer der Schöpfung. So wie bei ihm, fing die große neue Melodie „Kultur" einst überhaupt einmal auf der alten Erde an zu spielen, eine höhere Sinfonie der Natur, zu der sie sich nach Jahrmillionen einförmigen Summens und Klingens plötzlich in grandiosem Schwunge erhob.

Wie aber das Kind, noch schlafend im Naturschoß, ehe es das Licht der Welt erblickt, sich bisweilen traumhaft schon regt, so raunten längst, ehe der Mensch kam, durch die Tierwelt schon präludierende Laute dieser Kultursinfonie.

Ueberall da vernehmen wir sie, wo im Tier schon ein ahnender Anlauf sich zeigt, über die Ausbildung von Organen des Leibes — Knochen, Klauen, Zähnen, Panzern, angewachsenen Schalen — hinauszugehen zu Werkzeugen, zu totem Material, das erst indirekt durch die Absicht und Arbeit des Tieres in gewissem Maß „vergeistigt" wird.

Da liegt in seiner wunderbaren Bläue der märkische Müggelsee. Rote Kiefern lassen ihr grotesk verknäultes Wurzelwerk an den Sandabhängen des Ufers herabschleifen.

Der Blick sucht ein schimmerndes Feuersteinstückchen, einen Zeugen der Eiszeit, im gelben Sand. Dabei gewahrt er winzige Trichterchen in dieser Sandfläche, regelmäßig, als sei es eine Tierfährte. Aber kein Tier stößt solche spitzen Trichter im Schreiten ein. Ein „Kulturtier" hat hier gebaut: der Ameisenlöwe.

Als ausgewachsenes Insekt gleicht er einer Libelle. Dann langen seine Körperorgane aus zum Lebenskampf, große Flügel tragen ihn dem größten Ereignis auf dem Scheitel seiner Bahn zu: der Liebe. Aber als unentwickelte Larve, auf der Stufe, die beim Schmetterling die ungeflügelte, ewig hungrige Raupe darstellt, geht es ihm weniger gut. Sein Körper gleicht dann einer kleinen weichen Rübe, an der zwar vorne mächtige Kieferzangen sitzen, die zugleich kneifen und saugen, aber nur mangelhafte Beine und gar keine Flügel.

Eine Rettung war es so für ihn, als er auf weichen Sand
geriet. Er drehte und wurschtelte sich so lange hinterwärts herum,
bis er glücklich bis an den Kopf eingemummt saß. Da lauerte
er nun mit seinem knurrenden Larvenmagen. Ging ein großer,
bedrohlicher Schatten vor ihm über, so duckte er sich ganz in den
Sand. Kroch aber ein wehrloseres Insekt, als er, arglos dicht
vorbei, so erspähte er mit seinen zahlreichen Augen den guten
Moment, schoß vor und stieß der Beute seine bösen Sauggabeln in
den Leib. So mögen es die Ameisenlöwen jahrhunderttausendelang getrieben haben. Der lose Sand war ihr Mantel: immerhin
schon ein ganz, ganz vager Anlauf zu etwas Werkzeugähnlichem,
also zur Kultur.

Da führte die Sache selbst weiter.

Das ungestüme Drehen beim Einwühlen ins Sandbett erzeugte
in diesem losen Flugsand einen kleinen Wirbel, dessen Ergebnis
meist eine rundliche, trichterartige Einsenkung wurde. Im Grunde
des Trichters saß jedesmal der Räuber. Dieser Trichter aber
lieferte jetzt selbst zum Sandrock ein neues Kulturwerkzeug: er
bildete eine Falle. Ein Insekt lief heran, geriet achtlos über den
Rand und fiel ins Zentrum. Im Schreck über den Sturz und zugleich in der Enge des Trichtergrundes wurde selbst ein Tier zur
leichten Beute, das sonst entronnen wäre: eine wehrhafte Spinne,
Ameise oder Raupe.

Und die Ameisenlöwen begannen den Doppelzweck resolut zu
erfassen: die Einbuddelei wurde in ihrer Energie so verstärkt, daß
jedesmal regelrechte Fallentrichter entstanden von ausreichender
Tiefe. Dabei mochte es geschehen, daß mitten in der Arbeit schon
eine Ameise über den Rand kam. Noch stockte sie oben, wollte nicht.
Gerade aber flog durch die Wucht des kreiselnd sich einwühlenden
Löwen eine Garbe Sand von unten her auf den Trichterrand: sie
traf das fremde Insekt und ließ es kopfüber herabfliegen trotz
seines Widerstrebens. Zu Rock und Falle war ein drittes gesellt:
das Wurfgeschoß.

Was auch hier das erste Mal zufällig mitgeschehen war,
wurde ein weiterer Schritt in der Ameisenlöwenkultur. Auch aus
dem fertigen Trichter heraus gewöhnte er sich fortan, vorsichtig

zögernde Besucher seines Fallenrandes durch gut gezielte Sand-
würfe aus der Balance zu schmettern und in die Mörderhöhle
herabzuzwingen, wo ihr Schicksal besiegelt war. So hat der kleine
Löwe sein Werk bei uns getrieben, in üppigster Entfaltung wahrscheinlich damals, als in vorhistorischer Zeit Deutschland einmal
größtenteils gelbe Sandsteppe mit Springmäusen und Saiga-
antilopen war. Wo von dieser Steppe noch ein hübsches Teil Sand
übriggeblieben ist, wie zwischen unsern märkischen Heidekiefern,
da treibt er es unentwegt heute noch.

Ich glaube nicht, daß es allzu kühn ist, sich den Hergang dieser
kleinen tierischen Kulturentwickelung so zu denken. Die einzelnen
Stufen liegen so nah. Gar kein mystischer Wille des Tieres ist dazu
nötig, nur eine Kette ganz schlichter Anpassungen. Und doch hat
das Resultat alle charakteristischen Züge eines „Kulturanfangs".

Unwillkürlich steigen vor diesem Höhlen- und Fallgrubenjäger
aus der Insektenwelt Bilder auf aus der menschlichen Urzeit.

In einer Grube, ganz nach ähnlichem Prinzip erfunden, hat
der Urmensch jener Eiszeit seine Mammute und Nashörner gefangen. Bloß daß er sich nicht selbst unten hineinsetzte; bei seinen
Mammuten wäre die Last zu schwer geworden. Er setzte sich nach
dem Fall oben an den Rand und warf den abgestürzten Riesen, in
Erweiterung des Wurfsystems des Ameisenlöwen, mit Steinen und
Speeren vom sicheren Boden aus zu Tode.

Auch er aber barg seinen nackten Leib, wie in einem ersten
Schutzpanzer, im Gestein, in Höhlen. Und ein Triumph war es
für ihn zweifellos, als er vor dieser Höhle die erste Tür erfand,
den ersten Verschluß, den außen Laub überdeckte, der sich aber von
innen öffnen ließ. Gerade dieses „Werkzeug" hat aber lange vor
ihm die kleine Minierspinne Cteniza fodiens auf Korsika erfunden.
Sie baut sich halbmeterlange Kellerschächte ins Erdreich hinein,
die sie kunstvoll mit selbstgesponnenem Seidengewebe austapeziert.
Vor die Kellerluke aber setzt sie die eleganteste Falltür ebenfalls
eigenen Fabrikats, einen Deckel in Nut und Angel aus Seiden-
polster, der außen mit einer Erdschicht täuschend beklebt ist und
automatisch auf einen leisen Druck von innen aufklappt.

Ein Beobachter, der die Tür von außen her gewaltsam mit

einer Nadel öffnen wollte, bemerkte mit Staunen einen Widerstand, als sei gar ein Riegel vorgeschoben. Es war aber die
Spinne selbst, die von innen zuhielt. Sie ermöglichte es, indem
sie mit einigen ihrer Klauen in feine Löcher des Seidengewebes
sich einhakte und zugleich den ganzen Körper nach Kräften rückwärts gegen die Wand ihrer Höhle preßte. Sie verteidigt übrigens
nicht nur sich so, sondern auch ihre Eier und junge Brut, die sie
nach Spinnenart treu behütet.

Viele Jahrtausende nach Anfang der Menschenkultur hat Horaz
noch von dem kühnen Uebermenschen gesungen, der zum erstenmal
in ungeheurem Wagnis dem Wasser ein Schiff anvertraut. Der
große, pechschwarze Wasserkäfer des Müggelsees Hydrophilus
piceus löst das Problem alljährlich noch.

Sein kunstvolles Schifflein, vielleicht das älteste der Welt, ist
eine schwimmende Wiege gleich dem biblischen, das den Moses
trug. Im April sucht der weibliche Käfer sich ein schwimmendes
Blatt im See. Unter dem legt er sich, den Bauch nach oben, fest-
geklammert vor Anker. Nun spinnt er aus feinen Röhren des
Hinterleibs ein dichtes seidiges Gespinst hervor, das in Zeit noch
nicht einer ganzen Stunde den Bauch wie eine Art Seidenhemdlein
überwölbt. Unter diesem halben Hemd dreht er sich dann selbst
um, so daß es ihm auf den Rücken rutscht, und sofort spinnt er
abermals vor der Bauchseite eine zweite Hälfte, deren Rand fest
in die andere verwebt wird, also daß nunmehr ein ganzes Hemd
da ist oder, besser noch, eine Art großen, hoch heraufgerutschten
Fußsacks, da auch das hintere Ende des Ganzen fest vernäht ist.
In diesen Sack jetzt endlich legt der Käfer seine Eier, indem er
sich gleichzeitig langsam nach vorn aus ihm herauszieht. Im
Moment des gänzlichen Entschlüpfens spinnt er auch noch die letzte
offene Seite wasserdicht zu und formt aus steifen Fäden eine Art
Mastspitze auf dem Ganzen. So darf er sein Mosesschifflein getrost
treiben lassen: die Eierfracht, in den Grund des Bootes gesunken,
hält als Ballast die Balance, die wasserdichte, luftgefüllte Blase
sichert das Schwimmen, und der kleine Mast, über den Spiegel vor-
ragend und von einem feinen Kanal durchbohrt, sorgt für den
nötigen Luftaustausch im Innern genau nach dem Prinzip der

vorspringenden Spitze eines sonst gänzlich eingetauchten unterseeischen Bootes modernster Konstruktion.

Der alte Horaz hatte schon seit mehr als anderthalb Jahrtausenden seine irdischen Wein- und Liebesfahrten beschlossen, da erfand der Mensch die Taucherglocke. Im Reich des schwarzen Wasserkäfers besaß auch sie längst die Wasserspinne, die Argyroneta aquatica.

Ihr Leben verrinnt im Wasser, aber ihre Sehnsucht ist Luft. Auf Luft sind ihre Atmungsorgane gebaut, ohne Luft kann sie sich in der Tiefe nicht wohl fühlen. Für ihren Privatgebrauch des Moments weiß sie ja beim Tauchen an ihrem fettigen und haarigen Leib genügend Luft in Form einer anhängenden Perle mitzuführen.

Aber das ist ihr lange noch nicht bequem, noch nicht häuslich genug. Wie der weise Schildbürger einst Licht portionenweise einzufangen und in sein fensterloses Haus zu tragen gedachte, so geht sie — und mit mehr physikalischem Glück — auf den systematischen Luftfang. Im Teichgrund baut sie, an Wasserpflanzen geheftet, aus dem firnißdichten Seidenstoff ihrer Spinndrüsen eine feine Glocke von der Größe eines halben Taubeneies, unten richtig glockenhaft offen. Dann saust sie zum Teichspiegel, hebt den Gegenpol ihres Leibes darüber hinaus und fährt, mit einer großen haftenden Luftblase bewaffnet, in den Grund zurück. Schnell würde die Luftblase, da unten befreit, wieder nach der Oberfläche hinaufperlen. Aber die Spinne setzt sie unter ihr Glöckchen, wo das unmöglich wird. Und Perle um Perle des lieben Stoffes räubert sie sich so hinab, bis die Glocke eine regelrechte Taucherglocke geworden ist, ein wohliges Lufthäuschen tief in den Wassern. Burg ist es zugleich und Hochzeitshaus. Von seiner Glocke baut das Männchen einen verdeckten Gang zur Glocke der Spinnenbraut. In der Glocke auch wird die Kinderwiege bereitet. Eine solche Spinnenglocke müßten wir klugen Menschen uns bauen, wenn wir den luftarmen Mond bereisen wollten!

Auf einsamen Waldgipfeln Deutschlands liegen heute noch geheimnisvoll altertümliche, rohe Steinwälle, zum Beispiel auf dem Altkönig im Taunus. Uralt jedenfalls, gehen sie vielleicht bis in vorgeschichtliche Tage zurück. Es war der erste Menschen-

Bölsche.   20

Versuch einer selbsterbauten schirmenden Festung im Gegensatz zur Höhle, — noch kein Mauerwerk, sondern bloß lose gehäufte Ringwälle von wildem Stein.

Genau solche Festung aus Bruchsteinen baut sich tief im Ozean der Tintenfisch. Mit seinen langen wimmelnden Krakenarmen umklammert er jeden einzelnen Stein, saugt sich fest, schiebt den dicken Leib hebelartig darunter und schafft die Quadern so zum Bau an eine ausgewählte Stelle. Dort ordnet er die Blöcke kunstvoll, daß sie wie ein Krater eine innere Höhle zum Versteck umgeben. In der Höhlung lauert er dann regungslos mit funkelndem Auge, ein ebenso schlimmer Wegelagerer im Großen wie der kleine Ameisenlöwe.

Das erste echte Haus des beginnenden Kulturmenschen, das wir kennen, stand auf eingerammten Baumstämmen im Wasser als Pfahlbau. Noch ragen in den Schweizer Seen die alten Pfähle aus dem Moorgrund.

Die Wahrscheinlichkeit spricht dafür, daß in diesem Fall der Mensch unmittelbar sein Bauprinzip von einem kleinen, tief unter ihm stehenden Nagetier gelernt hat, das die Gewässer von damals allerorten mit den zweckmäßigsten Pfahlbauten umsäumte: dem Biber. Der Biber ist das Tier, dessen Kulturarbeit im Großen imstande ist, eine Landschaft umzugestalten. Er baut Dämme, die mehrere hundert Meter lang und drei Meter hoch sind, wenn man ihn ungestört läßt. Mit solchen Dämmen verändert er nach seinen Wünschen das Niveau des Wassers. Bäche verwandelt er in Teichreihen, an deren Ufern sich Moore bilden. Den wilden Urwald durchsetzt er mit weiten Lichtungen, indem er mannsdicke Stämme einen um den andern fällt und in Stücke zerschneidet. Und aus dem Teich läßt er dann durch eigene Neuarbeit die Biberstadt erstehen, kuppelförmige Wohnhäuser mit Gesellschafts- und Vorratsräumen auf Pfahlbaurosten.

Als der große Vollender kam, mußte der kleine Erfinder freilich weichen: vor dem Menschen ist der Biber nahezu auf der Erde schon hingeschwunden. Aber denken wir uns einen Planeten unter besonders günstigen Umständen Jahrmillionen hindurch ausschließlich in seiner Hand. Und denken wir uns, ein Menschenfernrohr sollte die Karte dieses Planeten in ihre Einzelheiten hinein enträtseln. Im Verhältnis von Wald und Lichtung, in der Ausgestaltung der Wasserläufe würde ein künstliches Prinzip, ein Kulturprinzip erkennbar werden, wie wir es heute in den geradlinigen Kanalsystemen des Mars vermuten. Und doch wären diese Planetenbildner nicht Menschen, sondern Biber.

Doch der Blick will mehr als einen bloßen Steinwall am Berggipfel, einen Rost auf Pfählen im See, wenn er an Menschheitskultur in ihrem stolzen Anstieg denkt. Er schweift über goldene Saatwellen, die der Mensch gepflanzt. Er sieht diesen Menschen als Viehzüchter Kühe melken. Ueber den Bauernhöfen erhebt sich die Burg, ein fest gemauerter wirklicher Bau mit Treppen und Gängen. Aus dem Tor dieser Burg reiten geharnischte Ritter mit abnehmbaren Schutzpanzern. Es wandeln schöne Frauen mit Blumen im Haar hernieder, mit bunten Ziergewändern, künstlich genäht und befestigt. Gesang erklingt. Auf dem Herd daheim flackert die Flamme. Und von diesem Herd strahlt Gemütswärme, das Mitleid, die Menschenliebe, die zuletzt Palast und Hütte einen und die Rüstung überflüssig machen wird, da es keinen Kampf mehr gibt. Ein Weltalter der Liebe dämmert, eine Zeit der Kunst....

Aber auch die ackerbautreibende Ameise in Texas hegt die Reisart, die sie besonders liebt, umgibt sie mit Mauern, jätet das Unkraut und erntet die Körner zu ihrer Zeit. Allen Schwärmern für „Pilze als billige Volksnahrung" sind die pilzzüchtenden Ameisen Brasiliens längst voraus. Sie schleppen ungeheure Massen von Blättern, ganze Gärten entlaubend, in ihre Nester und züchten darauf durch besondere Pflege einen leckeren Pilz, dessen unterirdisches Geflecht kohlrabiartige Knollen erzeugt, ähnlich wie unsere Kartoffel ihre eßbaren Wurzelanhängsel.

Melkende Kühe besitzen die Ameisen in den Blattläusen, deren süßen Saft sie abmelken und schlecken. Ihr wahres Haustier sind diese Blattläuse geworden. Gegen jeden Feind werden die Hilflosen verteidigt, wie Schafe gegen den Wolf. Und wie der Mensch das wilde Schaf schließlich ganz der Natur entzogen und in einen künstlichen Stall, einen Kulturstall, gepfercht hat, so baut die Ameise aus Erde zierliche Häuschen über ihren Blattlaus-

Kolonien auf den Futterpflanzen selbst und setzt diese Hürden durch
bedeckte Gänge mit ihren eigenen Wohnungen in Verbindung.

Burgen, viel größer noch als Domtürme im Verhältnis zu
ihrer Größe, führt die Termite auf.

Was uns noch wie ein amerikanischer Traum erscheint: Häuser
aus Papiermasse erbaut, — macht die Papierwespe. Ihr Papier
stellt sie her, indem sie Pflanzenstoffe zerkaut und mit ihrem zähen,
chitinhaltigen Speichel dabei vermischt.

Im Müggelsee, wo der Wasserkäfer Mosesschifflein spinnt,
hüllt die raupenartige Larve der Köcherfliege sich in den schönsten
Panzer. Auch sie hat den Leimtopf gleich im Leibe als Organ
gewachsen, und mit seinen Kleberfäden webt sie sich prächtig ihr
Kleid. Die eine reiht Holzstückchen schindelartig aneinander, die
andere Steinchen, die dritte Pflanzenteile. Immer aber entsteht
ein solider Panzer, der zugleich schützt und unkenntlich macht: ein
Panzer nicht im Sinn der am Leib angewachsenen Schale des
Krebses oder der Schuppen des Schuppentiers, sondern ein Kleid,
bei dem das Tier beliebig ein- und auskriechen kann, ein selbst-
verfertigtes Panzerkleid. Mehrere Arten reihen sogar kleine
Schneckenhäuschen als Glieder ihres Panzerhemdes aneinander,
lieblichste Kunstarbeit. Und das höchste Wunder gipfelt endlich
in der Leistung, daß eine amerikanische Art dem Gesamtrock die
Form eines Schneckenhauses ganz getreu nach dem Muster einer
echten Schnecke zu geben weiß, so täuschend echt, daß ein gewiegter
Schneckenkenner zuerst ein echtes Schneckenhaus zu sehen glaubte
und schon einen Schneckennamen dazu gesetzt hatte.

Eine kleine Lücke bleibt: denn kein Tier, scheint es, ist unmittelbar jemals zur künstlichen Feuererzeugung übergegangen.
Die rein organbildende Natur hat ja zwei Kunststücke ausgezeichnet
vollbracht: sie hat den Vogel und das Säugetier von innen wie
automatische Öfen geheizt und sie so gegen Eiszeiten und Polarschnee gefeit, und sie hat dem Leuchtkäfer seine Laterne auf den
Leib genäht; hat sie doch sogar dem elektrischen Aal eine wuchtige
elektrische Batterie als Schutzwaffe in Gestalt eines Organs wachsen
lassen. Aber als „Werkzeug“, äußerlich projiziert, scheint der Pro-

metheusfunke wirklich reines Menschengenie, solange wir an wirklich leuchtende und brennende Funken, an die Herdflamme, denken.

Wenn es sich dagegen bloß um die Erzeugung einer gewissen
Hitze durch Kulturtechnik handeln soll, so hat das Talegallushuhn
Australiens auch dieses Problem endgültig gelöst. Statt ein Nest
zu bauen und seine Eier durch die eigene organische Körperwärme
auszubrüten, errichtet dieses australische Truthuhn kolossale Hügel
von mehreren Metern Durchmesser und Höhe aus faulendem Laub,
fetter Pflanzenerde und Pilzen, stopft seine Eier bis metertief in
diese Pyramide und läßt sie durch die künstliche Wärme ausbrüten,
die der Fäulnisprozeß der verwesenden Pflanzenstoffe allmählich
erzeugt. Der alte Vogel weiß dabei genau, was er tut, er sieht
täglich nach, prüft den Grad der Wärme, ordnet die Eier eventuell
um und hilft schließlich den ausgeschlüpften Küken aus ihrer Gruft.
Kürzlich noch hat Richard Semon in seinem famosen Reisebericht
aus dem australischen Busch diese fast märchenhaft klingenden Tatsachen wieder aus eigener Schau bestätigt.

Wenn der Mensch das Nähen verlernte, so würde der indische
Schneidervogel die Kunst retten, der beim Nestbau Baumwollfäden
spinnt und Blätter regelrecht damit aneinandernäht.

Wenn der Mensch aufhörte, Kränze zu winden: der Paradiesvogel auf Neuguinea und der australische Laubenvogel würden
fortfahren, ihre Nester und Hochzeitslauben mit bunten Blüten
schönheitstrunken zu schmücken. Die Grille hat ihr Lied schon
gezirpt, als der Ichthyosaurus schwamm und der ganze Mensch in
Leid und Liebe noch ein blauer Zukunftstraum war. Auch im Tier
waltet schon das Gesetz, daß jede Entlastung vom rohen Daseinskampf eine Befreiung des tiefen Schönheitsdranges, des ästhetischen
Prinzips in der Natur, bedingt.

Und die Liebe? Brehm, der das „Tier" kannte wie vielleicht
kein zweiter vor ihm, hat einmal von den Vogelkolonien der dummen
Lummen und Pinguine erzählt. Er fand dafür folgende Sätze, die
Bände reden: „Unbeschreibliches Leben regt sich, und dennoch
herrscht ewiger Frieden unter der Gemeinde, die an Anzahl die
unserer größten Städte übertrifft. In diesen geschieht es, daß der
Mensch an seinem verhungernden Mitbruder kalt vorübergeht:

in den Gemeinden der tiefstehenden Vögel finden sich Hunderte, die nur auf die Gelegenheit warten, Barmherzigkeit zu üben. Das Junge, das seine Eltern verlor, ist nicht verloren. Die Gesamtheit steht ein für das Wohl des Einzelnen. Unendliche Liebe kommt auf diesen öden Felsen im Meer zur Geltung. Die Eltern vergessen über ihren Kindern sich selbst."

So erscheint die Tierwelt allerwege wie ein großer Keim dessen, was der Mensch erfüllen sollte.

Armselig beschränkter Sinn meint wohl, es ziehe das den Menschen herab. In Wahrheit gibt es gar keine über den Menschen hinausgreifende Betrachtungsweise, die ihm irgend etwas ab- oder zutun könnte. Das Tiefste an Verkommenheit in der ganzen uns bekannten Welt, mit dem wir messen können, ist der tiefverkommene Mensch selbst. Ebenso, wie allerdings das höchste Maß der ganz große Mensch, der Buddha, Christus, Goethe, ist. Hier, im Menschentum selber, ist die große Kluft, die wir allerorten immer wieder zu überbrücken haben. Das arme Tier, so fern unter uns, ist im Vergleich zu diesem immerwährenden Kampfe zwischen Niedermensch und Höhenmensch wahrlich indifferent, was „Werte" anbetrifft. Unbefangen besehen, hat aber sein Ringen um eigene Kulturanfänge etwas Rührendes und etwas unendlich Lehrreiches zugleich.

Die Affensprache.

Wir saßen auf Capri, unter dem alten, schönen, dunkelgrünen Johannisbrotbaum oberhalb der Faraglioniklippen.

Himmel und Meer verschmolzen in einem wunderbaren Abendviolett — eine Märchenstimmung!

Wir hatten von Homer gesprochen, weil einer den Fels da unten, an dem die Welle sich zu Schaum schlug, mit dem versteinerten Phäakenschiff verglichen hatte. Damals gab es zwar das Buch von Theodor Zell noch nicht, das augenblicklich die Philologen beschäftigt und in dem ernsthaft erwogen wird, ob Polyphem nicht ein Gorilla gewesen sein könne. Aber unser Gespräch ging auch von der Odyssee zur Naturgeschichte.

Ich erzählte von der himmelblauen Eidechse, die dort auf den Faraglionifelsen hause und über die der Zoologe Eimer ein ganzes Buch geschrieben hat. Von den orangegelben Polypengärten bei der blauen Grotte. Vom Tintenfisch und von seinen verrückten Liebesgeschichten.

Schließlich, wie der heilige Capri bianco die Geister ganz löste, sagte einer: „Laßt uns anstoßen auf die neue Romantik — die Romantik des Naturforschers. Wir erleben eine geheimnisvolle Zeit: die Erfüllung der Märchen. Was wollen die paar Wunder der homerischen Götter gegen uns, die wir über Wolken fliegen und durch Wände schauen. Was ist Proteus, der Verwandlungsreiche, gegen Darwin, der Schnabeltiere aus Eidechsen und Fische aus Würmern zieht. Der Dichter hat es geträumt — der Naturforscher aber hat es gemacht. Heil dem Märchenprinzen!"

Ich muß an jene gute Stunde denken, da ich ein Buch von der „Sprache der Affen" lese.

Es ist ein ernsthaftes Buch — und das ist der gute Witz der Sache.

Im Märchen liegt die Welt verzaubert, zum Schweigen verzaubert, weil der böse Mensch sich sehen läßt, der naturfremde. Wenn er fort ist, wird der Wald plaudern, und die Nixen werden aus dem Brunnen kriechen und hinter dem Schulmeister Nasen drehen, der das alles für stumm erklärt.

Wir heute haben aber den Spieß umgedreht. Was ist im Grunde die ganze Naturforschung anders als ein einziger grandioser Versuch, die Natur zum Reden zu bringen.

Die Sonne steht zwanzig Millionen Meilen weit von uns entfernt, und wir haben uns doch auf ein Alphabet mit ihr geeinigt. Wir stellen ein glühendes Kalklicht hinter verdampfendes Eisen und werfen das Licht, durch ein Prisma sortiert, auf die Wand. Im Regenbogenband erscheinen dunkle Streifen. Das ist der erste Buchstabe, den wir brauchen. Wir nehmen statt Eisen Natrium, und es gibt andere Striche im Spektrum: der zweite Buchstabe. Und so fort mit so und so viel Metallen. Und wir fangen das Licht der fernen Sonne durch dasselbe Prismaglas auf unsere irdische Wand: es ist ein ungeheures Kryptogramm aus lauter solchen Buchstaben. Wir setzen es zusammen und schreiben als Diktat der Sonne nieder: Meine äußere Hülle besteht aus Eisen und aus Natrium und aus so und so viel Metallen in Form glühender Dämpfe vor einem Kern in Weißglut. Aeonenlang hat die Sonne das in die Planeträume hinausgesprochen. Wir endlich entziffern es, und zwar wesentlich zuverlässiger als hier auf Erden selbst etwa die Anhänger der Bacontheorie die angeblichen Chiffernwunder Shakespeares.

Wir haben mit Sprengel und Darwin die wahre Blumensprache endlich herausgefunden: das gelbe Kränzlein im Vergißmeinnicht meldet dem Insekt, das es zu seinen Liebeswundern braucht, daß hier Honig sei; die rote Kirsche will gern gegessen werden, da ihr Kern dem Magensaft widersteht und Vorteil von diesem Spaziergang hat; die grüne Kastanie im Stachelrock umgekehrt will abwehren, will sich im grünen Laub verstecken — sie schweigt demonstrativ sozusagen. Wir wissen, daß das Feuergelb des Salamanders und der Wasserkröte offen ruft: ich bin Gift — und daraufhin von klugen Tieren respektiert wird. Wir wissen, daß der Farbenrausch des entfalteten Pfauenschweifs mit seinen blauen Kugeln im Goldgrün ein Liebesbrief ist, der meldet: ich bin stark, ich bin schön, liebe mich.

Warum sollen sich Schimpansen und Orang-Utans auf ihren Urwaldbäumen nicht auch unterhalten?

Es ist freilich noch ein Unterschied.

Alle jene „Sprachen" der Natur, die wir da dechiffriert haben, gehören dem an, was wir gewöhnlich „unbewußt" nennen.

Das Wörtlein sagt ja nicht mehr so sehr viel in einer Zeit, wo die Forschung auch das „Bewußte" als ein naturgesetzlich Gewordenes aufzufassen sucht und man also mit beiden Begriffen hübsch innerhalb der gleichen Natur bleibt. Aber gelte es einmal als Grenze.

Nun, so hat der Orang-Utan allerdings schon ein so feines, hochentwickeltes Geistesorgan in seinem Gehirn, daß eine Sprache bei ihm unbedingt bereits ins Gebiet des Bewußtseins fiele. Aber in dieses Bewußte streift auch die Ameise mit ihrem dicken Knoten Gehirnsubstanz, und wie lange hat man jetzt schon davon geplaudert, ob die Ameise nicht eine Sprache habe.

Forel, der große Alkoholbekämpfer, ist neuerdings sogar der Ansicht, daß Ameisen sich gewohnheitsmäßig einer Art Alkoholismus ergeben können und dann tatsächlich ganz regelrechte Münchener Bierbäuche bekommen. Der Rausch aber, sagt uralte Weisheit, ist der Rede Vater.

Lubbock hat vor Jahren schon einmal einen ganzen kribbelnden Ameisenhaufen mit dem Mikrophon geprüft: es soll aber bloß ein allgemeines furchtbares Getrampel hörbar geworden sein.

Wie es aber auch mit den Ameisen stehe: sicher ist, daß das Heimchen am Herd sein Liebchen heranzirpt. Der Klopfkäfer haut es gewissermaßen mit dem Kopf herbei durch wahre spiritistische Pochlaute im Holz. Die Wespe (die auch jenes gelbgeringelte Abschreckkleid trägt) warnt durch ihr Gebrumm. Mögen das auch unbeholfene Sprechversuche sein, mit Beinen und Kopfstößen. Das Johanniswürmchen (ein Käfer) weiß es sogar nicht besser, als

es die alte Sonne macht: es lockt seinen Liebespartner durch Licht-
sprache. Gerade von Leuchttieren, die besonders in den schwarzen
Abgründen der Tiefsee ihr Wesen treiben, wissen wir aber jetzt
genau, daß ihr Leuchtapparat vielfach mit einer regelrechten
Nervenleitung zum Gehirn versehen ist, also auf Wunsch sich
betätigen und versagen kann genau wie unsere Zunge und
Kehle.

Zunge und Kehle in unserm echten Sinn sind ja in der Natur
erst eine engere, ziemlich späte Errungenschaft. Sie beginnen an
der Stelle, wo das Wirbeltier zuerst aufs Land geht. Der Fisch
macht sich zum Molchfisch, der neben den Wasserkiemen Lungen
zum Luftatmen ausbildet. Der Frosch wirft die Kiemen, die er
noch als Kaulquappe besitzt, im erwachsenen Zustand ganz ab.
Ganz stumm sind ja die Fische strenggenommen schon nicht mehr,
einige wissen mit Hülfe ihrer Schwimmblase schon eine regelrechte
Art Musik zu machen. Aber erst der Frosch mit seiner Lunge quakt
doch offen hinaus. Er ist der Urtypus von Sänger und Sprecher
in unserem Sinn, — der reinen Möglichkeit nach.

Mit alledem ist aber noch nicht gesagt, daß der Sprung vom
Froschquaken zur Menschensprache nicht enorm sei.

Die Menschensprache hat in ihrem Ursprung etwas tief Geheimnisvolles. Sie ist die letzte große Organentwickelung des
Menschen. Bekanntlich geht der große Schnitt zwischen Mensch
und Tier durch die dauernde Ausgestaltung des Werkzeugs. Der
Mensch, der Werkzeuge baute, schuf sich darin eine neue Art äußer-
licher Organe. Seine eigentliche leibliche Organbildung, die bis
dahin seinen Körper geschaffen, stand dafür fortan so gut wie
absolut still. Strenggenommen war freilich diese ganze Werkzeug-
schaffung nur selbst wieder ein Ergebnis der unglaublich über jedes
Tier fortgeschrittenen Ausbildung eines einzelnen Körperorgans,
des Geistesträgers Gehirn.

Nun denn, an der Kante genau dieses Umschwungs steht jene
letzte unmittelbare Organbildung am Leibe des Menschen: die
Ausgestaltung von Kehlkopf und Zunge zur Sprache, unterstützt
durch den aufrechten Gang des Menschen. In jedem Zug ist
gerade diese letzte Organbildung auch bereits abhängig vom Ge-

hirn, iſt eine Geiſtestat, bloß noch eine, die in den Innenbau des
Leibes ſelbſt eingriff.

Erſt viele Jahrtauſende ſpäter hat im Telephon auch dieſe
Sprachentwickelung ſich noch der äußeren Werkzeugtechnik bemäch-
tigt, nachdem freilich bei dem Zwillingsbruder der Sprache, der
Schrift, äußere Materialien wie Stein, Pergament, Papier längſt
eine entſcheidende Rolle geſpielt hatten.

Zu leugnen iſt nun nicht, daß ſchwache Anläufe zu dieſer
Organentwickelung der Sprache gerade bei höchſten Tieren auch
ſchon ſichtbar werden.

Der Vogel, der ja den aufrechten Gang ſchon für ſich erfunden
hat, hat auch die Singkehle in unverkennbar weit gediehener Weiſe
ſich bereits erworben. Und wahr iſt, wenn auch vielfach nicht
gekannt, daß einer der menſchenähnlichen Affen, der Hylobates
oder Gibbon in Südaſien, von allen Säugetieren das einzige iſt,
das vollkommen klar die Tonleiter ſingen kann. Singen und
Sprechen ſind aber bei uns Menſchen ſtets aufs engſte beieinander
geweſen und eigentlich erſt auf einer gewiſſen Höhe der Kultur,
wie ſo vieles dort, ſcharf in zwei Zweige auseinandergefallen.

Und es erhebt ſich bloß die Frage, ob die Gehirnentwickelung
gleichzeitig bei irgend einem dieſer höheren Tiere auch ſchon eine
Stufe erreicht habe, die mit dieſen rein phyſikaliſchen Möglichkeiten einer Sprache auch vom Gehirn aus, alſo von dem eigentlichen geiſtigen Sprachmotor aus, ſchon etwas anzufangen wußte
— ſich alſo ernſtlich einer „Sprache" ſtrikt in unſerm Sinn näherte.

Es würde dem Menſchen, deſſen unendliches Ueberragen ja
doch ſtets garantiert bleibt, nichts zu- und nichts abtun, wenn
irgend etwas bejahend zu dieſer Frage entdeckt werden könnte, —
es wäre eben ein Punkt mehr für die große Einheitlichkeit nur
der Naturentwickelung überhaupt.

Nimmt man die Dinge ſo ganz ſchlicht vom Boden echter
„Naturforſcherromantik" aus, ſo verſteht man recht gut die Stellungnahme verſchiedener Kreiſe zu einem ſolchen Büchlein, wie es
der Amerikaner R. L. Garner kürzlich über „The Speech of Mon-
keys", die Sprache der Affen, veröffentlicht hat.

Als eine Notiz davon durch die Blätter lief, wurde ſie dort

rein humoriſtiſch genommen. Ein verrückter „Amerikaner", der mit
dem Phonographen in Kamerun auf die Affenbäume klettert und
den Schimpanſen ihre Sprache abnimmt! Es muß gewaltſam
geſchehen, denn, wie der Neger ſagt, ſie wollen das Geheimnis,
daß ſie reden können, nicht verraten, ſonſt gelten ſie für voll und
müſſen arbeiten. Das war ſo recht ein Bild für Witzblätter.

Auf der andern Seite aber erleben wir, daß einer unſerer
zugleich liebenswürdigſten und fachwiſſenſchaftlich vielſeitig ge-
bildetſten deutſchen Zoologieprofeſſoren, der Leipziger William
Marſhall, das ominöſe Garnerbuch in unſere Sprache überſetzt
und mit größter Anteilnahme weitläufig kommentiert hat. Marſhall
hat auch an der Arbeit im einzelnen ein gut Teil auszuſetzen. Aber
gerade die Grundabſicht erkennt er als moderner Fachnaturforſcher
um ſo bereitwilliger an und findet durchaus nichts Witzblattmäßiges
darin.

In der Tat: die Reſultate Garners ſind äußerſt ſimpel. Für
Senſationsleute eigentlich viel zu ſimpel. Garner iſt keineswegs
nach Kamerun zu den Schimpanſen gegangen, dazu hatte er vorerſt offenbar kein Geld. Er hat ſich in Chicago und New-York im
Affenhaus der zoologiſchen Gärten etwas intimer feſtgeſetzt als
die meiſten Beſucher und gelegentlich hat er ſich eine „Nelly", oder
wie ſonſt ein Aeffchen hieß, ins Studierzimmer genommen und nach
ſeiner Methode interviewt. Garner iſt dabei ein graunüchterner
Kerl, das hat man nach drei Seiten Lektüre heraus. Er hat wirklich
ganz und gar nicht das Zeug zum Oberförſter Fröhlich. Wo er
etwas ſpekulieren will, da macht er es ſo unbeholfen, ſo abſtrakt
und leer, daß man vor ſeiner zufaſſenden Phantaſie keinerlei Angſt
bekommt. Mitten im hübſcheſten Stoff iſt er ehrlich bis zur gähnen-
den Langeweile. Aber gerade ſo kommen eine Anzahl Lichtpunkte
heraus, die aus der Wirklichkeit, aus dem feinen Phantaſieſchatz
der Meiſterin Natur ſtammen müſſen, da wir der Phantaſie dieſes
Erzählers unmöglich zutrauen können, daß er ſie erfunden haben
ſollte. Man muß nur in den anderthalbhundert Seiten Text danach
angeln wie nach den drei Forellen eines ganzen Gebirgsbachs.
Forellen aber ſind's wenigſtens, ſchließlich.

Alſo Herr Garner befand ſich eines Tages im zoologiſchen

Garten in Chicago vor einem großen doppelten Affenkasten. Beide
Flügel bewohnten gemeinsam ein alter böser Mandrill und eine
Bande kleiner Aeffchen, die den Alten verzweifelt fürchteten. Es
fiel Garner nun auf, daß die Aeffchen aus dem einen Raum denen,
die gerade im andern waren, bestimmte Rufe zuschrien, je nachdem
der Mandrill irgend etwas vor ihren Augen vornahm. Einmal
war ihm, als riefen sie: er schläft, und ein solches Signal kam
öfter wieder in der Folge. Garner wurde aufmerksam und begann
die Sache zu verfolgen.

Man sieht aus dieser schlichten Geschichte schon, daß es sich
zunächst nicht um eine verwickelte Sprache handelt, etwa um Sätze
— sondern um ein Signalwort. Solche Signaltöne haben aber
eine Menge sozial lebender Tiere. Stellen doch Tiere förmlich
Wachen aus, und die Wache pfeift, wenn Gefahr im Anzug ist.
Nichts ist leichter, als sich von diesem Warnsignal eine Modulation
zu denken, die das Gegenteil besagt: die Luft ist rein! Der Laut,
den der kleine Affe beim Anblick des schlafenden Feindes ausstieß,
brauchte nichts zu sein als dieses einfache Locksignal vor der geringeren Gefährlichkeit. Mit dieser Sorte Affensprache wären wir
also noch keinen Zoll über das hinaus, was wir längst von
gesellig lebenden Tieren auch sonst wissen.

Aber Garner hatte trotzdem recht, daß gerade diese einfache
Tatsache immer noch höchst studierenswert sei. Und bei diesem
Studium verfiel er auf den eigentlich neuen, den originalen
Gedanken seiner Arbeit.

Er setzte einen Phonographen vor seine Affen und fing allerhand Laute auf, die sie je nachdem erzeugten.

Wie die photographische Platte Nebelflecke faßt, die des Menschen Netzhaut unmittelbar nicht sehen kann, so faßte der Phonograph absonderliche Laute der Affenkehle und gab sie auf Verlangen so oft wieder, wie man wollte.

Und nun wird ein fremder Affe geholt, und die Laute werden
ihm vorgedreht, und er reagiert darauf!

Damit hatte man klare Bahn für Experimente. Ein Alarm-
zeichen wirkte mit voller Sicherheit. Aber das Signal erwies sich
nuanciert. Es gab ein leises, noch fast bloß verwundertes Unruhe-

zeichen, dann ein echtes Gefahrsignal, schrill und hoch, und endlich auch noch ein indifferentes Wort im Sinne von „da kommt
ein gleichgültiges Ding". Das Gelächter des Affen wurde aufgenommen im Apparat und der einfache Laut, um jemand zu rufen.
Ein Ton wird von Garner als „Fressen" gedeutet, doch bot ihn
der Affe auch wie einen Gruß dar, und wieder diente er als Imperativ „Gieb!" „Trinken" schien dagegen sicherer fixiert. Ob
„Wetter" im Wortschatz lebt, wurde nicht völlig klar, obwohl ein
Kapuzineräffchen jedesmal seinen besonderen Laut hatte, wenn ein
Regenschauer ans Fenster schlug.

Wichtiger eigentlich als diese Einzelheiten waren gewisse allgemeine Erfahrungen. Die Laute gingen unzweideutig an bestimmte
Individuen, mit dem Zweck, etwas mitzuteilen. Daß das Wort
und nicht die gleichzeitige Gebärde den Ausschlag gab oder wenigstens allein geben konnte, bewies der Phonograph, der verstanden
wurde, ohne doch ein Affengesicht zu haben. War ein Laut erfolgt,
so wurde pausiert, eine Antwort erwartet, dann der Laut wiederholt. Sehr wichtig: ein Affe, der allein gelassen ist und niemand
in der Nähe weiß, redet nicht. Und ebenfalls außerordentlich
interessant: verschiedene Affenarten verstehen sich zunächst untereinander nicht, da ihre Worte offenbar verschieden sind. Nach
einiger Zeit schien es, als lernten auch solche fremden Affen sich
gegenseitig verstehen, doch lernt in der Regel keiner des andern
Dialekt oder Sprachform wirklich sprechen. Auch der Affe flüstert,
wenn er nicht von allen gehört sein will. Und so findet Garner
noch eine ganze Menge kleiner Züge heraus, die alle zusammen
eine recht lustige Mosaik geben.

Wenn andere nach ihm denselben Weg gehen, ebenso schlicht
beobachten und ihre Beobachtungen etwas besser erzählen werden,
so sind wir über kurz oder lang eines kleinen Wörterbuchs gewiß,
das, in so und so viel einzelnen Lauten, uns die Elemente der
Affenverständigung überliefert in der Weise, wie eine Mutter
schließlich weiß, daß ihr Kindchen mit „Baba" Schlafengehen und
„Hottepürr" Wagenfahren meint.

Und so wäre die ganze Sache wirklich alles eher als lächerlich,
sie bedeutet einmal wieder nichts anderes als ein kleines, fest

umriffenes Arbeitsprogramm für kluge, nüchterne Menschen, denen kein Ding in der Natur zu gering ift, ihm nicht heilige Inbrunft der Hingabe entgegenzubringen. Nur unglaubliche, himmelftür= mende Refultate muß man nicht erwarten, und gerade zu diefer Ernüchterung erzieht Garners unbeholfen=fchlaues Büchlein am allerbeften.

Schließlich ift das größte Wunder in der ganzen Sache doch der menfchliche Phonograph. Und damit wären wir glücklich wieder ganz oben im Sonnenglanz unferer Menfchenherrlichkeit.

———

Das Schnabeltier.

Vom Säugetier, das Eier legt.

Vor mir steht ein drolliger Geselle. In fernem Erdteil der Südhalbkugel hat er sein Leben lassen müssen. Nun ziert er ausgestopft ein stilles Arbeitszimmer in der märkischen Kiefernheide.

Ziert, — ja ist das nicht zuviel gesagt? Meine meisten Besucher finden dich einfach scheußlich. Ich aber meine, du siehst humoristisch aus. Du teilst das mit dem Igel dort, der auch noch ausgestopft ein kleiner Komiker ist. Deine winzigen Aeuglein über dem Entenschnabel grinsen so schalkhaft-fröhlich, ich kann es nicht leugnen, ich habe dich gern und wenn ich von der Arbeit aufblicke, ruht mein Auge mit einer gewissen Behaglichkeit auf dir aus. Schön bist du nicht, aber so unsagbar merkwürdig.

Heute will ich deine Geschichte erzählen, die wie ein Märchen klingt. Das Märchen vom Schnabeltier, — vom Säugetier, das sich herausnimmt, Eier zu legen.

Bis ins vorige Jahrhundert war die Tierkunde so recht ein wüstes Raritätenkabinett.

Man hatte überall aufs „Absonderliche" hin gesammelt und beschrieben, ins Blaue hinein, etwas Wahrheit und viel Dichtung. Schlimmer aber als alle Dichtung war die Konfusion.

Da kam der große Linné und stellte sein System auf. Es war noch ein schlechtes, ganz rohes Erstlings-System, aber, bildlich gesprochen, war es, als würde eine Rumpelkammer zum erstenmal gelüftet und als würde ihr Inhalt plötzlich über eine Reihe reinlicher, nüchtern weiß getünchter Stuben verteilt, jede Stube mit einer Aufschrift an der Tür, und in jeder Stube so und so viel Schränke mit Nummern. Linné gab feste Namen, und er brachte

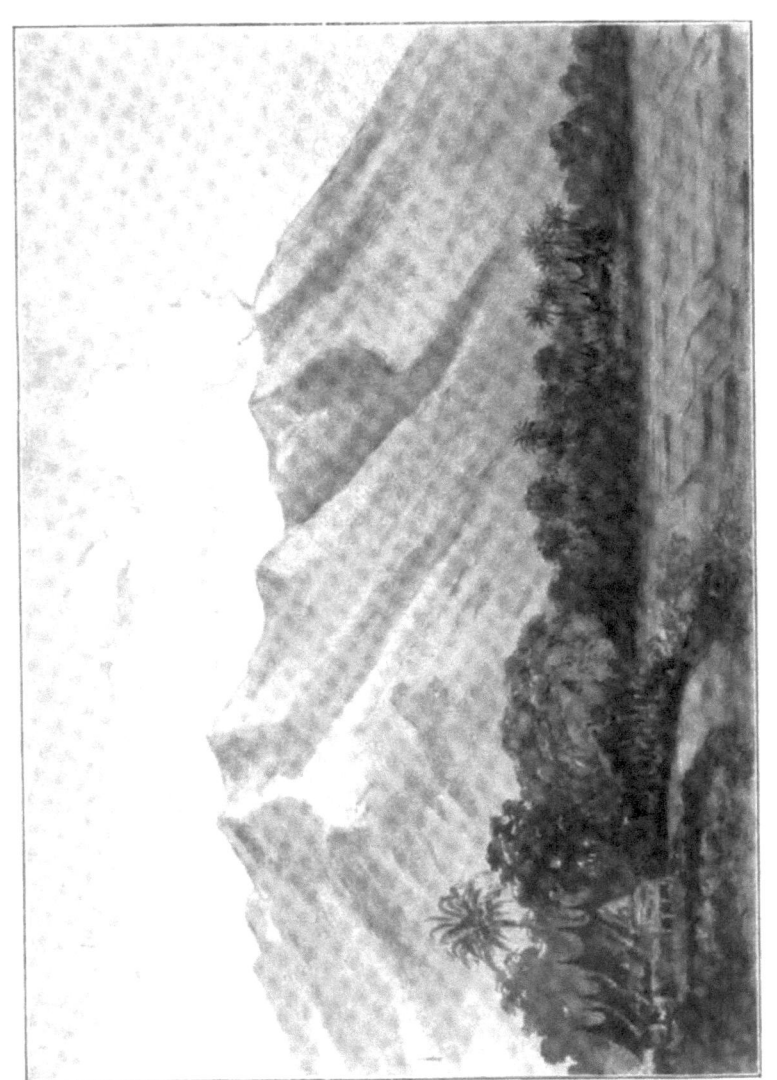

Der Vulkan Merapi auf Sumatra.

diese Namen zugleich in eine Reihenfolge mit größeren Rubriken, die eine Uebersicht ermöglichte. Ein unvergleichlicher Fortschritt war's, das hat nie wieder einer geleugnet seither.

Gewiß, es ging ein Stück Romantik dabei verloren. Die Romantik des ungeheuren Chaos, aus dem die Fratzenformen regellos wie in einer Fiebervision heraufdrängten. Mit den paar Klassen und Ordnungen der Tiere, die Linné aufstellte, schien die Fülle zunächst seltsam eingeschmolzen.

Man staunte, daß man auf einmal so wenig hatte.

Aber die Erde war ja noch weit, es mochte wohl noch viel dazukommen. Gerade diesem Neuen, dachte Linné, sollte sein System besondere Früchte tragen. Wie bei einem guten Bibliothekskatalog sollte jeder Nachtrag mit der größten Bequemlichkeit einzuregistrieren sein. Und als an Linnés großartige Anregung wirklich eine Zeit erfolgreicher wissenschaftlicher Reisen sich schloß, die der Tierkunde Unendliches an Material hinzufügten, da schien der ordnende Gedanke tatsächlich der große Helfer, der diesmal in kürzester Frist selbst den größten Stoffzuwachs handlich bewältigen ließ.

Und doch: das Jahrhundert Linnés war selbst noch nicht zu Ende, da stand man auch schon vor einer neuen Schwierigkeit, die der große Meister von Upsala noch gar nicht hatte ahnen können.

Einer Schwierigkeit, die diesmal unmittelbar aus der „Ordnung", aus dem System selber erwuchs.

Linné hatte seinen grundlegenden Ordnungsversuch auf einer ganz bestimmten Voraussetzung aufgebaut. Zu seiner Zeit war es die selbstverständliche. Er nahm an, daß es in der Natur selbst, in dem Tierreich, wie es „von Gott geschaffen" seit alters vor Augen stand, gewisse scharfe Grenzen, scharfe Unterschiede, scharf gesonderte Rubriken wirklich gebe.

Hier stand ein Vogel — hier ein Fisch — hier ein Säugetier. Da war eines stets grundverschieden vom andern. Jedes bildete eine unzweideutige Klasse für sich. Und in dieser Klasse sonderten sich wieder scharf voneinander so und so viel Ordnungen, Familien, Gattungen, endlich Arten, jede eisern fest in ihrer Existenz gegen alle andern abgetrennt. Augenschein und theologiegenährte Philosophie vereinigten sich dem Meister zu dieser Annahme. Seine

philosophische Ueberzeugung ging dahin, daß die Tiere im Anfang der Dinge genau dem Bibel-Wortlaut entsprechend durch
einen festen Akt „erschaffen" worden seien. Bei diesem Akt waren
die Unterschiede allsogleich „miterschaffen" worden. Nach sicherer
Norm waren heute Vögel erschaffen worden, heute Säugetiere,
jede Klasse absolut unabhängig von der andern. Und innerhalb
der größeren Gruppen hatte enger wieder jede Art ihren besonderen Schöpferakt hinter sich, auf ihm stand sie, ihn gab sie in
unendlicher Folge der Generationen ewig gleich weiter, indem sie
ihre anerschaffene Form bis in alle Ewigkeit hinein durch Fort-
pflanzung treu bewahrte.

Dieser philosophische „Glaube" verlieh dem System eigentlich
erst die höchste Weihe. Nachdem man einmal an gewissen Merkmalen erkannt hatte, wodurch sich etwa ein gewöhnlicher Vogel
von einem gewöhnlichen Säugetier unterschied, hatte man nun, so
schien es, das unbedingte Recht, eine Kammer des zoologischen
Museums ausschließlich für die Vögel, eine andere für die Säugetiere zu reservieren, — und was an neuen Entdeckungen hinzukam,
das fand entsprechend seinen Ort: es mußte ihn finden, da es
ja nur ein Einzelobjekt aus der also geschaffenen Welt war. Das
„System" war der vom Menschen nachgedachte zoologische Bau-
plan Gottvaters selbst, in dem es keine Irrungen und Zweifel
geben konnte.

Unter solcher Voraussetzung konnte nun nicht leicht etwas
Mißlicheres passieren, als der Fall, den die Tierkundigen fast
genau auf der Wende des achtzehnten zum neunzehnten Jahrhundert erleben mußten.

In der Zeit seit Linné war ein neuer Erdteil zoologisch erschlossen worden: Australien. Eine ungemein seltsame Welt, wie
man alsbald bemerken sollte, ja sozusagen eine ärgerliche,
irreguläre, ketzerische Welt.

Im Jahre 1799 beschrieb der Konservator Shaw vom Britischen Museum ein kleines Monstrum, das aus diesem Australien
sich als trockener Balg in eine englische Privatsammlung verirrt
hatte.

Es erschien ein vierfüßiges Tier, anzuschauen etwa wie eine

Fischotter, mit braunem Haarpelz und vier regelrechten Beinen, also wohl unzweideutig im Sinne Linnés ein Säugetier.

Dieses „Säugetier" aber erlaubte sich, vorn am Kopf statt eines gewöhnlichen Fischotter-Mauls einen echten Schnabel zu tragen, der in jeder Hinsicht einem Entenschnabel glich.

Wenn dieses Tier „zu recht bestand", so drohte im Sinne Linnés etwas überaus Bedenkliches. Man hatte ein lebendiges Geschöpf, das zwischen Säugetier und Vogel zu stehen schien, und gerade das, sagte die Theorie, konnte es doch nicht geben. Wie der Astronom sagte, dem sein Assistent meldete, es stehe in dem und dem Sternbild plötzlich ein großer Stern: „Das darf nicht sein."

Shaw gab dem zweifelhaften Vieh auf alle Fälle einmal einen offiziellen Namen, hatte aber kein Glück dabei. Er nannte es Platypus anatinus, den entenhaften Plattfuß. Das Wort Platypus war aber längst für einen kleinen Borkenkäfer vergeben, mußte also wieder fallen.

Eine kurze Weile schien überhaupt der Ausweg möglich, daß nur ein Scherzbold die ernsthafte Wissenschaft geäfft und einfach einen Fischotterbalg an einen Entenkopf genäht habe.

Schon 1800 ließ sich das aber nicht mehr halten. Der treffliche Blumenbach in Göttingen, dessen Autorität in solchen Dingen damals unanfechtbar war, erhielt von demselben Banks, der einst in Cooks Gefolge das Känguruh entdeckt hatte, also einer zweiten „Autorität", den bösen Ketzer im System leibhaftig zugesandt. Er erkannte ihn als zweifellos echt an und taufte ihn endgültig Ornithorhynchus paradoxus: das „widerspruchsvolle Vogelschnabel-Tier". Schnabeltier hat sich in der Folge als kürzeste deutsche Bezeichnung überall eingebürgert.

Für Widersprüche war in der Tat gesorgt, mehr jedenfalls, als den strikten Anhängern Linnés lieb war.

Der entenähnliche Schnabel war eigentlich nur das äußere grobe Merkzeichen, daß im anatomischen Innenbau erst recht alles durcheinander liege. Gewisse Einzelheiten im Bau der Schulterknochen und vor allem die Anlage der Ausfuhrgänge aus dem Körper wichen gänzlich von dem ab, was man sonst für die Klasse der Säugetiere als Norm aufgestellt. Die Ausfuhrgänge bildeten eine sogenannte „Kloake", nämlich eine gemeinsame Oeffnung für Kot, Harn und Geschlechtsprodukte, just also das, was Vögel und Reptilien allgemein haben im Gegensatz zum Säugetier.

Und doch hatte das Tier im Ganzen einen unverkennbaren Säugetier-Typus! Jene Abweichungen hätten es den Vögeln oder auch den Reptilien beigesellt. Aber ein Vogel mit vier Beinen? Oder eine Eidechse mit Haaren und dem ganzen sonstigen Habitus eines viel höher stehenden, dauernd warmblütigen Tieres? Man versuchte sich auf die strengste Definition des Säugetiers zu beschränken. Säugetier ist ein Tier, das lebendige Junge zur Welt bringt und diese Jungen „säugt". Wie war es damit beim Schnabeltier?

Australien war weit. Das Schnabeltier hauste in entlegenen Sümpfen. Wer wollte seine Kinderstube überwachen?

Aber man untersuchte den in Spiritus eingesandten Körper und behauptete, es seien bei dem Weibchen keine Milchdrüsen nachweisbar. Dann half alles nichts: es war kein Säugetier. Aber was war es denn?

Wenig später kam aus dem Mutterlande die Wundermär, es hätten Wilde im Schilf des Schnablers Nest entdeckt und zwei regelrechte Eier wie Hühnereier hätten darin gelegen. Wenn das auch noch wahr war, so blieb nur eins übrig: man gründete für das einzige Schnabeltier eine ganz neue Klasse der Wirbeltiere.

Linné hatte solcher Klassen vier unterschieden: die Säugetiere, Vögel, Amphibien und Fische. Zwischen Säugetiere und Vögel wären denn also jetzt die Schnabeltiere zu setzen gewesen — immerhin eine etwas bedenkliche Sache. Eine ganz neue Klasse um eines Vertreters willen! Ein ganzes Kämmerchen im Museum für diesen paradoxen Gesellen ganz allein?

Es dauerte aber nicht allzulange, so war dieser ganze Ausweg überhaupt als Fehlgriff entlarvt.

1826 kam ein großes Prachtwerk von Meckel heraus — und Meckel hatte nun doch die Milchdrüsen des Schnabeltiers bei erneuter sorgsamster Zergliederung entdeckt. Man bestritt ihm die

Sache, es stellte sich auch in der Folge heraus, daß der feinere Bau dieser Drüsen immerhin recht absonderlich sei, aber die Grundtatsache war schlechterdings nicht abzuleugnen.

Eine Hauptschwierigkeit hatte darin gelegen, daß keine äußerlich vortretenden Brustwarzen da waren. Die Haut über den Milchdrüsen war nur wie durchsiebt. Bis in die allerneueste Zeit hat man sich darüber gestritten, wie das Tier mit solchem Apparat überhaupt Junge säugen könne. Semon hat schließlich vom Landschnabeltier nachgewiesen, daß das Kleine, das hier in einem Beutel (einer Hautfalte) am Mutterbauche liegt, die abträufelnde Milch einfach fortleckt. Komplizierter aber noch ist die Geschichte beim Wasserschnabeltier. Hier legt sich die Alte auf den Rücken und die Jungen, zwei an der Zahl, klopfen und drücken mit ihren Schnäbelchen so lange an dem Milchsieb herum, bis Milch austritt. Diese Milch jetzt fließt in eine Rinne im Bauch der Alten wie in einen Trog und aus dem löffeln die Kleinen endlich mit den Schnäbeln ihre Suppe.

Jetzt war der leidige Schnabler also im Sinne der Linnéschen Definition doch ein Säugetier. Man hatte ein echtes Säugetier, das aber in so und so viel Punkten die gute Straße sämtlicher übrigen Säugetiere verließ und einsam für sich ging, — einsam für sich auf Straßen, wo im System ordnungsgemäß nur Vögel und Reptilien wandelten.

Es gab, wie erwähnt werden muß, in dieser Zeit, in den zehner und zwanziger Jahren des Jahrhunderts, schon ganz vereinzelte Köpfe unter den Tierkundigen (Lamarck, Geoffroy St. Hilaire und andere), die an die Unfehlbarkeit jener Linnéschen Voraussetzungen überhaupt nicht mehr glaubten. Sie bestritten, daß das „System" mit seinen scharfen Unterschieden etwas wirklich so in der Natur Gegebenes sei. Warum von Beginn der Dinge an Reptilien, Vögel, Säugetiere? Warum nicht eine langsame natürliche Entwickelung, bei der Art sich aus Art, Ordnung aus Ordnung, Klasse aus Klasse erst allmählich entwickelt hatte? Konnte es nicht früher bloß Vögel gegeben haben, aus denen dann im Laufe der Zeiten sich erst Säugetiere entwickelt hatten? Und wie, wenn nun ein solches Geschöpf wie das Schnabeltier, das von beiden noch etwas hatte, das noch lebende Zeugnis eines solchen Uebergangs zwischen den beiden Klassen leibhaftig uns vor Augen stellte?

Das war nun damals wirklich noch böse Ketzerei. Sie wurde von der großen Mehrzahl der Forscher herzhaft ausgelacht, gleichsam an den Pranger gestellt als unwürdige Albernheit und dann — ging man zur Tagesordnung über. Auch bei solchen Gelehrten, die nach Gott und seinem Schöpfungsplan nicht viel mehr fragten, hatte das System eine Art selbstherrlicher Heiligkeit angenommen. Wer es im Sinne von Entwickelung irgendwo beweglich, flüssig machen wollte, der war ein Dilettant, ein Bönhase, ein durch und durch unwissenschaftlich denkender Mensch.

Man fühlte dort aber um so mehr Mut, als es gerade jetzt schien, als sei die ganze Sache mit dem Stein des Anstoßes, dem Schnabeltier selber, wirklich sehr übertrieben worden.

Wer hatte doch behauptet, daß es Eier lege? Unsinn! 1832 reiste der englische Zoologe Bennett eigens nach Australien, um dieser „Tatsache" einmal ernstlich auf den Grund zu gehen. Und das Ergebnis war ein so rundes Nein, wie nur irgend denkbar schien.

Was hatte, so hörte man, Bennett sich nicht für Mühe gegeben!

Das Wasser=Schnabeltier, von wirklich ähnlicher Lebensweise wie unsere Fischotter, gräbt sich tiefe Kessel in den Flußwänden aus, in denen es sich verbirgt und seine Jungen hegt. Sie sind nicht ohne Kunst gemacht, diese Verstecke. Eine lange, schief aufwärtssteigende Röhre leitet zu dem Zentralkessel, von sechs bis fünfzehn Meter lang. Die Röhre aber hat meist zwei Ausgänge, einen unter dem Wasserspiegel und einen darüber. Innen ist alles hübsch mit trockenen Wasserpflanzen austapeziert.

Nun denn: Kessel um Kessel wurde aufgedeckt. Und da lagen sie, die jungen und anscheinend allerjüngsten Schnabler, winzige Tierchen, an die Mutter geschmiegt. Aber keine Eier, kein einziges, auch kein Bruchstück einer Schale — nichts. Die Eingeborenen hätten einmal wieder gelogen und das System war noch einmal gerettet....

Das Jahrhundert rückte vor. Vom Schnabeltier war weniger die Rede. Aber für die ganze Tierkunde kamen allmählich neue Zeiten, ja eine neue Aera.

Im Jahre 1859 veröffentlichte Darwin sein großes Buch über die Entstehung der Arten. Es war ein Angriff auf die ewige Leichen-Starre des Systems nicht vom Schnabeltier oder sonst einem Einzelfall aus, sondern generaliter. Zehn Jahre weiter: und die ganze Tierkunde war übergegangen ins darwinistische Lager. Nun hatte aus tausend Gründen jene ketzerische Lehre doch recht behalten, die in der ganzen Tierwelt das Ergebnis einer allmählichen Entwickelung sah.

Das alte System bekam damit ein völlig neues Gesicht. Nicht, daß man leichtsinnig jetzt etwa wieder jede Systematik über Bord geworfen hätte. Man mußte das System nur philosophisch umdeuten. Als „Stammbaum" mußte es fortan gefaßt werden. Wohl blieben gewisse Gruppen auch so bestehen. Ein gewöhnliches Reptil, ein gewöhnlicher Vogel, ein gewöhnliches Säugetier blieben verschieden, darüber bestand auch jetzt kein Zweifel. Aber früher hatte der Nachdruck darauf gelegen, daß alle, schlechterdings alle Vögel von allen Reptilien, alle Reptilien und alle Vögel von allen Säugetieren durch ursprünglichste Schöpfungsverschiedenheit getrennt wären. Jetzt richtete man sein Augenmerk darauf, ob nicht dieses oder jenes Reptil doch dem Vogel noch näher stände als die andern, ob nicht dieses oder jenes Säugetier noch mit niedrigeren Tieren wenigstens teilweise zusammenpasse. Weil man an Entwickelung der einen Klasse aus einer andern glaubte, suchte man jetzt als besonders wichtig nach Uebergangsformen.

Freilich merkte man alsbald eines und das war wieder mißlich. So vor aller Welt Augen liefen gerade diese Uebergangsformen offenbar durchaus nicht in Menge herum. Die meisten schienen heute gar nicht mehr auf der Erde vorzukommen. Allzu verwunderlich war das nicht. Jene Umwandlung der großen Tiergruppen ineinander, wie sie Darwin lehrte und immerhin ziemlich anschaulich auf Gesetze zurückführte, hatte ja durchweg schon in sehr alten Tagen der Erdgeschichte stattgefunden. Lange vor dem Auftreten des Menschen konnte die Mehrzahl jener Vermittelungsglieder recht gut schon spurlos wieder ausgestorben sein. Wohl durfte man hoffen, gelegentlich im verhärteten Meeresschlamm jener Urzeiten, der heute Gebirge bildete, noch versteinerte Reste dieser verschollenen Geschöpfe aufzufinden. Aber das war immer mehr oder minder Zufallssache und konnte mindestens noch endlos lange sich hinziehen, da der menschlichen Forschung bisher nur ein verschwindend kleiner Teil der irdischen Gebirge und Gesteinslager, wo Versteinerungen vorkommen, erschlossen ist.

Je weniger man aber einstweilen hatte, desto sorgsamer mußte man mit dem haushalten, was man besaß.

Die neue darwinistisch gefärbte Tierkunde vermerkte mit stärkstem Nachdruck, daß sie in dem ganzen riesigen Gewimmel der Fische einen einzigen — den sogenannten Amphioxus — noch lebend im Inventar mitführte, der allem Anschein nach den Uebergang von wirbellosen, wurmähnlichen Tieren zum Fisch in sich verkörperte. Sie vermerkte ferner, daß eine ganz kleine Gruppe (von nur drei Gattungen) fischähnlicher Tiere — die Molchfische — den entsprechenden Uebergang vom Fisch zum Amphibium heute noch ziemlich deutlich vor Augen stellte. Dann gab es da auf soviel tausend Amphibien und Reptilien wieder eine einzige absonderliche Eidechsenart — die Hatteria aus Neuseeland —, die eine uralte Reliquie darstellte, in der sich das molchartige Amphibium noch auffällig mischte mit dem echten eidechsenartigen und krokodilartigen Reptil. Von diesem Reptil, also etwa einer echten Eidechse, zum Vogel lieferte dann jene Versteinerungsurkunde das passende Mittelglied in dem wunderbaren Urvogel Archäopteryx des Juraschiefers von Solnhofen: noch erkennbare versteinerte Reste eines längst ausgestorbenen Wesens, das einerseits noch langschwänzige Eidechse mit scharfen Zähnen im Maul und andererseits schon richtig befiederter, geflügelter Vogel gewesen war.

Das gab so alles in allem wirklich ein gutes Stück „Stammbaum" für die obersten Tierklassen. Aus Würmern waren, so sah man ungefähr, die Fische gekommen. Aus Fischen die Amphibien. Aus Amphibien die Reptilien. Aus Reptilien endlich gar unzweideutig die Vögel. Blieb aber die alleroberste Klasse noch: die wichtigste von allen, die Säugetiere. Welche Tierform, lebend oder tot, vermittelte den Uebergang zu denen hinauf? Und den Uebergang von wo aus?

Hier jetzt kam die neue Situation, wo das Schnabeltier abermals überaus bedeutsam werden mußte.

Von allen Säugern hatte es den niedrigsten Bau. Obwohl echtes Säugetier, zeigte es doch Merkmale, die unverkennbar an den Vogel oder sogar an das noch niedrigere Reptil, an die Eidechse erinnerten. Was Lamarck und Geoffroy St. Hilaire lange vor Darwin und Haeckel ausgesprochen hatten, weil sie zu ihrer Zeit schon an natürliche Entwickelung glaubten — was aber damals allgemein verlacht worden war — das kam jetzt offen zu Tage: das Schnabeltier war ebenfalls eine prächtige Uebergangsform und das „Paradoxe" an ihm war eben diese Zwiespältigkeit einer Vermittelung zwischen der Klasse der Säugetiere und einer tieferen, noch geringer entwickelten Klasse.

Abermals aber war es gerade jetzt, als wenn die neue Theorie neue Entdeckungen hinsichtlich dieses Schnabeltiers förmlich programmmäßig herauslockte — und diesmal sozusagen die umgekehrte Entdeckung wie damals durch Bennett.

Es ist nachzuholen, daß im Verlauf des Jahrhunderts das alte Schnabeltier noch einen lebendigen Bruder im Register der Tierkunde erhalten hatte.

Die ersten Ansiedler im australischen Busch glaubten in einem Lande so vieler Wunder wenigstens auf etwas Heimisches zu stoßen: den Igel. Aber was sie dafür hielten, trug zwar ein scharfes Stachelwams gleich diesem Freund aus den europäischen Weinbergen, in Wahrheit war es aber nur erst recht ein seltsamster Australier: nämlich ein zweites und zwar landbewohnendes Schnabeltier, das mit langer Zunge Ameisen schleckte und danach der Ameisenigel getauft wurde. Lateinisch erhielt es den großen mythologischen Namen Echidna zur Erinnerung an das alte griechische Zwitterscheusal aus Schlange und Mensch.

Auch dieser stachelige Land-Schnabler bewährte in allem Wesentlichen die Uebergangs-Natur, wie man sie schon am Wasserschnabeltier festgestellt.

Nun geschah es aber im August 1884, daß ein deutscher Zoologe, Wilhelm Haacke, sich auf australischem Boden aufhielt und in den Besitz eines Pärchens lebender Ameisenigel kam. Haacke hatte in Jena bei Gegenbaur gehört, daß die weiblichen Schnabeltiere an der Bauchseite angeblich gewisse Falten zeigen sollten, die an einen Beutel für die Jungen, wie sie die sogenannten Beuteltiere (zum Beispiel das Känguruh) besitzen, erinnerten. Der Einfall kommt ihm, das einmal rasch zu untersuchen. Sein Diener muß ihm den weiblichen Ameisenigel bei den Hinterbeinen hoch heben, und richtig: da sind nicht nur ein paar Fältchen, sondern da ist ein regelrechter Beutel. Die Existenz dieses Beutels selber aber ist noch nichts gegen den unmittelbar folgenden Fund. Unser Forscher greift zu und zieht aus dem Beutel ein unzweideutiges Ei. Er war im Augenblick so überrascht, daß er das Ei in der Hand zerquetschte. Aber die Entdeckung war für immer gemacht. Das Land-Schnabeltier legte also auf alle Fälle wirklich Eier wie ein Vogel oder eine Eidechse . . . .

Wie es mit dem Zufall aber in der Welt geht: gerade jetzt und gleichzeitig mit Haacke war in einer andern Ecke Australiens ein Engländer, Caldwell, auf ein Nest des Wasserschnabeltiers geraten, in dem wahrhaftig auch Eier lagen. Der alte Bennett mußte seiner Zeit ausgesuchtes Pech gehabt haben: sicherlich war er jetzt widerlegt und die Tatsache stand zum erstenmal ganz fest: beide Schnabeltiere legten Eier!

In den Jahren 1891 und 1892 ist der Beweis dann gleichsam systematisch und im größten Stil noch einmal wiederholt und ausgebaut worden. Das Interesse für darwinistische Probleme war jetzt so hoch gediehen, daß ein trefflicher deutscher Zoologe, Schüler und Kollege Haeckels in Jena, Richard Semon, eigens auf zwei Jahre nach Australien gehen konnte, um die Naturgeschichte der Schnabeltiere und daneben die eines anderen darwinistisch interessanten Uebergangs-Tieres — des Molchfisches Ceratodus — gründlich zu studieren.

Semon hat viele Monate lang sein zoologisches Laboratorium mitten im wilden australischen Busch nahe der Ostküste auf Queensländer Gebiet aufgeschlagen. Das Ergebnis war die Enträtselung der ganzen Entwickelungsreihe der Keimformen im Ei bei Ceratodus, eine zoologische Tat ersten Ranges, nach der sich längst alle Vertreter der Entwickelungslehre gesehnt hatten. In den Mußestunden von dieser einen Arbeit aber sandte Semon seine schwarzen einheimischen Jäger auf die Suche nach Schnabeltieren, so viel sie nur bekommen könnten. Tüchtige Geldprämien wurden ausgesetzt, bis zu zweieinhalb Mark für jeden weiblichen Ameisenigel.

Das half. An einem Tage allein kamen acht solcher Landschnabler an, zwei davon mit Eiern noch im Leibe, zwei mit welchen im Beutel und drei mit schon ausgekrochenen Beuteljungen. Ueber vierhundert lebende Tiere der Art gingen schließlich durch des emsigen Forschers Hände. Früh gegen Sonnenaufgang pürschte er selbst mit der Flinte auf das scheue Wasserschnabeltier und brannte dem Schwimmenden feine Schrotsorten auf den Pelz. Da gab es denn auch von diesem in Europa immer noch kostbaren Sammlungsobjekt bald solche Mengen, daß Semon zuletzt anfing, die überflüssigen Felle zu gerben als späteres Material für Pelzmützen, während die Eingeborenen sich über das Fleisch der überzählig gewordenen Ameisenigel als einen köstlichen Leckerbissen hermachten.

Für das zoologische Kochbuch sei mitgeteilt, daß das Echidna-Tier zubereitet wird ganz nach der Methode, wie unsere Zigeuner ihren famosen Igelbraten machen. Der Igel wird da bekanntlich über sein ganzes Stachelkleid hinweg mit weichem Lehm beknetet und so, als dicke Lehmkugel, übers Feuer gebracht, wobei viel auf fleißiges Wenden zur rechten Zeit ankommt. Ist der Lehm hart, so läßt man den Braten abkühlen, bricht dann die Hülle herunter, wobei zugleich die Stacheln mitgehen, und hat nun das feinste Fleisch im voll erhaltenen Saft. In Amerika wird ähnlich der Tatu (das Gürteltier) in seinem eigenen Panzer gebraten und soll mit spanischem Pfeffer und Citronensaft eine Leckerei ersten Ranges abgeben, das weiße Fleisch wie Huhn, das Fett wie von Kalbsniere. Und so denn auch wird das Stachelschnabeltier ausgenommen, aber nicht gehäutet, sondern in seinen Stacheln auf der heißen Asche geröstet. Besser als Rindfleisch sei so ein fetter Schnabler, urteilt der Schwarze, und das ist für ihn der Gipfel der Ehre. Semon selber spricht sich weniger günstig aus. Das

Wasserschnabeltier ähnelt auch darin den meisten Wasservögeln,
daß es abscheulich nach Tran schmeckt. Gleichwohl findet es bei
manchen schwarzen Stämmen auch seine Freunde, die auf den
Braten erpicht sind. Lebten beide Arten nicht so nächtlich verborgen, so möchte diese ihre fatale Küchendisposition wohl in
absehbarer Zeit ihr Schicksal im Lande besiegeln.

Durch Semons Studien, eine mustergültige Leistung deutschen
Gelehrtenfleißes, sind wir jetzt nicht bloß über die allgemeine Tatsache des Eierlegens der Schnabeltiere überhaupt, sondern auch
über eine Fülle zugehöriger Einzelheiten genau unterrichtet.

Semon hat zahlreiche Keime oder Embryonen des Ameisenigels aus dem Ei untersucht und abgebildet, und er hat wenigstens
die Grundzüge auch dieser ganzen verwickelten Jugendentwickelung
des geheimnisvollen Geschöpfes aufgehellt.

Wie der Vogel (nicht aber sonst das Säugetier), bildet der
weibliche Ameisenigel nur an e i n e m, nämlich dem linken Eierstock
reife Eier.

Nachdem diese sich noch im Mutterleibe mit einer Schale umgeben, wachsen sie aber innerhalb ihrer elastischen Hülle nachträglich noch um ein Bedeutendes, indem nährende Stoffe aus den
Geweben der Mutter immer noch in sie eintreten, — ein Vorgang,
der sich allerdings so nun wieder n i c h t bei Reptil und Vogel
findet und recht zeigt, daß wir eben doch der Uebergangsstelle zum
Säugetier nahe stehen; bei Reptil und Vogel ist das Ei der Stoff-
menge nach fertig und außer Verband mit der Mutter vom Augenblick an, da die Schale es umschließt.

Reif zum Legen, ist das Schnabeltier-Ei im Durchmesser etwa
fünfzehn Millimeter groß und birgt in sich einen rund fünf Millimeter langen Keim oder Embryo. Wie bei jedem höheren Wirbeltier, sei es nun ein Huhn oder eine Schildkröte oder ein Krokodil,
sei es ein Känguruh oder eine Katze, so zeigt sich auch auf einer
frühen Stufe dieses Embryos die unerwartet seltsame Gestalt eines
Wesens mit flossenartig formloser und vollkommen gleichartiger
Anlage der vier Gliedmaßen und mit deutlichen Kiemenbogen am
Halse, wie sie der Fisch zum Zweck des Atmens im Wasser besitzt.
Seitdem die Tierkundigen darwinistisch denken gelernt haben, wissen

sie dieser eigentümlich fischartigen Keimform der höheren Wirbeltiere eine höchst lehrreiche Bedeutung beizulegen. Aus tausend
und abertausend Fällen im ganzen Tierreich hat man den Schluß
gezogen, daß vielfältig die jungen, noch unreifen Tiere als Keim
im Ei oder als Larve vorübergehend erst noch einmal gewisse
Formen ihrer Ahnen wiederholen, ehe sie die eigene typische
Gestalt annehmen. So zeigt das junge Fröschlein noch einmal als
Kaulquappe einen Schwanz wie ein Molch oder Fisch.

Im Mutterleibe muß aber selbst das Säugetier noch einmal
ein Stadium durchmachen, das auf seine fisch- und molchähnlichen
Ahnen zurückweist. Und zwar muß es das höchste Säugetier, der
Mensch, so gut wie das niedrigste, das Schnabeltier. Auf gewisser
Stufe sind sich Menschen-Embryo und Schnabeltier-Embryo frap-
pant ähnlich: beide wiederholen die gemeinsame fischähnliche Urstufe.

Wird das Ei des Ameisenigels endlich wirklich gelegt, so erscheint die Schale lederartig und frei von eingelagerten Kalk-
salzen, es erinnert vollkommen an das Ei etwa einer Schildkröte.
Um diese Zeit der Eiablage hat sich an der Unterseite der Mutter
jener erwähnte Beutel, eine Art Hautfalte, die eine regelrechte
Tasche bildet, entwickelt, und in diese Tasche schiebt, so scheint es,
alsbald das mütterliche Schnabeltier mit der langen Schnauze das
Ei, auf daß es hier an geschütztester Stelle sich fertig ausbilden
könne. Nicht lange, und der kleine Embryo darin hat das Dotter-
material, das ihm in seinem Ei-Kerker als Speisevorrat mit auf
den Weg gegeben war, zur Neige aufgezehrt, hat sich selbst jetzt
bis zur Länge von fünfzehn Millimetern herausgefüttert, und macht
jetzt zwangsweise Anstalt, die lederharte Wand seines nunmehr
allzu engen Gefängnisses zu sprengen.

Das letztere würde nun nicht so ganz leicht sein, wenn nicht
gerade zum Zweck hier das junge Schnabeltierchen eine ähnliche
Waffe erhielte, wie sie ein kleines Vogelküken oder junges Eidechslein zum Sprengen der Eischale benutzt. Es wächst ihm nämlich
auf der Schnauzenspitze eine besondere kleine Hornspitze, die mit
Leichtigkeit die Schalenwand durchstößt. Ist das geschehen, so rutscht
der immer noch winzige Schnabler frei in den warmen Beutel.
Alsbald entfernt die Mutter die leere Eihülle, das Junge aber

benimmt sich jetzt zum erstenmal als echtes und rechtes „Säugetier": es leckt die von den Milchdrüsen abgesonderte Milch —
eine Milch, die sich übrigens in ihrer chemischen Zusammensetzung
nicht unerheblich von der der übrigen Säugetiere zu unterscheiden
scheint, da mindestens die Phosphorsäure darin fehlt.

Erst wenn die Länge des Beuteljungen achtzig bis neunzig
Millimeter erreicht hat, beginnen die igelartigen Stacheln hervor-
zusprossen. Das Kleine ist jetzt annähernd zehn Wochen alt, wenn
man die ganze Entwickelung einrechnet.

Der Aufenthalt im schützenden Beutel ist in dieser Zeit keine
zwingende Notwendigkeit mehr. Doch bleibt noch längere Zeit
ein intimes Verhältnis zwischen Mutter und Kind bestehen. „Die
Schwarzen", erzählt Semon, „gaben mir übereinstimmend an, daß
die Alte zunächst noch einige Zeit lang zum Jungen zurückkehrt,
um es in den Beutel aufzunehmen und zu säugen. Wenn sie nachts
ihren Streifereien nachgeht, entledigt sie sich der beträchtlichen, ihr
unbequem werdenden Last, indem sie für das Junge eine kleine
Höhle gräbt, zu der sie nach beendigter Streife wieder zurückkehrt.
Daß sich das wirklich so verhält, kann man aus den frischen Spuren
der Alten in der Nähe des Lagers des Jungen und auch daraus entnehmen, daß der Magen und Darm solcher Jungen Milch enthält."

Semon hat die Schnabeltiere aber nicht bloß auf ihre Jugend-
geschichte hin geprüft. Auch über das erwachsene Tier und seine
Besonderheiten hat er in umfassender Weise Material gesammelt.

Zunächst hat er einige höchst interessante Beobachtungen mitgeteilt über das Geistesleben der Landschnabler.

„Es ist ungemein schwierig," sagt er, „von dem Seelenleben
und der Intelligenz von Geschöpfen eine richtige Vorstellung zu
gewinnen, die in ihrer ganzen Organisation noch so bedeutend
von der unserigen abweichen. Es gibt wohl kein zweites Gebiet
der Erkenntnis, in dem es so schwer, ja unmöglich ist, den anthro-
pocentrischen Standpunkt zu verlassen, als das der Tierpsychologie.
Der Schluß, den wir aus dem Gebahren eines Tieres auf seine
Intelligenz machen, ist meist ein ganz oberflächlicher, einfach weil
wir so häufig die eigentlichen Triebfedern dieses Gebahrens nicht
verstehen. Die Außenwelt wird sich eben in einem Geschöpfe anders

projizieren, bei dem diese Projektion durch ganz andere Pforten
erfolgt, bei dem Geruchssinn, Gehör, Gefühlssinn viel vollkommener, der Gesichtssinn ganz anders ausgebildet ist als bei uns.
Ein Tier, das sich schwer oder gar nicht an die veränderten
Lebensbedingungen der Gefangenschaft gewöhnt, ist deshalb noch
nicht notwendigerweise dumm; eines, das auf solche Reize, die uns
stark beeinflussen, nur träge reagiert, noch nicht schlechthin stumpfsinnig. Eine gefangene Echidna erscheint, wenn wir dennoch einen
solchen ganz rohen Maßstab anlegen wollen, ziemlich dumm und
stumpfsinnig. Eine große Furchtsamkeit verhindert, daß die Tiere
eigentlich zahm werden, obwohl sie sich allmählich an ihren Pfleger
gewöhnen. Unstreitig ist ihre Intelligenz viel größer als die wohl
aller Reptilien, obwohl sie weit unter der der Vögel und höheren
Säugetiere und wohl auch unter der der meisten Beuteltiere steht.
Auffallend ist ihr ungemein stark ausgeprägter Freiheitsdrang. Der
Gefangenschaft suchen sie sich mit allen Mitteln zu entziehen und
wenden zu diesem Zwecke eine gewaltige Energie auf. Tagsüber
verhalten sie sich meist ruhig in ihrem Gefängnis und scheinen
ganz in ihr Schicksal ergeben. Bei Nacht aber erwacht in dem
scheinbar so lethargischen Tiere eine staunenswerte Regsamkeit
und Willenskraft. Aus Kisten klettern sie leicht hinaus, lose auf-
gelegte Kistendeckel werden herabgeworfen, leicht zusammen-
genagelte Kisten, deren Bretter nicht überall dicht gefugt sind,
vermittels der kräftigen Extremitäten gesprengt. Da ich den
Schwarzen nur für lebende Exemplare den vollen von mir fest-
gesetzten Preis bezahlte, und die Leute von ihren weiten Streifereien
nicht immer noch an demselben Tage zu meinem Lager zurück-
kehren konnten, mußten sie häufig die Tiere über Nacht gefangen
halten, ohne natürlich zu diesem Zweck passende Behälter mit sich
führen zu können. Wurden die Tiere nun mit starken Schnüren an
einem oder zwei Beinen gefesselt, so gelang es ihnen über Nacht
fast regelmäßig, die Banden abzustreifen, so fest dieselben auch
zugeschnürt sein mochten. Auf ihre eigene Haut nahmen die Tiere
dabei nicht die geringste Rücksicht. Die Schwarzen waren über
die ihnen hieraus erwachsenen Verluste sehr ungehalten und halfen
sich damit, daß sie die Beine der Tiere durchbohrten und die

Schnüre durch die Wunde zogen. Das war denn ein sicheres Mittel, aber so grausam, daß ich seine Anwendung untersagte, als ich davon erfuhr. Ich gab dann den Schwarzen kleine Säcke mit, in die sie die Tiere über Nacht einbinden konnten. Waren die Säcke dicht und wurden sie sorgfältig zugebunden, so erfüllten sie ihren Zweck; waren die Schwarzen aber mit dem Zubinden leichtsinnig, so gelang es dem willensstarken Ursäugetier über Nacht, die ersehnte Freiheit zu erkämpfen. Bei einer derartigen Gelegenheit konnte eine interessante Beobachtung über den Ortssinn der Ameisenigel gemacht werden. Ein gefangener Ameisenigel wurde aus seinem Skrub (Dickicht im australischen Busch) sechs Kilometer weit bis zu meinem Lager in einem Sack getragen. Ueber Nacht gelang es ihm, sich zu befreien. Einer meiner Schwarzen ging seinen Spuren nach, die in gerader Richtung zu dem fast eine Meile entfernten Punkte zurückführten, an dem das Tier gefangen worden war. In der Nähe der alten Fangstelle fand es sich denn ruhig schlummernd in einer selbstgegrabenen Höhle. Erwägt man, daß das Tier in einem Sack in mein Lager getragen worden war und daß es in gerader Richtung zu seinem alten Aufenthalt zurückging, so liegt es am nächsten, an den Geruchssinn zu denken, von dem sich das Tier zurückleiten ließ. Besonders in der Brunstzeit verbreiten beide Geschlechter einen ausgesprochenen Geruch, der wohl zum gegenseitigen Auffinden der Geschlechter und zur sexuellen Erregung dienen mag. Er ist es auch, der dem Fleisch der in der Haut gerösteten Tiere den eigentümlichen Beigeschmack verleiht."

Diese Mitteilungen über den Stachler Echidna werden ergänzt durch ebenso wertvolle Studien Semons über das Wasserschnabeltier.

„In der Zeit des australischen Winters, also Juni bis Ende August, wenn die Nächte kalt sind, darf man sicher sein, die Tiere bei Sonnenaufgang und Sonnenuntergang im Fluß zu finden. Ist man morgens frühzeitig am Fluß und erwartet das Anbrechen des Tages, so kann man, sobald die ersten Sonnenlichtstrahlen die Wasserfläche treffen und die Gegenstände unterscheidbar machen, im Fluß einen Gegenstand von ein bis zwei Fuß Länge unterscheiden, der wie ein Brett flach im Wasser schwimmt. Zuweilen

liegt er eine Zeitlang regungslos da, dann plötzlich wieder ist er
verschwunden, um nach einigen Minuten an einer andern Stelle
aufzutauchen. Es ist dies das Schnabeltier, welches im Schlamm
des Flußbettes sein Morgenfrühstück nimmt." — (Ich zitiere weiter
nicht aus Semons populärem Reisebericht, sondern seinem großen
zoologischen Fachwerk über die Ergebnisse seiner Fahrt.) „Gewöhnlich liegt das Tier unbeweglich an der Oberfläche. Nach
einigen Minuten taucht es plötzlich und geräuschlos unter, verweilt
zwei bis drei Minuten unter Wasser und taucht dann wieder ebenso
plötzlich und geräuschlos auf. Während des Tauchens hat es am
Grunde mit seinem platten Schnabel nach Entenart allerlei Wasser-
getier, Würmer, Insektenlarven, Schnecken und Muscheln auf-
gestöbert und seine Backentaschen reichlich gefüllt. Am Burnett
bilden unstreitig die Muscheln seine Hauptnahrung; die Backentaschen fand ich gewöhnlich mit zehn bis fünfzehn Millimeter
langen Exemplaren von Corbicula nepeanensis Lesson strotzend
gefüllt. Das Auftauchen geschieht, um Luft zu schöpfen und um
den Inhalt der Backentaschen zu zermalmen und zu verschlucken.
Ab und zu sah ich das Tier auch spielend an der Oberfläche her-
umschwimmen und plätschernd auf kurze Zeit tauchen, gleichwie
um sich zu vergnügen. In zwei verschiedenen Fällen beobachtete
ich ein Schnabeltier im Trockenen, auf dem Grase der Flußbank
liegen, sich dehnen und strecken und seinen Pelz reinigen und
putzen. In beiden Fällen glitten die Tiere, als sie meine Gegenwart bemerkten, ins Wasser, tauchten unter und waren verschwunden, indem sie ihren Bau durch die unter dem Wasserspiegel be-
findliche Wohnung gewannen. Der oberirdische Zugang wurde in
beiden Fällen nicht benutzt, dient aber ebenfalls als Zu- und
Ausgang, wie man aus den Spuren des Tieres entnehmen kann,
und nicht lediglich zur Durchlüftung des Baues. Auch sind mir
Fälle bekannt, daß die Tiere in Schlingen, die man vor dem oberirdischen Zugang anbrachte, gefangen worden sind. Allerdings
scheint für gewöhnlich die unter dem Wasserspiegel gelegene Oeffnung als Hauptpforte benutzt zu werden, denn ich selbst habe in den
vielen Schlingen, die ich vor dem oberirdischen Zugang anbrachte,
niemals ein Schnabeltier gefangen. Wird das Tier, wenn es sich

im Waffer befindet, erfchreckt, fo taucht es fofort und verfchwindet auf Nimmerwiederfehen durch den unter dem Waffer befindlichen Zugang. Obwohl Ornithorhynchus ein guter Taucher ift, kann er natürlich nur eine gewiffe Zeit lang unter Waffer verweilen. Solche, die fich nachts zufälligerweife in ein Fifchnetz verwickeln und längere Zeit unter Waffer feftgehalten werden, findet man am Morgen regelmäßig ertrunken vor. Die Jagd auf unfer Tier ift nicht fchwierig, wenn man feine Lebensgewohnheiten kennt. So klein das Auge des Ornithorhynchus ift und fo tief die Ohröffnung im Pelzwerk verfteckt liegt, fo fcharf ift doch Geficht und Gehör. Deshalb ift es auch ein fruchtlofes Beginnen, fich heranfchleichen zu wollen, fo lange das Tier über Waffer verweilt. Die Lage der Augen ermöglicht es ihm, genau zu beobachten, was über ihm am anfteigenden Flußufer vorgeht. Uebrigens erkennt es die Gefahr nur, wenn der Verfolger fich bewegt, nicht, wenn er fich regungslos verhält. Aber fchon das Erheben der Flinte genügt, um das Tier zu verfcheuchen. Auch jeder verdächtige Laut bringt es zum Verfchwinden. So fah ich einmal eins fofort untertauchen, als in ein Kilometer Entfernung ein Schuß fiel. Es kam aber bald wieder zum Vorfchein, was es entfchieden nicht getan haben würde, wenn es durch einen Laut in größerer Nähe erfchreckt worden wäre. Einmal verfcheucht, fuchen die Tiere faft ftets ihren Bau auf und kommen an dem betreffenden Morgen oder Abend nicht mehr zum Vorfchein. Doch ift es, wie gefagt, leicht, das Tier zu erlegen, wenn man fich ihm nur nähert, fo lange es untergetaucht ift, und fofort regungslos ftehen bleibt, wenn es wieder auftaucht. Man hat es anzufpringen, ähnlich wie einen Auerhahn."

Zu den vielfältigen körperlichen Abfonderlichkeiten der Schnabeltiere gehört die Exiftenz eines regelrechten Sporns an jedem Hinterbein des Männchens, eines Sporns, wie er jedem vom Hahn bekannt ift. Lange hat man fich den Kopf zerbrochen, was diefes Abzeichen für einen Sinn haben könnte. Jeder Sporn ift durchbohrt und fteht mit einer Drüfe in Zufammenhang. So tauchte vor diefem Ausbund aller Unwahrfcheinlichkeiten die phantaftifche Idee eine Weile auf, das Ding funktioniere wie der Giftzahn einer Schlange und fei die fchrecklichfte aller Säugetier-

Waffen. Aber es paßte schlecht dazu, daß bloß das Männchen diese Waffe führen sollte. Warum war das Weibchen schutzlos? Schon Bennett legte denn auch erste Bresche in den Glauben. Er ließ sich von seinen Schnabeltiermännchen absichtlich kratzen und verspürte nichts von Gift. Die Schnabler zeigten auch gar keine Lust, absichtlich mit dem Sporn zu stoßen. Semon hat jetzt den Sachverhalt auch hier wenigstens negativ ganz sicher gestellt. Kein einziger unter Hunderten von Stachelschnablern hat je versucht, sich mit dem Sporn zu wehren und von Gift war keine Rede. Die Schutzwaffe des Tieres, meint Semon, ist Einrollen und Eingraben, aber nicht Spornstechen. Positiv scheint ihm keine andere Lösung denkbar, als daß der Sporn, einseitig männlich, wie er nun einmal ist, auch eine reine Geschlechtsbedeutung habe: er dient als sexuelles Erregungsorgan in der Liebeszeit der Schnabler.

Selbst dieser geheimnisvolle Sporn bildet aber noch nicht die Krone der Zeichen und Wunder dieses paradoxen Geschlechts. Schon der russische Forscher Mikloucho-Maclay hatte 1883/84 darauf hingewiesen, daß die beiden Gattungen der Schnabeltiere sich in einem ganz entscheidend wichtigen Punkte noch von allen übrigen Säugern unterschieden, — einem Punkte, der allerdings nur am lebenden Objekt und nicht daheim im Museum vor Spiritus-Präparaten und Bälgen studiert werden konnte.

Wasserschnabeltier sowohl wie Ameisenigel besitzen nämlich von sämtlichen Säugetieren die niedrigste Bluttemperatur.

Wir Menschen haben normal eine Blutwärme von etwas über 37 Grad Celsius. Dem entspricht der Affe mit 38 Grad. Eine Anzahl Säugetiere (einzelne Huftiere, Nagetiere, Raubtiere) gehen darüber hinaus bis vierzig Grad. Bei anderen Huftieren und Nagetieren sinkt die Ziffer dagegen, zum Beispiel ist sie beim Nilpferd nur noch 35 Grad. Bei den Beuteltieren, die schon sehr tief unten in der Reihe der Säuger stehen, kommen schon Temperaturen bis zu 33 Grad herab vor. Der Durchschnitt hält sich aber auf 36 Grad. Immerhin sind das alles aber noch Schwankungen innerhalb der Dreißiger aufwärts.

Nun aber das Landschnabeltier zeigt unter Umständen nur mehr die runde Dreißig, und das Wasserschnabeltier geht gar bis auf 25 Grad herunter, — fünfundzwanzig Grad bei 20 Grad Luftwärme, also nur 5 Grad mehr als diese!

Semon fügte dazu nun noch die Entdeckung, daß diese Bluttemperatur der Schnabler in den weitesten Grenzen schwankt, also bald höher, bald tiefer ist in einer beim höheren Säugetier unerhörten Weise. Es wurden Schwankungen bis zu 8 Grad und mehr nachgewiesen.

Für den ersten Anblick scheint diese neue Differenz unserer eierlegenden Australier gegen ihre ganzen Mitsäuger allerdings eine untergeordnete Sache. Und doch läßt sich gerade hier der Faden darwinistischen Denkens weiterspinnen.

Der Laie, der ein Schnabeltier, zumal das charakteristische Wasserschnabeltier betrachtet, der ein Säugetier vor sich sieht mit einem hornigen, zahnlosen Entenschnabel, der dazu noch hört, daß dieses Geschöpf Eier lege, und der allgemein weiß, daß der moderne Naturforscher an gewisse Uebergänge auch der großen, scharf getrennten Tierklassen ineinander glaubt, — er wird als geradezu selbstverständlich hinnehmen, daß dieses Schnabeltier den Uebergang bilde vom Vogel zum Säugetier.

Und die ersten Forscher, die solche Dinge überhaupt für möglich hielten, dachten in der Tat auch zunächst an diese Möglichkeit und keine andere.

Und doch: wie so oft, geht es auch hier, — das Nächstliegende ist noch nicht das Richtige.

Wir wissen heute, seit dem merkwürdigen Funde jenes Ur-Vogels Archäopteryx von Solnhofen, mit einer Bestimmtheit, die kaum etwas zu wünschen übrig läßt, daß der Vogel vom Reptil, von der Eidechse abstammt. Stammt nun das offenbar noch höher organisierte Säugetier vom Vogel ab und bildet das Schnabeltier diesmal den Uebergang?

Es läßt sich mit einer Fülle von Tatsachen beweisen, daß es tatsächlich nicht so ist.

Und zwar gibt einen ersten guten Fingerzeig gleich jene Entdeckung über die Blutwärme.

Das Schnabeltier hat sehr viel kälteres Blut, als alle übrigen Säugetiere. So sollte man denn wohl meinen, die noch niedrigeren

Tiere, von denen es selbst nun wieder abstammt, müßten nochmals in der Temperaturstufe heruntergehen, also noch kaltblütiger sich erweisen.

Jetzt ist aber der Vogel ganz ausnahmslos mit einer Blutwärme von über 40 Grad (bis zu 42) ausgestattet — also faktisch noch ein Teil blutwärmer, als die wärmsten unter den höchsten Säugetieren. Ein Vogel, dessen Blut gewaltsam auch nur bis auf die Normalwärme des Schnabeltierblutes, 25 Grad, abgekühlt wird, stirbt. Das paßt also ganz und gar nicht.

Dafür sehen wir aber etwas anderes. Wir messen die Dinge beim Reptil, bei Eidechsen, Schlangen, Krokodilen und Schildkröten, und wir finden hier eine gänzlich veränderte Sachlage. Das Reptil hat durchweg so gut wie gar keine „eigene" Blutwärme mehr: das heißt solche Wärme, die von innen heraus im Organismus erzeugt wird. Sein Blut ist „wechselwarm": es richtet sich nach der äußeren Lufttemperatur. Liegt die Schlange in der backofenheißen Sonne, so erhitzt sich ihr Blut zu hohen Temperaturgraden. Wird es umgekehrt draußen kalt, so durchkältet sich auch ihr Blut entsprechend. Bei Messungen zeigt sich so natürlich ein ganz willkürlich schwankendes Maß, je nach der äußeren Luftwärme oder Luftkälte.

Nur in einigen wenigen Ausnahmefällen nimmt auch das Blut von Reptilien schon einen ersten Anlauf zu eigener Innenheizung: so erhitzt sich die weibliche Python-Schlange zur Zeit, da sie brütend über ihren Eiern sitzt, bis zu 20 Grad Celsius über die umgebende Luftwärme hinaus.

Jenen schwankenden Reptilien-Verhältnissen, so sieht man deutlich, nähert sich nun das Schnabeltier, — nicht aber der dauerhaft höheren Vogel-Temperatur. Es ist natürlich noch kein Reptil, — ganz gleich liegen die Dinge also noch nicht. Aber schon gewahrt man den starken Herabgang der Eigenwärme im ganzen, schon tritt die auffällige Neigung zu sehr großen Schwankungen im Normalmaße ein, — kurz, man fühlt sich durchaus der Grenze zum Reptil näher, als bei irgend einem höheren Säugetier. Nicht der Grenze zum Vogel, sondern zum Reptil, zur Eidechse!

Sollten die Säugetiere also über das Schnabeltier fort unmittelbar von eidechsenähnlichen Tieren der Vorwelt abstammen, anstatt von Vögeln?

Sie bildeten dann im Stammbaum der ganzen Wirbeltierkette nicht einen höheren Sproß der Vögel, sondern einen Parallelast zu diesen. Das Schema des Stammbaums ergäbe etwa: aus den Würmern kamen die Fische; aus den Fischen die Amphibien (Molche); aus den Amphibien die Reptilien (Eidechsen); aus den eidechsenartigen Reptilien aber entwickelten sich als parallele Aeste nebeneinander hier die Vögel (vermittelt durch den Urvogel Archäopteryx), dort die Säugetiere (vermittelt durch das Schnabeltier).

Das Eierlegen wäre dabei alles eher als ein Hindernis. Denn die Eidechse, die Schlange, das Krokodil, die Schildkröte, alle diese Reptilien legen ja durchweg auch Eier, gerade wie der Vogel. Und die Eier der Schnabeltiere gleichen im Aeußeren sogar mehr denen der Schildkröten, als denen des Vogels. In andern Punkten, wie erwähnt, gleichen sie weder den einen noch den andern, sondern sind ganz individuell.

Bliebe nur eins: nämlich das erste aller am Schnabeltier bestaunten Wunder, — der seltsame Vogelschnabel!

Aber auch er beweist weit weniger, als man denken sollte, sobald man nur einmal in diese Linie des Schließens eingetreten ist.

Der wirkliche Uebergang vom Vogel zum Säugetier über das Schnabeltier hinweg müßte ja doch in sehr alten und entlegenen Zeiten der Erdgeschichte stattgefunden haben. Sagen wir einmal im Zeitalter der Ichthyosaurier, — wahrscheinlich datiert die Entstehung der ersten Säuger noch weiter zurück. Damals aber hatten ja die Vögel selber noch Zähne im Maul! Sowohl der berühmte Ur-Vogel Archäopteryx von Solnhofen wie die ältesten Vögel der Kreide Nordamerikas besitzen die echtesten Zähne, wie nur je eine Eidechse sie so gut gehabt hat. Von Entenschnäbeln keine Spur.

Also vom Vogel von damals konnte das Schnabeltier gar keinen Schnabel erben!

Umgekehrt gibt es heute noch und gab es damals schon Reptilien mit unverkennbaren zahnlosen Schnabelkiefern: die Schildkröten. Damals lebten sogar einzelne Gattungen von Ichthyosauriern, die gänzlich zahnlos waren, und ein 38 Fuß langes, nach

Känguruh-Art auf den Hinterbeinen hüpfendes Riesen-Reptil, der Hadrosaurus, führte den prächtigsten Entenschnabel am Kopf; hinter diesem Schnabel saßen bei diesem Monstrum in den Kieferwinkeln allerdings auch noch winzige Zähnchen in fabelhafter Menge, — über zweitausend.

Es scheint aber, daß unsere heutigen Schnabler nicht einmal mit dieser Schnabelei der Reptilien etwas zu tun haben. Ganz gut können ihre Ahnen Eidechsen mit dem solidesten Zahnbau gewesen sein. Denn sie selber, scheint es, haben ehemals Zähne besessen und der ganze Schnabel von heute ist bei ihnen nur eine spätere, nachträgliche Erwerbung der paar überlebenden Mohikaner des heutigen Australien. Hier beginnt ein letztes, aber fast das eigenartigste Kapitel.

Aus Gesteinsschichten jener uralten Tage, in denen wir die Umbildung niederer Wirbeltiere zu Säugetieren etwa erwarten mögen, sind uns in den verschiedensten Gegenden (von Südafrika bis Schwaben) versteinerte Knochen erster echter Säugetiere überliefert.

Unwillkürlich denkt man: es müssen Schnabeltiere sein.

Nun muß man sich aber wieder einmal klar vergegenwärtigen, was solche mehr oder minder fragmentarischen Gerippteile in altem Gestein überhaupt von einem Tiere zu überliefern pflegen. Man kann solchem Knochenüberrest nicht ansehen, wie die innere anatomische Beschaffenheit der Weichteile gewesen sei. Man kann wenigstens in der Mehrzahl der Fälle nicht ohne weiteres herauslesen, ob das betreffende Geschöpf Eier gelegt oder lebendige Jungen zur Welt gebracht habe — und so weiter. Auf solchen Punkten müßte aber in der Hauptsache gerade der Beweis stehen, ob jene Ursäuger Schnabeltiere waren oder nicht.

Mit dem Skelett allein ist die Sache sehr viel schwieriger. Immerhin aber: das Schnabeltier hat ja auch da seine charakteristischen Mücken, und die gälte es dort wiederzufinden. Am besten müßte es sein, wenn etwa der Schnabel selber erhalten wäre oder wenigstens die eigentümlichen in ihn eingehenden zahnlosen Kieferknochen.

Fatal aber jetzt: just von jenen Ur-Säugern hat man in erster

Linie ausgesucht gerade Zähne gefunden! Zähne und ganz und
gar nichts, was auf einen zahnlosen Schnabel à la Schnabeltier
deutete.

Das müßte doch als eine mehr als gewagte Sache erscheinen:
Tiere als Schnabeltiere zu bestimmen, von denen man als Haupt-
beweisstück nichts besitzt, als Zähne, also gerade das, was das
lebende Schnabeltier nicht hat.

In diesem Dilemma ist es aber das lebende Schnabeltier selber
gewesen, das ein letztes Mal heraus und weiter geholfen hat.

Jene Zähne der bewußten Ur-Säugetiere aus der Triaszeit
haben eine ganz bestimmte, höchst charakteristische Form.

Bei dem Tiere Microlestes antiquus beispielsweise, dessen
Zähnchen schon 1847 von Plieninger bei Echterdingen in Württem-
berg entdeckt worden sind, gleichen sie einem kleinen Schüsselchen
mit einer Kette kleiner Höcker am Rande. Kein lebendes bezahntes
Säugetier besitzt in erwachsenem Zustande so sonderbar aus-
schauende „Vielhöcker-Zähne".

Und doch kommen sie ein einziges Mal noch „lebendig" vor,
freilich nicht als dauernder Besitz, sondern vorübergehend als
Jugendform.

Wir haben von dem Gesetz gehört, das vielfach die jungen,
unreifen Tiere noch einmal schattenhaft die Merkmale ihrer Ahnen
wiederholen läßt. Das gibt alsbald sehr zu denken. Man ist
gespannt, welches Säugetier da noch einmal heute „Ursäuger-
Zähne" vorübergehend in Ahnen-Wiederholung weisen möge.

Und wunderbar genug: es ist eben das Schnabeltier selber.
Das Wasserschnabeltier!

Das junge Wasserschnabeltier besitzt nach der Art etwa, wie
wir als Kinder ein nachher fortfallendes Milchgebiß entwickeln,
oben und unten noch je vier echte und rechte Zähne. Und
diese Zähne des unreifen Schnabeltiers, diese Zähne, die nicht
mehr zum wirklichen Lebensgebrauch auftreten, sondern nur flüchtig sich noch zeigen wie im Banne jenes geheimnisvollen Gesetzes,
das die Enkel noch einmal die Ahnen wiederspiegeln heißt —
diese Zähne sind ebenfalls winzige Schüsselchen mit Höckerchen
auf dem Rande, — — was kein Säugetierzahn von heute sonst

noch weiß, das weisen sie: den charakteristischen Bau gewisser Ursäuger-Zähne vom Schlage jenes schwäbischen Microlestes.

Mit dieser schlichten Tatsache sieht jener Beweis denn nun sehr viel besser aus. Obwohl bezahnt, ja gerade, weil bezahnt, hatten jene Ur-Säuger etwas ganz unverkennbar Gemeinsames mit dem heutigen Wasserschnabeltier, etwas, was kein zweites Säugetier von heute so besitzt.

Und so dürfen wir allerdings sagen: es besteht die höchste Wahrscheinlichkeit, daß jene Ur-Säuger, deren Reste wir im Gestein der Trias-Zeit finden, echte Schnabeltiere mit dem Eierlegen, dem inneren anatomischen Bau, der geringen Blutwärme u. s. w. der heutigen Schnabeltiere waren — bloß mit der einzigen Abweichung, daß sie keine Schnäbel hatten, sondern Zeit ihres Lebens jenes Gebiß vielhöckeriger Zähne trugen, das heute das junge Schnabeltier noch als vorübergehendes Milchgebiß zeigt.

Das Belanglose, Nachträgliche der Schnabelentwickelung ist damit gleichzeitig zur Genüge gekennzeichnet. Wir müssen gerade den Schnabel vom Schnabeltier abziehen, um die eigentliche reine Uebergangsform zu erhalten: — die Uebergangsform abwärts zum bezahnten Reptil, aufwärts zum bezahnten Beuteltier und so fort zum höheren Säugetier überhaupt.

Wie es geschehen konnte, daß die noch lebenden Schnabeltiere ihr ursprüngliches gutes Gebiß zu Gunsten eines zahnlosen Schnabels verloren, dafür gibt uns bei beiden Schnablern ihre Ernährungsweise wohl eine ganz gute Aufklärung. Semon hat uns erzählt, wie das Wassertier seine Muscheln knackt wie Haselnüsse. Dabei müssen die Zähne sich rasch abnutzen, die hornig verdickten Kiefernränder dagegen bieten dauernd das beste Werkzeug. Zum Gründeln im Schlamm ist der Schnabel gleichzeitig das denkbar praktischste Instrument. Umgekehrt der igelhafte Landschnabler mit seiner langen Zunge hat die Zähne abgeschafft nach demselben Prinzip wie andere Ameisenfresser, — so das Schuppentier und der Ameisenbär. Immerhin mag aber doch in der raschen Fähigkeit, solche extremen Schnäbel zu entwickeln, eine Art altertümlicher Form-Beweglichkeit mitgespielt haben, die den höheren Säugern nicht mehr so gegeben gewesen ist.

Und ſpaßig bleibt nur: der Schnabel, mit dem das ganze Kopfzerbrechen und die ganze „Ketzerei“ anhub, iſt alſo ſchließlich
etwas völlig Nebenſächliches außerhalb des großen Problems
„Schnabeltier“.

Das iſt deine Legende, du krauſer Geſelle da drüben.

Wie viel Weltenweisheit ſteckt in deiner Häßlichkeit, deinem
Pelz, deinem Gerippe, deinem Sporn, ſelbſt deinem Hinterteil!
Wie viele Jahrmillionen ſind in dir, ſeit der Triaszeit, da deine
Ahnen noch Zähne hatten. Und ich ſelber war damals in dir, ich,
der ich heute neben dir ſitze und mit Menſchenzeichen deine Ge-
ſchichte aufſchreibe....

Das Tierleben der Großstadt.

Vor so etwa zehn Jahren wurde in der Weltstadt Paris ein gar seltsamer Fang gemacht.

Es war in den bekannten großen Weinmagazinen des linken Seineufers. Arbeiter hatten längst schon nächtlicherweile einen gespenstischen Schatten mit langer Schnabelnase herumhuschen sehen. Man fahndete endlich systematisch auf den Kobold, und im grellen Laternenschein fand sich im Versteck hinter roten Bordeauxfässern — ein Kiwi.

Der Kiwi, ein Strauß von der Größe eines Hahns, lebt in den farndickichten Neuseelands. Er ist der überlebende Verwandte der riesigen Moas, deren Knochen heute noch, dick fast wie die von Elefanten, in den Höhlen dieser geheimnisvollen Südseeinsel liegen. Dieses Pariser Exemplar war aber aus dem benachbarten Jardin des Plantes entsprungen, und zwar schon geraume Zeit vorher. Die Gelehrten der Direktion hatten es schmerzlich beklagt und den nicht unbeträchtlichen Preis des seltenen Vogels auf ihr Verlustkonto gebucht. Ihm aber gefiel die „freie Großstadt" an einer ihrer unsolidesten Stellen, und er überwinterte ohne Beschwerde hinter den Fässern der Halle aux vins, die ihm lange Zeit ein ebenso gutes Versteck boten, wie seine neuseeländischen Farnkrautwurzeln.

Diese kleine Geschichte ist lehrreich für das allgemeine Verhältnis von Tier und Großstadt auf der Erde.

Unsere Großstädte sind durch die Bedürfnisse der menschlichen Intelligenz zu einer Art Arche Noah geworden. Tiergärten und Aquarien holen die Tierwelt unseres ganzen Planeten wie in einen Brennpunkt zusammen. Es sind Tiere dabei, wie der nordamerikanische Bison und die Riesenschildkröte der Insel Aldabra, die in kurzer Frist in ihrer wilden Heimat ausgerottet sein und dann nur noch als buchstäbliche Großstadttiere existieren werden.

Was die Wissenschaft aber nicht schafft, das bringt der Handel, bald mit, bald ohne ausdrückliche Absicht.

Gleich jenem Kiwi ist in Danzig die große, ausgesucht scheußliche brasilianische Vogelspinne plötzlich aufgetaucht, wahrscheinlich eingeschleppt mit importierten Hölzern.

Im Jahre 1766 entstand in Paris auf offener Straße eine Panik, weil ein Wesen daherschwirrte, das ein grasgrünes Licht mit der Helligkeit einer Laterne fliegend ausstrahlte. Offenbar war das in dieser Zeit miserabler Straßenbeleuchtung ein sehr außergewöhnliches Ereignis — heute fürchte ich, daß man es auf der Leipziger Straße in Berlin gar nicht bemerkt hätte. Es war der Cucujo, der riesige Leuchtkäfer der Havana, der ebenfalls mit amerikanischem Holz als „blinder Passagier" herübergekommen war.

Wenn Berlin, wenn Paris einmal wieder versänken bis auf eine Art geologischer Schicht mit spärlichen Kulturresten wie Babylon oder die Stadt, die Schliemann als Troja ausgegraben hat, so würde der Naturforscher sich den Kopf zerbrechen über die unendlichen Massen von Austernschalen in diesem Schutt. Vielleicht würde er Theorien ersinnen über eine andere Lage der Meeresküste, würde die Nordsee bei Berlin branden lassen. Denn eine Weltstadt etwa wie Paris verbraucht in einem Jahr über hundert Millionen Austern, die alle künstlich vom Meer herbeigeschafft werden und alle einmal in ihr gelebt haben müssen.

Aber eigentlich doch noch viel interessanter ist die Tierwelt der Großstadt, die der Mensch nicht zu holen brauchte, — die von selbst einwandernde Tierwelt, die dieses Häusermeer aufgefaßt hat wie ein Stück neuer Landschaft, wie eine neu zu bevölkernde Insel.

Zwiefach ist diese Eroberung gewesen, zwiefach wie das Bild der Großstadt selbst.

Auf der einen Seite ist diese Stadt ein Triumph des Lichts, der Oeffentlichkeit. Das intimste Privatleben scheint beständig hineingerissen in den Strudel der Straße, mit hunderttausend Fenstern ſtarrt der Himmel in jeden Winkel, nachts flammt das Ganze in blauem und gelbem Licht wie ein einziger ungeheurer Leuchtkäfer.

Die Kehrſeite iſt der Umſchlag in größte Verborgenheit, ein beſtändiges Verlorengehen ungezählter Spuren in der dunklen Unterſchicht dieſes Häuſerozeans, in einem einzigen großen Keller gleichſam, neben dem Licht das Geheimnis der Großſtadt.

Beides nun hat ſich das Tier zu nuße gemacht.

Es iſt ein alter Saß der Naturgeſchichte, daß das menſchliche Haus dem ungezähmten Tier von jeher erſchienen iſt unter dem Begriff der „Höhle". Das wird angefangen haben, als der Stein-zeitmenſch wirklich noch in Höhlen wohnte, aus denen er bei uns den Höhlenbären und in Amerika das Rieſenfaultier erſt vertreiben mußte und an deren Decke die Fledermäuſe hingen. Aber auch als er Häuſer aus Holz und Steinen aufbaute, behielten ſie dem Tier den Höhlencharakter. Türen, Fenſter, Dachluken waren die Höhleneingänge, Keller, Speicher, jeder unbewohnte Raum er-wünſchtes Verſteck.

Höhlentiere ausgeſprochener Art haben ſich von jeher denn auch als ſtille, ungerufene Teilhaber der menſchlichen Wohnungen gezeigt, Nachttiere, die im Dunkeln Beſcheid wußten, wie die Maus und die Ratte, die Fledermaus, der Marder und die Eule.

So beredt wir die Weltſtadt preiſen mögen: in der Kritik dieſer Tiere iſt auch ſie nach wie vor bloß die ins Labyrinthiſche vergrößerte Höhle.

Ihr höchſter Speicher iſt das gotiſche Zackenwerk des höchſten Domturms, ihr tiefſter Keller der Kanaliſationsraum. Da oben und da unten haben ſich parallel zum Heranwachſen der Großſtadt ſpannende kleine Romane der „wilden" Tierwelt abgeſpielt.

Mit dem Uebergang einſt von Dörfern in Städte überhaupt war manches patriarchaliſche Verhältnis von Menſch und Vogel unwiderbringlich verfallen: ſo das Storchneſt auf dem Dach. Aber aus dem Dächermeer wuchs der Domturm ins Blaue — und in ihm ſiedelte ſich mit treuer Liebe der kleine, edelgeformte Turmfalke an. Kein Kunſtfreund aus den Tagen Meiſter Erwins oder der Brüder Boiſſerée hat feſter zur Gotik gehalten als dieſer zierliche Raubvogel. Das Straßburger Münſter, der Kölner Dom waren

ihm die erwünschtesten „Höhlen". Aber ihn selbst umspann die
Romantik menschlicher Träumerei. Es heftete sich ihm die Legende
an, daß er einem andern Höhlenvogel, den der Mensch offiziell
in seinen Schutz genommen, nach Leib und Leben stelle, nämlich
der Taube. In Wahrheit ist er zu schwach, um auch der dümmsten
Taube ein Leides anzutun, und seine wirkliche Nahrung — Mäuse
und schädliche Insekten — sollte ihn selbst zum ausgesprochenen
Schützling des Menschen stempeln. Aber der Wahn sitzt fest, und
immer wieder muß der Unschuldige als böser Taubenstößer bluten.
Ehe der Irrtum ausgerottet ist, wird er es sein.

Umgekehrt in der Tiefe hat sich das Tierdrama des Ratten-
kampfes, zunächst unabhängig vom Menschen, vollzogen.

In der mittelalterlichen Stadt und noch in jener etwa, wo
der junge Goethe aufwuchs, lebte die schwarze Hausratte überall.
Dunkel war sie, in echter Schutzfarbe finsterer „Höhlenwinkel"
des altertümlichen deutschen Stadthauses. Auch sie ist einmal „gekommen", aber keiner weiß mehr woher. Gewiß ist, daß die Griechen und Römer sie nicht kannten, gewiß aber auch, daß sie in den
Tagen des Albertus Magnus (um 1250) allgemein da war.

Dann aber, eben in der Zeit, da die Großstadt sich in ersten
Anfängen zeigte, kam (mit der zweiten Hälfte des achtzehnten
Jahrhunderts) die braune Wanderratte aus Rußland herüber und
eroberte Kultureuropa. Im Herbst 1727 war sie beobachtet worden,
wie sie in unermeßlichem Gewimmel aus der asiatischen Steppe
kommend bei Astrachan die Wolga überschwamm. 1750 hatten
sich die ersten Vorposten in Ostpreußen gemeldet. Dreißig Jahre
später war ganz Mitteldeutschland voll. 1809 erschien sie in der
Schweiz, nachdem sie lange vorher schon England erobert hatte.
Mit der englischen Flotte ist sie dann buchstäblich um die Welt
gegangen.

Bei uns warf sie sich sofort mit der Kraft des Bauern auf
die Städterin. Und indem sie die schwarze fortbiß, nahm sie selbst
Besitz von der Stadt und mit dieser wachsend von der Großstadt.
Kaum daß in einem alten Patrizierhaus noch die Ratte der guten
alten Zeit fortlebt.

Sie war ein kleinstädtisch verträgliches, ängstliches Tier gewesen, diese dunkle Ratte. Die neue mit ihrer Lehmfarbe feuchter Neubauten wurde rücksichtslos, derb wie die neue Großstadtkultur. Die alte war für eine gewisse Solidität ihrer „Höhle", Trockenheit und Reinlichkeit gewesen. Die neue nahm Feuchtigkeit als eine Pioniernotwendigkeit des Weltfortschritts, sie stieg in die Keller und vom Hauskeller zuletzt in die Großstadtkeller: in das ganz düstere unterirdische Kanalnetz.

Die Pariser Belagerungsratte taucht hier auf, die vielgefürchtete „Kanalratte", eine Weile die Tyrannin geradezu eines kolossalen Großstadtorgans, die der Mensch aus seinem eigenen kunstvollen Werk nicht wieder herausbringen kann. Aber auch ihr Alexanderpunkt in der Welteroberung ist überschritten. Gegen sie wendet sich diesmal nicht die Legende, sondern die Wissenschaft, und die wird sicher mit ihr fertig werden. Es hilft ihr nichts mehr, daß sie allmählich auch noch anfängt, ihre Farben zu wechseln und nachzudunkeln gleich der alten Hausratte, die, wenn nicht alle Anzeichen trügen, ganz vor Zeiten ebenfalls einmal braun war und erst in der Höhle des mittelalterlichen Hauses schwarz geworden ist.

Je heller das Haus der eleganten Großstadtteile wird und je mehr die teuren Mieten den Luxus einer „Rumpelkammer" einschränken, um so rapider geht es auch mit der Hausmaus abwärts. Kein Mensch kennt ihre Herkunft. Auch sie war auf einmal da, eine schier unzertrennbare Genossin des Menschen. Ihre Urheimat wird wohl nie mehr festzulegen sein, doch ist es schwerlich wie bei der Ratte die asiatische Steppe gewesen. Die „Erfindung" der Stadt war aber auch für sie ein Ereignis ohnegleichen. Ihre Idealwelt war dann das alte, winkelige Stadthaus mit morschem Holzwerk, die alte, enge, finstere Gasse, die ohne Mühe überquert wurde. Manchmal, wenn ich heute durch den elektrischen Sonnenglanz der Leipziger Straße wandle und als Vision der Zukunft eine Weltstadt sehe, bloß noch aus Eisen und Glas, unzählige Stockwerke übereinander, mit Aufzügen statt Treppen, und alles nächtlich durchflutet vom blauen Strahl, tags vom unerbittlich grellen Licht — dann denke ich an die Maus in ihrer letzten Phase: auf der Wohnungsnot.

Im Grunde war sie ein lustiges Tier, das der Menschheit doch auch Spaß gemacht hat. Hin und wieder hat sie einen alten, ohnehin wurmstichigen Gedanken aus unsern Bibliotheken und damit dem Menschengedächtnis herausgenagt — ob das in der Ueberfülle so schlimm war? Schließlich ist alles Vernünftige doch siebenmal siebenmal immer wieder gesagt worden.

Sicherlich wird es einmal ein Museum ausgestorbener Großstadttiere in der Großstadt selbst geben. Ob auch der Sperling dann dort ist?

Als Straßentier im heutigen Sinn höchst wahrscheinlich.

Welcher Abstand: zwischen der afrikanischen und indischen Stadt, wo ein so riesiger Vogel, wie der Marabustorch, in Scharen die Straßen belebt und doch noch nicht mit dem ganzen Berg von Abfällen fertig werden kann, den jeder Tag neu anhäuft, und der Weltstadtstraße, die in ihrer polizeilich geregelten Reinlichkeit schließlich nicht einmal mehr ein Spätzlein sättigen kann!

Heute ist von allen Tieren der Großstadt der Spatz mir das interessanteste. Nie ist er im ganzen zahm geworden, obwohl er sich im einzelnen Fall sehr gut zähmen läßt, und obgleich die Freude aller sinnigen Menschenkinder an diesen Herrgottsnärrchen immer groß genug gewesen ist. Die scheue, wilde Felsentaube hat der Mensch aus ihrer natürlichen Höhle herausgeholt und als Haustier an sich gewöhnt, die Katze sogar ist bedingt zahm geworden: der Sperling in der gleichen Zeit nicht. Aber sein Lernen, sein eigenes, unbeeinflußtes Lernen ist darum doch Hand in Hand gegangen mit der ansteigenden Kultur.

Er hat ein großes Sündenregister auf sich, der gute Spatz, — wer will es leugnen. Er ist keineswegs so nützlich, als Maikäferjäger und sonst als Ungeziefertilger, wie es eine Zeitlang seinen ornithologischen Gönnern schien. In Nordamerika, wo man ihn ob dieses auf Treu und Glauben genommenen Nutzens künstlich aus Europa eingeführt hat, ist er zum Lohn aller Liebe zur wahren Landplage geworden. Dort wie bei uns nimmt er viel besseren Vögeln die ohnehin heute so knappen Nistgelegenheiten fort. Er verscheucht uns den lieben Rotschwanz, seit alter Germanenzeit ein segenbringendes Hausgeistchen des Menschenheims. Selbst den Star bedrängt er durch seine Masse.

Aber wer ihn vom Maßstab der Intelligenz aus nimmt, der muß ihn bewundern, muß ihn schließlich lieben in seiner Eigenart. Alle Höhe kleiner Vogelklugheit steckt in ihm. Selbst jener Schönheitssinn, den wir gemeiniglich nur in fernen Landen, beim Paradiesvogel Neu-Guineas und beim Laubenvogel des australischen Busches suchen, ist ihm nicht fremd. Kleinschmidt, also ein unanfechtbarer Kenner, hat beobachtet, wie er einen Nistkasten, den er besetzt, mit einem Stengel blauer Hyazinthen geschmückt hatte.

Sein Triumph aber ist die Großstadt.

Er bildet in ihr den Gipfel der Eroberung gerade des lichtesten, öffentlichen Gebiets, der helllichten Straße im Gegensatz zur Höhle.

Man muß das Bild nebeneinander sehen: eines wackeren Provinzlers unter uns Kulturmenschen selbst, der zum erstenmal etwa in die Wogen des Berliner Alexanderplatzes sich geworfen fühlt, eingekeilt zwischen die donnernden Kolosse der Pferdebahnen und elektrischen Wagen, mit jedem ängstlichen Schritt tastend auf ein neues, gefahrdrohendes Geleise, betäubt vom Lärm, verzweifelt, hilflos — und dazu eines waschechten Großstadtsperlings, der gemächlich wie ein uralt routinierter Weltfahrer in diesem wirbelnden Ozean der hastenden Kultur beiseite — nicht fliegt, sondern trippelt, wenn das Gebirge eines solchen Straßenbahnwagens sich gegen ihn heranwälzt. Nur ein, zwei Menschenschritte weit trippelt er fort, keinen Zoll mehr, als unumgänglich nötig ist, nicht die Spur nervös — wie kann man denn bloß, es ist ja immer dasselbe, und je größer der rollende Berg, desto sicherer, daß er auf seinen Schienen vorbeischmettert, ohne individuell von mir Notiz zu nehmen.

Brentano erzählt aus seiner Jugend die lustige Geschichte von zwei hitzigen Rabbinern, die so weltvergessen über eine Stelle des Talmud stritten, daß schließlich einige Eimer Wasser über sie ergossen werden mußten, um sie wieder in die Wirklichkeit zurückzurufen. Die Notwendigkeit, den Leipziger Platz in Berlin zu überschreiten, dürfte den gleichen Erfolg erzielt haben. Der ausgepichte Großstadtspatz aber läßt mitten im Getümmel und Ausweichen auch nicht eine Sekunde ab von seinem Keifen, wenn er gerade recht dabei ist — er wechselt ein Dutzend mal in wenigen Augenblicken das Geleise, um Platz zu machen, schwätzt und schwadroniert aber unentwegt dabei weiter.

Jahrelang haben mich die Sperlinge der großen Berliner Bahnhofshalle am Schlesischen Bahnhof amüsiert. Der riesige Schildkrötenpanzer des Hallendachs bot ihnen Unterkunft, der heiße Dampf der Lokomotive heizte ihnen das Heim, und da summten und zwitscherten sie nun in einem solchen Massenton, daß er zwischen allem Pfeifen und Dröhnen der unablässig ein- und ausrollenden Züge immer noch wie eine feste Grundmelodie zu vernehmen war.

In den ungeheuren Dimensionen menschlicher Kultur wiederholte dieses Dach den Vögelchen etwas, was findiger Spatzenverstand im fernen Afrika im kleinen selbst sich zu bauen weiß. Da haust im Mimosenwald der sogenannte Siedelsperling. Gleich den lustigen Vögeln bei Aristophanes ist er zu einer Art Staatenbildung übergegangen. Zu Tausenden bauen sie aus Gras ein gemeinsames Dach, das wie ein großer Heuschober in den Zweigen hängt, unter diesem Gemeinschaftshaus aber sitzen dann erst die Einzelnester, jedes mit seinem Eingang wie ein Häuschen in einer im ganzen wohlbefestigten Stadt.

Ein Seitenstück zu jenem Gesumme lustiger Großstadtvögel sind im Frühjahr die Frösche im Berliner Friedrichshain.

Ringsum die Mietskasernen himmelhoch wie Mauern um den grünen Fleck. Den ganzen Tag lärmt der wildeste Großstadttrubel daran hin. Nun in der Nacht aber ebbt das Geräusch langsam ein, bis gegen Morgen eine förmlich feierliche Ruhe kommt. Der Duft der zahllosen violetten Fliederblüten fließt vom Hain her in die öden Straßen. Und nun der Triller der Frösche, schmetternd laut, die Stimme des freien Eindringlings auf eine Weile Sieger über das ganze Maschinenwerk der Großstadt.

Unwillkürlich denkt man in solchem Moment an die Kraft dieses kleinen und kleinsten Tiervolks, an der sehr gut Wohl und Wehe einer ganzen Weltstadt hängen können.

Eine Weltstadt — und trüge sie die Traditionen der ewigen Roma, die Traditionen einer Weltherrschaft: sie muß veröden, als unbewohnbar endlich doch noch verlassen werden, wenn eine ganz

simple statistische Ziffer steigt — die Ziffer der Malariaanfälle.
Die Malaria, das tückische Sumpffieber, aber wird, wie wir heute
zu wissen beginnen, eingeimpft durch eine Mücke. Ein gewisser
Prozentsatz Mücken — gegen Rom, das kein Barbarensturm in
Jahrtausenden ernstlich hat bedrohen können!

Wir lassen eine andere Ziffer in Gedanken steigen, die Anzahl
der Individuen des berüchtigten „Bohrwurms", einer wurmartig
gestalteten Muschel, die den solidesten Holzpfahl durchlöchert und
verdirbt — und eine Großstadt auf solchen Pfählen, wie Amster-
dam, gerät ins Wanken, stürzt Vineta nach. Es war im Jahr 1730,
als schon einmal die furchtbarste Panik durch Holland ging, auf-
regender als aller Kriegsschrecken dieses geprüften Landes: alle
Dämme sollten stürzen, weil der Bohrwurm, winzig selbst nur wie
ein Regenwurm, sich ins Ungemessene zu mehren beginne. Die
Gefahr verzog sich noch einmal. Sie wäre, erfüllt, der absolute
Untergang der ganzen Niederlande gewesen.

Dagegen aber das umgekehrte Bild: Trillionen und Aber-
trillionen, märchenhaft unfaßbare Zahlen winzigster, einzelliger
Tierchen, der sogenannten Miliolideen, häufen ihre Kalkschalen
aufeinander, bis aus dem Ganzen ein fester Kalkstein wird. Und
aus solchem Kalkstein baut der Mensch eine Großstadt, baut sie,
dank der Arbeitsleistung jener tierischen Baumeister, die Millionen
von Jahren vor seiner Zeit lebten. Große Teile von Paris sind
so entstanden.

Vor solchen Bildern gewinnt das Tierleben der Großstadt
einen dämonischen Zug: die wirkende Kraft des Planeten erscheint
darin, auf dem auch die meilenbreite Weltstadt nur ein Pünktchen,
ein Schimmelfleckchen ist.

———

Keplers Traum vom Mond.

In unsern Tagen ist ein altes Buch wieder ausgegraben und lesbar übersetzt worden: Keplers „Traum".

Dem äußeren Gewande nach ein launiges Märchen, enthält das Werk doch alles, was Kepler aus dem Wissen seiner Zeit und den Tiefen eigenen Forschergeistes über unsere Nachbarwelt, den Mond, zu sagen wußte.

Das kleine Buch verdient seine Auferstehung, die zugleich eine Rückverwandlung aus einem farblosen, angelernten Latein in die eigene Muttersprache des großen, liebenswürdigen Kerndeutschen Johannes Kepler ist. Und es verdient sie nicht bloß als eine besonders liebenswürdige Gabe des großen Mannes. Wer sie aufmerksam liest, dem erscheint wie eine seltsame, traumhafte Nebelgestalt hinter dem „Traum" etwas viel Gewaltigeres.

Jahrhunderte menschlichen Erkenntnisdranges ziehen vorbei. Am Himmel glänzt geisterhaft die erleuchtete Mondscheibe, — mitten im Vollglanz mit dem Rätsel ihrer dunklen Flecken. Geist, Auge und künstliches Sehwerkzeug des Menschen mühen sich darum. Immer neue Erklärungen — und Irrtümer. Und das bis heute.

Kepler wollte ein Märchen vom Mond schreiben und gab eigentlich alle seine Weisheiten und Wahrheiten. Nun sind dreihundert Jahre darüber hin, und wir geben Weisheiten und Wahrheiten. Ob wohl eine dritte Zeit kommt, die uns nachweist, daß wir eigentlich Märchen geschrieben haben?

Es trifft das auf große Teile unserer wissenschaftlichen Forschung überhaupt zu, und der Gedanke lehrt Bescheidenheit. Der Mond ist nur ein einzelnes Beispiel. Aber er ist ein ganz besonders gutes, wohl wert, daß man sich einen Augenblick von ihm erzählen läßt, — nicht wie er wirklich beschaffen ist, denn das ist ja von Kepler bis heute eben die Streitfrage; sondern wie mehr oder minder schlau die Menschenkinder fünfzigtausend Meilen weit von ihm entfernt auf der Erde sind.

In unsern Schulbüchern erscheint Kepler als der arme Mensch, der nach den Sternen schaute und darüber auf Erden verhungert ist. Das mag auf sein äußeres Leben zutreffen, obwohl es auch da beträchtlich übertrieben ist.

Innerlich aber ist Kepler einer der glücklichsten Menschen gewesen, die je gelebt haben. Er stand auf der Grenze zweier Zeiten und empfand das doch nicht als Bitterkeit. Der tiefe, befreiende Glaube seines Lebens war die Harmonie der Sterne. Und doch rangen sich gerade innerhalb dieses Harmonie-Gedankens damals zwei Welten des menschlichen Denkens, der menschlichen Deutung voneinander los.

Die eine Deutung reichte herauf von den Gefilden Chaldäas an der grauen Grenze aller höheren Menschheitskultur bis an den Hof Rudolfs des Zweiten von Habsburg und Wallensteins.

Sie suchte die erste und wichtigste Beziehung, die dem Menschengeiste zugänglich sei, in einem mystischen Harmonie-Verhältnis zwischen Stern und Mensch. Die Astrologie setzt hier ein. Das Schicksal jedes Einzelmenschen war das Schicksal seiner Sterne, die über der Geburtsstunde strahlten.

Man muß dieser Auslegung lassen, daß sie einen Punkt der Größe hatte: eben den Gedanken einer ewigen, ehernen Weltharmonie. Im letzten Gefüge des Kosmos hängt ja wirklich alles zusammen: der fernste, unserem Auge kaum noch glimmende Fixstern und das kleine Menschenkind, das in diesem oder jenem Augenblick auf dem Planeten Erde geboren wird. Aber um diesen Zusammenhang in seinen Fäden zu erraten, gehörte eine ungeheuerliche Kenntnis des ganzen Kosmos dazu. Der Blick müßte das ganze Netz all der unzähligen Goldfäden wieder auseinanderspinnen, die durch die Millionen des Raumes, durch die Millionen der Zeit in diesem Kosmos gehen. Einem solchen schrankenlosen Blick würde die ganze sichtbare Welt wie ein unermeßlich sich breitender Baum erscheinen. Dort ein Sproß: der entlegene Fix-

ftern; und hier einer: das Erdenkind, das zum erftenmal die blauen
Augen gegen die Sonne kehrt.

Aber eine fcherzhafte Dorftellung: folche wahre Weltenfchau
für eine Zeit, die noch nicht einmal die großen Planeten der Sonne
alle kannte und weder recht ahnte, was ein Stern war, noch was
ein Menfchenkind war! Aus dem gefuchten Harmonie-Derhältnis
wurde eine mehr oder minder grobe Spielerei, die ein Wiffen
vorfpielte, das tatfächlich nicht beftand.

In Keplers Tagen erlofch trotz Rudolf und Wallenftein lang-
fam das bleiche Geftirn diefes übereilten Glaubens an die aftrolo-
gifche Harmonie.

Kepler kämpfte das noch mit durch. Er ftellte Horofkope, und
die Menge feierte ihn als den König der aftrologifchen Propheten.
Er aber mußte fich in unbefangener Stunde geftehen, daß fein nach
Harmonien dürftendes Gemüt hier ein Feld beackere, das eitel
Stein und Dornen war. „Wahrlich in aller meiner Wiffenfchaft
der Aftrologie“, fchrieb er einmal, „weiß ich nit fo viel Gewißheit,
daß ich eine einzige Spezialfach mit Sicherheit dürfte vorfagen.“

Die Dinge fpitzten fich fcharf genug zu, daß ein fauftifcher
Zweifler mit aller Bitterkeit des Zweifels fich hätte entwickeln
können, — bis zum Derzweifeln.

Aber es lag in der Gunft diefer gleichen Menfchheitsftunde,
daß fie die Sehnfucht nach Harmonie auf ein neues Gebiet von
unvergleichlich fruchtbarerer, wenn fchon fchwererer Art hinüber-
leiten follte.

Neben diefe Aftrologie trat die durch Kopernikus eben in neue
Bahn gelenkte Aftronomie. Sank auch die erträumte Harmonie
zwifchen Stern und Menfch, fo bot fich doch ein neuer, eigentlich
ebenfo wunderbarer Einblick in harmonifche Derhältniffe der bewegten Sterne des Sonnenfyftems unter fich.

Und der Menfch, wenn er auch aus dem Prophezeien feiner
kleinen Lebensgeheimniffe herausgeriet, durfte fich doch auf ein-
mal als Mitwiffer fühlen erhabenfter kosmifcher Zufammenhänge.
Eine neue Gottesflamme loderte in feinem Blick. Ein riefengroßes
Stück Welt erwies fich erbaut auf Maß und Derhältnis — ein
Stück Welt, in dem ganze Planetenabftände und Umläufe nur

Stationen, nur rhythmische Wellen, nur Ziffern einer mathematischen Gleichung waren.

In dieser neuen Harmonie der Sterne lag Keplers wahres Schicksal, und sein wahres Glück war zugleich, wie glatt er den Weg hier hinüber fand. Der zweifelnde Astrolog entdeckte die unanzweifelbaren „Keplerschen Gesetze" des Planetensystems. Freilich mußte er dazu sich auf ganz andere Hülfsmethoden einschulen, und es war eben seine geistige Größe, die ihm das ermöglichte, die Geisteskraft, die ihn zum Schüler und Erben des großen Beobachters Tycho Brahe werden ließ und ihm schließlich den Rang auch des kenntnisreichsten und gerade streng wissenschaftlich logisch schärfsten Astronomen seiner Zeit errungen hat.

Und doch immer der gleiche Grundgedanke: Weltenharmonie!

Kepler hörte auf, Astrolog zu sein. Aber nur, weil er ein besseres Gebiet für seine tiefe künstlerische Sehnsucht fand. Der Traum erlosch ihm, daß etwa die Stellung des Planeten Mars an dieser oder jener Himmelsstelle das Glück oder Unglück einer armen umgetriebenen Menschenseele bedeuten sollte. Sein ganzes inbrünstiges, echt künstlerisches Verlangen aber fand Befriedigung in der sicheren Erkenntnis, daß sich etwa die Quadrate der Umlaufszeiten aller Planeten wie die Würfel ihrer mittleren Entfernungen von der Sonne verhalten.

In einem Gemisch von kühn herumversuchender Phantasie und schärfster Nachrechnung auf Grund der vorhandenen Beobachtungen gewonnen, beruhigte solche Erkenntnis zugleich sein Harmoniebedürfnis vollkommen. Es war ein Fall für viele. Dieser eine exakt begründet und sicherlich „stimmend", — das genügte ihm. Mit Phantasie sah er dann dahinter zahllose Zusammenschlüsse ähnlicher Art, — bis zu dem goldenen Endziel einer Welt, wo alles in der Seligkeit unermeßlich ineinandergeschachtelter Harmonien hing.

Man muß sich diese Dinge kurz vergegenwärtigen, wenn man Keplers strahlenden Lebensinhalt in seiner Freudigkeit und seiner, man möchte wohl sagen, Skrupellosigkeit recht verstehen will.

Phantasie und Wirklichkeit, das Ideal harmonisch schaffender Kunst und die langsam von Fall zu Fall kritisch vorschreitende forſchung der Wiſſenſchaft ſtellten ſich dieſem großen Pfadfinder an der Scheide zweier Zeiten in vollkommener Verſöhnung dar. Jede war ihm nur eine Schale desſelben Kerns. Phantaſie und Forſchung ſtrebten beide auf dasſelbe Endziel. Und die Wahrheit war nicht ein leidiger Kompromiß beider, ſondern ihre Begegnung im Sinne, wie ſich zwei Bergleute endlich begegnen, die von zwei Seiten her einen Tunnel gegraben haben.

In unſerem Jahrhundert iſt Fechner eine verwandte Natur geweſen. Ich glaube, daß die Zeit nahe iſt, wo wir allgemein wieder mehr das Bedürfnis empfinden werden, zu ſolchen Geſtalten gerade wie Kepler oder Fechner zurückzukehren, — zu unſerer Beruhigung im vollen Ideal ohne Zwieſpalt.

In dieſem innerlich ſonnigen Leben ſpielte nun der Mond allezeit ſeine bedeutende Rolle.

Kopernikus hatte die Welt neu gemacht. Tycho hatte noch nicht daran geglaubt. Jetzt für Kepler aber beſtand kein Zweifel mehr. Durch das ganze Geiſtesleben der Menſchheit ſchillerten die Lichter des neuen großen Gedankens: die Erde iſt bewegt, die Sonne ruht, alle Planeten umwandeln ſie. Der Mond war dabei der einzige, der in ſeiner alten Bahn blieb. Von allen blieb er auch nach Kopernikus noch der Erde treu. Und doch mußte auch für ihn mancherlei umgedacht werden.

Wenn man ſich mit Phantaſie auf ihn ſelber hindachte, die Erde, die Planeten, das ganze Syſtem von ihm aus beobachtet dachte, — wie würden die Dinge jetzt ausſehen? Die Phantaſie hatte eine ganz neue Baſis, auf der ſie aufbauen konnte. Wenn es Mondbewohner gab — das klaſſiſche Altertum hatte ſchon an ſo etwas gedacht —, wenn dieſe Mondbewohner Aſtronomie trieben, die Geſtirne beobachteten, — wie erſchienen ihnen die Verhältniſſe, die Bewegungen, die Kopernikus lehrte, da oben?

Aus ſolchen Ideen iſt Kepler auf das kleine Buch gekommen, das Ludwig Günther überſetzt hat: eine „Aſtronomie des Mondes" in dem Sinne, daß die kopernikaniſche Aſtronomie dargelegt wird vom Standpunkt des Mondes als Sternwarte aus.

Heute erſcheint uns das an ſich nicht mehr als etwas ſo Außer-

gewöhnliches. Wir sind alle an volkstümliche Werke über Himmels-
kunde gewöhnt, die von Schilderungen und Abbildungen strotzen,
wie etwa die Erde vom Mond gesehen ausschaut, oder die Sonne
vom Jupiter, oder der Ring des Saturn von seinem Planeten aus.

Damals aber war es in seiner Art ein geradezu kolossaler
Gedanke, so etwas aus gutem Wissen und einer Phantasie, die
sich nicht scheute, auf dem Kopf zu laufen, in einem ersten Beispiel
zusammenzubrauen.

Kepler hat viele Jahre an dem Büchlein herumgefeilt. Erst
hat er es im Umriß rasch improvisiert, bis gegen 1609 hin. Dann
hat er es lange liegen lassen, um in reiffsten Jahren selber eine
Art kritischen Kommentar dazu wie zu einer wiedergefundenen
Jugendarbeit zu schreiben. Trennen konnte er sich auch jetzt noch
nicht so davon, daß er es der Oeffentlichkeit anvertraut hätte.
1629 schrieb er an einen Freund in scherzendem Tone darüber als
eine Art Bädecker für Mondreisende, wie wir heute sagen würden:
„Verjagt man uns von der Erde, so wird mein Buch als Führer
den Auswanderern und Pilgern zum Monde nützlich sein."

Es war ein Jahr vor seinem Tode, in einer Zeit höchster
materieller Bedrängnis, wo er auf Zahlungen aus Wallensteins
leerer Kasse wartete, die nie erfolgt sind. Im letzten Moment,
da es ihm selber schon eine Reise galt, größer als ins Mondland,
scheint er den Druck doch noch begonnen zu haben. Tatsächlich
erschienen ist das Büchlein aber erst Jahre nach seinem Ende,
herausgegeben vom Sohne, 1634. Und auch dann noch ist es
redlich übersehen und vergessen worden. Selbst Astronomen, die
Keplers innerste Art nicht begriffen hatten, hielten es für einen
wertlosen Scherz.

Die äußere Form ist auch wirklich eine scherzhafte, wenn schon
mit hübscher Vertiefung. Kepler liegt auf dem Ruhebett und schläft.
Die Uebersetzung bietet ein vorzügliches Bild von ihm als will-
kommene Beigabe, in den hohlen Wangen mancher Gram, manche
Resignation, auch gewiß physisches Leiden; aber im Auge dabei
über dem steifen Halskragen und modischen Knebelbart ein ganz
leiser schalkhafter Zug, als habe er einzelne Sätze des Mondbuchs
auf der Zunge. Etwa die gute Stelle: „Im Traum wird Freiheit

des Denkens gefordert, zuweilen auch dafür, was in Wirklichkeit wohl nicht besteht."

Den Schlafenden fesselt alsbald wirklich ein Traum. Ihm ist zu Sinne, als habe er sich ein Buch auf der Messe gekauft und lese darin. Und er liest ein Märchen. Ein Sohn Islands ist zum weisen Tycho gekommen und hat sich dort in die Astronomenweisweisheit über den Mond einweihen lassen. Nach Jahren kehrt er in seine rauhe Heimat zurück. Er findet seine Mutter wieder, ein altes Kräuterweib. Und staunend erfährt er, daß sie noch tiefere Kenntnis vom Monde hat als alle Tychos der Welt. Was dort nur Rechnung und Theorie ist, das ist für sie ein magischer Zauber, der ihr das Geheimnis ferner Welten leibhaftig offenbart. Mit dem Zauberwort „Kopernikanische Astronomie" beschwört sie nicht Ziffern, sondern einen wirklichen Geist. Und der Geist erhebt seine Stimme und schildert das Wunderland Levania, fünfzigtausend Meilen weit draußen im Aetherblau. Es ist der Mond. Aber der Name „Levania" zeigt, daß wir das Bereich der registrierenden kalten Wissenschaft verlassen haben und auf den Flügeln der Phantasie gehen, die alles mit eigener Lebenswärme und individuellen Namen von innen heraus durchseelt. Immer wird die Darstellung so weit an der Grenze der Symbolik gehalten, daß der sinnige Leser die Laune nicht verliert, und nur ab und zu schlägt ein besonders guter Einfall um des Witzes oder der Belehrung willen über die Stränge.

Keplers Geister — die verkörperten Gedanken und Beobachtungen der Astronomie — schweben lustig zwischen Erde und Mond. Aber doch mit einer gewissen Regel. Sie scheuen das Tageslicht, ihr rechtes Reich ist von Natur die Nachtseite der Erde, der Schattenkegel, den die Erdkugel in den Raum hinauswirft. Geht dieser Schattenkegel über den Mond selber hinweg — also bei der Mondfinsternis, — so ist die ganze Bahn frei, und die Geister schweben bis zum Mond, wobei sie sich freilich etwas beeilen müssen, da der Spaß nicht lange dauert. Umgekehrt die Heimkehr ist nur ermöglicht, wenn der Mond selber zwischen Sonne und Erde steht, also seinerseits — in der Sonnenfinsternis — einen vollen Schattenraum zwischen sich und der Erde erzeugt.

Die ſymboliſche Beziehung auf die Hauptgelegenheiten aſtronomiſcher Mondforſchung: in der Nacht überhaupt und vor allem
bei den Finſterniſſen, liegt auf der Hand. Der Scherz kommt gröber
zu ſeinem Recht, indem Kepler hinzuſetzt: es flögen bei jeder guten
Gelegenheit der Art die Geiſter zwar leicht dahin und zurück, verzweifelt ſchwer aber ſei es, erdgeborene Menſchenkinder mitzu
ſchleifen. Beſonders die Dicken und noch ein paar andere hätten
viel Gefahr. Mit Humor wird die Reiſe dann wirklich ausgemalt:
wie die Geiſter die Menſchen zuerſt blitzſchnell emporreißen bis auf
den Punkt, wo, wie Kepler ſich ausdrückt, die „magnetiſchen Wirkungen“ des Mondes die der Erde überwiegen, ſo daß der Abſturz
gegen den Mond von ſelber ohne weitere Hülfe erfolgt.

Die Schilderung iſt weit vom Scherz fort intereſſant wegen
ihrer Stellungnahme zur Lehre von der Schwere. Für Kepler iſt
das, was wir heute Gravitation oder Maſſenanziehung (alſo bei
ſpielsweiſe Anziehung der Erde gegenüber dem Monde) nennen,
noch eine Art Magnetismus. Wir ſtehen, wohl bemerkt, noch weit
über ein halbes Jahrhundert vor der Tat Newtons. Immerhin
war aber Kepler in der Sache Newton ſchon ſo nahe, daß man faſt
ſagen kann: Newton hat bloß in einen ſcharfen Satz gebracht, was
Kepler oft ſchon faſt als etwas Selbſtverſtändliches handhabt.

Sehr drollig und zugleich doch auch in dieſem Sinne lehrreich
iſt, wenn er unmittelbar danach ſagt, es ballten ſich an jenem
kritiſchen Punkte (alſo im Moment, da die Erdſchwere und Mond
ſchwere ſich in dem Fliegenden die Wage halten) die Körper zu
ſammen „wie die Spinnen“, — und das durch den charakteriſtiſchen
Satz erläutert: „Indem die magnetiſchen Wirkungen von Erde
und Mond durch gegenſeitige Anziehung die Körper in der Schwebe
halten, iſt es gleichſam, als ob keine von beiden anziehe. Dann
alſo zieht der Leib ſelbſt als Ganzes ſeine Glieder, als den geringeren Teil, durch das Ganze an.“

Auf dem Monde angekommen, verſtecken ſich die lichtſcheuen
Geiſter alsbald in den tiefen Höhlungen, um der jäh wiederkehrenden Sonne zu entgehen. Kepler macht dazu die hübſche Randnote:
es deute das allegoriſch auf die gelehrte Abgeſchloſſenheit, die vor
dem „Sonnenſchein“ der Geſchäfte des gemeinen Lebens flüchte,

um in ihrer Stille das aſtronomiſche Reſultat der Mondfinſternis
durchzurechnen. „Ich hatte“, fügt er hinzu, „zu Prag eine Wohnung, wo kein Ort bequemer war, um den Durchmeſſer der Sonne
zu beobachten, als der Bierkeller; aus demſelben richtete ich durch
ein Loch in der Decke den Tubus nach der Mittagsſonne um den
längſten Tag.“

Die Stelle iſt nicht ganz unverfänglich. Denn der gute Kepler
kam aus der Schule Tychos, und Herr Tycho wiederum war dafür
bekannt, daß ſeine verdienſtlichen Studien über Mond und Mars
nicht weniger gründlich zu ſein pflegten, als ſeine Studien im
Faſſesgrund. Tycho erfreute ſich dabei noch einer Eigenſchaft, um
die ihn manche verwandte Seele beneidet haben mag: die Natur-
färbung ſeiner Naſe war nämlich nicht feſtzuſtellen, da ihm ſchon
in hitziger Jugend die ganze Naſe beim Duell heruntergeſchlagen
worden war und einen Erſatz in Silber gefunden hatte.

Die ſymboliſch ſpielende Einleitung bricht hier ab. Kepler
hat uns, wo er uns haben will: auf dem Monde ſelbſt. Und auf
einmal iſt es, als raffe ſich jetzt im Träumenden der Aſtronom zu
Keplers wirklicher Größe auf, mit allem Ernſt der Logik, vor
deren Sonne die Traumgeiſter tatſächlich in ihre Löcher kriechen.

In einem großen hellen Panorama zieht die Himmelswelt,
vom Monde geſehen, vorbei. Der Mond erſcheint, wie es vollkommen richtig iſt, mit ſeiner ſtrengen Teilung in eine der Erde
zugewandte und eine ewig abgewandte Seite.

Noch heute iſt es dem Laien ja durchweg ein ſchwieriger
Gedankenſchluß, wie es kommt, daß der Mond uns Erdbewohnern
immerfort dieſelbe Seite zukehrt. Sein nächſter eigener Schluß
iſt, daß der Mond eben deswegen keinerlei eigene Umdrehung um
ſeine Achſe haben könne. Und doch muß er ſie gerade haben,
damit uns ſeine eine Seite treu bleibe. Es genügt, die eigene
Hand aufrecht geſtreckt um eine Lampe oder Kerzenflamme einmal
im Kreiſe herumgehen zu laſſen, um ſofort zu merken, was nötig
wird. Führe ich die Hand ſteif um die Flamme, ſo kehrt ſich auf
dieſer Seite der Bahn die Handfläche gegen das Licht und auf jener
der Handrücken. Die Flamme ſoll nun die Erde ſein: ſie ſähe auf
je einem Mondumlauf beide Seiten des Mondes genau ſo, wie die

Kerze beide Handseiten bestrahlt. Aber das Kunststück ist eben, daß der Mond nicht wie die steife, niemals gedrehte Hand läuft. Er läuft so, daß immer dieselbe Seite nach innen schaut, also bei der Hand etwa immer die innere Handfläche und niemals der Handrücken. Machen wir es an der Hand, die um die Flamme geführt wird, nach: damit die Handfläche stets nach innen bleibe, muß ich beim Herumführen der Hand um die Flamme diese Hand selbst gerade einmal auch um sich selbst drehen. So dreht sich der Mond auf einem Lauf um die Erde genau gerade auch einmal um seine eigene Achse, und der Erfolg erst davon ist das uns ewig gleich treue alte Mondgesicht, — die ewige innere Handfläche des Mondes, während der Handrücken noch von keines Erdbewohners Auge je überschaut worden ist.

Vor Keplers Traumauge stand das alles schon in voller Klarheit.

Nie ganz untergehend, schwebt ihm über der inneren Mondseite ein ungeheures Gestirn, nach der unablässigen Umwälzung um seine Achse die Volva genannt: die Erde. Dem Beschauer in der Mitte der inneren Mondfläche erscheint sie wie ein gigantischer Ballon im Zenit, — wer aber gegen den Mondrand wandert, sieht sie am Horizont gleich einer fernen glühenden Kuppel sich wölben. Man wird heute das „Glühen" streichen müssen, da der Mond wahrscheinlich nur eine sehr geringe Lufthülle besitzt, die Dämmerungsgluten kaum heraufzaubern könnte. Kepler sah trotz gewisser Zweifel noch keinen scharfen Grund, diese Atmosphäre zu leugnen. So läßt er auch auf der von der Erde abgekehrten Seite seiner Levania, deren fünfzehntägige Nacht weder Sonnenschein noch Mondschein, noch selbst den Schein der erleuchteten Volva kennt, alles von Eis und Schnee starren unter „eisigen wütenden Winden".

Vor fünfzig Jahren etwa, als man sich zuerst in den festen Gedanken eingelebt hatte, daß der Mond eine Welt fast oder ganz ohne Luft sei, hätte man auch das Eis streng zurückgewiesen. Luftlos, wasserlos lautete die harte These. Merkwürdig aber, wie solche Lehrsätze immer wieder auf- und abpendeln. Heute gibt es wieder eine ganze Anzahl von Astronomen, die an Eis auf dem

Monde glauben. Sie finden keine andere Erklärung dafür, warum
gewisse Stellen auf dem Monde so verräterisch viel heller strahlen
als andere. Zum Teil sind es tiefe Kraterböden, also Stellen,
wo Wasser, auch wenn es nur in geringer Menge auf dem Monde
vorhanden wäre, sich am wahrscheinlichsten angesammelt haben
könnte. Zum Teil auch gerade hohe Bergspitzen, von denen an
sich nicht recht zu begreifen ist, warum sie stets hellere Stoffe als
ihre flache Umgebung, etwa weißen Marmor, weisen sollten, während der Schluß nach irdischer Lage der nächste wäre, daß sie eben
einfach Schneekappen tragen wie unsere Chimborazos und Mont-
blancs. Solche Eisablagerung gerade auf den großen Höhen (die
Mondberge sind zum Teil außerordentlich hoch) macht auf der
andern Seite freilich wieder etwas Lufthülle nötig, die allein Höhen-
unterschiede in der Temperatur bedingen könnte. Aber man behauptet ja auch heute nicht mehr den absoluten Luftmangel auf
dem Mond: für „etwas" Luft sprechen eine ganze Reihe von
Anzeichen, nur muß es unvergleichlich viel weniger sein, als die
dick mit Luft verpelzte, gleichsam in ein großes Wattekissen wohlig
hineingelagerte Erde besitzt.

Doch wir kehren mit unserm Träumer zur Erdseite zurück.

Da schwebt die Volva, das erhabenste Schauspiel des Himmels.
Sie dreht sich und weist die wechselnden Flecken ihrer Länder und
Meere.

Wir reden auf der Erde vom „Mann im Mond", die Märchen
aller Völker singen und sagen davon. Nun sind wir auf dem
Monde selbst, und da hat umgekehrt die Erde ein Gesicht. Zwei-
gestaltig ist es freilich, da ja beide Erdseiten in vierundzwanzig
Stunden sichtbar werden. Kepler verrät uns, wie die Gesichter
ausschauen.

Jetzt ist die Ostkugel hell. Man erkennt „das Bild eines bis
an die Achseln abgeschnittenen menschlichen Kopfes, dem sich ein
Mädchen in langem Gewande zum Kusse hinneigt, mit dem nach
rückwärts ausgestreckten Arm eine heranspringende Katze an-
lockend". Umgekehrt die Westkugel zeigt eine an einem Strick
hängende, nach Westen geschwungene Glocke. Die südlichen Teile
werden dabei möglichst übergangen, heißt es, „weil Magellanika,

ein durch Süden sich lang hinstreckendes Land, noch unbekannt ist und sich immer weiter erstrecken soll in beide Hemisphären sowohl der neuen als auch der alten Welt".

Zwischen den Zeilen dieser Schilderung sieht man auf einmal in eine andere Schicht der menschlichen Kenntnisse von damals. Keplers Phantasie pflanzt ihre Fahne schon auf den Mond. Wie auf ein überwundenes Reich sieht sie. die alte Erde da oben als Volva schweben. Aber nun tritt die Schwäche der irdischen Geographie auf einmal hervor, — es war noch ein gut Stück Weges nötig, nur die Erde selber im äußeren Umriß festzustellen.

Das Bild des abgeschnittenen Kopfes gibt, deutlich genug, Nordafrika: die Wölbung des Scheitels westlich bei Kap Verde, das Gesicht auf Europa zu, Gibraltar gegenüber die Nasenspitze, bei Tunis das Kinn. Den Büstenabschnitt bildet roh die Ostküste hinter Madagaskar.

Dann das liebe Mägdelein, das dem Riesenmann die Nasenspitze drückt: Europa mit Spanien als Kopf, Italien als dem einen Arm und England als dem andern; die Katze ist Skandinavien.

Die schwingende Glocke war wohl ein schief verzeichnetes Südamerika. In Magellanika flossen das wirkliche Australien und das sagenhafte Südland dunkel zusammen.

Von den riesigen, blinkend weißen Eisfeldern der Pole erwähnt Kepler kein Wort. Und doch sind es wohl die grellsten Objekte des ganzen Bildes, Objekte, die selbst weit draußen in den Planetenräumen noch mit geringer Vergrößerung wahrnehmbar sein müssen. Auf dem Planeten Mars, dessen physische Beschaffenheit der Erde so auffällig nahe. kommt, haben sich entsprechende weiße Polarflecke von wechselnder Stärke mit einer wunderbaren Deutlichkeit gezeigt, seitdem ihn halbwegs gute Fernrohre bei uns aufs Korn genommen haben.

Das ist, was man vom Monde aus sieht. Aber was sähe man nun auf dem Monde selbst?

Wenn wir heute so fragen, schwebt uns eine unserer großen Mondkarten vor: eine Karte in vielen Blättern, vom Umfange eines stolzen Atlas, mit unzähligen Einzelheiten: Kratern, Wallebenen, Gebirgen, Strahlensystemen, Rillen, — das Werk unend-

lichen Gelehrtenfleißes, an das stille Arbeiter ihr ganzes Leben
gesetzt haben. Und hinter dieser Karte erscheinen als ihre Voraussetzung die Kuppeln von Sternwarten, prachtvolle Instrumente,
Nacht um Nacht dem Monde auflauernd wie ein Ring unablässig
wachsamer Belagerungsgeschütze, — bis auf jene Riesenkanonen
des Geistesauges, die der Amerikaner heute auf die luftklaren
Höhen der Felsengebirge und der Anden gepflanzt hat. Wo war
das alles zu Keplers Zeit!

Wohl gab es Sternwarten, deren Ruhm durch die Welt ging.
Kepler hatte, wie erzählt, bei Tycho Brahe gelernt. Das war in
Prag. Aber ehe der alte Faust Tycho nach Prag kam, hatte er
für seine Zeit ein wahres Märchenleben als Astronom größten
Stils geführt. Friedrich II. von Dänemark hatte ihm im Sund die
Insel Hveen geschenkt, und auf diesem Hveen war unter Tychos
Leitung die weltbekannte Uranienburg erwachsen, Beobachtungs-
türme, Laboratorien, eine Druckerei, eine Papiermühle, ein ganzes
astronomisches Dorf schließlich, über dem der trinkfeste Däne mit
der silbernen Nase wie ein kleiner König stand. Erst 1597 zog
Tycho, verleumdet und in Krach mit dem Hof, von Hveen fort nach
Prag, worauf die Uranienburg zur romantischen Ruine zerfiel.
Rund zehn Jahre später ist das erste Fernrohr hergestellt worden.

Es ist, als sänke das ganze Bild in den Erdboden.

Auf dieser märchenhaften Uranienburg mit ihren beiden fünf-
undsiebzig Fuß hohen Türmen, wo die prachtvollen Marsbeob-
achtungen gemacht wurden, die für Kepler nachher die Grundlage
seiner ersten beiden Planetengesetze werden sollten, arbeitete man
noch — ohne vergrößerndes Fernrohr! Und auch der ursprüng-
liche Text von Keplers Traum ist geschrieben, ohne daß Kepler
selbst damals auch nur eine Ahnung von der Möglichkeit des Fernrohrs gehabt hätte!

Wer heute mit bloßem Auge den Mond anschaut, der sieht auch
als Laie schon ein mehr oder minder angelerntes Schulbild hinein.

In den Flecken und Runzeln sieht er die Löcher und Zacken
einer ausgebrannten Schlacke. Ungeheure Vertiefungen wie
Meeresbecken, in denen doch kein Ozean mehr wogt. Trümmer-
felder, vulkanisch zerborstene, durchlöcherte Rinde, in der doch jede

Zuckung erstarrt ist. Alles starr und tot, aber in einer schauerlich romantischen Verwüstung mit den schroffsten Gegensätzen von hoch und tief. Ja, wir sehen das „hinein", weil uns allen ungefähr beigebracht ist, wie die Geschichte im Fernrohr wirklich aussieht. Für Menschenkinder, die noch kein Fernrohr hatten, war die Sache aber nicht so selbstverständlich.

Schon die antike Forschung hatte sich vom Märchen des Mondgesichts frei gemacht und nahm die blanke Scheibe da oben als kreisenden Weltkörper. Aber wie auf diesen Körper Flecken kamen, war zunächst Streitfrage.

Eine etwas dreckige Vorstellung ließ den Mond von Natur spiegelblank sein, die Flecken aber sollten sich erklären als wirkliche Schmutzflecken: Absatz der rußgeschwärzten Erdendünste, die da hinaufqualmten und hängen blieben. Der alte Plinius, der das überliefert hat, kannte den Qualm der modernen Großstadt leider noch nicht, sonst hätte er ihn jedenfalls in erster Linie als mondschwärzend seiner Theorie zu Grunde gelegt. Aber dieser selbe Plinius ist zu rühmlichem Abschluß seines Naturforscherlebens erstickt im Aschenregen des großen Vesuvausbruchs vom Jahre 79 n. Chr., der Pompeji verschüttete. In leidiger Probe am eigenen Leibe konnte er hier die jedenfalls kolossalste Form von Qualmentwickelung auf der Erde erfahren. Hat doch in unseren Tagen der Vulkan Krakataua an der Sundastraße, den das einströmende Meerwasser zur Explosion brachte, gelegentlich auf Jahre hinaus, wie es scheint, die ganze Erdatmosphäre in ihren höchsten Schichten mit Aschenteilchen so durchsetzt, daß gewisse absonderliche Dämmerungserscheinungen erzeugt wurden.

Aber bis zum Monde reicht doch auch die schauerlichste Kraft des größten Vulkans, und wenn er auch wie ein Dampfkessel platzt, nicht hinauf. Erdenasche und Erdenruß gehen so wenig dorthin, wie umgekehrt der Mond selber aus seinen Kratern Steine auf uns herunterspuckt. Das Letztere ist nämlich auch einmal geglaubt worden: zur Zeit, als man zuerst sicher zugeben mußte, daß ab und zu sogenannte Meteorsteine tatsächlich vom Himmel herab auf die Erde fallen. Heute wissen wir, daß solche Meteoriten in zahllosen Schwärmen das ganze Planetensystem durchschweifen, unsere

Sternschnuppen und vielleicht die Hauptbestandteile der Kometen bilden, kurz, eine ganz anders weitgehende Rolle im Weltgetriebe spielen, als es ein paar überkühne Wurfbomben aus Mondkratern vermöchten.

Im Gegensatz außerordentlich zart und anmutig war eine zweite antike Theorie der Mondflecken, die den strahlenden Silberschild des Gestirns so blank wie nur denkbar poliert glaubte. Ja, so blank poliert sollte er sein, daß seine Fläche einfach die Erde unten, über die er dahinwandelte, abspiegelte. Die Flecken sollten einfach die wiedergespiegelten Meere der Erde sein: das Mittelmeer, der atlantische und indische Ozean. Da aber die Flecken auch nur so, wie man sie mit dem bloßen Auge sieht, wirklich beim besten Willen nicht zu diesen Erdmeeren passen, so durfte man in der irdischen Geographie nicht allzu bewandert sein, um so etwas dauernd zu glauben. Und die Idee, daß der Mond der Toilettenspiegel der Frau Erde sei, verlor sich schließlich und lange vor Keplers Zeit ebenso sanft wie jene andere, die ihn zu ihrem himmlischen Müllkasten gemacht hatte.

Die dritte und zweifellos beste Vorstellung vom Mond in der ganzen Antike findet sich bei Plutarch, also etwa in der Zeit Trajans.

Die Flecken werden erklärt teils als die regelrechten Schatten hoher Mondberge, teils als graue, das Licht schwächer reflektierende Meeresflächen. Wie der gewaltige Marmorkegel des Athosberges seinen Schatten übers blaue Griechenmeer bis zur Insel Lemnos warf, so sollte das Schattenband auch der Mondgebirge verdunkelnd über weite Flächen wandern. Der Zufall wollte aber, daß der betreffende, höchst geistvolle Text des Plutarch Kepler zur Zeit, als er seinen Traum schrieb, nur unvollkommen bekannt war. Die Idee, es möchten die grauen Mondgebiete Meere, die hellen gebirgiges Land sein, dünkte ihm geradezu falsch, da er bei Graz auf einen Berg gestiegen war und bemerkt hatte, daß von oben geschaut das Land dunkler, die Flüsse dagegen viel greller im Sonnenlicht hervortraten. Erst viel später hat er diese Meinung fallen gelassen, — nebenbei bemerkt, eine Streitfrage, die heute wieder bei Betrachtung der hellen, rotgelben und der dunkleren, grünlichblauen Gebiete auf der Oberfläche des Planeten Mars bedeutsam geworden ist, ohne daß sich bisher die Astronomen hier fest darüber hätten einigen können; die meisten allerdings halten die rötlichen Flecken für Land und die dunkleren entweder wirklich dort für Wasser oder aber für dichten Pflanzenwuchs.

Jedenfalls war Kepler damals wesentlich auf sich selbst angewiesen, und wenn auch er wenigstens für Mondberge eintrat, so war das nicht Nachrede Plutarchs, sondern eigene Neu-Erfindung. „Obgleich ganz Levania", so hören wir bei ihm, „nur ungefähr 1400 deutsche Meilen im Umfang hat, d. h. nur den vierten Teil unserer Erde, so hat es doch sehr hohe Berge, sehr tiefe und steile Täler und steht so unserer Erde sehr viel in Bezug auf Rundung nach. Stellenweise ist es ganz porös und von Höhlen und Löchern allenthalben gleichsam durchbohrt." Im Folgenden wird dann von den Mondgeschöpfen erzählt, wie sie sich, zumal auf der von der Erde abgekehrten Seite, in diesen Löchern gegen die furchtbaren Kontraste einer fünfzehntägigen unausgesetzten Sonnenglut und einer abermals fünfzehntägigen Eisnacht schützten. Es liegt nahe, daß dieser letztere Gedanke rückwirkend zum Teil erst Anlaß gegeben hat zur Erfindung der allgemeinen Durchlöcherung der Mondoberfläche. Aber wie hübsch war die Phantasie dabei an die Grenze des Wirklichen gelangt, — nicht mit den nach wie vor problematischen Mondbewohnern selbst, wohl aber mit den „Löchern", bei denen unser Gedanke heute sofort die zahllosen Kraterhöhlen ergreift.

Es sollte Kepler selbst noch vergönnt sein, hier seinen kleinen Triumph zu feiern. Denn in dieses glückselige Menschenleben fiel noch nach der Vollendung des „Traumes" jenes ungeheure Ereignis selbst: die Erfindung des Fernrohrs.

Das liebenswürdige Büchlein erzählt uns selbst noch davon, — meinem Gefühl nach die schönste Stelle des Ganzen, bei der man so recht das Gefühl hat, in einer heiligen Weihestunde der Menschheitskultur mit dabei zu sein. Ich habe erwähnt, daß der eigentliche Text des Traumes etwa um 1609 herum vollendet ist, in ihm also auch jene Stelle vom durchlöcherten Mond, in dem die Mondungeheuer sich vor Frost und Hitze bargen. Viel später erst sind die Anmerkungen beigefügt. Man merkt es. Denn zu der Stelle

kommt jetzt folgendes charakteristische Geständnis als Note hinzu:
„Hier (das heißt bei den bewohnten Mondlöchern) ist der Verstand,
verlassen von allen Beweisen des Auges, auf sich selbst angewiesen.
Aber wenn ich damals gewußt hätte, daß der Mond so viele tief-
liegende Höhlen habe, wie sie das Fernrohr des Galilei ans Licht
bringt, oder wenn ich den von der Grotte der Hekate fabelnden
Plutarch gelesen hätte, so würde ich, glaube ich, diese Sätze mit
freierer Feder geschrieben haben." Also Plutarch hatte er jetzt
ganz gelesen. Aber das war nur das Belanglose. Ein allgewaltig
Größeres, Nachhaltigeres, Umwälzendes war in der Zwischenzeit
geschehen. Der Name Galileis umfaßt es.

Galilei war damals, als Kepler 1609 seinen „Traum" voll-
endete, in seiner besten Zeit. In weiter Ferne noch lag die nie
ganz aufgeklärte Tragödie seines Lebensabends. Seine Augen
waren stark, sein Geist zum Größten aufgelegt. Sein Lehrstuhl
ragte zu Padua, wo ihn die Venetianer schützten, und von diesem
Lehrstuhl ging es in unablässiger Folge wie ein Leuchten durch die
gebildete Welt. Der hellste Strahl, ein Strahl, wie er Jahrhunderten so nur einmal zuteil wird, flammte aber im Frühjahr
1610 herüber.

Wenige Monate vorher hatte Galilei über Paris Kunde von
einem geheimnisvollen Instrument erhalten, das in Holland erfunden sein sollte. Es war das Fernrohr, das wie aus einer
mystischen Versenkung auf einmal erstanden war. Noch heute weiß
man nicht sicher, wer es zuerst zusammengesetzt hat, — die Legende
erzählt, Kinder hätten beim Spiel geschliffene Glaslinsen hintereinander gestellt, bis der Vater aufmerksam geworden sei. Aber
es bleibt dunkel, wer der schlaue Vater war. Genug: das Instrument war gegeben. Aber erst in Galileis Händen bedeutete es
eine neue Welt.

Die Nachricht reichte für den auch im Handwerk geschickten
Meister aus: er selbst baute sich in bleierner Röhre seine Gläser
hintereinander, und schon nach kürzester Frist durfte eine Senats-
kommission zu Venedig auf dem Glockenturm von San Marko sich
von der Kraft des neuen Zauberrohrs überzeugen.

Die weitere Welt erfuhr dann davon in einer köstlichen Flugschrift, dem „Sidereus nuncius" (Sternenbote) Galileis, — und zwar gleich gründlich. Denn in den dazwischenliegenden Nächten hatte das bleierne Rohr einen himmlischen Feldzug vollführt, gegen den die unbewaffneten Augen sämtlicher Beobachter des Sternenplanes von den urältesten Tagen chaldäischer Sternguckerei bis auf Kopernikus, Tycho und Kepler bescheiden zurücktreten mußten.

·Die Monde des Jupiter waren entdeckt, ein Planetensystem im Kleinen von unendlicher Wichtigkeit für die junge Kopernikanische Lehre. Die Milchstraße war in ein Gewimmel dicht gedrängter Sterne aufgelöst und damit zugleich eine Streitfrage, die schon von Demokrit und Aristoteles ungeschlichtet heraufkam, gelöst. Das Sternbild der Plejaden war seiner heiligen Siebenzahl entsetzt und bot auf einmal über vierzig Einzelsterne dar. Wenig später — und Galilei hatte Flecken in der Sonne gesehen und er hatte nachgewiesen, daß die Venus Phasen (z. B. Sichelgestalt) zeigte wie der Mond. Schließlich gewahrte er etwas ganz Unbegreifliches, nämlich tolle Auswüchse oder Henkel an dem altvertrauten Planeten Saturn, — erst später ist klar geworden, daß es sich um das fortan so berühmte große Ringsystem des Saturn handelte. Vom Monde aber las man, las Kepler, der mit Galilei längst korrespondierte, las alles, was nur entfernt an Sternkunde dachte in der Zeit, im „Sternenboten" das erlösende Wort: es gab wirklich Mondberge, gab schattenwerfende Zackenränder über Vertiefungen — kurz: es gab den Mond zum erstenmal im losesten, aber immerhin doch schon erkennbaren Umriß so, wie wir ihn heute zu sehen gewohnt sind.

Keine Entdeckung Galileis hat Kepler so bis in die tiefsten Gründe seiner Phantasie hinein erregt wie diese. Bald hatte er selbst ein Fernrohr in Händen und konnte beobachten. Es wühlte und gärte in ihm wie in einem Schatzgräber, der ein Menschenleben lang mit dem Gedanken an einen Schatz gespielt, das Gold im Traum hundertmal hat blinken sehen und nun in einsamer Nacht bei bleichem Scheine wirklich und greifbar vor der Erfüllung steht und die geträumten Dinge sieht.

Die allerletzten, spät zugefügten Blätter des Buches malen das in lebendigstem Bild.

Die Praxis riß ihn jetzt weit hinaus über alle Theorie. Einst,

vor Jahren, hatte der Geift des Träumenden die Mondlöcher
„erfunden" als Zufluchtsorte fabelhafter Mondgefchöpfe. An
fchlangenartige Ungetüme hatte er damals gedacht, die bald aus
ihren Löchern in die Sonne krochen, bald in den kühlen Schlund
wieder hinabhufchten, — Spielereien des fchweifenden Gedankens.
Jetzt hatte er umgekehrt die Löcher vor fich als fichtbare Wirklichkeit, Schlund an Schlund, Kreis neben Kreis, die ganze Mondoberfläche wie ein Sieb durchlocht bis zu einer Steigerung, die der
tollften Phantafie vorher zu toll gewefen wäre.

Kein Wunder, daß fich jetzt in Keplers Ideengang die Sache
umdrehte. In vollem Ernft legte er fich diesmal die Frage vor, ob
diefe immer wiederkehrenden wirklichen Kreisgebilde nicht wiffen-
fchaftlich nur zu erklären wären unter der tatfächlichen Annahme
lebender Wefen auf dem Mond. Allerdings jetzt nicht im Sinne
von Lindwurmhöhlen, fondern als Werke intelligenter Ge-
fchöpfe von Menfchenart.

Der Text des „Traumes" wird zur Erläuterung diefer Dinge
nicht wieder aufgenommen. Er fchließt in dem Buche einfach ab
mit dem Losbrechen eines praffelnden Sturmes, der den Schläfer
weckt. Der erzählende Dämon und die anderen, heißt es, die ihre
Köpfe verhüllt hatten, kehrten zu mir felbft zurück, und ich fand
mich in Wirklichkeit, das Haupt auf dem Kiffen, meinen Leib in
Decken gehüllt, wieder.

Die neue, vom Fernrohr infpirierte Theorie intelligenter,
bauender Mondmenfchen aber, niedergefchrieben erft in den zwanziger Jahren des fiebzehnten Jahrhunderts, gibt fich in Form eines
angehängten Briefes und einer Anzahl fefter Thefen ganz ohne
fcherzende Beimifchung.

Die intereffantefte Stelle ift folgende: „Jene auf dem Mond
befindlichen Höhlungen, die zuerft von Galilei beobachtet wurden,
bezeichnen, wie ich beweife, vorzugsweife Flecken, d. h. tiefgelegene
Stellen in der ebenen Fläche wie bei uns die Meere. Aber aus
dem Ausfehen der Höhlungen fchließe ich, daß diefe Stellen meift
fumpfig find. Und in ihnen pflegen die Endymioniden (Mondbewohner) den Platz für ihre befeftigten Städte abzumeffen, um fich
fowohl gegen fumpfige Feuchtigkeit, als auch gegen den Brand der

Sonne, vielleicht auch gegen Feinde zu schützen. Die Art der Einrichtung ist folgende: in der Mitte des zu befestigenden Platzes rammen sie einen Pfahl ein, an diesen Pfahl binden sie Taue, je nach der Geräumigkeit der zukünftigen Festung, lange oder kurze, das längste mißt fünf deutsche Meilen. Mit dem so befestigten Tau laufen sie zum Umfang des künftigen Walles hin, den das Ende des Taues bezeichnet. Darauf kommen sie in Masse zusammen, um den Wall aufzuführen, die Breite des Grabens mindestens eine deutsche Meile, das herausgeschaffte Material nehmen sie in einigen Städten ganz von inwendig fort, in anderen teils von innen, teils von außen, indem sie einen doppelten Wall schaffen mit einem sehr tiefen Graben in der Mitte. Jeder einzelne Wall kehrt in sich zurück, gleichsam einen Kreis bildend, weil er durch den immer gleichen Abstand des Tauendes vom Pfahl beschrieben wird. Durch diese Herstellung kommt es, daß nicht nur der Graben ziemlich tief ausgehoben ist, sondern daß auch der Mittelpunkt der Stadt gleichsam wie der Nabel eines schwellenden Bauches eine Art Weiher bildet, während der ganze Umfang durch Anhäufung des aus dem Graben gehobenen Materials erhöht ist. Denn um die Erde vom Graben bis zum Mittelpunkt zu schaffen, ist der Zwischenraum allzu groß. In dem Graben wird nun die Feuchtigkeit des sumpfigen Bodens gesammelt, wodurch dieser entwässert wird, und wenn der Graben voll Wasser ist, wird er schiffbar, trocknet er aus, ist er als Landweg zu benutzen. Wo immer also den Bewohnern die Macht der Sonne lästig wird, ziehen diejenigen, welche im Mittelpunkt des Platzes sich befinden, sich in den Schatten des äußeren Walles und diejenigen, die außerhalb des Mittelpunkts in dem von der Sonne abgewendeten Teile des Grabens wohnen, in den Schatten des inneren zurück. Und auf diese Weise folgen sie während fünfzehn Tagen, an welchen der Ort beständig von der Sonne ausgedörrt wird, dem Schatten, kurz, sie wandeln umher und ertragen dadurch die Hitze."

Man sieht: es sind wahre Mondstädte, um die es sich handelt, Mondstädte, deren Hauptzweck allerdings auf etwas gerichtet ist, das wir auf der Erde nicht so beachten: auf Erzeugung von Schatten während des halbmonatlich unausgesetzten Sonnenbrandes.

Der Leser von heute wird lächeln wie über eine tatsächlich nun doch vollkommen spaßhafte Sache.....

Und doch ist im Grunde Keplers Scharfsinn bewundernswert, und wenn wir auf die Methode gehen, so schließt er ungefähr genau so, wie wir Weisen von heute vor neuen Objekten immer wieder schließen würden und auch schließen müssen. In seiner Ausführung begegnen wir folgendem durchaus logischen Gedankengang.

Er hat den Mond bedeckt gefunden mit höchst seltsamen, absolut kreisförmigen Gebilden. Die Frage entsteht: wie soll das „natürlich" entstanden sein? Kepler fragt: was nennen wir überhaupt „natürlich entstanden"? Hier steht ein Gegenstand, bei dem ich eine bestimmte Ordnung der Teile bemerke. Es gibt zwei Fälle: die Ordnung kann im gewöhnlichen Sinne „natürlich" sich gebildet haben. Oder es kann eine Intelligenz im Spiele sein. „Wenn die Ursache", sagt Kepler, „der Ordnung von dem, was sich in der Ordnung befindet, weder aus der Bewegung der Elemente, noch aus dem Zwang des Stoffes hergeleitet werden kann, so ist es höchst wahrscheinlich, daß sie von einer des Verstandes mächtigen Ursache herrühre." Ein Beispiel für eine natürlich entstandene Ordnung wäre ihm der Flug einer abgeschossenen Flintenkugel. „Die gerade Linie ist etwas Regelmäßiges, eine bleierne Kugel, herausgeschleudert aus einem Geschoß, bewegt sich schnell in einer geraden Linie, diese Bewegung rührt nicht von irgend einem Verstande her, sondern sie ist die Folge einer unabweislichen Notwendigkeit des Materials. Denn die salpeterhaltige Materie des Schießpulvers verbrennt, von der Zündung erfaßt, und treibt die Kugel heraus, die sich einer Ausdehnung widersetzt, und zwar, da sie sich durch die ganze Länge des eisernen Rohres widersetzt, so wird durch diesen gewaltsamen Druck eine geradlinige Bewegung hervorgerufen." Auch im organischen Leben gibt es noch solche Beispiele natürlichen Werdens, meint Kepler, und führt gewisse Beispiele zeitgemäßer Naturgeschichte an.

Dagegen eine organische Tatsache wie etwa die Fünfzahl in den Teilen von Blumen, meint er, sei schon nicht mehr im gewöhnlichen Sinne „natürlich" zu erklären, sie könne nicht aus der „Natur

des Materials" hergeleitet werden, sondern müsse einer Bildungskraft entspringen, „der man den Begriff der Zahl und so gleichsam
Vernunft" zuzuschreiben habe.

Dem würde nun, als Beispiel, der moderne Darwinianer zwar
auch noch widersprechen. Aber man sieht, was Kepler will. Und
man versteht vollkommen nun seine Nutzanwendung auf den Mond.

„Im großen und ganzen zwar", sagt er durchsichtig klar,
„herrschen auf der · Oberfläche des Mondkörpers, was die Verteilung der hohen und tiefen Stellen anbelangt, der Zufall und
die durch das Material bedingte Notwendigkeit vor; die Erde wird
von unterirdischen Felsen abgeschabt, Täler werden ausgewaschen,
so daß Berge stehen bleiben, die Wässer fließen in die tiefer liegenden Regionen ab und werden dort durch das Bestreben aller Teile
nach dem Mittelpunkt des Mondkörpers im Gleichgewicht gehalten.
Aber in den fleckigen Partien des Mondes ist die Gestalt der
genau runden Höhlen und die Anordnung derselben oder die
gewisse Gleichmäßigkeit der Zwischenräume etwas Gemachtes und
zwar gemacht von einem architektonischen Verstande.
Denn eine solche Höhle kann nicht ohne Zutun in Form eines
Kreises von irgend einer elementaren Bewegung gemacht sein...
Es scheint also, daß wir aus dem Vorhergehenden schließen müssen,
daß auf dem Monde lebende Wesen vorhanden sind, mit so viel
Vernunft begabt, um jene Ordnungen hervorzubringen, wenn auch
ihre Körpermasse nicht mit jenen Bergen in Vergleich zu setzen ist.
Denn so machen auch auf der Erde die Menschen zwar die Berge
und Meere nicht (denn die Xerxesse und die Neros sind selten,
und auch ihre Werke kann man mit dem Natürlichen der Berge
und Meere nicht vergleichen), aber sie bauen auf ihr Städte und
Burgen, in denen man Ordnung und Kunst zu erkennen vermag."

Daß die Mondbewohner — einmal ihre Existenz vorausgesetzt
— gerade solche Riesenwerke zustande gebracht haben, wird noch
mit einem Satz, der direkt an Darwin anklingt, begründet: die
Mondmenschen entsprechen in ihrer Kraft eben ihrem Planeten
genau in derselben Weise, „wie bei uns es durch Gebrauch kommt,
daß die Menschen und Tiere sich der Beschaffenheit ihres Landes
oder ihrer Provinz anpassen!"

Kepler stand vor dem Mond. Wir heute stehen vor einem viel ferneren Weltkörper und wenden doch aufs Haar dieselbe Methode mit Recht an. Ich meine bei der Enträtselung des Planeten Mars.

Bekanntlich sind die rötlichen Gebiete des Mars, also der gangbaren Annahme nach seine Länder, durchkreuzt von einem wunderlichen Netz mathematisch scharfer Linien, den sogenannten „Kanälen". Alles in diesen Kanälen spricht gegen grob „natürliche Erklärung" in Keplers Sinn. Alles spricht für das Werk intelligenter Wesen, für eine „Ordnung", geschaffen nicht im Sinne einer vom Pulvergas getriebenen Kugel, sondern einer von denkenden Gehirnen ausgehenden Gedankentat. Selbst die skeptischsten Astronomen unserer Tage raten auf Marsmenschen, die dieses Netz kürzester Verbindungen und mathematisch strenger Linien (seien es nun wirkliche Wasserkanäle oder nur Kulturstreifen irgend welcher Art im Wüstengebiet) hervorgebracht haben. Keplers Schluß, — bloß auf den Mars übertragen!

Stellt man sich Keplers Denkgröße so als solche klar vor Augen, so ändert es wenig, wenn man hinzufügt, daß, unbeschadet aller Logik, sein Fall tatsächlich falsch war.

Die Ringwälle der uns sichtbaren Mondseite sind aller Wahrscheinlichkeit nach keine Städte geheimnisvoller menschenähnlicher Mondbewohner. Die Voraussetzung Keplers ist schon falsch. Die „runden" Mondgebilde sind alles eher als so mathematisch schöne Zirkel, wie sein schlechtes Fernrohr sie ihm wies. Was er als ideal schöne Festungswälle sah, sind wüste Gebilde, mit Zacken oben und tausend Unregelmäßigkeiten an den Seiten. Was wir für den Mars ganz in der Linie von Keplers Schlüssen annehmen müssen, dafür liegt gerade hier keinerlei echter Beweis mehr vor, sobald wir eine moderne Mondkarte eingehender mustern.

Immerhin: es verdient gesagt zu werden, daß wir auch heute deshalb noch nicht klar wissen, was die ringförmigen Mondgebilde nun wirklich sind.

Sind es erloschene Vulkankrater, wie es gegenwärtig schon fest in den Schulbüchern steht?

Kepler vergleicht inmitten seiner Darlegung einmal gewisse

Mondlöcher mit Butzenscheiben und zieht den Krater des Aetna dabei als Ebenbild heran. So streifte er nahe genug an die später gültige Theorie. Diese Theorie war sicher ein großer Fortschritt. Sie führte die seltsamen Kreisgebilde anstatt auf Menschenwerk auf etwas zweifellos „Natürliches" zurück: auf die von der Erde genügend bekannte Vulkanform. Aber hat sie deshalb recht?

Je mehr man im einzelnen die Form der Mondkrater studiert hat, desto weiter hat sie sich tatsächlich von der Gestalt irdischer Krater entfernt. Eine Anzahl winziger Kegelchen auf dem Mond gleicht unseren Vulkanen äußerlich wirklich. Die großen Wallebenen dagegen ganz und gar nicht. Und diese Wallebenen gehen allmählich in die ganz kolossalen Tiefebenen der sogenannten „Meere" über. Soll das alles vulkanisch sein?

Die irdische Analogie hört mindestens auf, und auf sie kommt doch eigentlich alles an.

Es gibt in der neuesten Astronomie viel kühnere Anschauungen. Wenn nun die Mondlöcher, von der kleinsten Wallebene bis zum riesigen „Mare" (wasserlosen Hohlflächen vom Umfang eines Meeres), das Ergebnis des Absturzens von oben kommender Massen wären, — von Massen, vielleicht einbrechend in einer Zeit, da der Mondkörper noch nicht völlig erhärtet war? Das Bild läßt sich immerhin ausmalen. Die Erde besaß danach einst nicht einen Mond, sondern einen Ring von in bestimmtem Abstand kreisenden Körperchen. Der heute noch bestehende Saturnring, von dem man jetzt fast sicher weiß, daß er aus vielen kleinen Teilchen besteht, führt so etwas noch heute vor Augen. Aber allmählich vereinigten sich die kleinen Trabanten. Zuerst bildete sich der „Mond" als festes Zentrum. Ab und zu dann noch immer ein Absturz gegen ihn hin. Bis er alle die „Kleinen" aufgenommen hatte, — vorausgesetzt, daß nicht noch immer welche als bisher unentdeckte Nebenmonde uns umschwärmen. Die letzten Abstürze in die zähe Mondmasse hätten die heute sichtbaren Mondlöcher erzeugt. Wobei immerhin vulkanische Reaktion des Mondkörpers von innen heraus noch mitgewirkt und auch kleine echte „Krater" wie Maulwurfshaufen zwischen die riesigen Fallhöhlungen hinaufgetrieben haben könnte....

Das mag als Bild genügen, — als Bild, wie wenig wir noch heute „über den Berg" sind.

Den Mondberg!

Kepler, heute mitten unter uns, würde lächeln, — mit jenem Lächeln aus Schalkhaftigkeit und .Resignation. Und würde uns sagen, daß es zwar Gewißheit nirgendwo gibt, aber daß eines not sei: unentwegt kühnes Vorschreiten mit den Waffen der Logik, diesem Prometheusfunken des Menschengeistes.

Ich setze hinzu: und noch eines, ohne das alle Wissenschaft „Tiergeripp und Totenbein" im Sinne Fausts bleibt: die Versöhnung in Keplers Geist, der große Friede zwischen Forschung und Phantasie, — der „Traum im Leben", die Erkenntnis einer innerlichen heiligen Harmonie in aller Zerrissenheit des „Wirklichen".

Vom Krebs, der „vom Himmel fällt".

Es war an einem der letzten Apriltage dieses Jahres.

Richtiges Aprilwetter: jetzt die Sonne glühend heiß, und jetzt eine weiße Wolke starr ins Blaue schattend und ein Eiseshauch von ihr niederfahrend, als wollte es wieder Winter werden.

Aber im Forst bei Finkenkrug hinter Spandau äugte der Frühling aus allen Ecken, mit erstem Sproßgrün von jedem Buchenbusch, mit weißen Sternchen und smaragdenen Blättchen der Anemonen und des Sauerklees aus der alten roten Laubdecke im Waldesgrund.

Vom Forsthaus Finkenkrug zieht sich ein breiter, grasbewachsener Weg waldeinwärts, still und einsam. Kleine Eichen stehen am Rand, mit ihrem Flechtenpelz auf der gefurchten Rinde, sie allein noch ganz und gar nicht vom Lenz berührt. Dann jederseits ein Graben und drüben ein dichtes Gewirre der Stämme über halb welkem, halb grünem Polster von hohem Büschelgras. Die glatten Erlen zu mehreren aus einer Wurzel, nur eben erst angeflogen wie von grünem Reif. Die Birken einzeln, grell weiß, und alle oben mit dem gleichen Troddelvorhang baumelnder gelbgrüner Kätzchen. Auf höchstem Ast jubelte mit wahrhaft impertinentem Juchzer ein verliebter Specht. Die Finken zirpten immerfort leise in den halb warmen, halb fröstelnden Aprilzauber hinein.

Doch mich lockte der Graben. Um seinetwillen war ich hergefahren.

Ein zoologisches Wunder ersten Ranges hatte dieser Frühling gebracht. In diesem Waldgraben, unscheinbar wie alle echten Wunder der Natur, sollte es sich bergen.

Im Graben stand seichtes Wasser. Aber man sah ihm an, daß hier kein echter, dauernder Tümpel bestand.

In dickem Wulst lag das staubig harte, zerkrümelte grau-braune Eichenlaub vom vorigen Herbst an beiden Rändern gehäuft, um ohne feste Grenze unter den nassen Spiegel einzutreten, aus dessen ganzem Grunde es dann undeutlich weiterschimmerte. Das vorige Jahr war hier sehr trocken gewesen. Frei mochte das fallende Blätterwerk durch den leeren Graben geraschelt sein. Jetzt hatten starke Frühlingsregen die alte Laubgruft gefüllt zu vergäng-lichem Miniaturteich.

An solcher Grenze des feuchten Waldes bleibt aber auch die kleinste Pfütze nicht einen Moment leer. Aus jedem Winkel, hinter jedem dürren Blatt lauert ja durstiges Leben. In unzählbarer Masse wimmeln plötzlich winzige Insektenlarven. Ein Frosch, eine Kröte hüpfen heran. Schwärmende Wasserkäfer fallen ein und fühlen sich zu Hause. Wer aber ein zoologisches Sonntagskind ist, der trifft in solcher Stunde hier noch ein ganz anderes, rätsel-volleres Geschlecht.

Wie der Schatz im Märchen zeigt es sich meist launisch nur alle Jubeljahr. Und da die strenge Rechnung auch dafür fehlt, so kann der Naturfreund, der jedes Tümpelchen und Aederchen seiner Gegend kennt, ein Menschenalter auf der Suche verbringen und erlebt es nie. Mir aber in dieser stillen Morgenstunde, da der Zaubervogel der deutschen Sage, der Specht, vom Baume seinen Segen sprach, öffnete sich die Tiefe und ich sah.

Eine Wolke ließ eben langsam die Sonne wieder frei. Das Wasser, bisher dunkel wie altes Holz, begann sich aufzuhellen und nahm einen lichtbraunen Ton an, in dem hier und dort ein Umriß dämmerte. Jetzt hob sich aus der Tiefe dicht zur Oberfläche ein winziges weißliches Gebilde wie ein ganz zartes, ganz feines kleines Federchen. Wie es rasch aufstieg, schwirrte an seiner Oberseite wirklich eine Art vom Fluß bewegten Federbartes. Aber das Zittern war willkürlich, es schnurrte von dem Ding selber aus da oben etwas gleich dem wundervollen Rädchen der Rückflosse unserer zierlichen Seepferdchen im Aquarium. Nun ist es fast oben und liegt plötzlich regungslos, als trinke es das langsam sich steigernde Licht tief in sich hinein. Je heller es wird, desto deutlicher wird der Umriß des Elfchens. Es liegt ganz unzweideutig auf dem Rücken, die wimmelnden Federbeinchen nach oben. Vorne ein Kopf, hinten ein langer, schwanzartig gespitzter Anhang. Die Grundfarbe ist wie weißrötliche, durchsichtige Menschenhaut, in der eine blaue Ader schimmert; von den Beinchen kommt es bisweilen wie ein Blitz intensiven Grüns. Das Ganze mahnt an ein vertrautes Bild aus den Tümpeln am Seestrande: die allbekannte „Krabbe" oder Garneele. Bloß daß diese noch ein Riese ist, im Verhältnis zu unserm Elfchen wie ein ganzer kleiner Finger zu seinem ersten Gliede. Aber es ist wahr: auch das Nixchen ist ein Krebs, — im Süßwasser, wo es keine Krabben gibt.

Weil seine Beine zugleich die Atmungsorgane, die Kiemen, tragen, heißt er der Kiemenfuß, lateinisch (wörtlich übersetzt) der Branchipus.

Mir aber hat das wirbelnde Federchen heute etwas von dem weißen Flämmchen, das über vergrabenen Schätzen schwebt. Denn wo der Branchipus schon sich meldet, da erwacht die Wahrscheinlichkeit für eine noch unvergleichlich bedeutsamere und kostbarere zoologische Begegnung, deren Bedingungen ganz ähnliche zu sein pflegen wie die für den Branchipus.

Die Sonne hat sich jetzt ganz aus der Wolke gearbeitet. Hier, dort, überall steigen gespensterhaft lautlos die weißen Krebs-Nixchen zum erwärmten Spiegel an, wimmeln wie ein Kamm und liegen dann plötzlich starr im Sonnenbade gleich herabgeschneiten Blütenblättchen eines Kirschbaums. Doch nun hat die Sonne den Grabengrund selber erreicht. Als die alte Künstlerin, die alles verschönt, weckt sie die Schicht naßfaulender Eichenblätter zu einem schillernden Goldrot, als sei der Graben im untersten Geheimnis mit Kupferplatten belegt. Unerbittlich scharf wird jetzt vor diesem metallisch gleißenden Teppich jedes wandelnde, wirbelnde Leben deutlich. Eine blutrote Milbe eilt dahin, ein plumper schwarzer Hydrophilus karaboides, ein Wasserkäfer, fegt vorüber. Dann aber kommt ein Geschöpf langsam vom Boden höher, das zunächst sich keinem vertrauten Tierbilde anpassen will.

Der Leser kennt aus unsern Aquarien ein großes, scheußliches Tier: den sogenannten Molukkenkrebs. Man sagt ihm dort, daß es ein Krebs sei, sonst würde er es nicht ohne weiteres erraten.

Von oben sieht er nämlich bloß eine mächtige, fußbreite, gewölbte Schale wie von einer Schildkröte, doch mehr aus einem Stück. Aus dieser Schale brechen wie Warzen jederseits ganz oben auf der Wölbung die Augen heraus, und hinten schweift ein langer Stachel als Schwanz nach. Beine sieht man zunächst überhaupt nicht, obwohl der groteske Deckel sich gespensterhaft auf dem Sandboden des Wasserbeckens dahinschiebt. Erst wenn die hemmende Aquariums-Scheibe zum Aufbäumen nötigt oder gar zum Kippen bringt, erscheint der Krebs: unter der Deckschale wimmeln unten eine stattliche Anzahl krebsartig gegliederter Beine, die sogar richtige kleine Krebsscheren tragen. Das Monstrum kommt weit her, meist von den Sunda-Inseln. Wissenschaftlich heißt es der Limulus oder „Schieler".

Aus den kupferroten Eichenblättern da unten vor mir also kam jetzt ein Geschöpf, von allem Lebenden am meisten äußerlich vergleichbar solchem abenteuerlichen Limulus der fernen Korallensee.

Klein wie mein Regentümpel war, war auch er ins kleine übersetzt. Wie dort, so kam eine solide Schale gewackelt, gewölbt wie ein Uhrglas und in der Größe auch ungefähr entsprechend dem Deckglase einer kleinen Taschenuhr. Auch hier schleifte hinten ein schwanzartiges Anhängsel nach. Und das Ganze bewegte sich wie die wandelnde Glocke in Goethes Gedicht wuschelnd und wühlend dahin, ohne daß man Beine sah. Die Farbe war ein Braungrün, doch wie metallisch poliert und zugleich etwas durchsichtig, so daß bald im Sonnenglanz ein ganz blanker Spiegel aufblitzte, dann wieder ein schillerndes reines Grün sich hob und jetzt wieder ein tieferes Rotbraun durchzuschimmern schien.

Das Geschöpf kam aus der Tiefe, wo die zersetzten Blätter in weichsten Schlamm sich lösten. Dann ging es von Blatt zu Blatt, mit einer nervösen Rastlosigkeit seines ganz bewegten, an sich aber dabei fast starren Körpers, die ich mit nichts Genauerem zu vergleichen wüßte, als der raschelnden, wimmelnden Geschäftigkeit des Gürteltiers im Zoologischen Garten, wenn es das Stroh seines Käfigs immer neu durchstöbert.

Aber plötzlich ein Stoß nach oben und nun kommt es hoch und schwebt in halber Wasserhöhe rasch dahin. Die Aehnlichkeit ist jetzt am stärksten mit einer sehr großen schwimmenden Kaulquappe. Im Gegensatz zum Branchipus schwimmt es ausgesprochen nicht auf dem Rücken, keines der vielen Exemplare, die allmählich bei immer weiterrückender Durchleuchtung des Grabengrundes lebhaft und sichtbar werden.

Denn in der Tat: das ist nicht einer, das sind Hunderte da unten, Hunderte im engsten Raum. Jetzt ist einer auf dem Wege gerade unter der Stelle, wo die weißen Nixchen, die Branchipus-Krebschen, sich sonnen. Er scheint mit Absicht dahin zu halten. Ob er sie sieht? Seine Augen müßten dann auch wie beim Molukkenkrebs irgendwie oben aus der Schildkrötenschale herausvisieren. Aber auch der Rückenschwimmer, der ihm oben zunächst ist, hat ihn gesehen und wirbelt blitzschnell wie ein Boot, das alle Ruder einschlägt, davon. Unsere wandelnde Glocke zögert, — und ein rascher Griff ins seichte Wasser bringt sie in meine Gewalt. Sie zappelt, windet sich, dreht sich verzweifelt auf meiner Hand. Mir aber ist einer der Momente beschieden, wie sie nur der intim sich einlebende Naturfreund als Glücksstationen seines Lebens zählt.

Zum erstenmal lebt, bewegt sich vor mir ein Exemplar des wunderbaren, sagenumwobenen Apus, des „Ohnfußes", wie das lateinische Wort übersetzt heißt, des „Kiefenfußes", wie er in sehr schlechter Unterscheidung vom Kiemenfuß deutsch benannt zu werden pflegt.

Nun, da die zappelnde Schildkröte abwechselnd sich auf Rücken und Bauch dreht, genügt ein Blick, um den Umriß des Leibesbaues erkennen zu lassen, — des über alle Maßen kuriosen Baues! Die Augen sitzen in der Tat, zwei an der Zahl, fast zum Verschmelzen dicht nebeneinander vorn auf dem Scheitel der Schale. Und ganz wie beim Molukkenkrebs enthüllt auch hier der umgewälzte Deckel an der Bauchseite ein Gewimmel von Beinen, die allerdings im übrigen nicht den scherentragenden Limulus-Beinen gleichen, sondern in der Mehrzahl viel eher an die des kleinen Branchipus gemahnen wollen. Der ganze weiche Leib hängt in der Deckschale nach einem Prinzip, wie wenn wir uns denken, eine Maus soll sich etwa in die leere Rückenschale einer griechischen Schildkröte eingenistet haben. Sie nagt zwei kleine Löcher in den

Bölsche. 25

Schildkrötendeckel, preßt Kopf und Buckel bis zum Anwachsen von innen gegen die Wölbung und treibt ihre Augen vor, bis sie oben aus den Löchern gucken. Ein absurdes Bild — und doch steckt der Apus genau so in seiner Glocke, mit Kopf und Nacken angewachsen, die Augen oben durchbrechend und der übrige Leib lose unten nachschleifend. An diesem Leibe sitzen an die vierzig Paar Beine. Nur das erste Pärlein ist aber in eine Art Pfote aus Borsten ausgezogen, die andern sind wirklich wie beim Branchipus gleichartige Wimmelapparate, die nicht nur als Ruder, sondern auch ebenso intensiv als Vermittler der Atmung wirken: also „Kiemenfüße".

Im Näherbesehen erschien die Schale ganz bernsteingoldig darüber, der eigentliche Leib glühte blutrot und die Füßchen wimmelten braungelblich. Nach hinten lief das Ganze in zwei lange rote Schwanzfäden aus, zwischen denen sich gerade bei dieser Art (dem Apus productus) noch ein Spitzchen vorschob, das noch in etwas an den wirklichen Schwanzstachel des Molukkenkrebses entfernt gemahnen konnte.

Rasch füllte ich mir ein Glas mit den Wundertieren. Ich fügte ein paar Branchipus-Elfchen bei und war im Laufe der nächsten zehn Minuten über die Ernährung der Schildträger belehrt: wie die Tiger fielen die Unholde über die im engen Raum ratlosen Elfen her und begannen sie zu verschlingen. Andere haben gesehen, wie sie sich an junge Kröten hingen und ihnen die Beine abbissen.

Das Jahr der Schrecken 1806 war über Weimar hingerauscht. Nun ebbte die Flut, man fing an, sich wieder einzurichten. Goethe, um sich „von allen diesen Bedrängnissen loszureißen" und seine „Geister ins Freie zu wenden", kehrte „an die Betrachtung organischer Naturen zurück". Als er so die Metamorphose der Lebewesen im Kopf, eines Tages sich bei Jena erging, brachte jemand einen Apus. Und wie er in das Gewimmel der unzähligen Beine des „Ohnfußes" schaute, blitzte ihm stärker als je auch für das Tierreich das Gesetz auf, das er im Pflanzenreich entdeckt zu haben glaubte. Alle verwickelten Teile waren Differenzierungen eines einfachsten Urschemas: wie aus der schlichten Form des Blattes dort alle vielfältig verschiedenen Gebilde der Pflanze sich logisch

ableiten ließen, so bei dem Krebs aus dem Grundtypus des einfachsten Beingliedes, das „immer dasselbige bleibt" und sich doch
im Zwange des Bedarfs in so viel andere Gestalten verwandelt,
eine unendliche Komplizierung der Gliedmaßen.

Von diesem Prachtexemplar auf seine Theorie mußte er mehr
haben. So bot er einen Speziestaler für einen zweiten Kiefenfuß,
für einen dritten einen Gulden und so bis auf sechs Pfennige herunter. Jetzt suchte die ganze Umwohnerschaft von Jena ihre Pfützen
und Teiche ab für die verschwenderische Marotte des Herrn Ge-
heimrats. Aber auch ein Minister, der zugleich Goethe war, konnte
nicht hemmen, daß er wider das wunderbare Geheim-Gesetz dieser
Krabbeltiere stieß und unverrichteter Sache heimziehen mußte. Vor-
aussetzungslos, wie er anscheinend im Jenenser Gebiet einmal
aufgetaucht, war der Apus auch ebenso wieder spurlos fortan verschwunden. Goethe erhielt keinen mehr. Immerhin war ihm die
Sache wichtig genug, ihr in den „Tages- und Jahresheften" mehr
Raum zu gönnen als der Erzählung vom Tode der Herzogin Amalia.

Die Bauern bei Jena aber werden sich über den verlorenen
Speziestaler mit dem getröstet haben, was seit langem fester Volks-
glaube zur Erklärung des mysteriösen Lebensgesetzes des Apus
ist: es war gerade damals einmal wieder ein Stück vom
Himmel gefallen.

Diesem Glauben lag eine feste Beobachtung zu Grunde, die
wahrscheinlich lange gemacht worden ist, ehe ein Naturforscher sich
mit dem Apus beschäftigt hat.

Ein großes, auffälliges Tier, lebt er doch niemals da, wo
man ständig sich erhaltende Geschlechter von Wassertieren naturgemäß sucht und findet: in dauernden, sei es fließenden, sei es
stehenden Gewässern. Kein Fluß, kein Bach, kein Mühlteich und
kein grüner Unkensumpf beherbergt ihn. Jahr aus Jahr ein stellt
sich dort das Volk der Fische, der gewöhnlichen Krebse, der Muscheln,
Schnecken, Blutegel, Wasserwanzen ein, — wenn auch nicht streng
zoologisch, so doch dem Anblick nach jeder neu erwachsenden Generation auch von Dorfjungen bekannt. Aber der Kiefenfuß tritt
absolut anders in die Erscheinung.

Ein Platzregen fällt, in flachen Gräben, Wegvertiefungen,

Radspuren und Gossen quillt es von himmlischem Wasser vorübergehend — und hier auf einmal tauchen die dicken Schilder auf,
oft gleich zu hunderten, wimmeln wie die Gürteltiere und sind
ebenso im Nu wieder fort, wenn die Sonne die Regenpfütze auf-
getrocknet hat.

Keineswegs jeder Regen aber hat diese Zaubergabe, die
Kobolde zu bringen. Jahrzehnte gehen am gleichen Fleck hin, ein
Menschenalter und mehr, — jedes Frühjahr prasselt der Regen
so und so oft herab und füllt jede Vertiefung bis zum Strotzen:
aber die Wasser bleiben leer, als fehle das Schöpferwort. Und
dann kommt ein bestimmter Guß plötzlich wieder und alles ist
voller Tiere.

Wie soll es nicht der Regen selber sein, der eben in ganz
bestimmtem Ausnahmefall die Eigenschaft hat, Tiere mitzubringen?

Regen und Himmel sind dem Volkswitz eins. Was herabregnet aus den Wolken, das „fällt vom Himmel". Vierzehn Jahre
nach jener Begegnung mit Goethe, in der Nacht vom 12. zum
13. August 1821, rauschte über die Vorstädte von Wien ein gewaltiger
Gewitterregen. Wochenlang blieben die Rinnsteine im Zustand der
Ueberschwemmung — und in diesen Lachen, mitten im Bereich des
Straßengetriebes, erschien plötzlich der Apus in wahrhaft ungeheuerlichen Regimentern. Diesmal fühlte der gemeine Mann sich seiner
Himmels-Theorie schlechterdings sicher.

Ja, was fällt nicht alles vom Himmel!

Solchem Volksglauben ist theoretisch viel schlechter beizu-
kommen, als die meisten Menschen denken.

Vom Himmel, das heißt wirklich aus dem Weltraum, stürzen
Meteorsteine und wirbelt feiner, im Polarschnee und in der Ozeans-
tiefe nachgewiesener Eisenstaub. Ernsthafte Naturforscher haben im
neunzehnten Jahrhundert erwogen, ob wir nicht auch Lebenskeime
aus dem All beziehen. Wenn Bazillensporen eine Kälte von zweihundert Grad überstehen, wenn trockene Pflanzensamen zweihundert
Jahre keimfähig bleiben, wenn monatelanges Liegen unter der
Luftpumpe solche Samen nicht tötet, dann scheint sich ein Weg
aufzutun für eine Lebenspost zwischen Stern und Stern. Man
braucht diese Dinge nicht für zwingend zu halten, aber in der

Theorie muß man mit ihnen rechnen. Doch „vom Himmel" aus einer Regenwolke — das fordert ja noch nicht einmal wirklich kosmische Zusammenhänge! Eine Wasserhose wirbelt einen Teich in die Höhe samt Inhalt und läßt an einem entfernten Fleck niedergehend die mitgestrudelten Fische tatsächlich „regnen". Wenn der Vulkan Cotopaxi in Südamerika heißen Schlamm speit, so kommen Legionen toter Fische mit, die wahrscheinlich aus unterirdischen Gewässern mitgerissen sind, und auch sie fallen wie Asche und Bimsstein „vom Himmel". Nur daß das gerade auf den Apus wieder nicht passen will. Ausgesucht er lebt ja gar nicht in Teichen und ständigen Wassern, aus denen ihn irgend eine Gewalt in die Lüfte entführen könnte. Immer, wo er erscheint, erscheint er schon als ein Produkt des Regens.

Das Wunder im Lebensgesetz des Apus ist schließlich doch aufgeklärt worden. Gegangen aber ist's dabei, wie so oft. Die wissenschaftliche Enträtselung hat eine viel wunderbarere Sachlage aufgedeckt, als das einfache Herabfallen mit einem Gewitterregen umschließen würde. Dieses wäre ein Zufall amüsanter Art, mit endlich doch irgend einer Ursache nach Art jener Vulkanfische. Der wahre Sachverhalt aber führt in tiefste Bildungsgeheimnisse der Natur, vor denen all unsere Weisheit eigentlich noch in den Kinderschuhen steckt.

Die offizielle Naturforschung kennt unsern Kobold auch nur dem Äußern nach noch keine zweihundert Jahre.

In den Zwanzigern und Dreißigern des achtzehnten Jahrhunderts gab Johann Leonhard Frisch eine „Beschreibung von allerley Insekten in Teutschland" in Quartbänden heraus. Dazu hatte man ihm aus Preußen ein Kuriosum übersandt, das er als „flossenfüßigen Seewurm mit dem Schild" beschrieb. Er wurde aber auch sofort Vater des mißlichen Namens Apus selbst und zwar auf Grund folgenden Gedankengangs. „Die Füsse", schreibt er, „haben das allersonderbarste an diesem Wasserwurm; wenn es anders Füsse können genennet werden und nicht vielmehr Floßfedern, für welche ich sie ansehen muß. Also daß dieses Insekt bei denen, die es für Füsse ansehen, ein polypus heißen muß, bei mir aber apus."

Nach dem Muster gewiſſer lateiniſcher Namen in der Zoologie hätte ſich die hübſche Bildung vorſchlagen laſſen: Vielfüßiger Ohnfuß. Es blieb aber beim Ohnfuß ſchlechthin, nachdem Linné die Sache ſanktioniert hatte. Die nächſte Streitfrage war: was es überhaupt für ein Tier im Syſtem ſein könne?

Klein um 1737 riet auf einen Waſſer-Tauſendfuß. Damit war der Sprung wenigſtens vom Wurm zum Gliederfüßler gemacht. Gliederfüßler ſind aber auch die Krebſe. Und zu denen verwies den Apus mit ſieghafter Energie 1756 der treffliche Zoologe und Pfarrer von Regensburg, Johann Chriſtian Schäffer.

Er iſt der Altmeiſter aller unſerer Apus-Weisheit, und wenn herrſchende Zeitmeinungen nicht ſtärkere Fäuſte hätten als ſtille Beobachterehrlichkeit, ſo hätte er allein ſchon den ganzen Knäuel der Streitfrage glücklich auseinander gewickelt.

Jeder Feinſchmecker kennt die Eier unſeres Flußkrebſes, wie ſie zu Hunderten das Weibchen an ſeinem Hinterleibe noch lange nach der Ablage wie in einem Neſt mit ſich herumträgt. Und wer dieſe durchaus irdiſche Vorſorge für die Unſterblichkeit der Gattung betrachtet, der wird ſchwerlich vermuten, daß dieſer Krebs durch eine Sorte kosmiſcher Urzeugung „vom Himmel falle“. Die gleiche Wahrſcheinlichkeit wurde denn auch für Herrn Apus ziemlich gering in dem Moment, da Schäffer nachwies, daß auch hier die Weibchen unter ihrer Schale ebenſo mütterlich brav die Eilein in ſtattlicher Zahl mitführen.

Und die Frage ſpitzte ſich zunächſt jetzt auf die engere zu, was aus dieſen Eiern würde. Die Regenpfützen mit den Kiefenfüßen trockneten eines Tages aus. Das bedeutete den Tod der Kobolde, deren Kiemenatmung einzig dem Waſſer angepaßt war. Aber welches Schickſal erfuhren die Eier dabei?

Hier kann nur die Unterſuchung an Ort und Stelle helfen. Dieſe lehrt mit vollkommenſter Sicherheit, daß im trockenen Bodenſatz eines leeren Tümpels, in dem eine Apusgeneration gehauſt hat, die kugelförmigen rotbraunen Eier noch wohl erkennbar vorgefunden werden. Man kann ſie aufnehmen, trocken bewahren, jahrelang bewahren, — und wenn man dann einen Guß Waſſer darauf gießt, ſo erwachen ſie wie Dornröschen, ein Embryo ge-

ſtaltet ſich, endlich kriecht eine etwas über einen halben Millimeter
lange, höchſt poſſierliche Larve mit drei Paar derben Ruderfüßen
und einem Cyklopenauge aus, und aus der wird durch eine fort-
geſetzte Kette raſcher Verwandlungen — der echte Apus.

Damit iſt ein Streitpunkt ſofort klar.

Das plötzliche Auftreten des Ohnfußes in einem jahrelang
trockenen Graben kann zwar indirekt Ergebnis eines Regens ſein,
doch nur auf dem Wege, daß jahrelang vorher abgelegte und im
Staube konſervierte Eier durch die neuerdings hinzukommende
Feuchtigkeit „erweckt" werden und plötzlich eine Apusgeneration
in dieſes Regenwaſſer hineinproduzieren.

Der Naturweg iſt dabei der durchaus hergebrachte, bloß
ſchaltet ſich die Tatſache ein, daß zwar der eigentliche Apus in
Perſon nur gedeihen kann im Waſſer, daß dagegen ſeine Eier eine
ſchier unzerſtörbare Trocken-Feſtigkeit haben.

Ein weiterer Schluß wird möglich.

In dieſem ſeinem Staub-Daſein kann ein ſolches Apus-Ei
von der Stelle, da es abgelegt wurde, mit dem zugehörigen Staube
auf die Wanderſchaft kommen. Es iſt — neuere Staubfälle haben
es erſt wieder bewieſen — ſchier unglaublich, wie weit Staub
fliegt. Hat ſich eine Apus-Generation draußen im Felde in einem
tiefen Weggeleiſe oder einer Wegunebenheit einmal entwickelt
gehabt und bleiben ihre Eier hier liegen, ſo iſt es faſt ſelbſtver-
ſtändlich, daß der Wind ſie nachher mitwirbelt und verfrachtet.
Wie viel Staubwolken mögen jenem Gewitterregen von 1821 in
Wien vorausgegangen ſein! Wie viel Grabeninhalt mag da zu-
ſammengeweht, in die Vorſtädte hineingeblaſen ſein! Staub —
und im Staube Apus-Eier. Wo dicke Steinkörner fliegen, warum
nicht ſie! Nun liegen ſie im Rinnſtein und der Regen ſtrömt:
warum ſoll hier nicht glücken, was dem Beobachter, der mitgebrachte Apus-Eier in ſeiner Studierſtube befeuchtet, ausnahmslos
gelungen iſt?

Schäffer zu ſeiner Zeit geriet aber ſchon auf eine geradezu
raffinierte Komplizierung der Sache. Er unterſuchte ſo und ſo
viele Einzeltiere des Apus und ſtellte feſt, daß es immer und immer
und immer wieder Weibchen waren. Es gelang ihm mit allem

Fleiß nicht, ein einziges Männchen zu entdecken. Was bedeutete wieder das?

Herr Schäffer beobachtete aber noch mehr, und zwar jetzt etwas, was nach den Regeln der in seiner Schule hervorgebrachten Logik und Wissenschaft einfach nicht sein durfte.

Er sammelte eine Anzahl Eier einer solchen ausschließlich weiblichen Generation. Aus diesen Eiern gingen junge Apuslein hervor. Wieder waren es Weiblein. Schäffer brachte „jedes besonders" und erwartete, was diese Einzelhaft ergeben würde. „Es gelang mir," erzählt er, „daß einige fortlebten, und ich erhielte auch von diesen Eyer und von denselben Junge. Dieses war mir Beweises genug, daß diese Kiefenfüße auch ohne Befruchtung fruchtbare Eyer müßten in sich gehabt und von sich gegeben haben."

Hier aber fiel dem braven Meister das Herz in die Hosentasche.

Das ging nicht. Das verstieß gegen das urverbriefteste Adam- und Eva-Gesetz der Natur. Nachdem er den wahren Sachverhalt praktisch gesehen, dekretierte er also kraft seiner Schultheorie etwas, was weder beobachtet noch richtig war.

Er behauptete nämlich, der Apus sei heimlicher Zwitter, also Mann und Weib in einem Leib.

Schäffer, anderthalb Jahrhunderte vor Darwin, merkte nicht, daß in der mysteriösen Fähigkeit der Apus-Weiblein, wie er sie erlebt hatte, eigentlich eine ganz famose Anpassung stecken mußte.

Der Okhnfuß hatte sich nun einmal darauf eingestellt, statt in echten Dauergewässern in zufälligen Regentümpeln seine Bahn fortzusetzen. Schon das war wohl alte Anpassung: in solchen Tümpeln gab es ja keine bösen Fische, die ihn fressen konnten, dagegen kleineres Gesindel für seine eigene Lebenstafel die Menge. Nun — mit diesem Tümpel-Leben war wieder verknüpft der Staubtransport der Eier. Wie sinnreich aber griff hier jene Gabe der einsamen Weiblein ein, falls sie wirklich bestand!

Ein einziges windverwehtes Ei, wofern es einen weiblichen Apus lieferte, konnte das ganze Volk an seiner Stelle auf lange Generationen hin retten. Es war ja bei solcher Luftpost ganz und gar nicht sicher, daß gerade stets Keime zu beiden Geschlechtern in der gleichen Regenpfütze zusammengeweht werden sollten. Wie oft mochte nur eines kommen. Und war das dann nur weiblich, so rettete es doch das Haus Apus. War aber alles eine Weile im Gange so gewesen, dann mußte die Geschichte eines Tages sogar noch viel wichtiger werden.

Denn wenn es, wie in Schäffers Experiment, immer so ging, daß von all den Apus-Weibern, die sich jungfräulich fortpflanzten, abermals nur Weiber kamen, so mußte gar bald ein gewaltiges Plus überhaupt von Apusfrauen in der Welt entstehen gegenüber der Zahl der Männer. Doppelt und dreifach unwahrscheinlich dann, daß jede Regenpfütze beide Geschlechter erhalten sollte, doppelt und dreifach von Nöten also jene glückliche Gabe der einsamen Jungfrauen! Waren doch tatsächlich die Männchen heute im Ganzen so selten, daß Schäffer an seinem Fundort überhaupt keine gefunden hatte.

Doch das alles wollte unser Forscher selber nicht haben, es widersprach ihm in der Grundtatsache einem „Naturgesetz". Daß ein vom ersten Tage an in Isolierhaft gesetzter Krebs Nachkommen bringen solle, schien ihm und seiner Schule noch ein Teil lächerlicher, als daß ein leibhaftiger Krebs vom Himmel fiel.

Die Zeit lief, und eines Tages wurde, wie es schien, das Unzulängliche gar auch noch Ereignis.

Im neunzehnten Jahrhundert, 1841, zergliederte Zaddach den Apus und behauptete, Schäffer habe ernstlich recht: die vermeintlichen Apus-Weibchen besäßen auch einen heimlichen männlichen Bau, seien also echte Zwitter im Sinne einer Blüte, die Staubgefäße und Griffel in ein und derselben Blumenkrone trägt. Und das wollte der Mann jetzt gesehen haben.

Die Wahrheit meldete sich diesmal schon nach sechzehn Jahren. 1857 führte sie nämlich einen Forscher, Kozubowsky, an einen Tümpel bei Krakau, in dem wohlentwickelte, in jedem Betracht unverkennbare Männchen des Apus sich tummelten.

Nunmehr war aber die Sache auf der Spitze. Der Apus kämpfte gegen ein „Naturgesetz". Wer würde siegen?

Inzwischen war indessen über den alten Schulmeinungen etwas Gras gewachsen. Eine Zoologen-Generation stand im Vordergrund, die mindestens eins nicht mehr hatte: philosophische Angst innerhalb ihres Fachs. Im achtzehnten Jahrhundert hatte die Philosophie die Zoologie vergewaltigt. Was man sich dort nicht denken konnte, das durfte hier nicht sein. In der Zeit der Schelling und Hegel schlug das um. Jetzt in der zweiten Jahrhunderthälfte des Neunzehnten riß schon sozusagen ein frecher Ton ein. Die Philosophie hatte sich hinter die Erfahrung zu konzentrieren! Wenn es der Zoologie Spaß machte, alle ihre eigenen Lehrsätze zur Abwechselung noch einmal in die Luft zu sprengen, so hatte die Philosophie das eben hinzunehmen. Schließlich mußte sie ja sogar den Darwin schlucken. Und gegen den war die „Jungfernzeugung" doch immer noch eine kleine Sache!

So wenig Skrupel diese Forschergeneration vor philosophischen Traditionen oder Traditionen überhaupt hatte, so viel hatte sie aber vor der Sorgfalt ihrer Detailstudien. Keine Zeit vorher hatte in der Biologie auch nur eine blasseste Ahnung gehabt von den Anforderungen an Genauigkeit, die jetzt gestellt wurden. Darwin selber, der heute so gern schon wieder zu den „Theoretikern" verrechnet wird, war ein Mustertypus dieser Sorte genauer Beobachter, hinter dessen Sätzen, mochten sie noch so theoretisch klingen, eine Arbeitsleistung an kleiner Materialprüfung stand, vor denen älteren Naturforschern gegraut hätte. Unsagbar viel Mühe und Arbeit ist die Zoologie des neunzehnten Jahrhunderts gewesen.

In die Hände eines solchen „Arbeiters" fiel denn endlich in den sechziger Jahren auch der Apus.

Siebold hatte sich als Lebensaufgabe gestellt, dem Rätsel jener „Jungfernzeugung" (Parthenogenesis) endlich einmal „mit Hebeln und mit Schrauben" auf den Leib zu rücken.

Er ging daran jenseits von Theorie und Gegentheorie. Die wirkten auf ihn bloß wie die Sage von einem Schatz. Da stand ein Sandberg. Der Schatz lag entweder darunter oder nicht. Das würde sich ja zeigen. Aber einstweilen war jedenfalls nötig, daß man ein Sieb nahm und den ganzen Berg Probe für Probe durchsiebte. War auch nur eine Goldmünze darin, so wurde sie so jedenfalls gefaßt. Und das Resultat stand für immer. In diesem Sinne behandelte Siebold auch den Apus.

Von 1864 bis 1869 unterzog er eine Lehmpfütze bei Goßberg in Franken, in der sich der Apus gezeigt hatte, einer systematischen Ausforschung; das Wort ist in diesem Fall das umfassend-richtige. Jahr für Jahr wurde die Pfütze auf ihren Apus-Inhalt geprüft, wurden die Apus-Individuen bei lebendigem Leibe auf ihr Geschlecht untersucht. Mehrfach in den Jahren wurde das so radikal betrieben, daß kein Stück in der ganzen durch- und durchgesiebten Pfütze ohne einen kritischen Blick des Professors passierte. Im ganzen kamen so 8521 Krebslein zur Musterung.

Das Ergebnis der Statistik war, daß in diesen sechs Jahren in den sechs Generationen des Hauses Apus kein einziges Männchen aufgetreten war, während das Volk sich doch gemehrt hatte wie der Sand am Meer.

Damit war endgültig festgelegt, daß im Hause Apus eine pragmatische Sanktion stattgefunden hat, kraft derer das uralte Adam- und Eva-Gesetz auf mindestens sechs Jahre hier außer Geltung gesetzt und dafür eine weibliche Erbfolge durch Jungfernzeugung eingeführt werden kann.

Wir wissen heute genau, daß die Dynastie Ohnfuß nicht die einzige ist, die im Drang der Sachlage solche Ausnahmeparagraphen des natürlichen Ehekodex sich selber gesetzt hat.

Die Blattläuse haben es genau so gemacht. Im Frühjahr kriecht hier aus befruchteten und überwinterten Eiern eine erste Generation, das sind nur Weibchen. Diese Weibchen erzeugen, ohne jemals Liebe und Heirat kennen zu lernen, eine neue Folge lebendig geborener Läuslein, — abermals lauter Töchter. Diese also schon aus Jungfernzeugung stammende Töchtergeneration erzeugt genau so ein Volk Enkelinnen. Und das geht jetzt fort im Eilschritt durch neun Generationen noch in dem gleichen Sommer. Endlich die neunte Amazonenschar gerät wieder aus dem Ausnahmeparagraphen heraus in den Adam- und Eva-Kodex, wenigstens für ihre Kinder: sie bringt sowohl Söhne als Töchter hervor. So entsteht im zehnten Gliede im Herbst endlich wieder eine Normal-Heirat, deren Ergebnis die befruchteten Eier sind, die jetzt überwinternd das ganze Märchen wieder von vorne beginnen lassen.

Am meisten Aufsehen aber hat mit Recht die Entdeckung

gemacht, daß auch unfer vertrautefter Freund aus dem ganzen In-
fektenvolk, die Biene, feit alters ganz gemütlich dicht neben uns
jene Sanktion des „Unmöglichen" befitzt. Dzierzon (Dfjärfchon
ausgefprochen), der Altmeifter unferer Bienenkunde, der heute noch
als Neunziger lebt, hat fchon 1845 nachgewiefen, daß die Bienen-
königin in ihrer Perfon die wunderfame Doppelgabe vereinigt, entweder normal befruchtete Eier zu legen, aus denen aber hier allemal nur Töchter (Arbeiterinnen oder wieder Königinnen) hervorgehen, — oder aber durch Jungfernzeugung unbefruchtete, denen
jedesmal ein Sohn — eine Drohne — entwächft. Im verwickelten
Haushalt diefer fozial lebenden Bienen ift die Sanktion eben noch
zu einem viel verwickelteren Hausgefetz geworden, das fchriftlich
aufgezeichnet manches Pergamentblatt füllen würde.

Es war auch gerade Siebold, der diefe große Bienen-Ent-
deckung des Imkers Dzierzon durch ftreng wiffenfchaftliche Nach-
prüfung feiner Zeit zur unbeftrittenen Geltung bringen follte. Erft
in den letzten Jahren des eben abgefchloffenen Jahrhunderts ift
die Sache hier dann noch einmal mit großer Energie bezweifelt
worden. Dickel in Darmftadt und andere Bienenkenner haben Siebolds Angaben über das unbefruchtete Drohnen-Ei aufs Heftigfte
angegriffen, und wenig hätte gefehlt, fo wäre das ganze Problem
wenigftens an diefer Ecke fchließlich doch noch wieder neu aufgerollt
worden. In den letzten drei Jahren haben indeffen minutiös genaue
mikrofkopifche Unterfuchungen der Bieneneier, die im Freiburger
zoologifchen Inftitut von zwei Schülern Auguft Weismans, Paulcke
und Petrunkewitfch, angeftellt worden find, die Sache endgültig
entfchieden — und zwar genau im Sinne Dzierzons und Siebolds.
Das Drohnen-Ei bleibt unbefruchtet und entwickelt fich trotzdem
zu einem fertigen Tier.

So war das Liebesleben des wunderlichen Heiligen erträglich
aufgehellt und fein befonderes Mirakel hatte wenigftens Gefell-
fchaft in der großen Tierarche gefunden.

Kleine Rätfel blieben ja noch immer in feinem Gefamtleben
und fie find noch heute da.

Ich fagte: man verfteht als glückliche „Anpaffung", daß
Freund Apus die kleinfte Bodenrinne, wofern fie nur Regenwaffer

enthält, dem schönsten Dauerteich vorzieht, weil er dort keine Fische findet, die ihn bedrohen könnten. Aber darum bleibt doch wunderbar, wie er heute dieses Prinzip durchsetzt. In der erdrückenden Mehrzahl der Fälle scheint es eine absolute Notwendigkeit, daß die Pfütze, in der er sich in diesem Sommer etwa entwickelt hat, hinterher austrocknet, wenn seine Eier überhaupt entwickelungsfähig bleiben sollen. Zwar im Wasser abgelegt von Eltern, die nur im Wasser leben können, bedürfen die Eier selbst geradezu eines Interregnums von absoluter Dürre, eines Staub-Stadiums, wenn sie bei dann wieder erfolgender Befruchtung wirklich junge Kiefenfüße ergeben sollen. So wie die Pfütze sich zur Dauer wendet, etwa durch eine Folge regenreicher Monate über ihre gewöhnliche Zeit naß bleibt, naß überwintert, kurz, überhaupt eine Neigung zum Uebergang in einen echten kleinen Teich zeigt, — bleiben die Apus-Eier im nassen Grunde liegen, ohne sich zu entwickeln.

Schopenhauer würde sagen, der Wille zur Arterhaltung ist hier bis ins Ei mächtig: wo das fertige Tier Gefahr laufen würde, da macht schon das Ei Kehrt. Regentümpel will es, keine Teiche, und wenn die Pfütze sich zum Teich macht, so streikt es einfach und liefert dieser abtrünnigen Dauer-Pfütze schon gar kein Material an Apus für ihre gefährlichen Neuerungen aus.

Wir benutzen heute vor solchem Vorgang das Wort „Vererbung", das aber auch nur ein Wort eben für die allgemeine Tatsache ist, daß es Wirkungen und Handlungen in der Natur gibt, die nicht bei dem Halt machen, was wir Individuum zu nennen pflegen, — Handlungen, bei denen die ganze „Art" mit ihrer Generationenfolge nur wieder als ein geschlossenes Ganz-Individuum erscheint mit durchlaufenden Wirkungen.

Aber der Apus müßte kein Krebs und noch dazu ein außergewöhnlicher Krebs sein, wenn der Faden seiner Legende bei diesen kleineren Sachen schon abreißen sollte.

Ein außergewöhnlicher Krebs will etwas heißen.

Unerschöpflich schier ist ja, was das Volk der Krebse geleistet hat an abenteuerlichen Formen und Verwandlungen. Ein bunter Maskenzug rollt dem Auge des Naturforschers da vorbei, grausig oft, oft lächerlich und oft wieder sinnvoll bis zum Hinreißen gleich der tollen Phantasmagorie, die dem heiligen Antonius in Flauberts wilder Dichtung vorüberzieht.

Da kommt der Makrocheira-Krebs Japans, deffen Riesenbeine drei Meter klaftern und daneben das winzige Temora-Krebschen unserer deutschen Meere, von dem 60000 Individuen im Magen eines einzigen Herings gefunden worden sind.

Da kommt der Pyrocypris-Krebs, der, wie der Tintenfisch seine Tinte, eine smaragdgrüne oder azurblaue Leuchtflüssigkeit aus sich heraussprudelt, die so grell leuchtet, daß sie selbst bei Tage vorblitzt; gleich dem Tintenfisch, den seine pechschwarze Wolke plötzlich den Blicken der Verfolger entzieht, dient auch diesem Leuchtkrebs sein ausgeschüttetes Lichtbad als Tarnkappe, da er selber in dem allgemeinen Glanz verschwimmt.

Es kommen die Krebse, die ein Oelreservoir im Leibe führen, das sie wie ein Schwimmgürtel immer „oben" schwimmen läßt.

Der Schmetterlings-Krebs Notopterophorus naht, deffen Rückenhaut zu riesigen Ruderflügeln ausgezerrt ist. Die grüne Pontellina fliegt wirklich auf solchen Fallschirmen wie ein fliegender Fisch über den Meeresspiegel dahin, und der Pfauenkrebs Calocalanus des Mittelmeers schwebt in der Flut mit einem besonderen Apparat an der Hinterspitze aus acht orangeroten Pfauenfedern.

Der Einsiedler-Krebs birgt nicht nur seinen weichen Hinterleib in einem leeren Schneckenhause, sondern er schleppt auf diesem Schutzhause auch noch eine dort festhaftende lebendige Seerose herum, mit der er in gegenseitiger Schutzgemeinschaft lebt, denn die Seerose verteidigt ihn mit ihrem furchtbaren Nessel-Apparat, während er sie, die von Natur nicht laufen kann und doch, Tier wie sie ist, fressen will, neuen Futterplätzen zuführt.

Aber dieser Krebs mit seiner Schnecke huckepack klimmt nächtlich als Birgus-Krebs auch auf die Koralleninseln der Tropenmeere, um wie eine Ratte sich über die leckeren Kokusnüsse herzumachen, und die „Landkrabbe" Westindiens, der Gecarcinus, ist gar zum reinen Landtier geworden, das gleich der Kröte nur noch zur Fortpflanzungszeit einmal das Heimatelement zu kurzem Badeaufenthalt besucht. Doch auch aus unsern dunkeln Hauswinkeln kriecht ein solcher Landkrebs, seit Urtagen völlig dem Wasser entzogen, wenn auch noch an feuchte Orte gebannt: das Kellertier oder der Kelleresel.

Wieder im Wasser aber naht die Hyperia mit ihren Riesenaugen, sie wohnt in einem herrlichen bunten Kristallschiff, nämlich mitten in einer lebendigen großen blauen Meduse.

Umgekehrt im zierlichsten glashellen Tönnchen, das ihr gerade Raum genug gibt, steuert samt ihrer Brut die Frau Phronima: das Tönnchen ist auch hier nichts anderes als der innen hohl ausgefressene Leib eines hilflosen anderen Tieres, einer sogenannten Salpe.

Die chilenische Fabia haust wie ein Bandwurm im Darm eines lebendigen Seeigels, ein anderes Krebschen wandert schon als Larve ins Innere der Seegurken ein und läßt in der stygischen Finsternis da drinnen sogar seine Augen als überflüssig zuwachsen.

Die Lernäonema bohrt sich mit dem Kopf ins Auge des Herings.

Und ein Krebs ist auch die berühmte „Walfischlaus", die schon Goethe besungen hat. Mysis-Krebschen, noch nicht einen Zoll lang, sind es, die diesen Koloß, den Walfisch, zugleich mästen, daß er seine 30 000 Kilogramm Speck ansetzen kann — jede Schätzung erlahmt vor der Zahl, die dazu nötig ist.

Immer spukhafter marschiert die Reihe daher. Da ist der scheußliche Wurzelkrebs, der sich an einen Taschenkrebs anheftet und ein schauerliches Gespinnst wie eine wirkliche Pflanzenwurzel schmarotzernd durch das ganze Innere des unfreiwilligen Wirtes treibt.

Da ist die „Entenmuschel", ein Krebs, der sich auf den Kopf stellt, mit einem festen Stil anheftet wie eine Auster und die Beine nach oben aus der Schale streckt wie Staubfäden einer Blüte; bei diesen Entenmuscheln, die kein Laie je für Krebse halten wird, sind die eigentlichen großen Exemplare wirklich Zwitter, wie Schäffer es einst beim Apus argwöhnte, außerdem leben aber noch kleine Zwergmännchen parasitisch wie Läuse an ihrem Leibe.

Da sind die Tiefsee-Krebse, die dem kolossalen Druck da unten stand halten, teils blind, weil sie keine Augen brauchen in der sonnenfernen Finsternis dieser Wasserkatakombe, teils leuchtend und mit Riesenaugen durch diesen eigenen Laternenschein spähend.

Da sind die Farbenänderer, die Garneelen, die auf diesem hellen Bodengrunde hell aussehen, auf jenem dunkeln dunkel je nach Bedarf, — und die Ganzdurchsichtigen, wie der Krebs Thaumops (Wunderauge zu deutsch) im atlantischen Ozean, der so absolut glashell ist, daß kein Fisch ihn im blauen Wasser erkennen kann, und die lichthellen „Krabben“, die so lichtdurchlässig sind, daß sie in der Sonne keinen Schatten werfen, sondern einen Lichtreflex wie ein Brennglas......

Wieder in diesem ganzen Zauberzuge sind es aber doch nur zwei Gestalten, an die der Apus gemahnt hat, so lange man sie und ihn kennt. Freilich die allerseltsamsten. Jeder steht am Himmel unseres Denkens wie ein einsamer Stern, losgerissen zunächst von jedem größeren Sternbilde, wie von der Milchstraße des bekannteren, eng zusammengehörigen Haupt-Krebsgeschlechts.

Das erste dieser Tiere mußte ich schon erwähnen, um den Apus selber überhaupt beschreiben zu können.

Es ist der Limulus, der „Molukkenkrebs“. Unsere Aquarien haben ihn so populär gemacht, daß manches Berliner Kind in seiner Kenntnis dem ganzen klassischen Altertum hier über ist. Selbst der große Aristoteles und das Sammelgenie Plinius hatten noch keine Ahnung von diesem Schildkrötenkrebs. Mit dem lebhafteren direkten Molukkenhandel, wie er im Gefolge der Umsegelung Afrikas sich allmählich ergab, fanden die ersten getrockneten Exemplare als ein schaudernd angestauntes Mittelding zwischen Schildkröte und Riesenspinne im sechszehnten Jahrhundert ihren Weg nach Holland. 1603 gab Clusius das erste Bild. Von da ab wurde der groteske Geselle ein beliebtes Objekt für die Zeichner von Naturwundern. Im neuen System aber war man um so besorgter, wohin damit.

Er hatte Krebsscheren und hauste im Meer, also mochte er ein Krebs sein.

Schäffer aber, als er seinen Apus aus dem Süßwasser als Krebs feststellte, bemerkte sogleich die äußere Aehnlichkeit des großen Molukkengastes und des kleinen Landsmanns, die heute noch jedem auffällt: er nahm den Limulus schlankweg als eine riesige Apus-Art.

Im neunzehnten Jahrhundert sickerte aber erst langsam, dann unaufhaltsam wachsend eine Neigung durch, den Molukkenkrebs, wenn er denn einmal Krebs bleiben sollte, gänzlich von allen andern (also auch dem Apus) loszutrennen und für sich als Ordnung ohne jeden engeren Anschluß zu verrechnen.

Inzwischen war ein geographisches Faktum bekannt geworden, das noch wieder zu denken gab: der paradoxe Limulus war nämlich, nachdem man ihn so trefflicher bisher Molukkenkrebs nach seiner Heimat getauft hatte, auch an der Küste von Florida, also in Amerika, entdeckt worden.

Ihn konnte kein Sturm dahin verfrachtet haben wie den kleinen Apus.

Dieser Apus hat ja eine geradezu kosmopolitische Verbreitung. Er ist bis jetzt nachgewiesen außer in Europa in Algier, am Himalaya, bei Peking, in Australien, Tasmanien, Neu-Seeland und Nordamerika, — ja der Gletscherapus (Apus glacialis) geht am Kap Krusenstern in Nordamerika (68½ Grad nördlicher Breite) und bei Jakobshafen in Grönland bis dicht an die äußerste Polargrenze tierischen Lebens auf Erden. Leicht begreift man das bei ihm, dem Sturmfrohen, der mit der Staubwolke über Land, Meer und Eis reist. Ihn könnte man sich träumen, wie er als Ei mit Krakatana-Asche rund um die Erde fliegt.

Aber beim großen Limulus der Tropenmeere fällt das alles fort und nur die vage Vermutung kann aus solcher extremen Vereinzelung an zwei verschiedensten Erdstellen den Schluß ziehen, es möchte sich um ein uraltes Tier halten, das in Zeiten zurückdeutet, da anders gestaltete Meere und Festländer die Erdkugel bedeckten, andere Lücken und Brücken die Wanderungen der Tiere bestimmten. Und diese Vermutung wird in der Tat sogleich bestätigt durch den Bau des Geschöpfes.

Was an diesem für Trennung von allen übrigen Krebsen sprach, war von Anfang an vor allem die Art der Freßwerkzeuge.

Wir erinnern uns, wie der alte Goethe sich als tief denkender, seiner Zeit weit voraufeilender Naturforscher an den vielen gleichartigen Wimmelbeinen des Apus erfreute. Sie schienen ihm noch eine einfache Grundform der Beine darzustellen, die beim höheren Krebs schon unendlich differenziert sich erweist.

Indessen zeigt sich doch bei diesem Apus genau wie bei den übrigen bekannten Krebsen eins schon deutlich gesondert: neben den Beinen finden sich ausgesprochene Körperorgane, die als Zangen, Kauer, Verarbeiter für die engeren Ernährungszwecke, mit einem Wort als „Freßwerkzeuge" dienen. Wenn mein Apus im Glase den kleinen Branchipus packte und auffraß, so geschah das mit regelrechten Kiefern in der Nähe seines Schlundes, Kiefern, die mit den vielen Wimmelbeinen zunächst nichts zu tun hatten. Immerhin aber könnte man sich, wenn man solche Beißkiefern sinnend in Goethes Gedankenzug beschaut, recht wohl ausdenken, noch ein Stück weit ursprünglicher wären auch diese Kieferzangen nur packende Greifbeine gewesen, Mundbeine mit der Aufgabe, die gepackte Nahrung klein zu zupfen.

Und da jetzt ist es, als trete der Limulus zur Probe ins Exempel.

Er hat noch gar keine Kiefern, sondern er kaut buchstäblich mit den Beinen.

Man denke sich, bei uns wäre der Mund mitten auf die Brust gerutscht und die Zähne säßen ziemlich weit nach oben auf den Armen und die Nahrungsbissen würden zwischen diese Oberarme geklemmt und von denen so lange hin und hergerieben, bis sie ordentlich zerkaut wären. So im Prinzip macht es der Molukkenkrebs.

Der Molukkenkrebs kaut nicht nur mit den Beinen. Er atmet auch mit ihnen, hat regelrechte „Kiemenfüße" wie unser Apus. An den Fühlern, von denen im Gegensatz zu den echten Krebsen nur ein Paar da ist, trägt er Scheren wie ein Skorpion. Und im Blute führt er nicht Eisen, sondern Kupfer.

So will er in kein System.

Noch heute gibt es angesehene Forscher, die ihn für ein verkapptes Spinnentier, einen urtümlichen Wasser=Skorpion halten.

Uralt ist er sicher. Eine Welt taucht hinter ihm auf, in der die Fugen unseres Tiersystems sich wirklich noch lösen, — in der das Bild der Spinne und des Skorpions verschwimmt mit dem des

Krebfes, verfchwimmt zu Stammformen, deren Urenkel erft ge-
trennte Linien einfchlugen. Das war aber nicht geftern oder vor-
geftern. Die Melodie der Jahrmillionen erklingt.

Ihr Leitmotiv führt uns zunächft bis an den fränkifchen
Strand, wo der Urvogel Archäopteryx über das feichte Waffer ftrich
und fich wie eine Möwe gelegentlich mit den zahnbewehrten Kiefern
einen Krebs herausgeräubert haben mag. Im fteingewordenen
Schlamm von Solnhofen liegen unverkennbar deutlich abgeprägt
fchon echtefte Molukkenkrebfe, — auf deutfcher Erde, nicht allzu weit
von der Gegend, wo Siebold die Wunder des Apus ftudiert hat.

Aber die Melodie raufcht noch viel weiter. Sie lockt bis
hinter die Steinkohlenzeit. Da taucht diefer Molukkenkrebs auf
wie in einem Nebel, halb fchon er felbft, halb noch ein wieder
anderes, in feiner Art noch wieder feltfameres Wefen.

Sein groteskes Schild wird zur fchmalen Sichel, zwifchen
Schild und Schwanzftachel aber löft der Hinterleib fich in einzelne
Ringel auf wie bei einem Kellerefel, und diefe Ringel laffen fich
einrollen, daß der ganze Kerl wie ein Murmelftein unferer fpielen-
den Kinder fich kugelt.

Immer aber find es noch die ficheren Vorfahren unferes
großen krabbelnden Aquariumsgaftes. Denn heute noch, wenn
der fich aus dem Ei bilden foll, wächft er fich zuerft zu einer
Larve aus, die haftig auf dem Rücken fchwimmt, wie unfer Branchipus, — und diefe Larve zeigt den gleichen affelhaft zerkerbten
Hinterleib jenfeits des fichelförmigen Schildes. Es ift die Hand-
fchrift jenes geheimnisvollen Gefetzes, das die Kinder von heute
noch einmal die Züge der Urahnen vor Millionen von Jahren
traumhaft flüchtig annehmen läßt: des Gefetzes, das auch dem
Hühnlein im Ei noch einmal die Kiemenfpalte des Fifches in den
Hals gräbt.

Dem Blicke aber, der fich fo weit in die Schöpfungsmeere
der Vorwelt hat verlocken laffen, wächft dort neben den Ahnen des
Molukkenkrebfes eine neue, fortreißende Vifion wunderfamfter
Krebstiere, die heute allerdings völlig die Erde verlaffen haben.

Kein Aquarium zeigt fie mehr. Da ift der „Seraphim“, der
Stein-Engel, ein Koloß, für den unfere Aquarien freilich ganz

anders große Becken herstellen müßten, als für den molukkischen
Limulus. Die schottischen Arbeiter nennen ihn so, wenn aus ihrem
Steinbruch plötzlich ein Ungetüm fällt wie eine nahezu zwei
Meter lange versteinte Mumie mit zwei riesigen Flügeln. Die
Flügel sind aber Krebsscheren und das Ganze ist der Pterygotus,
der Flügel-Krebs, an Leibeslänge gewaltiger als je wieder ein
Krebs geworden ist. Hier tritt die Aehnlichkeit mit dem Skorpion
schon äußerlich stark hervor. Aber auch dieser Flügler war wohl
immer noch ein Verwandter jener Ur-Molukkler, deren Zeitgenosse
er auch gewesen ist. Beide doch waren noch nicht da, als bereits
ein kleineres Krebsvolk viel tausend- und tausendköpfig die Ozeane
eroberte, — das Volk, in dem alle Linien unserer letzten Kenntnis
vom krebslichen Wesen auf unserm Planeten zusammen- und —
vor eine verschlossene Tür laufen.

Im tiefsten Abendrot des siebzehnten Jahrhunderts lenkte der
Engländer Lhwyd (Luidius) noch die Aufmerksamkeit der Forscher
auf etwas, was er gefunden hatte. Ja was? Etwas Versteinertes,
— es schienen ihm unklare Bruchstücke von Fischen zu sein.

Die ersten Nachprüfer, die den Gegenstand selber auch an
anderen Orten ohne Mühe in uralten Gesteinsschichten auffanden,
rieten eher auf Muscheln. Seltsame, dreigeteilte Muscheln müßten's
schon gewesen sein. Concha Triloba nannte man's in der Gelehrten-
sprache. Daraus ist nachher das Wort „Trilobiten", die Drei-
geteilten, Dreiteiler, Dreilapper, geworden, das bis heute bei der
Sache geblieben ist, obwohl man jetzt sicher weiß, daß es sich nicht
um Muscheln handelt.

Was so umdeutet anfängt, pflegt ja eine große Merkwürdigkeit zu werden, vollends wenn sich herausstellt, daß es ein —
Krebs ist.

Shaw im achtzehnten Jahrhundert betrachtete annähernd vollständige Exemplare und riet auf versteinerte Raupen. Das müßten
aber schon hart gepanzerte Raupen gewesen sein. Wie nahe berührt
sich das im äußeren Bilde bereits mit einem Kelleresel, also
einem Krebs!

Nun hatte Klein eben den Apus für einen Tausendfuß erklärt,
und so kam 1750 Mortimer auf die Idee, der raupenartige Trilobit

sei am Ende eine Art Apus. Der Apus war aber trotz Klein in Wahrheit ein Krebs und so geriet auch der Trilobit als Apus-Sorte bei Linné glücklich zu denen.

Gezweifelt worden ist aber bis ins neunzehnte Jahrhundert. Noch ein Kenner wie Latreille schrieb 1821, daß er das Tier so lange bei den Muscheltieren festhalte, bis einer Beine daran entdeckte und dann sei es halt doch ein Tausendfuß. Diese Beine haben noch viel Mühe gemacht, gerade an ihnen aber ist die Krebsnatur schließlich am deutlichsten nachgewiesen worden.

Auch der Trilobit ist dem Apus in der Tat äußerlich zunächst auffallend ähnlich. Er hat das große schildkrötenhafte Schild, aus dem nach oben die Augen lugen. Aber auch bei ihm ist es durchweg dann, als sei in dieses Schild ein langes Kellertier mit dem Kopf eingewachsen, so, daß die Ringelreihe des Leibes hinten nachschleife. Und dieser Ringelleib erst wieder beschließt sich mit einem soliden Schwanzschild. Beweglich in seinen Reihen wie das kellertierartige Mittelstück ist, gibt es in vielen Fällen auch jene Gabe des Einkugelns, wobei das versteinte Tier eher ausschaut wie ein Seeigel oder auch eine Cypressenfrucht. Völlig verborgen in der Kugel lagen dann wie bei Igel oder Gürteltier die weichen Teile der Unterseite. An dieser Sohlenseite wimmelte es nämlich genau wie beim Apus von dünnen Beinen. Zu oberst reckte sich ein (einzelnes) langes Fühlerpaar vor, dann kamen um den Mund wie beim Molukkenkrebs die „Kaufüße", deren Wurzel-Teil die Nahrung zerrieb, und endlich folgten in stattlicher Reihe die „Kiemenfüße", Ruder und Atmungsorgan jeder zugleich.

Wenig hätte freilich gefehlt, so wäre auch dieser „Vielfuß" der Urwelt in unserem Schulbuch ein „Ohnfuß" geworden gleich dem falsch getauften Apus von heute.

Zu Myriaden fand man im neunzehnten Jahrhundert allmählich seine Reste, stellenweise so hageldicht, daß sie das ganze Gestein zusammensetzten. Aber ob gekugelt, ob gestreckt im Todeskampf: — alle hatten sie nur ihre harten Rückenteile abgeprägt, von Beinen aber wies die Unterseite nichts.

Man bestritt ihnen also die Existenz, diesen Beinen. Schließlich konnte nur einmal wieder ein Wunder von Gelehrtenfleiß das Wunder lösen. Walcott in Nordamerika machte sich an die Arbeit, einige tausend igelhaft eingerollte Trilobiten in feinsten Querschnitten auseinander zu spalten. Gab es Beine, so mußten sie ja in diesen Rolligeln mit verpackt liegen. Ein Steinbruch wurde an gutem Ort eigens zum Zweck angelegt. Drei Meter Stein wurden abgebaut und bei der Gelegenheit 3500 gekugelte Trilobiten gewonnen. Bei 270 Exemplaren kamen im Querschnitt die Beine noch sichtbar zu Tage. Seitdem ist im Jahre 1894 zur Beruhigung aller Gemüter auch noch im Staate New-York ein ungerollter Trilobit entdeckt worden, bei dem die Fühler vorne und die Wimmelbeine seitwärts noch offenbar herausstehen.

Der Trilobit sieht nicht umsonst dem Apus so ähnlich. Ging von dem die Sage, daß er alle Jahrzehnte einmal „vom Himmel falle", so ist der Trilobit in der Geologie recht eigentlich das Rätseltier, das im Anfang alles uns bekannten Lebens auf Erden plötzlich wie aus einer Versenkung herabgeschneit dasteht.

Hinter jener Steinkohlenzeit, da die Molukkenkrebse sich schon andeuten, kommen noch zwei große tierdurchwimmelte Perioden der Erdgeschichte: die Devon-Zeit und die Silur-Zeit. Dann aber hebt sich wie in Frühlicht-Umrissen heran noch eine äußerste Epoche, die nennen wir das Kambrium, so getauft nach einem englischen Gebirge. In diesem Kambrium geht für uns der Vorhang auf über dem großen Schauspiel des Lebens auf Erden.

Ganz an der untersten, ältesten Stelle dieses Kambriums aber steht wie mitten im brennenden Morgenrot dieser Krebs, der Trilobit.

Unser Geist sucht das Urwesen dort von einfachster Art, die Urzelle, aus der sich alles gebildet haben soll.

Und er starrt in den Fels, der damals Sand am Meeresufer war. Ueber diesen Sand kriecht ihm die Flut. Und wie er aus den steinernen Spuren noch einmal das alte Bild leibhaftig auferstehen läßt, da ist es plötzlich, als schaue er in jenen Graben bei Finkenkrug: aus der sonnenerhellten Schlamm-Tiefe wackeln gespenstische Schilder an mit aufwärts glotzenden Augen. Von Trilobiten, Hunderten, Tausenden, Millionen wimmelt dieser Ozean des Anfangs. Wo sind sie hergekommen?

Einen Stoß weiter mit dem Spaten in das alte steinerne Tagebuch der Erdrinde, hinab noch über dieses Trilobiten-Kambrium — und die Chronik schweigt auf einmal absolut still von allem, was Leben heißt.

Da gähnt der Stein, Tausende von Metern tief, hinab und hinab, eine noch ältere Erdenschale, — aber nichts mehr, kein Buchstabe mehr von — Leben. Tot scheint es, tot lag diese Erde wie die ausgeglühte Lava eines Vulkans. Und da plötzlich stürzten darauf, myriadenviel wie die Schneeflocken, wie die wehenden Kirschblütenblätter des Frühlings die Trilobiten. Vom Himmel — aus dem All — woher?

Mancher Denker, der gern an natürliche Entwickelung auch im Lebendigen geglaubt hätte, ist vor diesem Urwelts-Spuk der kambrischen Trilobiten-Invasion schier verzweifelt.

Der Trilobit ist ja vom Entwickelungsboden aus unmöglich ein „Anfangstier". Gewiß, er ist niedriger entwickelt als der Flußkrebs unserer Tafel. Aber er steht nur ein kurzes Stück hinter dem Apus. Und er steht nahezu schon neben dem lebendigen Molukkenkrebs. Er hat einen prächtigen Leibesbau, mit großen Facetten-Augen glotzte er schon in die Welt wie eine Libelle, alles an ihm ist bereits in einer gewissen Reife des tierischen Werdens, hoch über Wurm oder Polyp. Und damit soll das Leben angefangen haben? Das soll plötzlich, von einem Tag zum andern, „dagewesen" sein, ohne Stammbaum, als der stolze Erstling, der da sagte, mit mir hebt die Chronik an, ich bin der erste Satz auf dem annoch weißen ersten Blatt?

Der Blick schaut nicht mehr auf eine Regenwolke, die eine Apus-Salve bringen könnte, er sucht die Sterne.

Hat das Leben am Ende doch sein erstes Kapitel auf einem anderen Planeten gehabt? War dort bis zum Krebs angestiegen und hat diese Krebse in Trilobitenform dann irgendwie in den Weltpostkasten des leeren Raumes geworfen, von wo sie zur guten Stunde auf die kambrisch bereite Erde herabgeregnet sind als Krebs, der nun wirklich „vom Himmel", vom astronomischen Himmel, fiel?

Vor dieser Frage gibt es mindestens fünfundzwanzig ver-

schiedene Theorien, von denen mir der Leser verzeiht, wenn ich
sie nicht alle aufführe.

Die einfachste behauptet, daß jenseits des Kambriums ein
Blatt aus der Chronik gerissen sei. Auf diesem fehlenden Blatte
stand die ganze Linie der natürlichen Lebensentwickelung auf Erden
von den einfachsten einzelligen Urwesen bis zum Krebs und einigen
andern, im Kambrium gleichzeitig auftauchenden höheren Tieren.
Das Blatt muß aber fehlen, weil unterhalb der kambrischen Gesteinsschichten alle noch älteren Meeresablagerungen durch nachträgliche Kristallisationsprozesse so vollständig in ihrer innersten
Struktur zerpulvert und zerhackt sind, daß nicht die leiseste Spur
eines versteinerten Lebensumrisses, sei es von Tier oder Pflanze,
sich darin erhalten konnte. Die alte Erdentante hat hier einfach
ihre Urschrift vom Leben auf dem ersten Blatt in irgend einer
Laune wieder ausradiert, und wir lesen also das Stichwort Trilobit heute als Anfangswort, obwohl es in Wahrheit ursprünglich
schon tief im Text stand, — so wie es bisweilen mit alten Handschriften geht, die vor aller Philologie von hungrigen Mäusen
gelesen worden sind.

Das ist die, wie gesagt, einfachste Erklärung, die der Entwickelungslehre nichts abtut und mit geologischen Tatsachen rechnet,
die als solche dick vor Augen liegen.

Wer aber von vornherein sich als fanatischer Gegner zur
Entwickelungstheorie stellt, der wird sich als „exakt" hier fühlen
und sagen: unsere Weisheit vom Leben fängt mit Trilobiten an
und damit basta, genau wie der Bauer sagte: der Apus kommt
vom Regen und da ist weiter nichts zu fragen. Wie ja auch der
Inder sagt: die Welt steht auf einem Elefanten und der Elefant
steht auf einer Schildkröte; wer aber fragt, worauf die Schildkröte
steht, der wird hinausgeworfen.

Indessen auch die Entwickelungslehre, die ja selber alles
eher sein soll als ein behagliches Autoritäten-Winkelchen, hat vor
dem Trilobiten noch vielerlei zu fragen.

Der Trilobit ist im Moment seines Auftauchens nicht nur
überhaupt ein hoch entwickeltes Tier, das eine sehr lange Ahnen-

fette hinter sich haben mußte: er ist auch unter seinen ersten Zeitgenossen die Spitze der Entwickelung.

Er kann es sein, denn noch fehlt in diesen ältesten kambrischen
Schichten, so weit wir sie kennen, jede Spur von dem Tierstamm,
der in Wahrheit der absolute Gipfel aller tierischen Entwickelung
auf Erden geworden ist, — von den Wirbeltieren. Noch vergeht
erst eine gewisse Zeit, in den nächstoberen Schichten chronikalisch
festgelegt: dann schwimmen auf einmal im Urmeer die ersten Fische.
Damit ist der Trilobit entthront. Dieser Fisch sitzt auf der höchsten
Entwickelungssprosse. Immer und immer wieder hat sich aber da
der Gedanke leise geregt: sollte in dieser Ablösung nicht am Ende
selber eine gerade Fortentwickelung liegen? Sollte nicht der Trilobit, der Urgipfel, aus sich die noch höhere Spitze geboren haben,
den Fisch?

Es war in den Tagen des alten Oken, des „Naturphilo-
sophen".

Ein halbes Jahrhundert vor Darwin lehrte der seinen Vor-
Darwinismus, eine unverkennbare Entwickelungstheorie nämlich
in praktischer Anwendung auf Tiere und Pflanzen. Das System
war ihm einfach die Abstammungskette. Das Säugetier kam vom
Vogel, der Vogel vom Reptil, das Reptil vom Fisch. Jetzt woher
der Fisch? Nun, doch wohl vom höchst entwickelten wirbellosen
Tier, vom Insekt und Krebs.

In diesem einfachen nackten Ideengang wäre es absolut
nichts Auffälliges gewesen, den ältesten Fisch der Urwelt vom
damals höchst entwickelten Krebs, dem Trilobiten, abzuleiten. Man
warf ein (feine Sachkenner warfen es ein), der Krebs habe doch
ein Bauchmark und der Fisch ein Rückenmark, diese beiden Tiere
seien in jedem Zuge so zu sagen anatomisch entgegengesetzt aufgebaut. Macht nichts, meinte der Philosoph, dann sind eben die
Wirbeltiere auf dem Rücken laufende Krebse. Das gab damals
viel Heiterkeit und eine Weile ist nicht bloß der engere Stammbaum,
sondern die ganze Entwickelungstheorie an dieser Lächerlichkeit
gestorben.

Als sie nachher von Darwin wissenschaftlich neu begründet
wurde, vermied man zunächst mit Fleiß diese riskanten Auswüchse.

Man nahm den Stammbaum nicht als starre Leiter, sondern als
wirklichen Baum, dessen große Aeste nicht alle auseinander her-
vorzuwachsen brauchten, sondern parallel gehen und vielleicht bloß
ganz unten zusammenhängen konnten. War der Krebs eine Ast-
spitze mit dem Mark nach unten, so war der Fisch eine parallele
andere mit dem Mark nach oben. Parallelen schnitten sich hier
aber so wenig wie in der Mathematik und wenn ihre Enden
nach oben auch ins Unermeßliche hineinwuchsen.

Als aber die Lehre im ganzen anfing wie eine sichere Sache
die Tierkunde zu beherrschen, da wurde schließlich doch wieder
der eine und andere kühn.

Warum sich vor dem alten Oken fürchten? Zuerst probierte
einer, ob man nicht die Fische an die Vorstufe wenigstens der
Krebse, die sogenannten Ringelwürmer, zu denen Regenwurm
und Blutegel zählen, anleimen könnte. Semper hat das so weit
verteidigt, wie es irgend anging.

Dann aber sind die schon ganz wieder Kühnen gefolgt. W.
Patten, Professor zu Hanover in den Vereinigten Staaten von
Nordamerika, hat auf dem Berliner Zoologen-Kongreß vom
vorigen Sommer seine schon seit Jahren im Umriß bekannte Meinung wieder öffentlich begründet: der große entwickelungsgeschichtliche Schritt der kambrischen Periode gehe in der Tat direkt vom
Trilobitenkrebs zum Fisch. Die Trilobiten, der Molukkenkrebs und
unser Apus würden da zusammen etwa eine uralte Vermittelungs-
gruppe darstellen, zu der von der Seite der Fische der sogenannte
„Schildkopf" den Brückenkopf bildete.

Solche Vermutungen könnten nicht aufkommen, wenn nicht in
jener urweltlichen Morgenrotsgegend auch die Fische wirklich die
paradoxesten äußeren Gestalten annähmen.

Dieser besagte Schildkopf (Kephalaspis) ist ein echter Fisch
und doch steckt auch er allen Ernstes mit dem Kopf unter einem riesigen flachen Schild wie ein vollkommener Apus, und genau wie
bei dem glotzen die Augen oben aus diesem Deckel hervor, so hoch
heraufgerückt bei gewissen Arten, daß sie im Scheitel brillenartig
fast verschmelzen.

Im alten roten Sandstein Schottlands stecken zu Tausenden

andere kleine Urwelts-Fischlein, die so sehr aus jedem Fisch-Typus
herausfallen, daß der eine sie für große Wasserkäfer, der andere
für Schildkröten, der dritte selber für Krebse gehalten hat. Cope
hat sie neuerdings noch an die Ascidien, also Geschöpfe etwa von
der Entwickelungshöhe eines höchsten Wurms, anschließen wollen.
Simroth gar sieht in ihnen Landtiere, die wie die Seehunde über
den Moosboden krochen und eine landbewohnende Vor-Form des
Fisches darstellen sollen. „Flügelfisch“ (Pterichthys) hat man sie
in der Not getauft. Auch bei ihnen steckt der Kopf und Hauptrumpf
in einer Art Kasten von mächtigen Knochenplatten, aus dem hinten
der „Fisch“ förmlich lächerlich heraushängt. Von diesem Panzer
aber angelt jederseits eine riesige gepanzerte Brust-Flosse ab, die
durch ein regelrechtes Ellenbogengelenk in einen Oberarm und
Unterarm getrennt ist. Und oben auf der Kiste sind wieder die
durchbrechenden Augen so zusammengerückt, daß jetzt wirklich nur
noch eine einzige Oeffnung den Schädel durchlöchert, in der möglicherweise auch nur noch ein einziges großes Cyklopenauge —
ein Scheitelauge — saß.

Solche Monstra, die dem Wörtchen „Fisch“ denn doch noch
einen Spielraum weit über das Geläufige hinaus für die Urwelt
geben, muß man sich vergegenwärtigen, wenn einer vom Trilobiten oder Apus den roten Faden zum Fisch ziehen will. Aber
zu glauben braucht man an die Linie darum doch noch nicht.

Das alte Argument gegen Oken bleibt einstweilen in unwider-
legter Kraft. Fisch und Krebs sind ihrem inneren anatomischen
Bau nach Gegensätze der schärfsten Art — und sähe äußerlich ein
Urfisch auch leibhaftig wie ein Apus und ein Trilobit zum Ver-
wechseln wie ein Fisch aus.

Wohl läßt sich denken, daß eine neutrale Wurzel, die nur bei
niedrigen Würmern gelegen haben kann, die beiden Extreme nach
zwei unabhängigen Seiten fast oder nahezu gleichzeitig erzeugte,
— aber nicht, daß ein Extrem sich noch wieder umänderte in sein
Gegenextrem.

Und wohl läßt sich noch ein zweites denken, was auch jene
äußerliche Aehnlichkeit so getrennter Tiergruppen in gleicher Urzeit
recht gut erklärt.

Viel hat man sich den Kopf zerbrochen über die Lebensweise des kuriosen Trilobitenvolks. Denkt man sich ihre kurzen Krabbelbeine unter dem großen wackelnden Schild, ihre Fähigkeit, bei nahender Gefahr sich einzurollen wie ein Igel, so scheint alles auf ein Tier zu weisen, das sich am Grunde hinbewegte, nicht aber in der Hochsee gewohnheitsmäßig als freier Schwimmer paradierte.

Nun mischt sich aber noch ein Besonderes da ein. Eine Menge von Trilobiten-Arten hat sehr schön entwickelte, große Augen. Eine Menge aber auch hat gar keine Augen, sie war unzweideutig blind.

Wo ein Tier bei sonst lebensfähigem Bau seine Augen abgelegt hat, da liegt allemal eine Anpassung an Verhältnisse vor, wo Augen nicht mehr nötig sind. Der Käfer, die Spinne, der Krebs, der Fisch in stygisch schwarzer Höhle verlernt das Sehen, er wird schließlich ohne Augen geboren und fährt wohl dabei. So ist die Adelsberger Grotte, ist die amerikanische Mammuthöhle ein Heim der Blinden im Tierreich geworden. Sollen wir uns die blinden Trilobiten alle heimisch denken in ungeheurem Geklüft jener Ur-Erde?

Nicht der leiseste Anhaltspunkt weist sonst darauf hin, weder im Gestein, das sie heute hegt, noch in dem übrigen Tiervolk, das mit ihnen ihre Wasser belebte.

Lag über der gesamten Erde damals noch eine dicke Wolkenschicht wie über dem Jupiter, die das Licht der Sonne abschnitt? Unmöglich, denn wie hätten sonst so unzählige Augen sich entwickeln, wie hätten grüne Pflanzen sich entfalten können.

Aber Augen sind auch abgeschafft worden von den Bewohnern eines offenen Ozeangebietes, das heute besteht und damals bestanden haben wird, nämlich in der Tiefsee. Wo die Wassersäule endlich bis zu einer Meile dick wird, da gibt es kein Licht mehr von oben. Wohl aber gibt es, wie wir heute wissen, da unten noch Tiere. Und auch diese Tiere sind zum großen Teil blind. So ist die Ansicht von Süß und Neumayr vertreten worden, alle blinden Trilobiten seien Bewohner der ganz großen Meerestiefen gewesen. Noch heute lebt der Goliath unter den Kellereseln, die Riesen-Assel Bathynomus, die dreiundzwanzig Zentimeter lang wird, bei Nukatan in der Tiefsee. Warum soll nicht so einst ein Hauptheer dieser asselhaften Trilobiten auch im schwärzesten Abgrund sein Wesen getrieben haben?

Aber der Tiefsee-Schlamm hat zu allen Zeiten andere Gesteinsschichten erzeugt als etwa eine flache Sandküste oder seichte Meeresbucht. Und doch liegen gerade blinde Trilobiten in ungeheuren Massen begraben in solchem Kirchhof von Sandhängen und Seichtwassern. Wer soll sie in dieses fremde Grab verschwemmt haben? Mir erscheint am wahrscheinlichsten, daß sie da gestorben und begraben sind, wo sie auch gelebt haben. Und es brauchte, um alle ihre Anpassungen zu erklären, keines anderen Bildes, als jenes einfachen von heute, das der Apus in seiner Regenpfütze uns bietet.

Im Schlamm des Grundes liegt dieser Apus. In diesen Schlamm wühlt er sich mit seiner Schale und äugt nach oben mit den kleinen Deckfensterchen. Ab und zu kommt er aus ihm hoch, sinkt aber bei jeder Verfolgung blitzschnell in ihn wieder ein, als sein Asyl.

Eine solche typische Schlamm-Anpassung der Urwelt war auch der Trilobit.

Unwillkürlich mißt das Auge im Geist die kolossalen Steilwände heutigen Gesteins, von denen der Geologe erzählt, daß sie alle einst nichts anderes waren als Urwelts-Schlamm. Der Trilobit ist das Tier dieses Schlamms, aus dem Gebirge geworden sind.

Es war wohl hauptsächlich Uferschlamm. Noch heute ist der Mohikaner jener Tage, der Molukkenkrebs, ein Freund des Ufers, seine Eier legt er in eine Grube im Bereich der Ebbe und Flut und ohne Mühe erträgt er eine ganze Weile sogar die freie Luft.

Im tiefen Schlamm hat ein Teil der Trilobiten seine Augen abgeschafft, wie wir allenthalben bei Schlammtieren das Auge winzig und immer winziger werden sehen. In den Schlamm ließ sich der Trilobit als igelhaft gerollte Kugel hinabfallen. Im Schlamm lag er platt mit seinem Schild wie die Plattfische, die Schollen, und die breiten Rochen im Sand, die sich so einwühlen, daß nur die listigen Augen oben herauslauern wie bei einem unterseeischen Boot aus dem Wasserspiegel die Fensterchen des Kapitäns.

Weil er im Schlamm lag, der von allem das sicherste Erhal-

tungs-, das ſicherſte Verſteinerungsmittel geweſen iſt, liegen gerade
ſeine Stein-Mumien ſo unglaublich maſſenhaft noch in den alten
Schichten, daß man faſt meint, es habe wirklich damals Trilobiten
geregnet. Dieſe Schlammheimat aber war es auch, die andere
Tiere des gleichen Ortes ihm äußerlich allmählich immer ähnlicher
gemacht hat, auch wenn es ſonſt Tiere waren, die ihm ganz fern-
ſtanden.

Im Schlamm hat auch jener Schildkopf vom älteſten Fiſchvolk
ſich verborgen, daher das Schild, die ſchlecht bewehrte Hinterſeite,
die nach oben rückenden Augen; wie einen Bernhardiner-Krebs
ſeine Muſchel über dem unbepanzerten Hinterleib, ſo ſchützte den
Fiſch über dem ſchwächer verteidigten Schwänzchen der Schlamm.
Und in dieſem Schlamm ebenſo ſteckten die Flügelfiſchlein, denen
es genau ſo ging. Trilobitengleiche Lebensart machte ſie ſchließlich trilobitenähnlich, wie die ewig gleiche Arbeitsleiſtung zwei
Menſchen ähnlich macht, ihre Glieder in gleicher Richtung krümmt,
ihren Blick auf den gleichen Ort dreſſiert, mag auch von Haus aus
der eine in keinem Zuge dem andern geglichen haben und mögen
ihre Wiegen tauſendmeilenfern voneinander geſtanden haben.

Iſt es ſo wohl doch nichts mit Trilobit und Fiſch, ſo bleibt
um ſo feſter die uralte Verknüpfung jener verſchiedenen ſeltſamen
Krebsgeſchlechter, die wir beſprochen haben.

Eng zu einander fügen ſich der Trilobit, der rieſige Seraphim-
Krebs und der Molukkenkrebs. Die beiden erſten ſind ſchon an
der Schwelle der Ichthyoſaurus-Zeit vollſtändig ausgeſtorben, der
dritte allein lebt im hellen Tag von heute noch ein geſpenſtiſches
Urwelt-Daſein.

Von allen echten Krebſen aber der verwandteſte wieder zu
dieſen Patriarchen der großen Erdenkrebſerei iſt unſer Apus. Wie
er unter ſeinem Deckſchilde, mit den Augen nach oben, daher-
wackelt, iſt es, als führe er uns noch einmal im kleinen und im
äußerſten Nachklang zurück in jene Schlammwellen der Vorzeit, in
jenen unendlichen Mudd und Schlick, aus dem unſere Berge geworden ſind und in dem die Erde ihr Tagebuch, ihr altes Tierbuch,
ihr urweltliches Kräuterbuch durch Naturſelbſtdruck auf erhärten-
den Schlamm uns überliefert hat.

So hellte mein kleiner Apus-Tümpel bei Finkenkrug sich mir auf zu einem Querschnitt durch Jahrmillionen.

Ich hatte auf einmal das Gefühl: du bist dabei gewesen. Was ist unsere Forschung anders als ein ungeheurer Triumph über das Ungetüm Zeit, das begraben wollte! Geschlecht um Geschlecht wischte sie aus und warf es in den Stein. Nun ist gerade dieser Stein für uns die Stimme der Unsterblichkeit.

Die Welt, niemals in ihren ausströmenden Wirkungen ganz erloschen, da Sein nie wieder zu Nichts wird, findet sich selber wieder, und in dem Augenblick rinnen die Aeonen der Zeit nichtig dahin wie eine Nachtwache.

———

Osterglaube.

Ueber dem Müggelsee liegt eine erste Duftstimmung des Frühlings, doch noch ohne starke Farben.

Der Himmel wie von leichtem Rauch verdunkelt, in dem die Sonne als gelbweiße Insel mit verwaschenem Umriß schwimmt. Der See gibt das wieder mit einem zartesten Perlmuttergrau, durch das ein Reflexband aus tanzenden Silberpunkten schaukelt. Drüben das Waldufer blaßblau darauf und über ihm die Müggelberge wie ein blaugrünes Wölkchen, ganz weich, in den Himmelsrauch verfließend. Gegen die Kirche von Rahnsdorf eine Mauer von ausgebleichtem, gelbem Schilf.

Ab und zu geht durch die tiefe Feierstille ein singender Ton und ein eigentümlich rhythmisches Rauschen: ein großer Keil von einigen fünfzig Wildgänsen kehrt zu seiner gewohnten Fünfuhrstunde von den Aeckern heim auf sein Wasserrevier.

In diesem Winter hat der See hier am Ufer unheimlich gewütet.

Mehrfach hat er seinen losen, tauenden Eisteller in wilder Sturmnacht heraufgepreßt, daß der Sand samt seinem Grasrain zu hohen Wällen aufgetürmt worden ist. Einer alten Erle, die als äußerster Vorposten, mir seit Jahren vertraut, fast im Wasser stand, hat ein solcher Eisstoß die Hälfte ihrer polypenhaften schwarzen Wurzelstelzen glatt weggerasiert. Zerrissene Schilfmassen liegen allerorten wie Garbenbündel gehäuft.

Aber gerade aus diesem wüsten Damm der Zerstörung kommen jetzt die ersten wirklich leuchtenden Farben des echten Frühlings.

Aus der umgestürzten Grasscholle heben sich unzählige brennend karminrote Punkte: die noch zusammengefalteten Köpfchen
der Maßliebchen. Dazwischen hier und da ein schon breit offener,
tiefgoldener Stern: die Blüte des Huflattichs, die auf ihrem
Schuppenstil dem Blätterkranz weit vorauseilt.

Es ist, als habe der um und um gewühlte Boden ihre Lenz-
fahrt zum Lichte nur beschleunigt.

Wie diese kleinen Sonnenaugen so aus dem wirren Strandgut
der Sturmnacht lächeln, steckt ein unverwüstlicher Auferstehungs-
Zauber darin: das ganze Feiertags-Wunder der Natur, ihre trotzige
Osterstimme, die unser Grübeln auslacht. „Neu!“

Diese gelbe Huflattich-Blüte erlebt zum erstenmal die Sonne.
Als Wunder erlebt sie sie.

Du hast gut reden, daß diese Pflanze so und so entstehen mußte,
aus einer Keimzelle, und daß die Sonne da drüben hinter dem
Wolkenflor, in ihrer einsamen Schwebe im eisig kalten Raum,
zwanzig Millionen Meilen fern von hier, ebenfalls so und so
entstanden ist, aus einem Urnebel in äonenfernen Tagen.

„Neu!“

Wir sind heute so alt geworden in unsern Gedanken, so
weltenalt.

Wie ich den silbergrauen See hier anschaue, ist es, als flim-
merten durch seinen Sonnenstreifen dort ungezählte geisterhafte
Bilderreihen. Das alles war er einst! Die Luft weht auf einmal
eisig kalt. Da wälzen sich an Stelle dieser märkischen Seen die
gelben Schmelzwasser von der tauenden Wand des ungeheuren
skandinavisch-norddeutschen Gletschers der Eiszeit von Ost nach
West vorbei. Gerade über Berlin ging ein solches Urstrombett.
Mit den Gletscherwassern der nordwärts weichenden berghohen
Eiswand mischten sich noch die vor dem Eis gestauten Wasser der
Oder und Weichsel und flossen mit ihnen der Elbe zu. Aus diesen
Tagen stammt der unendliche Sand, in dem dieses Land begraben
lag, als es in der menschlichen Geschichte auftauchte, dieser Sand,
der Berg und Tal nivelliert hat durch einheitliches Ausfüllen...

Bölsche.   27

An diesem Nordufer des Müggelsees hier ist neulich gebohrt worden. Eine dünne Braunkohlenschicht kam zu Tage. Wieder ein Bild, ein noch älteres: die immergrünen Wälder der warmen Tertiärzeit, wo die riesigen Sumpfcypressen des heutigen Nordamerika hier in der Mark wuchsen.

Ueber diese Urwälder ragte die Muschelkalkmasse von Rüdersdorf, vom Sande noch nicht verschüttet, vom Eiszeit-Binneneis noch nicht verwüstet, vielleicht noch als blauer Höhenzug, wie heute die lieblichen Muschelkalkberge Thüringens.

Als der Schlamm selbst sich aber absetzte, der diesen Kalkstein bildete, war hier Meer, tiefes Meer, Ozean mit Tintenfischen und Haifischen und Korallen.

Wenn die Wildgänse heute hier ans Ufer kommen oder die Krähen aus dem Walde anfliegen und im Schwemm-Moder herumstochern, so prägen sich ihre Füße zierlich im weichen Schlammstreifen der Wassergrenze ab. In der Epoche der Erdgeschichte, in der auch der Muschelkalk sich bildete, ist ein froschähnliches, aber viel größeres Scheusal bei Hildburghausen über solchen nassen Schlammgrund gelaufen, und seine eingeprägten Patschen, im Stein nachmals verewigt, zu dem der Schlamm geworden, stehen heute noch im Berliner Museum.

Es war eine austrocknende Salzlake, wo dieses Monstrum sein Wesen trieb, die Abdrücke von Salzkristallen beweisen es noch. So liegen auch bei uns in der Mark die riesigen Salzlager 'noch tief unter Sand und Braunkohle, Reste ausgedampfter Meeresbuchten. Sie sind noch eine Erdepoche älter als der Muschelkalk. Eine Landschaft gehört dazu, wie wenn wir uns heute an das Kaspische Meer versetzten.

An diesem Meer von damals aber wuchsen turmhohe Schachtelhalme statt Kiefern, und der Bärlapp, der jetzt wie ein Moos da drüben hinter den Müggelbergen auf dem Sumpfboden kriecht, bildete Bäume wie die Eiche.

Auf diesem ungeheuren Wandelpanorama von Bildern stehen wir. Es gibt nichts Neues, kein Wunder, nur eine ununterbrochene Folge.

Daß diese Lattichblüte hier keimt, lag schon in der uranfänglichen Stellung der Weltatome begründet.

Dieser Gedanke hat eine so riesige Gewalt über uns heute. Immer wieder sinkt er wie ein Block auf uns, schwer und schwerer.

Alles ist gekommen, und alles wird wieder gehen, immer nach dem gleichen Gesetz.

Und den Ostersucher gähnt ein Wort an, in dem die Welt mit all ihrem Neuen versinkt wie in einem furchtbaren grauen Trichter — das Wort: „selbstverständlich".

Wo dieses Wort die Gedanken nivelliert wie der diluviale Sand das Gesteinsprofil der Mark, da gibt es kein Osterwunder mehr in Natur und Menschheit. Der Frühling ist nicht ein Zauber, der uns alle immer wieder mit jung macht, sondern eine ziemlich langweilige Bestätigung: mal wieder einer. Es werden sich Millionen aneinanderreihen, dann liegt der Kiefernwald hier auch wieder als eine irgendwie benannte zolldicke, schwarze Schicht in der Tiefe, und es ist wieder eine Epoche der Erdgeschichte um. Der große Trott des Selbstverständlichen aber geht weiter.

Und doch ist die Sehnsucht nach dem Wunderbaren in uns so heiß, heute wie nur je.

Nicht tot zu kriegen ist sie.

Weil sie unterdrückt wird, bricht sie an den tollsten Stellen aus. Wie der Schildbürger, der das Licht in der Mausefalle fangen will, zieht der Spiritist auf die Jagd nach dem Wunderbaren um jeden Preis. Ein Flüchtling vor dem zermalmenden „Selbstverständlich", kommt er aus der Natur hier draußen und setzt sich hinter verhängten Fenstern an den Tisch, bildet eine Kette aus nervös zitternden Händen, die alle das Wunder greifen möchten. Es klopft, ein altes Stuhlbein knackt — das ist das „Wunderbare". Hier draußen am freien See, wo die violette Erlenknospe bricht und das Silberband der Sonne flimmert, hat er es nicht finden können.

Ich aber möchte rufen wie der schlichte Wanderer, der von ungefähr in das vermauerte Rathaus zu Schilda kam: „Kinder, schlagt doch die Fenster ein!"

Was wollt ihr denn mit dem „Selbstverständlich"?

Dieses Selbstverständliche ist ja jetzt endlich das große Wunder unserer Zeit, das Wunder aller Wunder.

Nicht, daß mystische Blumen im dunklen Kabinett aus den Lüften regnen, ist das wahre Wunder für den echten Ostersucher von heute, sondern daß überhaupt auch nur die schlichteste Blume nach schlichtestem Naturzusammenhang aus dem Erdboden wächst!

Nur eine Rettung gibt es, daß unsere Sehnsucht den großen Osterpfad wieder findet durch unser sternenweit gedehntes modernes Wissen.

Es ist nämlich die: sich wieder resolut darauf zu besinnen, wie wunderbar das Natürliche selber ist.

Als Natürliches!

Ich will ihm nichts fortnehmen im strengsten Naturforschersinne. Ich will es nirgendwo durchbrechen. Aber gerade diese absolute, in sich geschlossene, durch und durch einheitliche Natur ist mir dann auch wieder das höchste Wunder.

Was für ein unsagbar Geheimnisvolles ist diese „Gesetzmäßigkeit" allen Geschehens.

Warum ist die Welt nicht wirklich ein Haufen regellos stäubender Atome? Warum ist sie diese Blume und dieser See und dieser Frühlingshauch?

Im Grunde schon: welch Wunder ist es, daß überhaupt etwas ist!

Und dann, da dieses erste Wunder uns immer wieder wie ein Auferstehungsmorgen geschenkt ist — das zweite, nicht minder große: daß es Verschiedenes gibt.

Immer, wohin wir sinnen und forschen mögen, bewegt uns dieses dunkle Ahnen, daß alles in einem ewig Einen schwimmt, eine tiefste kosmische Einheit bildet. Und doch ist dieses Eine auseinandergespannt zu dem unendlichen Majaschleier des Vielfältigen. Nicht bloß Sonne, sondern auch See, der sie spiegelt. Und am See dieses liebliche Blumenauge, eine Individualität wie ich. Und ich selbst, in dessen ostersuchendem Auge noch wieder das alles schwimmt.

Wieder in diesem Verschiedenen, diesen verschiedenen Möglichkeiten aber das vielleicht allerhöchste Wunder, das freilich oft am
wenigsten beachtet wird: — daß nämlich in der Konkurrenz dieser
Möglichkeiten das Bessere, das Zweckmäßigere, das Harmonische
fort und fort sich erhält, während das Disharmonische beständig
fällt und fällt.

Millionen Würfel fliegen mit Unzweckmäßigem gegen zehn
gute — diese zehn aber siegen, weil sie gut sind. Auf ihnen
triumphieren die Entwickelung, der Fortschritt.

Es ist so ungeheuer leicht, gerade dieses Weltgesetz als „selbstverständlich" abzutun. Aber das ist ja gerade das Wunderbare, daß
es uns so fest umfängt als ein Ur-Weltgegebenes, daß wir es wie
Luft und Sonne als das Allerselbstverständlichste hinnehmen.

Und doch hat sich an diesem Gesetz, diesem urgesetzten Grund-
wunder die Welt zu einem Kosmos emporgegipfelt, anstatt ins
bodenlose Chaos zu fallen. Dieses Sieb des Gesetzes, daß das
Harmonische, das Zweckmäßige einen Erhaltungsvorsprung hat
vor dem Disharmonischen — es hat gesiebt und gesiebt, immer
wieder eine Auslese des noch Besseren, noch Zweckmäßigeren aus
der rinnenden Atomwolke des Seins herausgesiebt. An der Leiter
dieses Gesetzes ist die Liebe aufgestiegen, vom schlichten Anfang
des Wurms bis zum strahlenden Kelch der Menschenliebe. An
ihr ist die Kunst heraufgekommen. Aus diesem Gesetz ist der schlichte
Imperativ des Guten immer wieder auferstanden an tausend und
tausend Ostermorgen der Weltgeschichte. Wie Wunder sind diese
Dinge aufgesproßt.

Der nüchterne Verstand meinte sie für die Nüchternheit seines
„Selbstverständlich" eingefangen, wenn er ihr gesetzmäßiges Werden erwies. Aber gerade in höchster Wahrheit war dieses Werden
nur möglich durch die Tatsache des einen großen Weltenwunders:
eben der Gesetzmäßigkeit. Und selbst diese Gesetzmäßigkeit hätte
sie nicht vom Baum pflücken können, wenn nicht die Wurzel dieses
Baumes in dem andern großen Ur-Wunder lag.

Das Wunder des Natürlichen!

Mir war, als hauchte es jetzt wirklich in leisen Osterglocken
über den einsamen See.

Die Sonne hatte sich mehr befreit. In dem breiter strömenden Silberbande zuckte etwas wie das Lachen eines schönen Mädchens, das schelmisch die blanken Zähne zeigt.

Geh heim mit deinem „Selbstverständlich".

Gerade das Tiefste, der Weltboden, auf dem du mit all deinem Grübeln stehst, ist in jedem Augenblick immer nur wieder ein Geschenk, das dir verliehen wird, ohne daß du einen Grund weißt.

Es ist, — mit der ganzen jubelnden Oster-Kraft, die den Fels von der dunklen Höhle wirft.

Ende.